St. Galler Beiträge zum Tourismus und zur Verkehrswirtschaft

Reihe Tourismus, Band 31

Für Herrn Fried
einen Chef, dessen berufliches
Lebenswerk ich bewundere und
für dessen Vertrauen, daß er
in mich gesetzt hat, ich sehr
dankbar bin.

Hans Heller

München, November 1996

Herausgegeben vom
Institut für Tourismus und Verkehrswirtschaft
an der Universität St. Gallen (HSG)
unter der Leitung von Prof. Dr. C. Kaspar

Dr. Markus Heller

Dienstleistungsqualität in der touristischen Reisevermittlung

Ein Leitfaden zur Verbesserung der Wettbewerbsfähigkeit kleiner und mittlerer Reisebüros

Verlag Paul Haupt Bern · Stuttgart · Wien

Markus Heller, geboren am 19. Oktober 1966, studierte Betriebswirtschaft an den Universitäten Wien und München mit den Schwerpunkten Strategische Unternehmensführung und Marketing. Seine Doktorarbeit verfasste er am Institut für Tourismus und Verkehrswirtschaft an der Universität St. Gallen. Erste Erfahrungen mit einem ganzheitlich geprägten Management der Dienstleistungsqualität sammelte er während Aufenthalten in den USA und England. Tätigkeiten im Tourismus, unter anderem bei der Deutschen Lufthansa in Frankfurt und bei der in der Tourismusberatung etablierten Unternehmensberatung Dr. Helmut Fried & Partner in München, eröffneten ihm die tourismusspezifischen Problemstellungen und Perspektiven, die Grundlage der Arbeit sind.

Die Deutsche Bibliothek – CIP-Einheitsaufnahme

Heller, Markus :
Dienstleistungsqualität in der touristischen Reisevermittlung :
ein Leitfaden zur Verbesserung der Wettbewerbsfähigkeit kleiner und mittlerer Reisebüros /
Markus Heller. –
Bern ; Stuttgart ; Wien : Haupt, 1996
(St. Galler Beiträge zum Tourismus und zur Verkehrswirtschaft : Reihe Tourismus ; Bd. 31)
Zugl.: St. Gallen, Univ., Diss., 1996
ISBN 3-258-05461-4
NE: St. Galler Beiträge zum Tourismus und zur Verkehrswirtschaft / Reihe Tourismus

Vorwort

Setzt man sich eingehend mit den Themen Dienstleistungsqualität, Kundenorientierung und Servicementalität auseinander, so wird man zwangsläufig mit Erlebnissen, Anekdoten und Begebenheiten konfrontiert, die einen erheitern, aber auch nachdenklich stimmen.

Eine Kostprobe hierfür stellt die Geschichte einer amerikanischen Supermarktkette dar, die eine Qualitätsoffensive gestartet hat. Um ihre Kundenorientierung zu demonstrieren, wird in einer Werbeanzeige darauf hingewiesen, daß jeder Kunde vom Mitarbeiter an der Kasse persönlich begrüßt und verabschiedet wird. Ist dies nicht der Fall, bekommt der Kunde einen Dollar zurück. Eine gewisse Zeit nach Erscheinen dieser Anzeige tätigt nun ein Kunde seinen Einkauf in einem der Supermärkte. Als er an die Kasse kommt und die Waren auf das Band legt, nimmt die Kassiererin die Waren wortlos entgegen, schiebt sie über den Scanner und nennt dem Kunden den Endpreis. Nach der Bezahlung bittet der Kunde die Kassiererin um einen Dollar. Auf die Frage der jungen Frau an der Kasse, warum er einen Dollar haben möchte, meint der Kunde, daß er in einer Werbeanzeige gelesen habe, es gibt einen Dollar zurück, wenn man von den Mitarbeitern dieser Supermarktkette nicht freundlich und persönlich begrüßt und verabschiedet wird. Hierauf erwidert die Frau achselzuckend, daß es ihr Leid tut, aber daß diese Aktion in der letzten Woche ausgelaufen sei.

Diese kurze Geschichte soll aufzeigen, daß die Auseinandersetzung mit dem Thema Qualität in der Praxis häufig nicht so erfolgt, wie dies geschehen sollte. Vielmehr betrachten viele Manager und Unternehmer Qualität als einen Bestandteil des Marketing oder der Werbung und weniger als eine Möglichkeit, ihr Unternehmen ganzheitlich auf Qualität auszurichten, um Kundenbedürfnisse besser befriedigen und den eigenen Unternehmenserfolg und die Rentabilität verbessern zu können. Dieses Qualitätsverständnis zu wecken und mit Hilfe eines Leitfadens zum Management der Dienstleistungsqualität im Reisebüro umzusetzen, ist Ziel der vorliegenden Arbeit.

Für die aktive und/oder passive Unterstützung bei der Erstellung der Arbeit möchte ich an dieser Stelle meinen Dank aussprechen. Meinen Interviewpartnern, Qualitätsmanager großer Reisebüroorganisationen, Reiseveranstalter, Luftverkehrsgesellschaften und Tourismus-Beratungsgesellschaften, danke ich für die bereitwilligen und ausführlichen Antworten zu wichtigen Fragen des Qualitätsmanagements im Tourismus.

Danken möchte ich auch den Mitarbeitern und meinen heutigen Kollegen der Marketing Beratung Dr. Helmut Fried & Partner in München. Besonderer Dank gilt dabei Frau Renate Schumacher, die sich in ihrer Freizeit der Orthographie der Arbeit angenommen hat. Herrn Edgar Kubetschka danke ich für das besonders intensive und wegweisende Interview und die nachfolgenden fruchtbaren Gespräche. Bei den Partnern Dr. Helmut Fried und Dr. Klaus Dingeldey möchte ich mich für die gegebene Chance bedanken, in einer Branche Tritt zu fassen, die außerordentlich interessant und abwechslungsreich ist. Die Tätigkeit als Unternehmensberater im Tourismus hat es mir ermöglicht eine Doktorarbeit zu verfassen, die praxisnah und an den tatsächlichen Problemen und Gegebenheiten kleiner und mittlerer Reisebüros ausgerichtet ist.

Meinem Doktorvater Herrn Prof. Dr. Claude Kaspar danke ich dafür, daß ich dieses Thema am Institut für Tourismus und Verkehrswirtschaft der Universität St. Gallen im Rahmen einer Doktorarbeit bearbeiten konnte. Die Unterstützung, die er mir hat zukommen lassen und die Freiräume, die er mir bei der Ausarbeitung geboten hat, haben die Entstehung der Arbeit sehr positiv beeinflußt. Dank gebührt auch Herrn Dr. Konstantin Theile, der das Korreferat übernommen hat, und mir geholfen hat, die Perspektive kleiner und mittlerer Unternehmen nicht aus den Augen zu verlieren.

Ein besonderer Dank gilt meinen Eltern. Ihr Zuspruch und ihre Unterstützung nach dem Studium eine weitere Zeit wissenschaftlich tätig zu sein, haben es mir erleichtert, mich in das bearbeitete Thema so zu vertiefen, wie dies notwendig ist. Ihnen widme ich diese Arbeit.

Juli 1996   Markus Heller

Inhaltsverzeichnis

Abbildungsverzeichnis

Abkürzungsverzeichnis

Abb.	Abbildung
AIEST	Association Internationale d'Experts Scientifiques du Tourisme
aktual.	aktualisiert(e)
Aufl.	Auflage
bzgl.	bezüglich
bzw.	beziehungsweise
CIT	Critical Incident Technique
CRS	Computer-Reservierungs-System
d.h.	das heißt
Diss.	Dissertation
DM	Deutsche Mark
DQL	Dienstleistungsqualität
DRV	Deutscher Reisebüro-Verband
erw.	erweitert(e)
etc.	et cetera
evtl.	eventuell
EU	Europäische Union
FVW	Fremdenverkehrswirtschaft International (unabhängige Fachzeitschrift für Touristik und Geschäftsreiseverkehr)
Hrsg.	Herausgeber
inkl.	inklusive
ISDN	Integrated Services Digital Network
ITB	Internationale Tourismusbörse Berlin
Kap.	Kapitel
ÖTE	Ökologischer Tourismus in Europa
o.V.	ohne Verfasser
PC	Personal Computer
POP	Point of Purchase
POS	Point of Sale
PR	Public Relations
RA	Reiseanalyse
SFr.	Schweizer Franken
SGE	Strategische Geschäftseinheit
SRV	Schweizerischer Reisebüro-Verband
TQM	Total Quality Management
u.a.	unter anderem

überarb.	überarbeitet(e)
usw.	und so weiter
v.a.	vor allem
WTTC	World Travel Tourism Council
ZAV	Zentrale Vorgangsverwaltung
z.B.	zum Beispiel

1 Einleitung

Zunächst soll die der Arbeit zugrunde liegende Problemstellung skizziert werden. Ausgehend von den sich hierbei abzeichnenden Fragestellungen wird in Kapitel 1.2 die Zielsetzung abgeleitet. Das Vorgehen sowie der Aufbau der Arbeit werden in Kapitel 1.3 erläutert.

1.1 Problemstellung

Die Reisemittlerbranche befindet sich in einer Umbruchphase, die vor allem kleine und mittlere Reisebüros vor große wirtschaftliche Herausforderungen stellt. Beeinflußt durch politische, gesellschaftliche und rechtliche Entwicklungen, Aufhebung der Vertriebsbindung in Deutschland, allgemeine soziodemographische Veränderungen in der Bevölkerungsstruktur sowie einem Wertewandel in der Gesellschaft, der sich nicht zuletzt in einem veränderten Kundenprofil niederschlägt, verschärfen insbesondere strukturelle und organisatorische Veränderungen innerhalb der Reisemittlerbranche die Wettbewerbssituation für das einzelne Reisebüro nachhaltig.

Zur Verbesserung der Wettbewerbsfähigkeit kleiner und mittlerer selbständiger Reisebüros ist es daher von existentieller Bedeutung, den veränderten Rahmenbedingungen Rechnung zu tragen. Anzustreben ist dabei, die komparativen Vorteile der Wettbewerber auszugleichen und verstärkt eigene Wettbewerbsvorteile bzw. Erfolgspotentiale aufzubauen.

Da, wie später noch detailliert erörtert wird, eine signifikante Verbesserung der erbrachten Qualität positiv auf Rentabilität und Unternehmenserfolg wirkt, stellt die Erbringung qualitativ hochwertiger Dienstleistungen eine sehr gute Möglichkeit dar, die Wettbewerbssituation kleiner und mittlerer Reisebüros zu verbessern. So haben einige deutsche Reisebüroorganisationen den Faktor Qualität bereits als Wettbewerbsinstrument entdeckt, und demonstrieren ihr Qualitätsverständnis vor allem durch Zertifizierungsbemühungen nach der Normenreihe DIN EN ISO 9000 ff.

Dabei drängt sich jedoch teilweise der Eindruck auf, daß viele Unternehmen die "Modeerscheinung Qualität" mehr unter dem Aspekt einer vom Markt geforderten Marketingmaßnahme betrachten, als ein Mittel zu tatsächlich verbesserter Kundenorientierung. Nicht zuletzt auf Druck wichtiger Geschäftskunden haben sich, in erster Linie für den Bereich Firmendienst, bereits einige Reisebüroketten und -kooperationen nach der DIN EN ISO 9001 zertifizieren lassen und werben hiermit auch in ihren Anzeigen.

Mit einer ISO-Zertifizierung ist aber noch längst kein kundenorientiertes Verhalten der Mitarbeiter garantiert. Ein solches Zertifikat drückt lediglich aus, daß Strukturen und Prozesse im Unternehmen die für eine Zertifizierung notwendigen Kriterien erfüllen. Somit ist auch nicht sichergestellt, ob sich die Mitarbeiter nach einer Zertifizierung dem Kunden gegenüber anders verhalten als vorher. Wird also, wie in anderen Branchen bereits üblich, die Zertifizierung in erster Linie angestrebt, um formale Anforderungen von Groß- und Firmenkunden zu erfüllen oder Vorteile im Bereich Marketing aufzubauen, so stellt diese Form des "Qualitätsmanagements" langfristig kein Erfolgspotential dar.

Zusammenfassend ist zu konstatieren, daß sich aufgrund der Entwicklung in der Reisemittlerbranche, insbesondere für kleine und mittlere Reisebüros, zunehmend der Druck erhöht, eigene Wettbewerbsvorteile aufzubauen. Ein nachweislich erfolgversprechendes Mittel stellt dabei die Schaffung höchster Dienstleistungsqualität dar. Einen Ansatz, Qualitätssicherung im Reisebüro einzuführen und nach außen zu kommunizieren, stellt die Zertifizierung nach der Normenreihe DIN EN ISO 9000 ff dar. Allerdings wird die damit verbundene Art und Intention eines mehr auf Qualitätssicherung ausgerichteten Qualitätsmanagements für Reisebüros nicht als ausreichend erachtet, um tatsächlich eine langfristig hochwertige Dienstleistungsqualität zu erreichen. Für ein auf die Entwicklung tatsächlicher Erfolgspotentiale ausgerichtetes Management der Dienstleistungsqualität im Reisebüro fehlt bisher jedoch die notwendige konzeptionelle, auf wissenschaftlichen und praktischen Erkenntnissen aufbauende Basis.

1.2 Zielsetzung

Die im obigen Kapitel dargestellte Situation verdeutlicht die Notwendigkeit eines Konzeptes, mit welchem auf Basis wissenschaftlicher Erkenntnisse, ein kundenorientiertes Qualitäts- und Dienstleistungsmanagement aufgebaut und langfristig etabliert werden kann. Unter den oben geschilderten Aspekten hat ein solches Konzept:

- an den Erwartungen und Bedürfnissen der eigenen Kunden anzusetzen,
- in den kundenrelevanten Qualitätsdimensionen zum Ausdruck zu kommen,
- die Dienstleistungsorientierung in den Vordergrund zu stellen,
- auf langfristige Qualitätsoptimierung ausgerichtet zu sein und
- nicht nur als Mittel zum Zweck betrachtet zu werden, sondern aus der inneren unternehmerischen Grundüberzeugung hinsichtlich der Wichtigkeit der Faktoren Qualität und Dienstleistungsverständnis für das selbständige Reisebüro zu erwachsen.

2

Unter diesen Maßgaben hat die vorliegende Arbeit zum Ziel, aufbauend auf den besonderen Verhältnissen und Entwicklungen der Reisebürobranche, den wissenschaftlichen Erkenntnissen zu den Themen Dienstleistungsqualität und Dienstleistungsmanagement und den praktischen Erfahrungen von verantwortlichen Qualitätsmanagern großer Reisebüroorganisationen, Reiseveranstalter, Luftverkehrsgesellschaften und Tourismus-Beratungsgesellschaften einen konzeptionellen Management-Leitfaden zu entwickeln, der es kleinen und mittleren Reisebüros ermöglicht, mit Hilfe eines Managements der Dienstleistungsqualität Wettbewerbsvorteile zu erringen.

In Anbetracht des notwendigen Umfanges eines entsprechenden Qualitätsmanagements für Vollsortimentreisebüros mit Reisevermittlung und -veranstaltung soll der Fokus verengt werden. Gegenstand der nachfolgenden Betrachtung ist aufgrund der besonderen Bedeutung für die überwiegende Zahl der kleinen und mittleren Reisebüros die touristische Reisevermittlung.

Trotz dieser Fokussierung soll dabei jedoch der Komplexität der Arbeitsabläufe in kleinen und mittleren Reisebüros Rechnung getragen werden. So berücksichtigt das zu entwickelnde Konzept für ein Management der Dienstleistungsqualität im Reisebüro auch bereichs- und aufgabenübergreifende Aspekte. Dabei wird auf die verschiedenen Bereiche wie Touristik, Firmendienst, Bahn, Flug etc., auf Front- wie Backofficetätigkeiten sowie auf Aspekte der Reiseveranstaltung (z.B. Qualitätskriterien für Produkte) Bezug genommen.

1.3 Vorgehen und Aufbau der Arbeit

Die Vorgehensweise bei der Erstellung der vorliegenden Arbeit und der Aufbau derselben entsprechen sich zum größten Teil. Während die Kapitel 2-4 vor allem auf Basis umfangreicher Literaturrecherchen entstanden sind, wird in Kapitel 5 das theoretische Wissen durch Praxiserfahrungen von Qualitätsmanagern, -beauftragten bzw. -beratern der Reise- und Tourismusindustrie ergänzt. Zu diesem Zweck wurden mit den betreffenden Personen Expertengespräche in Form qualitativer Interviews geführt.

Wie einleitend bereits erwähnt, stellt der Faktor Qualität ein wichtiges und dazu im Vergleich kostengünstig aufzubauendes Erfolgspotential eines Unternehmens dar. Der Zusammenhang zwischen Qualität und Unternehmenserfolg sowie zwischen Qualität und Rentabilität wird im ersten Teil des *Kapitel 2* erläutert. Dabei wird die sogenannte PIMS-Studie zunächst kurz vorgestellt und dann auf ihre Ergebnisse unter den zuvor angesprochenen Aspekten eingegangen. Der zweite Teil dieses Kapitels befaßt sich mit der Qualität im Reisebüro. Neben der Analyse der Ist-Situation anhand verschiedener Untersuchungen werden abschließend die Determinanten der Dienstleistungsqualität im Reisebüro dargestellt.

In *Kapitel 3* der Arbeit werden jene Faktoren identifiziert und analysiert, die die derzeitige Situation der deutschen und der schweizerischen Reisebürobranche, insbesondere im Bereich der touristischen Reisevermittlung, widerspiegeln. Neben den zuvor bereits angesprochenen Entwicklungen wird dabei vor allem auf die zunehmenden Konzentrationsprozesse in Form von Kooperationen und Franchiseverbänden sowie auf innovative Vertriebskonzepte und -wege der Reiseveranstalter und Leistungsanbieter eingegangen. Im Vordergrund stehen bei letzteren vor allem vertikale Integration, Mail-Order-Geschäfte, Home-Shopping sowie der zunehmende Einfluß branchenfremder Absatzmittler auf die Reisevermittlung. Kleine und mittlere Reisebüros werden dabei insbesondere durch die Größe und die Kapitalkraft branchenfremder Mutterkonzerne bzw. Synergieeffekte innerhalb der etablierten Reisebüroketten und Franchiseverbände unter Druck gesetzt.

Die Betrachtung unterschiedlicher Aspekte der Dienstleistungsqualität in *Kapitel 4* stellt die theoretische Basis für den Leitfaden zum Management der Dienstleistungsqualität in Reisebüros dar. Ausgehend von einer, in der neueren Literatur zur Dienstleistungstheorie zunehmend etablierten *Dreiteilung des Dienstleistungsbegriffes*, werden zunächst die potentialorientierte, die prozeßorientierte und die ergebnisorientierte Perspektive zur Analyse von Dienstleistungen erläutert. In Anlehnung an diese Unterteilung wird sowohl die Dienstleistungserstellung im Reisebüro als auch die dabei erbrachte Dienstleistungsqualität den drei Perspektiven nach unterteilt und analysiert.

Ziel der Diskussion um die *Dimensionen der Dienstleistungsqualität* ist vor allem, ein erstes Verständnis für die später folgenden Qualitätsmodelle der Dienstleistungstheorie zu entwickeln. Es geht aber auch darum, zu zeigen, welche Positionen von ausgewählten Autoren der Dienstleistungswissenschaft vor allem hinsichtlich der Kriterien, die das subjektive Qualitätsempfinden von Dienstleistungskunden bestimmen, eingenommen werden.

Die Diskussion verschiedener Aspekte der *Messung der Dienstleistungsqualität* bringt für die Modellentwicklung wichtige Erkenntnisse. So ist hinsichtlich der Marktforschung die eingenommene Perspektive dafür entscheidend, bei wem die Messung ansetzen muß und welche Erfordernisse das jeweilige Meßverfahren zu erfüllen hat. Die Operationalisierung der Dienstleistungsqualität kann mit Hilfe einstellungs-, zufriedenheits- oder kompetenzorientierter Konstrukte erfolgen.

4

Für die *Steuerung der Dienstleistungsqualität* werden in der Literatur derzeit drei unterschiedliche Ansätze diskutiert. Wichtig ist dabei, daß es vor allem auf die Art der Dienstleistung ankommt, ob eher technokratische, strukturorientierte oder kulturorientierte Ansätze zur Steuerung der Qualität herangezogen werden. Für das Management der Dienstleistungsqualität im Reisebüro werden dabei alle drei Ansätze empfohlen.

Mit der Beschreibung von *vier Qualitätsmodellen* und der Entwicklung eines *Modells zur Dienstleistungsqualität im Reisebüro* erfolgt eine Beschränkung auf eine überschaubare Zahl von Autoren und somit auch von Definitionsansätzen und Meinungen. Die Intention hierbei ist vor allem, mit Hilfe der von Meyer/Mattmüller und Corsten entwickelten Modelle die auch für die Qualitätsbetrachtung herangezogene Dreiteilung des Dienstleistungsbegriffs zu verdeutlichen. Entsprechend kann hiermit die Dienstleistungsqualität im Reisebüro unter potential-, prozeß- und ergebnisorientierten Aspekten analysiert werden. Das Modell von Grönroos hebt insbesondere die auch für das Reisebüro wichtige Image-Dimension anschaulich hervor. Das von Parasuraman/Zeithaml/Berry entwickelte Modell hingegen wird einerseits vor dem Hintergrund einer mit diesem Modell möglichen Gap-Analyse betrachtet. Andererseits dient es sehr gut zur Veranschaulichung qualitätsrelevanter Aspekte auf Dienstleisterseite. Auf Grundlage der für die reisebürospezifische Betrachtung der Dienstleistungsqualität wichtigsten Erkenntnisse wird abschließend ein eigenes Modell der Dienstleistungsqualität im Reisebüro entwickelt, welches die Basis für den Leitfaden zum Management der Dienstleistungsqualität im Reisebüro darstellt. Mit Hilfe des Modells wird zum einen eine Übersicht über die voneinander abhängigen qualitätsrelevanten Faktoren gegeben. Zum anderen wird gezeigt, welche generellen Maßnahmen durchzuführen sind, um die Dienstleistungsqualität im Reisebüro zu verbessern.

Wie bereits angesprochen, basiert das *Kapitel 5* zum einen auf der theoretischen Analyse wissenschaftlicher Erkenntnisse, zum anderen auf Erfahrungen aus der Praxis. Zur Ermittlung dieses Praxiswissens wurden Expertengespräche in Form halb-strukturierter, qualitativer Interviews durchgeführt. Die in der Theorieanalyse ermittelten Elemente und Determinanten der Dienstleistungsqualität stellen dabei den Ausgangspunkt der Leitfaden-Konstruktion dar und bilden auch die Basis für die zentralen Fragen. Da somit ein großer Teil der Fragen aus theoretischen Erkenntnissen resultiert, kann man hier auch von einem theoriegeleiteten Interviewleitfaden sprechen.

Der Vorteil qualitativer Interviews liegt in der Integrationsmöglichkeit der Befragten in den Untersuchungsprozeß. So besteht die Möglichkeit, Aspekte und Probleme, die vom Interviewer zuvor nicht bedacht wurden, in die Ergebnisauswertung einfließen zu lassen. Die halb-strukturierte Form des Interviewleitfadens ermöglicht die Festlegung der wichtigsten Fragen und die für unabdingbar gehaltenen Nachfragen. Den Befragten bleibt dabei die Möglichkeit, die ihrer Meinung nach wichtigen Aspekte zu den Fragen frei zu formulieren. Außerdem kann der Interviewer Aspekte, die im Laufe des Gesprächs auftauchen und thematisch interessant sind, aufgreifen und durch spontane Fragen vertiefen.

Im Frühjahr 1995 wurden insgesamt acht Expertengespräche von jeweils etwa eineinhalb bis zwei Stunden Dauer geführt. Bei den interviewten Personen handelt es sich ausnahmslos um Touristik-Experten, die ausschließlich oder teilweise mit Fragen der Qualitätsverbesserung in ihren Unternehmen betraut sind. Bei den Interviewpartnern handelt es sich um folgende Personen (aufgeführt sind Name, evtl. Position, Zuständigkeit, Firmenname und Sitz des Unternehmens):

Herr Baumgartner, Direktor, Vertrieb Schweiz, KUONI, Zürich

Herr Bender, Direktor, Vertrieb Schweiz, Hotelplan, Zürich

Herr Kubetschka, Berater, Schwerpunkt Tourismus- und Reisebüro-Beratung, Marketing-Beratung Dr. Helmut Fried & Partner, München.

Frau Pampel, Quality Advisor Germany, American Express, Frankfurt.

Frau Seidel, Marketing, DERPART, Frankfurt.

Herr Stölzing, Schulung/Total Quality Management, Lufthansa City-Center, Frankfurt

Frau Weintzyk, Strategisches Marketing, Thomas Cook, Frankfurt.

Herr Zucker-Stenger, Abteilungsleiter, Marktforschung, NUR-Touristik, Oberursel.

Den Kern dieser Arbeit bildet der Leitfaden zum Management der Dienstleistungsqualität in kleinen und mittleren Reisebüros. Beginnend mit der Erläuterung der wichtigsten Aspekte eines Gesamtkonzeptes zur Verbesserung der Dienstleistungsqualität, gliedert sich das Kapitel nach den in Kapitel 4.5.5 vorgestellten Kernelementen des Modells der Dienstleistungsqualität im Reisebüro.

Im Rahmen der Entwicklung eines *Gesamtkonzeptes* wird in *Kapitel 5.1.1* darauf hingewiesen, daß keine formalistisch-technokratische Qualitätssicherung anzustreben ist. Vielmehr sollte ein kleines oder mittleres Reisebüros verstärkt von einem kundenorientierten Qualitätsmanagement ausgehen, bei dem die praktische Umsetzung von Qualitätsverbesserungsmaßnahmen im Vordergrund steht. Ein kundenorientiertes Gesamtkonzept hat dabei die Grundvoraussetzungen jeglicher Qualitätsverbesserungsmaßnahmen (Marktforschung), die Schwerpunkte der Qualitätsverbesserung (Schwerpunktsetzung) und die wichtigsten Aspekte der Umsetzung einmal getroffener Entscheidungen zu beinhalten. Gegenstand der *Marktforschung* ist die Ermittlung und Analyse der Erwartungen, Erfahrungen und Wünsche potentieller und aktueller Kunden. Zur Integration der Marktforschungsinstrumente in ein übergreifendes Management der Dienstleistungsqualität sind in einem Gesamtkonzept Zweck, Dauer, Basis, Inhalt, Auswertung und Umsetzung der Marktforschungsaktivitäten festzulegen. Mit der Erarbeitung eines *Schwerpunktprogramms* soll neben einem geplanten und strukturierten Vorgehen und der Integration der Mitarbeiter auch die Überzeugung vermittelt werden, daß Qualität von innen kommt und nicht von außen hinzugekauft werden kann. Zudem gilt hier festzulegen, an welchen Elementen der Teilqualitäten angesetzt werden muß, um einen möglichst effizienten und weitreichenden Qualitätsverbesserungsprozeß einleiten zu können. Die *Durchführungsplanung* hat zum Ziel, die zeitliche Abstimmung der einzelnen Qualitätsverbesserungsmaßnahmen sowie die Zuordnung von Mitarbeitern zu ihren Aufgaben zu gewährleisten. Dabei geht es unter anderem um Aspekte der Koordination und der zeitlichen Abstimmung von Mitarbeitern und Aufgaben.

Kapitel 5.2 befaßt sich mit der für das Qualitätsmanagement in Dienstleistungsunternehmen entscheidenden Kundenmeinung, wobei sowohl *sortimentorientierte* als auch *qualitätsorientierte Marktforschungsmethoden* dargestellt werden. Die Auswahl der vorgestellten Marktforschungsinstrumente erfolgt unter Berücksichtigung der finanziellen Möglichkeiten kleiner und mittlerer Reisebüros. Im Rahmen der *sortimentorientierten Marktforschung* wird zunächst auf qualitätsrelevante Aspekte bei der Gestaltung der einzelnen Teilsortimente aufmerksam gemacht. Die Sortimentbildung wird dabei sowohl unter Beachtung wichtiger Elemente der Zielgruppengenerierung als auch mit Hilfe des Lebenszykluskonzeptes näher betrachtet. Nachfolgend werden für die Sortimentbildung wichtige primär- und sekundärstatistische Marktforschungsinstrumente vorgestellt. Die *qualitätsorientierte Marktforschung* befaßt sich einleitend mit der Messung der Dienstleistungsqualität im Reisebüro. Dabei wird sowohl auf die notwendigen Voraussetzungen für die Messung der Dienstleistungsqualität als auch auf die Dimensionen der Dienstleistungsqualität im Reisebüro eingegangen. Die Vorstellung und der Umgang mit einzelnen Methoden der Qualitätsmessung sind dabei wiederum auf die Bedürfnisse und Möglichkeiten kleiner und mittlerer Reisebüros abgestimmt.

Die *Verbesserung der Dienstleistungskultur* ist Gegenstand von *Kapitel 5.3*. Einleitend wird als Grundvoraussetzung für jegliche Maßnahme zur Qualitätsverbesserung im Reisebüro eine qualitätsorientierte Dienstleistungskultur identifiziert. Die Dienstleistungskultur hängt dabei primär von der Dienstleistungsorientierung und -mentalität der Mitarbeiter ab. Neben einem, der Dienstleistungskultur förderlichen Führungsverhalten sollten die Maßnahmen des Managements vor allem die Problemlösungskapazität der Mitarbeiter erweitern. Ziel ist dabei, das Verhalten der Mitarbeiter insbesondere über entsprechende Wertvorstellungen, Verhaltensnormen sowie Denk- und Handlungsweisen positiv zu beeinflussen. Mit Hilfe eines Unternehmensleitbildes ist zudem eine fruchtbare Auseinandersetzung aller am Dienstleistungsprozeß Beteiligten mit dem gelebten und dem angestrebten Dienstleistungsverständnis möglich.

Der zuvor bereits angesprochenen Dreiteilung des Dienstleistungsbegriffes wird in den letzten drei Abschnitten von Kapitel 5 Rechnung getragen. Beginnend mit der *Verbesserung der Potentialqualität* in *Kapitel 5.4* werden die einzelnen Potentialfaktoren eines Reisebüros unter qualitätsrelevanten Aspekten analysiert. Die Dimension physisches Umfeld kann beispielsweise durch Veränderungen des äußeren Erscheinungsbildes des Reisebüros (z.B. Schaufenster, Innenbereich etc.) qualitativ verbessert werden. Hinsichtlich der qualitätsorientierten Raumgestaltung im Reisebüro spielen zudem Aspekte wie hybrides Verbraucherverhalten und Corporate Design eine wichtige Rolle. Die Qualität des technischen Potentials hängt neben der Qualität des Computer-Reservierungs-Systems (CRS) auch von der Qualität des genutzten Reisevertriebssystems sowie der Qualität der dezentralen System- und Softwarelösungen, wie Touristik-Verwaltungssoftware und Reiseinformations- und Marketingsysteme, ab. Defizite beim Mitarbeiterpotential können insbesondere durch qualitätsorientierte Mitarbeiterauswahl, -entwicklung und -motivation behoben werden. Neben der Nutzung entsprechender Stellen- und Personenprofile, Auswahlverfahren sowie Aus- und Weiterbildungsmaßnahmen werden Maßnahmen zur Erhöhung der äußeren und der inneren Motivation vorgestellt. Eine Verbesserung organisationaler Aspekte im Reisebüro wird durch qualitätsorientierte Zielvereinbarungs-, Be- und Entlohnungs-, Arbeitszeit- sowie Kommunikationssysteme erreicht.

Kapitel 5.5 befaßt sich mit der *Verbesserung der Prozeßqualität* im Reisebüro. Da hierbei der Expedient im Mittelpunkt steht, ist es zunächst wichtig, seine Rolle im Dienstleistungsprozeß zu definieren. Erkenntnisse der Rollentheorie lassen sich dabei nutzen, um eine etwaige Gefahr von Rollenkonflikten und Rollenambiguität zu mindern, was letztendlich der Dienstleistungsqualität im Reisebüro zu gute kommt. Darüber hinaus können Defizite in der Prozeßqualität vor allem durch das richtige Verhalten der Expedienten im Dienstleistungsprozeß abgebaut werden. Die Unterteilung des Dienstleistungsprozesses anhand der im touristischen Reisebüro üblichen Kundenkontaktpunkte ermöglicht im Rahmen der Qualitätsverbesserung eine strukturierte Vorgehensweise. Qualitätsstandards für die einzelnen Phasen des Dienstleistungsprozesses unterstützen die Qualitätsverbesserung der vom Kunden wahrgenommenen Kontaktpunkte im bzw. mit dem Reisebüro. Die Prozeßqualität wird im Rahmen des Telefonkontaktes, des eigentlichen Dienstleistungsprozesses mit Kontaktaufnahme,

Beratung und Buchung sowie durch die Nachkaufkontakte der Kunden mit dem Reisebüro bestimmt. Maßnahmen zur Qualitätsverbesserung haben entsprechend an diesen Kontaktpunkten anzusetzen.

Der letzte Abschnitt des Kapitels 5 ist der *Verbesserung der Ergebnisqualität* gewidmet. So wird im Rahmen des *Kapitels 5.6* zunächst die Beschwerdepolitik eines qualitätsorientierten Reisebüros unter den Aspekten Beschwerde-stimulierung, Beschwerdebearbeitung, Beschwerdeanalyse sowie Beschwerde-weitergabe näher betrachtet. Zur Optimierung der qualitätsorientierten Kommunikation nach außen sind die notwendigen Maßnahmen und Gestaltungsmöglichkeiten eines qualitätsorientierten Reisebüromarketings (mit seinen Bereichen Werbung, Öffentlichkeitsarbeit und Verkaufsförderung) einzuleiten. Ein Aspekt der Ergebnisqualität, der nicht nur für das vermittelnde, sondern auch für das veranstaltende Reisebüro von Interesse ist, ist Auswahl der angebotenen Reiseveranstalter und Leistungsanbieter. Zu diesem Zweck werden Kriterien für die Auswahl von Produkten und Leistungsanbietern vorgestellt, die eine Verbesserung in diesem Bereich ermöglichen. Hierzu zählen sowohl Qualitätskriterien für Produkte und Dienstleistungen als auch Qualitätskriterien zur Auswahl der "richtigen" Leistungsanbieter.

2 Qualität und ihre Bedeutung

Die große Vielfalt von Ansätzen zur Erklärung von Qualität macht eine tiefergehende Auseinandersetzung mit dem Qualitätsbegriff an späterer Stelle[1] notwendig. Für ein erstes Verständnis soll zunächst auf einen Definitionsansatz des Deutschen Instituts für Normung aus dem Jahr 1986 zurückgegriffen werden. Dieser kann allgemeinverbindlich sowohl auf die Produkt- als auch auf die Dienstleistungsqualität angewendet werden und definiert Qualität als die

> "Gesamtheit von Eigenschaften und Merkmalen eines Produktes oder einer Leistung, die sich auf deren Eignung zur Erfüllung gegebener Erfordernisse beziehen."[2]

Bevor in diesem Kapitel detaillierter auf die Beratungsqualität und die Dienstleistungsqualität im Reisebüro eingegangen wird, soll zunächst erläutert werden, wie Qualität auf Unternehmenserfolg und Rentabilität Einfluß nimmt.

2.1 Erfolgsfaktor Qualität

Kam man in den 60er und 70er Jahren zu der Erkenntnis, daß der Marktanteil ausschlaggebend für Wachstum und Rentabilität eines Unternehmens ist, so stellte sich als eines der wichtigsten Ergebnisse der PIMS-Studie[3] im Laufe der 80er Jahre heraus, daß besonders der Faktor Qualität diesen Marktanteil bestimmt.

Bei PIMS (Profit Impact of Market Strategies) handelt es sich um ein in den USA laufendes Programm, welches aufgrund der Analyse der Erfahrungen zahlreicher Unternehmen unterschiedlichster Industriezweige Aufschlüsse über die Beziehung von Strategie und Erfolg geben will. Seit dem Start dieses Programms wurden von mehr als 450 Unternehmen bzw. nahezu 3.000 strategischen Geschäftseinheiten (SGE) weltweit Informationen bezüglich Strategien und den erzielten finanziellen Ergebnissen in einer Datenbank[4] gesammelt.

---

1 Vgl. Kap.3.1.
2 Vgl. Deutsches Institut für Normung, DIN 55350, Teil 11, zitiert in Meyer/Mattmüller, Qualität von Dienstleistungen, S.187.
3 Vgl. Buzzell/Gale, Das PIMS-Programm, S.3 ff.
4 Vgl. Buzzell/Gale, Das PIMS-Programm, S.3.

11

Die Informationen, anhand derer die tatsächlichen Erfahrungen der Unternehmen bzw. ihrer SGE in unterschiedlichen Markt- und Wettbewerbssituationen erfaßt werden, unterteilen sich in drei Bereiche:[5]

- Beschreibung der *Marktbedingungen,* unter denen das Unternehmen operiert (Vertriebskanäle, Anzahl der Kunden, Größe der Kunden sowie Wachstums- und Inflationsrate des bedienten Marktes).
- *Wettbewerbsposition* im Markt (Marktanteil, Qualität, Preise, Kosten, vertikaler Integrationsgrad im Verhältnis zur Konkurrenz).
- Indikatoren der *Rentabilität* und *Betriebseffizienz* auf jährlicher Basis über einen Zeitraum von zwei bis zwölf Jahren.

Im Rahmen von PIMS wurden zahlreiche Zusammenhänge zwischen der Qualität und anderen Faktoren analysiert (z.B. Qualität und Wachstum[6], Qualität und Differenzierung[7] etc.). Nachfolgend erfolgt eine Konzentration auf die Zusammenhänge von Qualität und Unternehmenserfolg sowie Qualität und Rentabilität.

2.1.1 Qualität und Unternehmenserfolg

Anhand der Analyse der bei einer ausreichend großen Anzahl von Geschäftseinheiten gesammelten Daten können Beziehungsmuster aufgedeckt und Rückschlüsse auf Strategien etc. gezogen werden. Entsprechend erfaßt PIMS auch unterschiedliche Varianten der Beeinflussung des Geschäftserfolges durch wahrgenommene (bzw. relative) Qualität und technische Qualität.

Zur Erfassung der relativen Qualität wurde von den Mitarbeitern und den Mitgliedsfirmen von PIMS ein Verfahren entwickelt, welches den multiattributiven Verfahren der Marktforschung ähnelt. Werden jene Verfahren jedoch überwiegend zur Bewertung und zum Vergleich einzelner Produkte herangezogen, so bezieht sich der bei PIMS angewendete Ansatz auf die gesamte Produktlinie einer Geschäftseinheit[8].

Nach Buzzell/Gale eröffnen sich Unternehmen, die konsequent Qualitätspolitik betreiben, drei Optionen[9], die sich direkt positiv auf den Unternehmenserfolg auswirken. Ein qualitativ höherwertiges Sortiment erlaubt *erstens* einen höheren Preis, der sich direkt auf den Gewinn niederschlägt. Der mit Hilfe dieses höheren Preises er-

---

6   Vgl. Buzzell/Gale, Das PIMS-Programm, S.96.
7   Vgl. Buzzell/Gale, Das PIMS-Programm, S.103.
8   Vgl. Buzzell/Gale, Das PIMS-Programm, S.92 f.
9   Vgl. Buzzell/Gale, Das PIMS-Programm, S.92.

langte Mehrgewinn kann *zweitens* in Forschung und Entwicklung sowie in neue Produkte investiert werden, um Qualität und Marktanteil auch in Zukunft zu sichern. Die *dritte* Option besteht darin, daß dem Kunden bei vergleichbaren Dienstleistungen bzw. Produkten sowie gleichem Preis ein besseres Preis-Leistungsverhältnis als bei der Konkurrenz geboten werden kann. Der Unternehmenserfolg stellt sich hier in Form von Marktanteilsgewinnen und Umsatzwachstum dar.

Als ein Ergebnis[10] der PIMS-Untersuchungen kann festgehalten werden, daß es grundsätzlich zwei Möglichkeiten gibt, Wettbewerber zu übertreffen. Zum einen besteht die Möglichkeit, überlegene technische Qualität anzubieten. Diese entsteht dadurch, daß Produktspezifikationen und Dienstleistungsstandards besser erfüllt werden als bei der Konkurrenz. Zum anderen hat der Dienstleister die Möglichkeit, überlegene relative Qualität zu bieten. Dies gelingt vor allem dann, wenn er Produktspezifikationen und Dienstleistungsstandards anstrebt, die den Vorstellungen der Kunden besser entsprechen als die der Konkurrenz. Zu beachten ist bei diesen beiden Alternativen, daß sie sich nicht gegenseitig ausschließen, sondern daß ein entsprechender Unternehmenserfolg vor allem dann erreicht werden kann, wenn beide Wege der Qualitätsoptimierung gleichzeitig gegangen werden.

2.1.2 Qualität und Rentabilität

Unabhängig davon, ob man den ROI (Return on Investment) oder den ROS (Return on Scale) als Maß der Rentabilität verwendet, bedeuten qualitativ ausgezeichnete Produkte bzw. Dienstleistungen für die sie produzierenden Unternehmensbereiche eine Überlegenheit gegenüber Unternehmensbereichen, die geringere Qualität produzieren. Entscheidende Vorteile, die sich laut PIMS für qualitätsbewußte Bereiche und Unternehmen ergeben, sind:[11]

- stärkere Kundentreue,
- häufigere Wiederholungskäufe,
- geringere Gefährdung bei Preiskämpfen,
- Durchsetzbarkeit höherer Preise ohne Marktanteilsverluste,
- niedrigere Marketingkosten,
- Marktanteilssteigerungen.

---

10 Vgl. Buzzell/Gale, Das PIMS-Programm, S.91.
11 Vgl. Buzzell/Gale, Das PIMS-Programm, S.94.

Vorteile[12], die sich explizit aufgrund hoher Servicequalität realisieren lassen, sind u.a. hohe Kapitalverzinsung, hohe Umsatzrendite, höhere Preise, höherer Marktanteil, bessere Marktanteilsveränderung und niedrigere relative Kosten.

Dabei wird die Rentabilität besonders vom relativen Marktanteil und der relativen Qualität beeinflußt. Das Verhältnis relative Qualität, Marktanteil, Preise, Kosten und Rentabilität läßt sich anhand der PIMS-Daten wie folgt beurteilen:[13]

- die relative Qualität beeinflußt den relativen Preis;
- der Marktanteil hingegen hat nur geringe Wirkung auf die Preise;
- umgekehrt allerdings beeinflußt der Marktanteil die direkten Kosten;
- die Qualität jedoch hat für die Kosten nur geringe Bedeutung.

Für das kleine bzw. mittelständische Reisebüro hat der vergleichsweise geringe Einfluß der relativen Qualität auf die direkten Kosten eine besondere Bedeutung. Es zeigt sich, daß die Produktion von Qualität nicht eine primäre Frage von erhöhten Ausgaben und Kosten ist, sondern daß vor allem kostenneutrale oder sogar kosteneinsparende Faktoren die relative Qualität, die Rentabilität und letztendlich den Unternehmenserfolg positiv beeinflussen können. Zu denken sei im Reisebüro beispielsweise an ein gut funktionierendes Beschwerdemanagement, Teamarbeit, Arbeitszeitflexibilisierung sowie die Verbesserung der Dienstleistungskultur.[14]

2.2 Qualität im Reisebüro

Qualität im Reisebüro wurde bislang vornehmlich unter dem Aspekt guter oder schlechter Beratung gesehen. Auch wenn die Beratungsqualität einen sehr großen Teil der Dienstleistungsqualität ausmacht, so müssen ebenso andere Aspekte berücksichtigt werden, um die Qualität der Dienstleistung "Beratung und Verkauf im Reisebüro" zu verbessern.

2.2.1 Beratungsqualität und Kundenbindung in Reisebüros

Zum Status quo der Beratungsqualität und der Kundenbindung (als ein nicht unwesentliches Indiz für Qualität) in deutschen Reisebüros werden nachfolgend die Ergebnisse verschiedener empirischer Untersuchungen vorgestellt.

---

12 Vgl. Bruhn, Qualitätssicherung, S.33 sowie Luchs/Neubauer, Qualitätsmanagement, S.55 ff.
13 Vgl. Buzzell/Gale, Das PIMS-Programm, S.94.
14 Die in Kap.5 dargestellten Maßnahmen zur Qualitätsverbesserung entsprechen in großen Teilen dieser Kostenneutralität.

2.2.1.1 Untersuchungen der Stiftung Warentest

Die Beratungsqualität in deutschen Reisebüros wurde in den vergangenen 10 Jahren von der Stiftung Warentest genauer unter die Lupe genommen. Hauptaugenmerk wurde bei den 1984 bzw. 1991 durchgeführten Untersuchungen[15] vor allem auf die Beratungsleistung im speziellen gelegt, so daß besonders das Fachwissen und die Kenntnisse der Mitarbeiter bewertet wurden.

1984 wurden 309 Reisebüros in 22 Städten der alten Bundesrepublik Deutschland aufgesucht, 1991 geschah dies bei 288 Reisebüros in 17 Orten bundesweit (inkl. neue Bundesländer). Bei beiden Untersuchungen wurden jeweils zwei Varianten der Urlaubsplanung "durchgespielt". Etwa die Hälfte der Reisebüros einer Untersuchungswelle wurde mit dem Wunsch nach einer Pauschalreise für ein Ehepaar mit einem fünf- bzw. siebenjährigen Sohn konfrontiert. Die andere Hälfte der Büros wurde um Auskunft bzgl. einer USA-Flugreise für eine Person gebeten. Zusatzwünsche, Fragen nach rechtlichen Bestimmungen und anderer Informationsbedarf (wie z.B. bzgl. Reiseversicherungen) wurden zuvor festgelegt, so daß eine einheitliche Bewertung der Beratung möglich war.

Bewertet wurden zwar auch die Rahmenbedingungen des Beratungsgesprächs wie Beratungsdauer, Atmosphäre im Reisebüro, Erkennbarkeit des Beraternamens sowie der Gesamteindruck. Im Vordergrund allerdings stand die Beurteilung der eigentlichen Beratung, wie die Reaktion auf den Beratungswunsch (u.a. bzgl. Zielgebiet, Ort, Veranstalter und Fluglinie), die Exaktheit der Angaben (Kinderermäßigungen, Reisepreis-Berechnung, Buchungsbedingungen usw.) sowie die Nennung von Informationsquellen (z.B. verschiedene Veranstalter etc.).

Die Beratungssituation und -atmosphäre sowie der Verlauf des Beratungsgesprächs wurden von den Test-Personen als "teilnehmende Beobachter" direkt im Anschluß an den Reisebürobesuch mittels einem standardisierten Erhebungsbogen protokolliert. Die Auskünfte wurden mit Hilfe von Reisekatalogen und anderen Unterlagen überprüft und mit einem Punkteverfahren bewertet. Die Ergebnisse beider Untersuchungen sind für die deutschen Reisebüros nicht sehr schmeichelhaft.

---

[15] Vgl. test 4/84, S.373 ff und test 7/91 S.726 ff.

Beratungsvariante:	Pauschalreise	
Beurteilung (in %)	1984	1991
Sehr gut	0	3
Gut	12	34
Zufriedenstellend	30	14
Mangelhaft	18	11
Sehr Mangelhaft	40	24
Gesamt-Urteil	**mangelhaft**	**zufriedenstellend**

Abb. 2.1: Reisebüro-Untersuchung der Stiftung Warentest, Beratungsvariante "Pauschalreise".[16]

Beratungsvariante:	USA-Flugreise	
Beurteilung (in %)	1984	1991
Sehr gut	3	0
Gut	24	12
Zufriedenstellend	35	56
Mangelhaft	25	20
Sehr Mangelhaft	13	12
Gesamt-Urteil	**zufriedenstellend**	**zufriedenstellend**

Abb. 2.2: Reisebüro-Untersuchung der Stiftung Warentest, Beratungsvariante "USA-Flugreise".[17]

---

[16] Entnommen aus test 4/84, S.376 und test 7/91 S.728.
[17] Entnommen aus test 4/84, S.376 und test 7/91 S.728.

In einem Beitrag zur Qualität von Beratungen[18] beschreibt Armbrecht die Untersuchungsergebnisse von 1984. Diese Analyse läßt sich, trotz einer leichten Verbesserung bei der Pauschalreiseberatung, auch auf die Ergebnisse von 1991 anwenden, da sich auch in diesem Jahr, trotz angekündigter Verbesserungen, die Beratungsqualität nicht so verbessert hat, daß man von guten bis sehr guten Beratungsleistungen sprechen kann.

Im wesentlichen sind die schlechten Beratungsergebnisse nach Armbrecht auf folgende Mängel zurückzuführen:[19]

- Das Fehlen optimaler Beratungsbedingungen.
- Mangelndes Einfühlungsvermögen des Counter-Personals auf die Kundenwünsche und Bedürfnisse.
- Fehlende Zielgebietskenntnisse und Länderkunde.
- Lückenhafte Kenntnisse über konkrete Sportmöglichkeiten im Zielgebiet.
- Fehlerhafte Preisberechnungen.
- Mangelnde Kenntnisse über die Unterschiede zwischen der Touristenklasse bei Linienflügen und Charterflügen sowie über die Buchungsbedingungen des Transatlantik- und USA-Rundfluges.

Hinzu kommen 1991 vor allem:[20]

- Mangelnde oder falsche Hinweise auf Reiseversicherungen.
- Nichtberücksichtigung freier Kapazitäten bei der Pauschalreise.

Holt man sich die zuvor dargestellten wichtigsten Ergebnisse der PIMS-Studie bzgl. des Zusammenhangs von Qualität und Rentabilität in Erinnerung (hohe Qualität bewirkt stärkere Kundentreue sowie häufigere Wiederholungskäufe), so liegt hier die Vermutung nahe, daß Reisebüros mit lediglich zufriedenstellender bis mangelhafter Beratungsqualität auf kein allzu großes Stammkundenpotential zurückgreifen können.

2.2.1.2 Umfrage der LTU-Touristik

Genau diese Vermutung bestätigt auch eine Umfrage der LTU-Touristik.[21] Im Auftrag der LTU wurden im Mai/Juni 1994 in 125 Reisebüros (der deutschen Reisebürolandschaft entsprechend repräsentativ ausgewählt) in ganz Deutschland

---

18 Vgl. Lübke, Qualität von Beratungen, S.121 ff.
19 Vgl. Armbrecht, Konzeption einer Dienstleistungsuntersuchung, S.128.
20 Vgl. test 7/91 S.729.
21 Vgl. FVW 19/94, S.18, 19.

Kundeninterviews durchgeführt. Insgesamt 795 Kunden - davon 636 Pauschalurlauber und 159 "Nur-Flieger" - wurden in Abwesenheit des Expedienten zu ihrer Reiseentscheidung, zum Einfluß des Expedienten und zu alternativen Buchungsmöglichkeiten befragt.

Neben der Erkenntnis, daß es auch hier in vielen Reisebüros an qualifiziertem Personal fehlt, kommt die Studie zu dem Resultat, daß nur ein Drittel der Reisebüro-Klientel als Stammkunde bezeichnet werden kann. Bei den Pauschalurlaubern beträgt der Stammkundenanteil demnach 35%, bei den Nur-Flug-Buchern 29%.

Als Gründe für die Wahl eines bestimmten Reisebüros wurden von den Stammkunden angeführt:[22]

- "gute Beratung" (57%)
- "Wegen der Reiseberater" (35%)
- "guter Service" (11%)
- "Gewohnheit/gute Erfahrung (7%)

Um eine Stammkundenbindung zu erreichen, rückt nach diesen Aussagen die persönliche Beratung, und dabei vor allem die Qualität der Beratung, immer stärker in den Vordergrund.

An diesen beiden Faktoren anzusetzen ist umso wichtiger, als weitere Untersuchungsergebnisse belegen, daß sich viele Kunden Alternativen zur Buchung über das Reisebüro vorstellen können. Demnach halten es 44% der Pauschalreisenden und sogar 55% der Nur-Flug-Kunden für denkbar, nicht über ein Reisebüro zu buchen. Für 49% dieser Pauschalreisenden ist beispielsweise die telefonische Buchung direkt beim Veranstalter als Alternative denkbar.

2.2.1.3 Reiseanalyse des Studienkreises für Tourismus

Zu sehr ähnlichen Ergebnissen bzgl. der Kundenbindung an ein bestimmtes Reisebüro kommt die Reiseanalyse (RA) 1988[23]. Auf diese RA älteren Datums soll hier Bezug genommen werden, da diese in wichtigen Fragen zur Kundenbindung mit der Reiseanalyse 1984 übereinstimmt, und somit die Veränderung der Kundentreue zu einem bestimmten Reisebüro im Längsschnitt nachvollzogen werden kann.

---

22 Vgl. FVW 22/94, S.56.
23 Vgl. FVW 22/89, S.20, 21.

1988 wurden fast 80% der Pauschalreisen über Reisebüros bzw. Büros von Reiseveranstaltern gebucht. In diesem Jahr fanden 43,5% der Reisenden in Reisebüros
und reisebüroähnlichen Stellen Informationen und Beratung, lediglich 35,5% buchten
ihre Reise in dem entsprechenden Büro. Die Treue zu ein- und demselben Reisebüro
bzw. Reiseveranstalter veranschaulicht Abbildung 2.3.

Reiseanalyse 1982/1988 im Vergleich

	RA 1982 Reisebüro beansprucht n = 1050	RA 1988 Reisebüro beansprucht n = 1575	Ver- änderung %-Punkte
Buche meine Reisen im gleichen Reisebüro und meistens den gleichen Reiseveranstalter	33,6%	19,0%	-14,6%
Buche meistens im gleichen Reisebüro, die Wahl des Reiseveranstalters spielt keine Rolle	23,7%	21,4%	-2,3%
Die Wahl des Reisebüros spielt keine Rolle, buche meistens den gleichen Reiseveranstalter	5,0%	1,7%	-3,3%
Wahl des Reisebüros und Wahl des Reiseveranstalters spielen keine Rolle	37,7%	54,8%	+17,1%
Keine Angaben	-	3,0%	-
Basis	100,0%	100,0%	

Abb. 2.3: Kundentreue in Reisebüros.[24]

Auch aus diesem Ergebnis, wie zuvor schon in der LTU-Touristik-Umfrage, wird
die Notwendigkeit ersichtlich, sich zum einen der aktuellen Stammkundschaft verstärkt anzunehmen, zum anderen aber auch neue Stammkunden zu gewinnen. Un-

---

[24] Entnommen aus FVW 22/89, S.21; Quelle: Reiseanalyse 1982 und 1988 des Studienkreises für
Tourismus, durchgeführt von GfK und BasisResearch/GfM-Getas. Basis: Reisende 1982 bzw.
1988, die ein Reisebüro beansprucht haben.

termauert wird dieser Handlungsbedarf von Berechnungen[25], die besagen, daß die Werbung eines Neukunden sechsmal teurer ist, als einen Stammkunden zu halten.

2.2.2 Dienstleistungsqualität im Reisebüro

Die Darstellung des Status quo der Beratungsqualität sowie die Betrachtung qualitätsrelevanter Aspekte der Kundenbindung in Reisebüros hat gezeigt, daß in jedem Fall Handlungsbedarf besteht, sich der Dienstleistungsqualität im Reisebüro stärker anzunehmen, als dies bisher geschehen ist. Zwar hat die touristische Wissenschaft diesen Handlungsbedarf bereits erkannt[26], für das kleine und mittlere Reisebüro fehlen bisher jedoch wissenschaftlich fundierte Handlungsanweisungen, wie eine hohe Dienstleistungsqualität im Reisebüro zu erreichen ist und wie man sie halten kann. Dies wird in den Kap.4 und 5 dieser Arbeit ausführlich erläutert.

Welche Kriterien eine hohe Beratungs- und, um einige Aspekte erweitert, eine hohe Dienstleistungsqualität ausmachen, soll an dieser Stelle knapp dargestellt werden. Nach Steindl/Merkl[27] können als Voraussetzung zur Erlangung einer hohen Güte der Beratungsqualität angesehen werden:[28]

- eine gute Allgemeinbildung des Reisebüro-Mitarbeiters (Geographie, Geschichte, Sprachen, etc.),
- eine besondere Ausbildung und Schulung des Reisebüro-Mitarbeiters (fachlich und beratungsspezifisch),
- die Berufs- und Reiseerfahrung des Mitarbeiters,
- das Talent des Mitarbeiters, mit Kunden umzugehen (humantouch) und ihnen sein Wissen darzustellen,
- die Qualität der zur Verfügung stehenden Kommunikationsmittel und sonstigen Unterlagen (elektronische, vernetzte Buchungssysteme und Reservierungssysteme, etc.).

---

25 Laut FVW 14/94, S.6.
26 Vgl. z.B. Kaspar, Qualitätstourismus, S.3 ff; Romeiß-Stracke, Service-Qualität im Tourismus, S.69 ff; Sommer, Qualität und Qualitätssicherung touristischer Dienstleistungen, S.251 ff.
27 Vgl. Steindl/Merkl, Betriebswirtschaftslehre des Reisebüros, S.26.
28 Zitiert in Raml, Personalmanagement, S.38.

Die Dienstleistungsqualität im Reisebüro umfaßt jedoch mehr als die dargestellten Kriterien hoher Beratungsqualität. Folgende Kriterien können *zusätzlich* zu den oben genannten zur Erlangung einer hohen Dienstleistungsqualität im Reisebüro hinzugenommen werden:[29]

- der Eindruck, den das Ambiente eines Reisebüros auf den Kunden ausübt,
- das Image, welches das Reisebüro im Markt hat und somit auf die Einstellung des Kunden wirkt, noch bevor er das Reisebüro betritt,
- die Wettbewerbsfähigkeit, die das Reisebüro im Vergleich mit anderen Reisebüros bei Kundenservice und -bedienung besitzt,
- die Effektivität, mit der Kundenwünsche bearbeitet werden,
- die Promptheit der Kundenbedienung, die sich sowohl in der möglichst geringen Wartezeit im Reisebüro als auch in der Gewilltheit und Schnelligkeit bei der Lösung von Problemen niederschlägt,
- die Vertraulichkeit, die das Reisebüro-Personal im Umgang mit den Kunden walten läßt.

All diese Kriterien sind aus Kundensicht ausschlaggebend für eine hohe Dienstleistungsqualität, die, wie am Anfang dieses Kapitels zu sehen war, einen starken positiven Einfluß auf den wirtschaftlichen Erfolg eines Reisebüros nehmen kann.

---

[29] Die Auflistung erfolgt in Anlehnung an die von LeBlanc (LeBlanc, Service Quality, S.10 ff) definierten Dimensionen der Dienstleistungsqualität im Reisebüro, auf welche in Kap.4.2.4 vertieft eingegangen wird.

3 Veränderte Bedingungen und Anforderungen in der Reisevermittlung

In diesem Kapitel soll veranschaulicht werden, welche Entwicklung die Reisevermittlung und das sie umgebende Umfeld in den letzten Jahren genommen hat. Vor allem aufgrund der nachfolgend dargestellten wirtschaftlichen, gesellschaftlichen, rechtlichen und organisatorischen Veränderungen ist das klassische Reisebüro kleiner bis mittlerer Größe derzeit einem starken Wettbewerbsdruck ausgesetzt.

3.1 Ökonomische Bedeutung des Tourismus und der Reisemittlerbranche

3.1.1 Die Rolle des Tourismus in der Volkswirtschaft

Bevor auf die wirtschaftliche Bedeutung des Tourismus eingegangen wird, soll nachfolgend kurz die von Prof. Kaspar entwickelte, von der Vereinigung wissenschaftlicher Fremdenverkehrsexperten (AIEST) anerkannte, auf internationaler Ebene am häufigsten verwendete und die auch für die folgenden Ausführungen geltende Definition[1] des Begriffs *Fremdenverkehr* bzw. *Tourismus* wiedergegeben. Danach wird Fremdenverkehr bzw. Tourismus definiert als

"die Gesamtheit der Beziehungen und Erscheinungen, die sich aus der Reise und dem Aufenthalt von Personen ergeben, für die der Aufenthaltsort weder hauptsächlicher und dauernder Wohn- noch Arbeitsort ist."[2]

Die zunehmende Bedeutung des Tourismus für die Weltwirtschaft hebt eine Studie des World Travel & Tourism Council (WTTC) aus dem Jahr 1993 hervor[3]. Danach wurde für das Jahr 1994 für die weltweite Reise- und Tourismus-Industrie ein Umsatz von 3,4 Bill. Dollar prognostiziert, was 10 Prozent des weltweiten Bruttosozialprodukts entspricht. Dieser Beitrag zur Weltwirtschaft dürfte sich nach den Berechnungen des Councils bis zum Jahr 2005 sogar verdoppeln.

Zur Reisebranche, deren wirtschaftliche Auswirkungen in dieser Studie anhand eines globalen Input-/Output-Modells analysiert wurden, zählen dabei die Bereiche Trans-

---

[1] Vgl. z.B. Krippendorf, Freizeit und Tourismus sowie Wolf/Seitz, Tourismusmanagement und -marketing, S.245.
[2] Vgl. Kaspar, Die Tourismuslehre im Grundriss, S.18.
[3] Vgl. FVW 26/93, S.65.

port, Beherbergung, Gastronomie/Restauration, Kultur-/Freizeitanlagen und Reisevertrieb/Reisedienstleistungen. Ausgehend von der Annahme, daß im Jahr 1994 10,9 Prozent aller Verbraucher- und 6,9 Prozent aller Regierungsausgaben auf Reisen und touristische Aktivitäten entfallen, wurde der Branche für das Jahr 1994 ein Gesamtvolumen von 693 Mrd. Dollar, d.h. 10,7 Prozent aller getätigten Investitionen, und 655 Mrd. Dollar, d.h. 11,7 Prozent aller indirekten Steuern, prognostiziert. Dabei arbeiten mehr als 200 Millionen Menschen bei Reise- und Touristikunternehmen.

In der Bundesrepublik Deutschland leisteten die touristischen Inlandsumsätze 1993 einen Beitrag von ca. 5 Prozent zum Bruttosozialprodukt und bewirken etwa 1,3 Millionen Voll-Arbeitsplätze. Inklusive Teilzeitbeschäftigten sind dies sogar 2 Millionen Arbeitsplätze. Beschäftigt bei deutschen Reisebüros sind davon ca. 45.000 Personen.[4]

3.1.2 Funktion und Rolle der Reisebürobranche

Innerhalb des vorgestellten Tourismussektors liegt ein Schwergewicht der Reisebranche in der Veranstaltung bzw. Vermittlung von Reisen mit Übernachtung. Reisebüros können beide Aufgaben wahrnehmen, so daß ihnen

1) die Funktion als Reisemittler bzw. -vermittler (Handelsfunktion) und/oder
2) die Funktion als Reiseveranstalter (Produktionsfunktion)

zukommen kann[5]. Hauptaugenmerk soll schon hier auf die Handelsfunktion gelegt werden, da auch später im Hauptteil der Arbeit vor allem auf die Beratungs- und Vermittlungstätigkeiten des Reisebüros eingegangen wird.

Die hier im Vordergrund stehende Vermittlung von Reisen gegen Entgelt kann als "klassische" Dienstleistung betrachtet werden. Es wird kein Sachgut, also kein "dinghaftes" Gut produziert, sondern der Anbieter der Tätigkeit "Reisevermittlung" mit seinen Nebenerscheinungen wie Beratung etc. führt diese gegen Bezahlung in Form von Provisionen oder Gebühren aus.

Während die reinen Reiseveranstalter primär nur im Bereich der Erholungs- und Urlaubsreisen tätig sind (einschließlich Studienreisen u.ä.), umfassen die Tätigkeitsbereiche[6] der Reisebüros, neben der Vermittlung von Veranstalterreisen und Eigen-

---

4   Vgl. DRV, Der Deutsche Reisemarkt, S.8.
5   Vgl. Raml, Personalmanagement und Ausbildung im österr. Reisebürogewerbe, S.3.
6   Vgl. Freyer, Tourismus, S.169.

veranstaltungen, die Vermittlung von Verkehrsleistungen (Flug, Bahn, Bus und Schiff) und anderen touristischen Leistungen (Hotelreservierung, Reiseversicherung, Mietwagenvermittlung u.ä.) sowie Auskünfte sowohl bezüglich dieser Leistungen als auch darüber hinaus (z.b. Ein- und Ausreisebestimmungen, Informationen über Urlaubsländer und -gebiete).

Aus dem Geschäftsbericht '93 des Deutschen Reisebüro-Verbandes[7] geht hervor, daß die Haupterwerbsreisebüros, also die Reisebüros, für die die Reisevermittlung und dazugehörige Nebenleistungen die Haupteinnahmequelle bilden, in der Bundesrepublik Deutschland im Jahre 1992 einen Umsatz von rund 33 Milliarden DM erzielt haben. Dabei wurden über 35 Millionen Pauschalreisen (nur Übernachtungsreisen) von Reisebüros verkauft. Das bedeutet, daß jede dritte Urlaubsreise im Reisebüro gebucht wurde. 80 % der Veranstalter- und Linienflugumsätze wurden über Reisebüros getätigt.

Diese Kennzahlen lassen erkennen, welche wirtschaftliche Bedeutung diese Branche in Deutschland hat. Sich ändernde Rahmenbedingungen, wie politische und gesellschaftliche Entwicklungen, lassen für die Zukunft der Reisebürobranche jedoch einige strukturelle Veränderungen erwarten.

3.2 Politische, rechtliche und gesellschaftliche Entwicklungen

3.2.1 Der EU-Binnenmarkt

Die Öffnung der Grenzen innerhalb des EU-Binnenmarktes bringt vor allem den Abbau einer Vielzahl von Hemmnissen und Beschränkungen mit sich. Eng mit diesem Beschränkungsabbau wird dabei ein vom Wettbewerb bestimmtes Umfeld geschaffen und die Wirtschaftsdynamik in der Europäischen Union gesteigert.

Nach dem Emmerson-Bericht lassen sich als Konsequenz dieser Anstöße vier Haupteffekte des Binnenmarktes ausmachen.[8] Wie in den letzten Jahren zu verfolgen war, haben diese Haupteffekte auch in der Reisebürobranche zum Großteil schon "gegriffen", so daß sich Strukturveränderungen innerhalb der Branche als unmittelbare Folge der Marktöffnung beobachten lassen:

---

7   Vgl. DRV, Geschäftsbericht '93, S.60 f.
8   Vgl. Kommission der Europäischen Gemeinschaften, Europas Zukunft.

Effekt 1: Verringerung der Kosten durch bessere Nutzung von Größenvorteilen.

Aufgrund erhoffter Kosteneinsparungen in der Organisation und vor allem zur Erlangung von Preis- und Provisionsvorteilen bei den Reiseveranstaltern und Leistungsanbietern (Flug, Bahn, etc.) sind äußerst starke Konzentrationsprozesse im Gange. Die zwei bevorzugten Alternativen vor allem kleiner und mittlerer Reisebüros sind, entweder in einen Kooperationsverbund (z.b DERPART) einzusteigen oder aber sich einem Franchisegeber (z.b. FIRST) anzuschließen.[9]

Effekt 2: erhöhte Effizienz in den Unternehmen und stärker an den Produktionskosten orientierte Preisgestaltung.

Als Ergebnis intensiveren Wettbewerbs auf dem Reisemarkt können schon jetzt Maßnahmen zur Effizienzsteigerung und zu einer an den Produktionskosten orientierten Preisgestaltung beobachtet werden.

Beispielsweise zeigen sich bei den effizienzsteigernden Computer-Reservierungs-Systemen (CRS) starke Tendenzen zur Integration auf nationaler wie auf internationaler Ebene. Die Europäische Union fördert den Aufbau von CRS durch Kredite der Europäischen Investitionsbank und durch Gruppenfreistellungen vom Verbot der Kartellabsprachen. Zugleich richtet sich ihr Augenmerk auf den nichtdiskriminierenden Zugang zu diesen Systemen.[10]

Bezüglich der Produktionskosten läßt sich für die Reisebüros feststellen, daß langfristig an den Personalkosten gearbeitet werden muß. Diese betragen im Schnitt derzeit ca. 67% aller anfallenden Kosten des Reisebürobetriebes, so daß hier vor allem die Organisationsstruktur in den einzelnen Büros zu überdenken ist. Dies gilt umso mehr, da der Preiskampf in vollem Gange ist und auch die Veranstalter und Leistungsträger kaum bereit sein werden, höhere Provisionen zu zahlen, um eventuell kostenungünstig arbeitende Reisebüros am Leben zu halten.

Effekt 3: Verschiebungen zwischen den Wirtschaftszweigen.

Beispielgebend kann an dieser Stelle die Westdeutsche Landesbank (WestLB) genannt werden, die branchenübergreifend und nachhaltig auf den Tourismusmarkt eingreift.[11] So hat sie seit 1989 einen integrierten Touristikkonzern zusammengekauft, der sich im Jahr 1994 wie folgt zusammengesetzt hat:

---

9 Vgl. hierzu z.B. FVW 8/93, S.19ff; FVW 11/93, S.11; FVW 24/93, S.44 ff.
10 Vgl. DRV, Binnenmarktstudie, 1991, S.15.
11 Vgl. Hennes/Werb, Westdeutsche Landesbank, 1994, S.56 ff.

- 30% Beteiligung an Touristik Union International (TUI)
- 89,15% Beteiligung an Köln-Düsseldorfer Deutsche Rheinschiffahrt AG
- 89,15% Beteiligung an LTU Lufttransport-Unternehmen
- 90% Beteiligung an Thomas Cook Group Intern. Ltd.

Neben steigender Wachstumszahlen und daraus erhoffter Gewinne spielen für dieses branchenübergreifende Engagement insbesondere begleitende Bankgeschäfte eine Rolle. Dazu gehören u.a. Finanzierungsgeschäfte, Abwicklung des Zahlungsverkehrs (z.B. Travellerscheck- und Sortengeschäfte etc.) sowie Verkäufe von Unternehmensanteilen.[12]

Zu spüren bekommen Reisebüros diese branchenübergreifende Verbindungen der drittgrößten deutschen Bank (Bilanzsumme 320 Milliarden DM) vor allem durch die britische Reisebürokette Thomas Cook[13]. Binnen eines Jahres wurde die Zahl der Reisebüros in Deutschland von 47 auf 114 mehr als verdoppelt, der Umsatz stieg seit der Übernahme durch die WestLB von 500 Millionen auf 800 Millionen DM.

Effekt 4: Strom von Neuerungen, neuen Verfahren und neuen Erzeugnissen.

Mit Einführung der später noch vorgestellten leistungsfähigen Computer-Reservierungs-Systeme (CRS)[14] Ende der 80er Jahre sowie der Eröffnung des EG-Binnenmarktes wirken zwei Faktoren zusammen, die für die Zukunft einen Strom von Neuerungen im Reisemarkt erwarten lassen. So eröffnen sich für die Reisebüros durch die CRS einerseits ganz neue technische und organisatorische Möglichkeiten, andererseits werden sie aufgrund des verstärkten Wettbewerbs im Binnenmarkt zu allerlei Innovationen gezwungen, um wettbewerbsfähig zu bleiben. Das Szenario für den Reiseverkauf im Jahr 2000 könnte nach Hemjö Klein[15] dann wie folgt aussehen:

- Reisebüroketten mit klarem Discount- bzw. Fachmarktprofil und
  ausgeprägter Neigung zum Handelsmarketing;
- Spezialisten, die sich an Ländern, Zielgruppen oder Themen (Sprachen,
  Sport, Singels, Gesundheit, Abenteuer) orientieren;
- Direktvertreiber, die im Wohnzimmer beraten;
- Promoter, die Überhänge abbauen, Reise-Schnäppchen, Last Minute-
  Angebote, Kurzurlaube, Billigpakete offerieren.

---

12 Vgl. Hennes/Werb, Westdeutsche Landesbank, 1994, S.56.
13 Vgl. Hennes/Werb, Westdeutsche Landesbank, 1994, S.60.
14 Vgl. Kap.5.4.2.1.
15 Vgl. o.V., Deregulierung im Reisevertrieb, S.49; Hemjö Klein war zur Zeit der
    Veröffentlichung Bundesbahn-Vertriebsvorstand und ist heute Vorstandsmitglied der Deutschen
    Lufthansa.

Weitere Innovationen im technischen wie auch im organisatorischen Bereich sind in den vergangenen Jahren bereits entwickelt worden. Auf diese wird in den folgenden Kapiteln näher eingegangen.

3.2.2 Aufhebung der Vertriebsbindung

Zum 1.11.1994 haben die großen deutschen Veranstalter TUI, NUR und ITS auf Druck des Bundeskartellamts die Vertriebsbindung "ihrer" Agenturen aufgehoben. In der Praxis bedeutet dies, daß in Zukunft neben dem bisherigen Leitveranstalter auch ein zweiter Leitveranstalter in das Sortiment der Reisebüros aufgenommen werden darf. Die erwarteten Folgen dieser Vertriebsliberalisierung wurden in einer im Auftrag der FVW International durchgeführten Befragung analysiert.

Befragt wurden dabei sowohl 289 Reisebüro-Führungskräfte als auch 278 Expedienten.[16] An dieser Stelle sollen die wichtigsten Ergebnisse vor allem unter dem Aspekt der Dienstleistungsqualität bzw. des Kundenservices zusammengefaßt werden.

In der Zeit vor der Vertriebsliberalisierung bestimmte die Sortimentsbereinigung die strategischen Entscheidungen der Reisebüro-Chefs. Neben der Umsatzkonzentration zur Erhöhung der Provisionsstaffeln stand vor allem die Beratungsqualität im Vordergrund. Bei einem gestrafften Sortiment von 25 bis 35 Veranstaltern war man der Meinung, daß sich die Reisebüro-Mitarbeiter besser auskennen würden. Mit mindestens einem weiteren Leitveranstalter wird sich nun allerdings das notwendige Veranstalterwissen wieder erhöhen, womit theoretisch die Gefahr besteht, daß die Beratungsqualität ein Opfer der Veranstalterquantität wird.

Allerdings sehen die meisten der Befragten diese Gefahr nicht. Vielmehr glauben 70 % der Expedienten sicher und 23 % wahrscheinlich, daß Beratung und Verkauf von zwei Großveranstaltern funktionieren werde. Entsprechend sind auch ca. 75 % der Führungskräfte der Meinung, daß ihre Mitarbeiter mit zwei Leitveranstaltern im Programm ohne Probleme zurechtkommen werden. Begründet werden kann diese Einstellung mit der Vermutung, daß sich die Expedienten schon im Vorfeld der Liberalisierung mit einem weiteren Veranstalter außer dem eigenen Leitveranstalter befaßt haben. Sei es aus Interesse, aufgrund eines Arbeitgeberwechsels mit verschiedenen Leitveranstaltern im Programm oder im Zuge allgemeiner Verkaufserfahrungen.

---

[16] Die Ergebnisse zu den Themen Vorteile, Sortiment, Markenpolitik, Mitbewerber, Veranstalter, Expedienten und Kunden finden sich in den Ausgaben 8/94 - 15/94 der FVW.

Bei der Beantwortung der Frage, warum sich die Liberalisierung positiv oder negativ auf die persönliche Arbeit auswirken werde, wurden verschiedene Argumente ins Feld geführt. Die positiv eingestellten Expedienten (66%) sind der Meinung, daß sie durch das *größere Angebot* dem Kunden gegenüber einen *besseren Service* bieten können. Durch das größere Sortiment sehen sie sich sogar in der Lage, *neue Zielgruppen* zu erschließen. Es besteht außerdem die Ansicht, daß die *Arbeit interessanter* wird und eine *weiteres Tätigkeitsfeld* bieten wird.

Immerhin 42% der Expedienten äußern sich jedoch skeptisch über die Auswirkungen der Liberalisierung auf die persönliche Arbeit. So wird in erster Linie befürchtet, daß der *Arbeitsaufwand ungleich höher* sein wird und zur Bewältigung *längere Zeit* im Reisebüro zugebracht werden muß. Auch wird eine *unübersichtliche Angebotspalette* im Extremfall bis zum *"Chaos"* führen, weswegen es notwendig sein wird, sich *größere Sachkenntnis* anzueignen. Ebenso wie viele Expedienten erwarten auch eine Reihe von Führungskräften *Einstiegsschwierigkeiten* und *Umstellungsprobleme*. Größere Schwierigkeiten werden aber auch beim Umgang mit den *unterschiedlichen Reservierungssystemen* gesehen. So unterscheiden sich die hausinternen Systeme von TUI, NUR und ITS sowie das offene START-System teilweise erheblich im Bereich der Masken und Datenformate.

Zu einem erhöhten wirtschaftlichen Druck auf die Reisebüros könnte allerdings auch die *Nichterreichung von Mindestumsätzen* bei den einzelnen Veranstaltern führen. Dies wäre vor allem eine Folge von zu großer Kundenstreuung. Teilweise werden wegen zu großem Angebot auch *Organisationsprobleme* innerhalb der Reisebüros befürchtet.

Bei der Beurteilung der Kundenreaktionen auf die Vertriebsliberalisierung werden überwiegend positive Reaktionen erwartet. So ist man der Meinung, daß *qualifizierte Beratung* und die *Auswahl aus einem größeren Angebot* positiv beurteilt wird. Zu den Qualitätsfaktoren *Beratung*, *Service* und *Fachkompetenz* kommt nun nach Meinung der Befragten verstärkt die Aufgabe des Reiseberaters als *Orientierungshelfer in einer größeren Produktpalette*.

3.2.3 Verschiebungen in der Bevölkerungsstruktur

Der Tourismusmarkt der Zukunft wird entscheidend davon abhängen, wie sich die Bevölkerung Anfang des nächsten Jahrtausends zusammensetzen wird. Derzeit befinden sich u.a. auch die mitteleuropäischen Gesellschaften in einer Umbruchphase von Industriegesellschaften hin zu postindustriellen Gesellschaften. Diese zukünftige Gesellschaftsformation wird häufig auch als "Computer- und Informationsgesellschaft" bzw. "Dienstleistungs- und Freizeitgesellschaft" bezeichnet.[17] Der prognostizierte Wandel der Sozialstruktur in der Bundesrepublik Deutschland läßt sich mit Abbildung 3.1 verdeutlichen.

Wandel der Sozialstruktur

Strukturmerkmal	1985	2000
a, Altersstruktur		
- unter 30 Jahre	40%	27%
- 30-60 Jahre	39%	50%
- über 60 Jahre	21%	23%
b, Haushaltsstruktur		
- 1-und 2-Personen-Haushalte	60%	66%
- 3- und Mehr-Personen-Haushalte	40%	34%
c, Bildungsstruktur		
- Hauptschulabschluß/kein Abschluß	72%	59%
- Mittlere Reife, Abitur, Hochschule	28%	41%
d, Berufsstruktur		
- Arbeiter/Facharbeiter	41%	33%
- Angestellte/Beamte	47%	52%
- Selbständige/Freiberufler	12%	15%
e, Einkommens- und Vermögensstruktur		
- Durchschnittl. Haushaltseinkommen	3500DM	5000DM
- Durchschnittl. Haushaltsvermögen	200.000DM	330.000DM
f, Arbeitszeit und Freizeit		
- Durchschnittl. Jahres-Arbeitszeit	205 Tage	185 Tage
- Durchschnittl. Jahres-Freizeit	160 Tage	180 Tage

Abb. 3.1: Der prognostizierte Wandel der Sozialstruktur in der BRD.[18]

---

[17] Vgl. Roth/Schrand, Touristik Marketing, S.4.
[18] Entnommen aus Roth/Schrand, Touristik Marketing, S.5 auf Basis eigener Schätzungen sowie Erhebungen des Emnid-Instituts.

Diese soziologischen Strukturveränderungen werden mit Sicherheit auch einen entsprechenden Strukturwandel auf den Touristikmärkten herbeiführen.

Beispielsweise könnte die Abnahme der Altersgruppe der unter-30-Jährigen ("Pillenknick") dazu führen, daß langfristig das heute so boomende Last-Minute-Geschäft mit relativ niedriger Beratungsintensität und einer eher jüngeren, flexiblen Zielgruppe wieder abflacht, und stattdessen das beratungsintensivere Reisegeschäft für eine finanzkräftigere, ältere Generation größere Bedeutung erlangt. Auch könnte eine höhere Bildungsstruktur zu Veränderungen bei der Nachfrage nach qualitativ höherwertigeren Urlaubsformen und -zielen führen. Hier werden dann voraussichtlich höhere Anforderungen an die Ausbildung der Reisebüro-Mitarbeiter gestellt werden, als dies bisher der Fall war.

Nicht zuletzt aufgrund der in diesem Kapitel vorgestellten politischen und gesellschaftlichen Entwicklungen der letzten Jahre sowie der allgemein bekannten Prognosen für die nähere Zukunft, ist die Reisebürobranche in Deutschland und der Schweiz relativ stark in Bewegung geraten. Hinzu kommt ein durch Wertewandel und gesellschaftliche Trends und Entwicklungen verändertes Kundenprofil, das auch im Rahmen eines Managements der Dienstleistungsqualität im Reisebüro zu berücksichtigen ist.

3.3 Wertewandel und Gesellschaftstrends

Eine neue Stellung des Kunden im Produzent-Kunde-Verhältnis, Anspruchsinflation, Bedürfnisdifferenzierung, kritischere Verbraucherhaltung sowie der Wertewandel in unserer Gesellschaft verdeutlichen, daß auch diese Aspekte bei der angestrebten Verbesserung der Dienstleistungsqualität im Reisebüro beachtet werden müssen.

3.3.1 Der Kunde als "Prosumer"

Die Veränderungen im Bewußtsein und in der Anspruchshaltung der Kunden müssen umso stärker in die Unternehmensführung und in ein Management der Dienstleistungsqualität im Reisebüro integriert werden, wenn man den Kunden als *Prosumer*[19] betrachtet.

---

[19] Vgl. Toffler, The Third Wave, S.265 ff.

So hat sich nach Toffler[20] das Verhältnis Produzent-Konsument im Zuge der gesellschaftlichen Entwicklungen in "drei Wellen" geändert. In einer "ersten Welle", während des Übergangs zu einer Agrarwirtschaft, waren die Produzenten der Agrarprodukte gleichzeitig die Konsumenten. Durch den Übergang in eine Industriegesellschaft ("zweite Welle"), wurde der wirtschaftliche Prozeß in eine Produktions- und eine Konsumphase aufgeteilt. Die "dritte Welle", die den Übergang zu unserer heutigen nachindustriellen Gesellschaft bzw. Dienstleistungsgesellschaft darstellt, bezieht den Kunden wieder stärker in den Produktionsprozeß mit ein. Der Kunde als "*Prosumer*" (*Pro*ducer und Con*sumer*) erfüllt dabei eine Doppelfunktion, indem er sowohl Abnehmer und Verwerter der Marktleistungen als auch produktiver Teil innerhalb des Leistungserstellungsprozesses ist. Lehmann führt dazu aus, "daß die Idee des Prosumenten in der Dienstleistungsgesellschaft darin liegt, den Gedanken zu unterstreichen, ein Produkt oder ein Werkzeug zu einem effektiven Nutzwert für den Verbraucher zu führen"[21]. Für das Reisebüro bedeutet diese Entwicklung, daß vor allem Aspekte wie die Marktforschung, die noch stärkere Einbeziehung der Kundenwünsche in das Beratungsgespräch, Kundenfeedback nach der Reise und auch Beschwerdemanagement intensiviert werden müssen.

3.3.2 Der anspruchsvolle Kunde

In einer hochentwickelten Gesellschaft wie der westeuropäischen ist davon auszugehen, daß das Anspruchsniveau der Menschen mittlerweile auf einem sehr hohen Level angelangt ist. Aufgrund zunehmender Kompetenz und Informiertheit zeichnet sich eine immer größere Zahl von Kunden durch eine entsprechend ausgeprägte Anspruchsorientierung aus. Ähnlich wie bei Konsumgütern folgt eine solche "Anspruchsinflation" den Gesetzmäßigkeiten qualitativer Nachfrageentwicklung und bedeutet für die Reisebürobranche, daß zunehmend differenziertere und qualitativ höherstehende Ansprüche an die Dienstleistung *Reisevermittlung* gestellt werden.

Die unterschiedlichen Anspruchsniveaus können sehr anschaulich anhand des in der dynamischen Motivtheorie entwickelten Modells von Maslow[22] verdeutlicht werden. Die Hierarchie der Bedürfnisse, oder hier besser gesagt der Ansprüche, von Reisebüro-Kunden an Beratungsqualität und Service kann in Anlehnung an das Modell von Maslow wie in Abbildung 3.2 dargestellt werden.

---

20   Vgl. Toffler, The Third Wave, S.265 ff.
21   Vgl. Lehmann, Dienstleistungsmanagement, S.16.
22   Vgl. Maslow, A Theory of Human Motivation, S.370-396.

Anspruchshierarchie

	Allg. Erklärung	Reisebürospezifische Beispiele
1. Grund-bedürfnisse	Essen, Trinken, Schlafen, Wohnen, Sexualität	Nutzung des Reisebüros zur Reiseplanung und -buchung, da hierzu keine Alternativen gesehen und gekannt werden (z.b. auf dem Land)
2. Sicherheits-bedürfnisse	Vorsorge für die Zukunft: Gesetze, Versicherungen	Der Kunde kennt alternative Vertriebswege, die Sicherheit, einen "reibungslosen Urlaub" buchen und erleben zu können, bietet ihm aber nur das Reisebüro (z.b. Pauschalreise)
3. Soziale Bedürfnisse	Liebe, Freundschaft, Solidarität, Kontakt Kommunikation	Der Expedient wird als Partner gesehen, durch den aufgrund seiner Erfahrung etc. die Reise besser zusammengestellt und gebucht werden kann als auf eigene Faust
4. Wertschätzungs-bedürfnisse	Anerkennung, Prestige, Macht, Freiheit	Der privat und beruflich erfolgreiche Kunde bucht im Reisebüro (hat den Last-Minute-Schalter am Flughafen nicht mehr nötig) und erwartet sehr guten Service für sein Geld
5. Entwicklungs-bedürfnisse	Selbstverwirklichung, Unabhängigkeit Freude, Glück	Der Individualist hat höchste Ansprüche; Wunsch nach individuell zusammengestelltem Urlaub, der in keinem Katalog zu finden ist; er erwartet beste Beratung und Service

Abb. 3.2: Anspruchshierarchie von Reisebüro-Kunden.

Maslow geht von einer Bedürfnishierarchie aus, die postuliert, daß Bedürfnisse einer bestimmten Ordnung immer erst dann entstehen und befriedigt werden, wenn die tiefer liegenden Schichten keine Ansprüche mehr erheben. Im Marketing ist dieser psychologische Erklärungsansatz für die Entstehung von Bedürfnissen mittlerweile weit verbreitet.[23]

Welches Anspruchsniveau der einzelne (Reisebüro-) Kunde nun erreicht hat, ist abhängig von der Gesellschaft und der unmittelbaren Umgebung, in welcher dieser lebt. Des weiteren werden die Ansprüche von den Erfahrungen bestimmt, die das Individuum in der Vergangenheit im Rahmen seiner Kaufentscheidungen gemacht hat. Da sich diese laufend ändern, stellen auch die Anspruchsniveaus dynamische Größen dar. Entsprechend kann die Bedürfnishierarchie von Reisenden von der zunehmenden Erfahrung, Informiertheit und Selbständigkeit bei der Reiseplanung und -durchführung abhängen.

Die Entwicklung der Bedürfnisse und Ansprüche hängt allerdings davon ab, auf welcher Stufe der Anspruchshierarchie sich der einzelne Kunde befindet. So wird es in der Reisevermittlung - analog zu bestimmten Konsumgüterbereichen - immer auch ein unteres Preissegment für Dienstleistungen im Reisebüro geben, wie z.B. Last-Minute-Flüge und -Reisen oder günstige Pauschalreisen zu "Standardzielen", die ohne intensive Beratung und außergewöhnlichen Service auskommen. Nach Kirstges[24] könnte jedoch die Nachfrage nach Reiseprodukten auf mittlerem Preisniveau und mit einer mittelmäßigen Standardleistung langfristig abnehmen.

3.3.3 Der kritische Kunde

Mit steigendem Anspruchsniveau steigt auch die kritische Haltung gegenüber dem Unternehmen und den von diesem bzw. seinen Mitarbeitern erbrachten Dienstleistungen. Als unmittelbare Folge nimmt die Bindungsbereitschaft zu einer Unternehmung kontinuierlich ab.[25] Ein Indikator dieser zunehmend kritischeren Einstellung gegenüber Produkten und Dienstleistungen stellt die "Reklamations- und Beschwerdefreudigkeit" von Kunden dar.

---

23 Vgl. hierzu auch die Relevanz der Maslow'schen Bedürfnishierarchie für das Marketing nach Nieschlag et. al., Marketing, S.521 ff; Meffert, Marketing, S.118 ff sowie für den Tourismus nach Freyer, Tourismus, S.62.
24 Vgl. Kirstges, Expansionsstrategien im Tourismus, S.162.
25 Vgl. Lehmann, Dienstleistungsmanagement, S.16.

Alexander Otten[26], bei der Deutschen Lufthansa zuständig für Kundenbeziehungen, veranschaulicht, daß dies für den Tourismusbereich in ganz besonderem Maße gilt. So laufen jährlich etwa 70.000 Briefe weltweit in den Lufthansa-Büros ein (bei ca. 28 Millionen Passagieren/Jahr). Nur etwa 4.000 Kunden melden sich, um dem Carrier Komplimente zu machen, 10.000 bis 12.000 beschweren sich, ohne finanziellen Ersatz zu fordern, gut 54.000 unzufriedene Kunden stellen finanzielle Forderungen.

Auch läßt sich feststellen, daß der Kunde in viel stärkerem Maße als früher Preisvergleiche anstellt. Wie in der bereits vorgestellten Umfrage der LTU Touristik[27] ermittelt wurde, stellt der Preis beim Reiseentscheidungsverhalten von Flugtouristen eine sehr bedeutende Rolle dar. Auf die Frage: "Warum werden sie mit diesem Reiseveranstalter verreisen", war für 29% der Pauschalurlauber (für 34% der Erstbucher und immerhin für 20% der Stammkunden) der Preis das wichtigste Entscheidungskriterium.

Bereits reagiert auf diese Entwicklung hat die Stiftung Warentest. In der September-Ausgabe 1994 ihrer Zeitschrift "test"[28] wird unter dem Titel "Preiswert in die Sonne" ein neuer Computer-Service angeboten. Für DM 20 werden dem interessierten Leser die 20 preisgünstigsten Pauschalreisen entsprechend den gewählten Bedingungen und des favorisierten Reiseziels ermittelt. Die Auswertung weiterer Ziele bei gleichen Konditionen kostet DM 5. Die individuelle Auswertung enthält u.a. Preis, Reiseveranstalter, Lage, Größe und Ausstattung der Unterkunft, Name der Fluggesellschaft, Transfer-Bedingungen etc..

Trotz einer stärkeren Preisorientierung muß die Qualitätsorientierung hierzu kein Widerspruch sein. Vielmehr kann auch in der Tourismusbranche ansatzweise "hybrides Verbraucherverhalten"[29] beobachtet werden. Bekannt aus der Handelsbranche (mittags ALDI oder McDonalds, abends Lachs und Champagner), gibt es ohne Zweifel genügend Reisebüro-Kunden, die ein ähnliches Verhalten an den Tag legen. So gibt es sehr wohl Reisende, die sich für ihren Urlaubsflug mit einem günstigen Ticket der Economy-Class zufrieden geben und dieses ohne große Serviceerwartungen am Last-Minute-Schalter eines Reisebüros erwerben. Geschäftlich jedoch haben die gleichen Kunden eventuell die Möglichkeit, Business-Class zu fliegen und erwarten dann vom Firmendienst ihres Reisebüros sehr guten Service mit den entsprechenden Zusatzleistungen.

---

26 Vgl. Kagerbauer, Beschwerdemanagement, S.20.
27 Vgl. FVW 22/94, S.55.
28 Vgl. test 9/94.
29 Vgl. Kirstges, Expansionsstrategien im Tourismus, S.163.

3.3.4 Der umweltbewußte Kunde

Im Zuge des Wertewandels hat sich auch ein starkes ökologisches Bewußtsein entwickelt. Nach einer Phase erster Priorität in der Wertehierarchie hat sich das ökologische Verantwortungsgefühl selbst in einer Zeit großer wirtschaftlicher Probleme
(im Zuge von Wiedervereinigung in Deutschland und Rezession in ganz Europa Anfang der 90er Jahre) im Bewußtsein der Kunden aber auch der touristischen Organisationen etabliert. Eine umfangreiche Auflistung des zunehmenden ökologischen
Problembewußtseins im Tourismussektor innerhalb der letzten Jahre haben Hopfen-
beck/Zimmer zusammengestellt. Nachfolgend einige Beispiele ökologischer Ansätze
im Tourismus:[30]

- Spuren einer Ökowelle bei verschiedenen Leistungsträgern:
  Hotels wurden ökologisch, die Angebote nicht nur von Spezial-
  Reiseveranstaltern, sondern auch der "Großen" werden zunehmend
  "grüner", Fremdenverkehrsorte werben mit ihrer Umweltfreundlichkeit und
  Autofreiheit.
- Nischensegmente für Ökotourismus, Gesundheitstourismus, Naturtourismus
  etc. entstehen.
- Der Deutsche Reisebüro-Verband (DRV) entwickelte eigene
  "Umweltempfehlungen für Reiseveranstalter, Reisebüros und touristische
  Anlagen".
- Eine steigende Zahl von Umweltpreisen/-auszeichnungen wird vergeben,
  u.a. durch den Deutschen Reisebüro-Verband (DRV) für vorbildliche
  Umweltschutzmaßnahmen ("Tourismus und Umwelt"; im Schnitt nehmen
  70 Bewerber teil).
- Tourismus- und Umweltfachleute gründen im Juni 1991 am "Tag der
  Umwelt" in Bonn den Verein "Ökologischer Tourismus in Europa" (ÖTE)
  zur Förderung des "sanften Tourismus".
- Auf der Internationalen Tourismusbörse (ITB) 1992 pflegten nicht nur
  alternative Organisationen, sondern auch die "Großen" ihr Umweltimage.
  Dazu fanden bei der weltweit größten Veranstaltung dieser Art auch
  zahlreiche Fachveranstaltungen zu negativen Aspekten des Reisens statt.
- (...).

Auf den ersten Blick lassen sich relativ wenig Ansatzpunkte zwischen Ökologie und
Dienstleistungsqualität im Reisebüro ausmachen. Jedoch wird der Aspekt umweltbe-

---

[30] Entnommen aus Hopfenbeck/Zimmer, Umweltorientiertes Tourismusmanagement, S.28 f.

wußter Reisevorbereitung und Reiseentscheidung immer mehr an Bedeutung gewinnen, so daß sich das service- und qualitätsorientierte Reisebüro mit dem Thema Ökologie stärker auseinandersetzen muß, um die Erwartungen einer immer größer werdenden Zahl umweltbewußter Kunden erfüllen zu können[31]. Angefangen von der Inneneinrichtung und dem verwendeten Büro- und Katalogmaterial[32] über die Sortimentspolitik bis hin zu Öffentlichkeitsarbeit und Werbemaßnahmen, wie Infoblättern und Umweltsponsoring[33], wird die Ökologie im Reisebüro zunehmend an Bedeutung gewinnen.

3.4 Strukturelle und organisatorische Veränderungen in der Reisemittlerbranche

Zunehmende Konzentrationsprozesse in Form von Kooperationen und Franchiseverbänden sowie innovative Vertriebskonzepte und -wege der Reiseveranstalter und Leistungsanbieter sind Gegenstand der nachfolgenden Betrachtung. Letztere verschärfen insbesondere in Form vertikaler Integration, Mail-Order-Geschäfte, Home-Shopping sowie einem zunehmenden Einfluß branchenfremder Absatzmittler die Wettbewerbssituation kleiner und mittlerer Reisebüros.

3.4.1 Konzentrationsprozesse

Nicht zuletzt aufgrund eines verstärkten Wettbewerbs sind in der bis dahin überwiegend klein- und mittelständisch geprägten deutschen Reisebürobranche relativ starke Konzentrationsprozesse in Gang gesetzt worden. Aufgrund einer darüber hinaus kritischen Wirtschaftslage sowie Management- und Backofficeschwächen in Einzelbüros werden nach Expertenmeinung Größenzuwächse (im Umsatz- wie auch im Kapazitätsbereich) für den künftigen wirtschaftlichen Erfolg der Reisebüros als ausschlaggebend angesehen.[34]

---

31 Vgl. hierzu auch die Ausführungen von Romeiß-Stracke zur Umweltqualität im Tourismus in Romeiß-Stracke, Service-Qualität im Tourismus, S.21.
32 Vgl. Kap.5.4.1.
33 Vgl. Kap.5.6.2.
34 Vgl. z.B. FVW 8/93, S.20 ff; FVW 23/93, S.44 ff; Touristik Management 11/93, S.20 ff.

3.4.1.1 Kooperationen

Der Zusammenschluß mehrerer Reisebüros zu Kooperationen bietet eine Möglichkeit, diese Größe zu erlangen. Kooperationen zeichnen sich durch folgende Merkmale aus:[35]

- Die Partner bleiben innerhalb einer Kooperation rechtlich selbständig.
- Ihre wirtschaftliche Selbständigkeit wird allerdings durch vertragliche
  Vereinbarungen mit unterschiedlicher Laufzeit und unterschiedlichem
  Kündigungsrecht auf Teilgebieten freiwillig eingeschränkt.
- Ziel eines solchen Verbundes ist, durch gleichberechtigte Zusammenarbeit
  auf einzelnen Gebieten wirtschaftlichen und technischen Fortschritt zu
  erlangen.
- Nachteile, die man als Einzelunternehmen mit einer relativ geringen
  Betriebsgröße im Markt hat, sollen so kompensiert werden.

Es lassen sich einige Argumente aufführen, die für eine solche, eher relativ lose Kooperation sprechen. So bleibt die Individualität einzelner Reisebüro-Unternehmen erhalten; durch Bündelung des Einkaufs und damit geringere Preise sowie eventuell
höhere Provisionen kommt es zur Verbesserung der Rendite; Arbeitsteilung läßt sich
vor allem in den Bereichen Marketing und Buchhaltung realisieren; gemeinsame
Software kann günstiger bezogen und genutzt werden; durch einheitliche Sortiment-
festlegung erfolgt eine Straffung im Vertrieb.

3.4.1.2 Franchising

Eine zweite, zunehmend auch in der Tourismusindustrie an Bedeutung gewinnende
Form, Größe und Schlagkraft im Markt zu erlangen, ist das Franchising. Folgende
allgemeine Merkmale von Franchise-Systemen lassen sich zusammenstellen:[36]

- Zwischen selbständig bleibenden Unternehmen wird eine auf Dauer
  angelegte, vertraglich geregelte Zusammenarbeit vereinbart.
- Der Franchisenehmer erhält gegen Zahlung eines einmaligen Betrags
  und/oder laufender Beträge die Genehmigung, unter genau festgelegten
  Bedingungen über bestimmte Rechte des Franchisgebers zu verfügen.
- Diese Rechte umfassen unter anderem die Benutzung einer Marke oder des

---

35 Vgl. Lücke, Mittelständische Reiseunternehmen im Binnenmarkt, S.25.
36 Vgl. Tietz, zitiert in Wöhe, Einführung in die Allgemeine Betriebswirtschaft, S.656.

Firmennamens, die Erzeugung und/oder den Vertrieb einer Ware (hier: Reiseleistungen) (...) sowie die Nutzung eines bestimmten Absatzprogramms.

- Der Franchisegeber unterstützt den Franchisenehmer beim Aufbau und der Einrichtung sowie der laufenden Führung des Betriebs, in dem die im Vertrag festgelegten Rechte ausgewertet werden.

Die Vorteile eines Franchisekonzeptes für den Reisemittler als Franchisenehmer lassen sich nach Bleile wie folgt zusammenfassen:[37]

- Wettbewerbsvorteile für kleine und mittlere Reisemittler, die durch den Anschluß an ein bekanntes, erfolgreiches Franchise-System entstehen,
- Minderung des unternehmerischen Risikos im Vergleich zum "Alleingang" an einem dynamischen Markt,
- erleichterte Existenzgründung, da der Schritt in die Selbständigkeit für den Franchisenehmer durch ein spezielles Trainingsangebot des Franchisegebers sowie Finanzierungshilfen erleichtert wird,
- Zentralisierung einiger Backoffice-Funktionen (z.b. Rechnungswesen, Marktforschung),
- Partizipation am Know-how und an den Erfahrungen eines marktstarken Herstellers (z.B. der TUI oder Lufthansa) sowie
- höhere Einschätzung der Bonität des Franchisenehmers seitens der Banken.

Negativ[38] für den Franchisenehmer können sich hingegen die Einschränkung der unternehmerischen Selbständigkeit, eine evtl. nachteilig wirkende Bezugs- und Vertriebsbindung an den Franchisegeber, eine vertraglich fixierte Pflicht zur Duldung von Kontrollen durch den Franchisegeber sowie mögliche Wettbewerbsverbote für die Zeit nach Vertragsende auswirken.

3.4.2 Vertriebskonzepte und -wege

Grundsätzlich haben Reiseveranstalter und andere Leistungsträger die Möglichkeit, zwischen drei verschiedenen Vertriebsformen zu wählen. Der Absatz touristischer Leistungen kann demnach über den *Direkt-, Eigen- oder Fremdvertrieb* erfolgen.[39]

---

[37] Vgl. Bleile, Tourismusmärkte, S.55.
[38] Vgl. Bleile, Tourismusmärkte, S.55.
[39] Vgl. DRV, Binnenmarktstudie, S.85.

Mit dem *Direktvertrieb* ist der Verkauf von Pauschalreisearrangements bzw. Tickets durch Veranstalter bzw. Leistungsträger (Fluggesellschaften, Bahn, Schiff etc.) direkt an den Verbraucher gemeint. Das Reisebüro in seiner Handelsfunktion wird dabei nicht zwischengeschaltet. Als Zwischenstufe wird das Reisebüro dagegen im *Eigen-* oder *Fremdvertrieb* genutzt. Im ersten Fall befindet sich das Reisebüro im Eigentum des Veranstalters oder Leistungsträgers, im zweiten Fall agiert das Reisebüro unternehmerisch selbständig.

Die wichtigsten Neuerungen im Bereich der drei verschiedenen Vertriebswege sollen nachfolgend dargestellt werden. Wie zu sehen ist, stellen diese für Veranstalter und Leistungsträger teilweise schon heute, noch stärker aber in der Zukunft, eine Alternative zum herkömmlichen Vertrieb über das Reisebüro dar. Dies kann vor allem für kleinere und mittlere Reisebüros zur Existenzbedrohung werden, wenn diese sich nicht schnell genug auf die veränderten Marktbedingungen einstellen und entsprechend reagieren.

Die größte Chance, dieser Bedrohung erfolgreich entgegenzutreten, werden voraussichtlich innovative Reisebüros haben, die sich durch exzellente Dienstleistungs- und Beratungsqualität strategische Vorteile gegenüber den vorgestellten Vertriebsarten erarbeiten können und sich somit von den meisten dieser "alternativen" Vertriebswege absetzen können.

3.4.2.1 Vertikale Integration

Lufthansa-Partner-Konzept

Mit dem Partner-Konzept[40] will die Lufthansa leistungsfähige mittelständische Reisebüros unterstützen und enger an sich binden. Das Reisebüro behält dabei seine unternehmerische Selbständigkeit, Lufthansa stellt ihm aber unter dem Lufthansa-Markendach ein weitgefächertes Leistungspaket zur Verfügung. Dazu gehören: Ausstattung des Reisebüros mit Mitteln des Handelsmarketings, Hilfe bei der Gestaltung des Büros, gemeinsame Werbung, Betreuung und Beratung der Büros sowie Schulung der Mitarbeiter.

Das Partner-Konzept gliedert sich in vier Stufen. Die erste Stufe entspricht der modernisierten Fortführung der bisherigen Zusammenarbeit auf der Ebene der Verkaufsförderung, Akquisition und Werbung. Stufe zwei sieht einen Lufthansa "shop-

---

40 Vgl. FVW 8/91, S.11 f, FVW 13/91, S.14 f, FVW 14/91, S.22 ff.

in-the-shop" im Reisebüro vor, das sogenannte Travel Team. Hier wird in einem herkömmlichen Reisebüro ein Spezialschalter in Lufthansa-Design und Ausstattung eingerichtet, an dem in erster Linie Lufthansa-Produkte verkauft werden. Das Reisebüro der dritten Stufe kombiniert den Namen der Reisebüros mit "Lufthansa City Center". Innen- und Außengestaltung erfolgen nach einem von Lufthansa speziell für die City Center entwickelten Corporate Design. Als Weiterentwicklung der City Center Stufe sind die im Jahr 1994 bereits an fünf deutschen Flughäfen eröffneten Lufthansa Airport Center[41] gedacht. Ziel dieser Büros ist, mit dem kompletten City Center Konzept, sowohl Passagiere als auch Flughafen-Mitarbeiter als Kunden zu gewinnen. In einer vierten Stufe schließlich übernehmen lizenzierte Reisebüros die Lufthansa-Stadtbüros.

Veranstalter-Franchising

Neben horizontalen Kooperationen, wie sie zuvor in Kap.3.4.1.1 behandelt wurden, haben sich in den vergangenen drei bis vier Jahren auch vertikale Franchise-Modelle einen Platz in der Vertriebslandschaft erobert.

Der erste große Veranstalter, der das Franchising in Deutschland als Vertriebsschiene für sich entdeckt hat, ist die TUI. Idee des Vertriebskonzeptes ist vor allem eine Erhöhung des TUI-Umsatzes der Reisebüros mit TUI-Agenturvertrag durch verstärkte Übertragung des TUI-Marketings auf die franchisenehmenden Reisebüros[42]. Ähnlich wie beim Lufthansa-Partner-Konzept, will auch TUI eine stärkere Bindung der Reisebüros an den Leistungsträger erreichen.

Ziel ist dabei die Herausbildung einer Corporate Identity, d.h. die Franchise-Nehmer sollen sich mit dem Produkt TUI identifizieren und somit auch beim Kunden ein verstärktes Markenbewußtsein für dieses Produkt wecken bzw. weiter fördern. Für das franchisenehmende Reisebüro ergeben sich durch die Anlehnung an den starken Partner TUI vor allem Vorteile aufgrund der betriebswirtschaftlichen Unterstützung, professioneller Werbung, gezielter Schulungsmaßnahmen sowie sonstiger, vom Franchise-Geber gebotener Leistungen.

---

[41] Vgl. FVW 6/94, S.17 sowie FVW 19/94, S.13.
[42] Vgl. DRV, Binnenmarktstudie, S.92.

3.4.2.2 Mail-Order-Geschäfte

Der hier angesprochene Versandhaus-Verkauf erlebt derzeit eine Art Renaissance. War für NUR das Mail-Order-Geschäft bzw. der Versandhandel die Geburtsstunde[43], so hat heute TUI diesen Absatzweg für sich neu entdeckt.[44]

In Zusammenarbeit mit Quelle ist die TUI überzeugt, hier eine Kundenansprache gefunden zu haben, die neue Potentiale erschließt, anstatt alte zu konkurrenzieren. Hierbei ist man der Ansicht, daß auf diesem Wege klassische Versandhaus-Kunden angesprochen werden, die wiederum nicht als klassische Reisebüro-Kunden gelten.[45]

Bei entsprechender Etablierung dieser Verkaufsform stellt sich die Frage, ob bisherige Reisebüro-Kunden diese Art der Reisebuchung per Katalog wählen. Dabei besteht vor allem die Gefahr, daß das Reisebüro zwar die kostenlose Beratung für den Kunden durchführt, den Verkaufsabschluß jedoch an das vermeintlich günstigere Katalogangebot verliert.

3.4.2.3 Home Shopping

An dieser Stelle sollen die verschiedenen Formen des Home Shopping als Vertriebsvariante vor allem des Direktverkaufs dargestellt werden. *Teleshopping, interaktives Fernsehen, Videoverkauf* sowie *Btx* und *Datex J* bieten sich aufgrund relativ hoher Kosten vor allem für die großen und finanzkräftigen Reiseveranstalter und Leistungsträger an. Unter Umgehung der vermittelnden Reisebüros wird dabei versucht, diese Schiene des Direktverkaufs immer stärker auszubauen.

Btx (Bildschirmtext)

Bei Btx handelt es um eine Telekommunikationsform, bei der Textnachrichten über das Fernsprechnetz übertragen und auf dem Bildschirm des Fernsehempfängers bzw. des Computers sichtbar gemacht werden. Der Benutzer kann sowohl in den angeschlossenen Informationsbanken enthaltene Informationen abrufen, als auch selber Informationen an die Datenbank übermitteln. Von der Post werden diese Datenbanken als Bildschirmtextzentralen zur Verfügung gestellt; dabei speichern sie die Da-

---

43 Derzeit führt NUR einen äußerst erfolgreich verlaufenden NUR-Mail-Order-Test mit Paneuropa im Neckermann Versand durch und will diesen Absatzweg bei weiterem Erfolg auch wieder stärker ausbauen. Vgl. hierzu FVW 4/94, S.5.
44 Vgl. FVW 24/93, S.32.
45 Vgl. FVW 24/93, S.31.

ten, welche von den Teilnehmern abgerufen oder eingegeben werden, stellen die Verbindung zu externen Rechnern her und vermitteln die Verbindung zu individuellen Teilnehmern.[46]

Zur Konkurrenz von Btx für das Reisebüro schreibt Hebestreit:[47]

"Wegen der Dialogfähigkeit und der Einsatzmöglichkeit im Rechnerverbund fördert Btx in allen Bereichen und prinzipiell auch im Tourismus die Tendenz zum Direktvertrieb an den Endverbraucher unter Ausschaltung von Handelsstufen und Vermeidung von Handelsspannen. Es ist kein Zufall, daß der DRV als einziger Wirtschaftsverband den Versuch unternommen hatte, mit Hilfe eines Rechtsgutachtens die Einführung von Bildschirmtext zu verhindern."

Wahrscheinlich auch aufgrund der bisher eher schleppenden Verbreitung von Btx-Anschlüssen in Deutschland konnte den Reisebüros bisher noch keine ernsthafte Konkurrenz durch Btx erwachsen. Allerdings kann sich dies in Zukunft ändern, da die Telekom als Betreiberin des Systems durch zusätzliche Marketingmaßnahmen die Verbreitung von Btx forcieren will.

Datex-J

Anfang 1993 wurde das Btx-Konzept von der Telekom komplett reformiert. Aus Btx wurde mit neuer Technik Datex-J. Es handelt sich dabei um ein neues, weiterentwikkeltes Kommunikationskonzept, basierend auf digitaler Datenübertragung. In einer neuen Netzarchitektur mit dezentralen Zugangsrechnern sollen neue Nutzerschichten erschlossen werden. In diesem Netz der Telekom besteht die Möglichkeit der Übertragung der unterschiedlichen Kommunikationsformen Sprache, Text, Daten und Bild auf qualitativ höherem Niveau als noch mit dem herkömmlichen Btx. Der Begriff Btx besteht auch in diesem System nach wie vor, allerdings lediglich als Bezeichnung für den Darstellungsteil in Datex-J.

Auch wenn derzeit noch meist Reisemittler zwischengeschaltet sind, besteht bei diesem Medium grundsätzlich die Möglichkeit des Ausschlusses derselben. So lassen sich über Datex-J audiovisuelle Reiseangebote direkt vom Leistungsträger (heute bereits Lufthansa, Bahn u.a.)[48] an den Kunden übermitteln, aus denen dieser dann auswählen und (evtl. direkt beim Leistungsträger) buchen kann.

---

[46] Vgl. Hebestreit, Touristik Marketing, S.347 ff.
[47] Vgl. Hebestreit, Touristik Marketing, S.349.
[48] Vgl. Schreier, Neue Vertriebswege, S.66.

43

Videoverkauf

Quasi als Vorläufer bzw. als "abgespeckte" Version des Teleshopping läßt sich der Reiseverkauf über das Medium Videoband beschreiben. So verkaufte Tchibo bereits 1989 auf dem Testmarkt Nordrhein-Westfalen ein wiederbespielbares Zehn-Mark-Video-Band. Auf diesen Bändern werden Urlaubshotels verschiedener Mittelmeerinseln ausführlich vorgestellt. Bei Gefallen kann dann das entsprechende Angebot über Telefon reserviert werden.

Teleshopping

Ebenso stellt das Teleshopping eine Verkaufsvariante dar, die den Kauf einer Reise direkt aus dem Wohnzimmer ermöglicht. Zum Erwerb einer solchen Reise sollen dabei Fernsehprogramme animieren, die sich mit allen möglichen Themen rund um das Reisen beschäftigen und auch konkrete Reiseangebote beinhalten. Die Kunden können ihre Einkaufsentscheidung vor dem Fernseher auf dem heimischen Sofa treffen und dann über spezielle Telefonnummern ihren Kundenwunsch in Auftrag geben.

Vor allem für finanzkräftige Anbieter, wie die großen Veranstalter und Fluggesellschaften, bilden sich hier Absatzkanäle, über die zum einen ein Millionen-Publikum erreichbar ist und zum anderen neue Zielgruppen und damit zusätzliche Marktsegmente erschlossen werden können.

In Deutschland laufen bereits einige Projekte, die in unterschiedlicher Art und Weise den Reiseabsatz mit Hilfe von Reiseprogrammen über Kabel oder Satellit forcieren sollen. Der Reisesender Reise TV[49], der bereits Anfang Januar 1995 auf Sendung gehen sollte, befaßt sich schwerpunktmäßig mit Themen wie Tour-Tips (zielgebietsbezogene Informationen für Verbraucher), Tour-Quiz (mit der Verlosung von Urlaubsreisen), Tour-Thema (brisante Themen rund um das Reisen), eine wöchentliche Spielshow, eine spezielle Reiserecht-Sendung sowie ein Film- und Serienprogramm rund um das Thema Reisen. Eine Gemeinschaftsproduktion von Pro 7 und Quelle stellt HOT dar. Neben anderen Produkten werden hier auch Pauschal- bzw. Nur-Flug-Angebote via Äther verkauft.

In den USA, wo heute schon Millionen Haushalte die Programme der Home-Shopping-Anbieter via Fernseher empfangen können, ist man über die erste Testphase schon hinaus.[50] Mit der Entwicklung des "Information Super Highway" mit über 500 Kanälen via Kabel werden sich langfristig ein oder mehr Kanäle rund um die Uhr

---

49 Vgl. FVW 5/94, S.19 und FVW 19/94, S.19.
50 Vgl. FVW 24/93, S.32.

landesweit mit dem Thema Reisen beschäftigen, so daß hier eine Absatzkanal entsteht, der bezüglich Kundenreichweite seinesgleichen sucht.[51]

Fraglich ist allerdings, inwieweit sich kleine und mittelständische Reiseunternehmen an dieser Absatzform beteiligen können. Bei der Bearbeitung von Massen-Segmenten sind diese den Großen aufgrund der direkten Preis-Konkurrenz sicherlich unterlegen, so daß die Etablierung des Teleshopping als Vertriebsweg für sie zusätzliche Konkurrenz bedeuten wird.

Interaktives Fernsehen

Das interaktive Fernsehen stellt eine Verfeinerung und Erweiterung des zuvor vorgestellten Teleshopping dar[52]. Hierbei soll das herkömmlichen Fernsehgerät zu einem intelligenten Multimedia-Gerät fortentwickelt werden, mit dem unter anderem Videos, Spiele und elektronische Einkäufe sowie Bankgeschäfte möglich sein werden.

"Intelligent" bedeutet am Beispiel der Reisebuchung, daß eine Urlaubsreise auf dem Bildschirm so simuliert werden kann, daß der Kunde seine Reiseroute "abfliegt" und an den ihn interessierenden Orten beispielsweise Hotelangebote präsentiert bekommt. Unter diesen Angeboten kann sich der Kunde ein entsprechendes Hotel aussuchen und dieses dann (über eine Schnittstelle zu einem Reservierungssystem) direkt via Fernseher buchen.

Der Vorteil gegenüber Datex-J/Btx liegt vor allem darin, daß für letzteres ein Personal-Computer notwendig ist, demgegenüber weite Teile der Bevölkerung nach wie vor eine reservierte Haltung einnehmen. Werden dagegen die PC-Funktionen in das ohnehin vorhandene Fernsehgerät integriert, so ist davon auszugehen, daß bei entsprechend benutzerfreundlicher Hard- und Software die Resonanz auf dieses Medium ungleich höher sein wird als bei Datex-J/Btx.

3.4.2.4 Branchenfremde Absatzmittler

Eine Entwicklung, die man im Bereich des Eigen- oder Fremdvertriebs schon seit längerem beobachten kann, ist der Versuch, neue Absatzwege über branchenfremde "Mittler" zu finden. Versuchte die Deutsche Bundespost Anfang der 90er Jahre bereits Reisen in ihren Postämtern anzubieten, so schicken sich in letzter Zeit, mehr

---

[51] Vgl. FVW 3/94, S.10 und FVW 14/94, S.16.
[52] Vgl. FVW 6/94, S.40.

oder weniger erfolgreich, der Lebensmittelhandel, Sparkassen, Lotto-Toto-Annahmestellen, Tankstellen, Groß-, Einzelhandels-, Super- und Verbrauchermärkte sowie Waren- und Möbelhäuser an, als Reisemittler einen Teil des weiter wachsenden Reisemarktes zu ergattern.

Waren- und Möbelhäuser

Am stärksten etabliert haben sich als branchenfremde Reisemittler v.a. die Kauf- und Warenhäuser. Hier wurden allerdings im Gegensatz zu den meisten anderen vorgestellten "alternativen Reisemittlern" vollwertige Reisebüro-Töchter mit dem entsprechenden Status eines Haupterwerbsreisebüros geschaffen.

In Deutschland lag 1992 Karstadt-Reisen mit einem Umsatz von 742 Mio. DM an vierter, die Kaufhof-Tochter ITS mit 653 Mio. DM Umsatz an sechster Stelle der größten Reisebüroketten.[53] In der Schweiz hat diese Branche ebenfalls sehr umsatzstarke Reisebüro-Töchter etabliert. So lag Imholz/Jelmoli Touristik (zum Teil hervorgegangen aus der Kaufhaus-Jelmoli-Tochter Jelmoli Reisen) 1989 mit einem Umsatz von 414 Mio. DM an vierter Stelle der umsatzstärksten Reiseunternehmen.[54]

Zwar ohne eigenständigem Haupterwerbsreisebüro, dafür aber mit einer "pfiffigen" Idee ist neuerdings das schwedische Möbelhaus IKEA auf dem Reisemarkt präsent. Es handelt sich dabei um ein Reiseangebot mit der Bezeichnung *Schwedenpaket*[55], welches in Zusammenarbeit mit den schwedischen Staatsbahnen entwickelt wurde. Neben einer Netzkarte für die schwedischen Staatsbahnen enthält dieses Paket je nach Version auch Gutscheine für Hotels oder Gästehäuser. Das Angebot ist dabei so zusammengestellt, daß es einerseits die Sicherheit einer Pauschalreise vermitteln und andererseits die Freiheiten einer Individualreise gewähren soll.

Groß-, Einzelhandels-, Super- und Verbrauchermärkte

Auch Verbrauchermärkte wie Metro, Massa und Allkauf sind mit Reisebüro-Töchtern in das Tourismus-Geschäft eingestiegen. Diese, wie auch die zuvor genannten Kauf- und Warenhaustöchter, haben den Vorteil, daß hinter ihnen finanz- und kapitalkräftige Unternehmen stehen. Die dadurch mögliche Versorgung mit einer wesentlich besseren Kapitalstruktur durch die Mutterkonzerne stellt für solche Reisebüro-Ketten einen wichtigen Wettbewerbsvorteil gegenüber selbständigen Reisebüros dar.

---

53 Vgl. DRV, Geschäftsbericht '93, S.61.
54 Vgl. DRV, Binnenmarktstudie, S.57.
55 Vgl. FVW 9/93, S.15 f.

In der Schweiz ist die Marktmacht dieser "branchenfremden" Reisemittler ebenfalls nicht zu übersehen. Das zweitgrößte Reiseunternehmen der Schweiz, die Migros-Tochter Hotelplan, erzielte 1992/93 (31. Oktober) einen Gruppenumsatz von 1,33 Mrd. Schweizer Franken. Der Umsatz der eigenen Reisebüro-Kette lag ohne den Vertrieb von Eigenprodukten bei 157 Millionen Schweizer Franken.[56]

Den Verkauf von Reisen über einen separaten Verkaufsraum innerhalb eines Lebensmittelgeschäftes überprüft derzeit die Penny-Supermarktkette des Rewe-Konzerns. In Zusammenarbeit mit Atlas Reisen soll derzeit sowohl mit Hilfe von Selbsbedienungsterminals als auch mit reisebüroerfahrenen Expedienten das Kundenpotential einer stark frequentierten Supermarktfiliale in Köln abgeschöpft werden.[57]

Als reines Selbstbedienungsprodukt hat dagegen NUR mit seiner Handelsmarke Paneuropa in 2250 Rewe-Lebensmittelmärkten Einzug gehalten. Die Ware Reise wird dabei ausschließlich über den Regalverkauf in Form von Katalogen abgesetzt.[58] Der Durchschnittspreis für verkaufte Paneuropa-Reisen liegt bei unter 1000 DM, das Klientel kann also als sehr preissensibel eingestuft werden. Neben Flugpauschalangeboten befinden sich Pkw-, Kurz- und Städtereisen im Angebot. Der Katalog, der quasi das Produkt darstellt, wird direkt im Kassenbereich (dem Bereich mit der höchsten Kundenfrequenz) präsentiert. Neben der herkömmlichen Katalogbuchung wird derzeit vor allem der Verkauf direkt vor Ort intensiviert.

In den USA hingegen forciert die Lebensmittelkette Giant Food Inc. in Washington den Verkauf von Reisen bzw. Flugtickets über Selbstbedienungsautomaten.[59] Den größten Wettbewerbsvorteil gegenüber herkömmlichen Reisebüros bilden dabei sicherlich die langen Öffnungszeiten der Supermärkte, die teilweise 24 Stunden täglich geöffnet sind.

Tankstellen

Eine Branche, die derzeit neu den Weg ins Tourismusgeschäft sucht, ist die Mineralölindustrie. Allen voran startete Aral an zwanzig Tankstellen einen Test mit Last-Minute-Flügen und Eintrittskarten, die über einen Computer mit Touch-Screen in den Verkaufsräumen angeboten werden. Bei der Reisebuchung wählt der Kunde am Automaten, geht dann an die Kasse, um eine Anzahlung (normalerweise 100 DM) zu leisten und erhält eine Bestätigung und eine Quittung für die von der Tankstelle so-

---

56 Vgl. FVW 2/94, S.30.
57 Vgl. FVW 17/94, S.11.
58 Vgl. FVW 26/93, S.27 f.
59 Vgl. FVW 16/94, S.24.

fort abgeschickte Buchung. Das Ticket erhält er dann gegen Restzahlung am Flughafen. Auf diese Weise erstandene Eintrittskarten werden sofort ausgedruckt.[60]

In Deutschland zeigen im Moment vor allem mittelständische Veranstalter Interesse an dieser Vertriebsform, wie z.b. Öztürk Reisen und Orion Interconti. Grund hierfür ist vor allem die Sortimentsbereinigung in vielen Reisebüros, die diese aufgrund neu eingegangener Kooperationen oder Franchise-Abkommen durchführen. Bei einer solchen fallen zumeist kleine und mittlere Veranstalter heraus, da sie höheren Provisionsforderungen nicht nachkommen können oder wollen.

Vor allem im weniger beratungsintensiven Last-Minute-Geschäft, bei Städtereisen oder ähnlichen Angeboten könnte diese Vertriebsform zu einer Konkurrenz für herkömmliche Reisebüros werden. Den größten Vorteil für die Anbieter bilden neben der im Vergleich geringeren Provision vor allem die Ladenöffnungszeiten von 24 Stunden täglich.

Lotto/Toto-Annahmestellen

Den Absatzweg über Lotto/Toto-Annahmestellen prüft derzeit der Reiseveranstalter Tjaerborg in Süddeutschland.[61] Nachdem in Nordrhein-Westfalen bereits 20 Lotto/Toto-Reisebüros einen jährlichen Umsatz von drei bis vier Millionen DM bringen, soll auch in Bayern diese scheinbar recht lukrative Vertriebsschiene aufgebaut werden.

Brisant ist hierbei vor allem, daß Produkte von Tjaerborg sowie indirekt auch von den LTU-Veranstaltern THR Tours, Transair, Jahn Reisen und Meier's Weltreisen sowohl von diesen Nebenerwerbsreisebüros ohne fachliche Beratung als auch von Haupterwerbsreisebüros inklusive Beratung angeboten werden.

Den Lotto/Toto-Annahmestellen entstehen daraus mehrere Vorteile. Zum einen können gesparte Ausbildungs- und Personalkosten in die Kalkulation eingehen und die Preise drücken. Das hohe Stammkundenpotential, welches häufig wöchentlich oder öfter solche Lotto/Toto-Annahmestellen betritt, kann bei entsprechend informativen und überzeugenden Angeboten von umliegenden Reisebüros abgeschöpft werden. Dabei besteht die Gefahr, daß gut und teuer ausgebildete Reisebüro-Fachkräfte die Informationen liefern, die Buchung jedoch erst beim nächsten Gang zum "Tippen" bzw. beim Zeitungskauf erfolgt.

---

60 Vgl. FVW 8/93, S.17; touristik aktuell, Nr.42/93, S.4.
61 Vgl. FVW 20/94, S.21; touristik aktuell, Nr.22/93, S.3.

Sparkassen und Postämter

Ähnlich wie bei den meisten zuvor aufgeführten alternativen Reisemittlern liegt auch bei den Sparkassen und Postämtern der Reiz in der relativ hohen Kundenfrequentierung dieser Dienstleister. Ging die Initiative, den Reiseverkauf über Postämter zu wagen, zu Beginn der 90er Jahre von der Deutschen Bundespost Postdienste aus, so ist heute die Reisebüro-Kette Thomas Cook auf der Suche nach Partnern unter den Sparkassen.

Als wichtiges Argument führt die Cook-Kette gegenüber den Sparkassen an, daß das Thema Reise als ideales "Kundenbindungsinstrument" für die Geldinstitute angesehen werden kann.[62] Aufgrund der ungünstigen Öffnungszeiten von Banken soll der Reiseservice von den Schalter-Vorräumen aus zugänglich sein. Die Zusammenarbeit zwischen Sparkasse und Reisebüro soll dabei flexibel gehandhabt werden. Es besteht die Wahl zwischen Implant, Joint Venture, Franchise, dem Aufstellen von Reiseterminals oder einem telefonischen Reiseservice.

---

[62] So Siegfried Schenk, Direktor für Touristik bei Thomas Cook, in FVW 20/95, S.11.

4 Theoretische Aspekte der Dienstleistungsqualität

Im Laufe der letzten Jahre hat sich eine immer größere Zahl von Autoren mit der Theorie der Dienstleistung und der Theorie der Dienstleistungsqualität auseinandergesetzt. Mit der Beschreibung von vier Qualitätsmodellen und der Entwicklung eines Modells zur Dienstleistungsqualität im Reisebüro soll sich allerdings auf eine überschaubare Zahl von Autoren und somit auch von Definitionsansätzen und Meinungen beschränkt werden. Zum besseren Verständnis dieser Modelle soll auch die Konzentration auf diese Autoren im Rahmen der Betrachtung von bestimmten Aspekten, wie z.B. den Dimensionen der Dienstleistungsqualität, dienen.

4.1 Zum Begriff der Dienstleistungsqualität

Bevor im folgenden auf die stärker wissenschaftlich orientierte Auseinandersetzung rund um den Begriff "Dienstleistungsqualität" eingegangen wird, mögen an dieser Stelle einige Aphorismen zum Qualitätsbegriff die "pragmatisch-praktische Sichtweise" vergegenwärtigen:[1]

- "Qualität ist der gute 'Ruf', der einem vorauseilt. Nicht-Qualität ist der 'schlechte Leumund', der einem schier ewig nachläuft".
- "Ist genau das Spiegelbild von: Wie gut ist man?!".
- "Qualität ist das, was bleibt, wenn der Preis längst schon vergessen ist".

4.1.1 Dienstleistung

Nachdem sich die folgenden Kapitel eingehend mit verschiedenen Aspekten der Dienstleistungsqualität befassen, soll dieses Kapitel der differenzierteren Betrachtung des allgemeinen Terminus *Dienstleistung* dienen. So definiert der Normenausschuß Qualitätsmanagement, Statistik und Zertifizierungsgrundlagen (NQSZ) *Dienstleistung* in der DIN ISO 9004 wie folgt:[2]

"Dienstleistung: Die durch Tätigkeiten an der Schnittstelle zwischen Lieferant und Kunde sowie durch den Lieferanten erbrachten Ergebnisse zur Erfüllung der Erfordernisse des Kunden.

---

[1] Vgl. Schuler, Qualitätsbegriff, S.668.
[2] Vgl. NQSZ, DIN ISO 9004, S.9.

Anmerkung 1: Der Lieferant oder Kunde kann an der Schnittstelle durch Personal oder durch Einrichtungen vertreten sein.

Anmerkung 2: Für das Erbringen der Dienstleistung können Tätigkeiten des Kunden an der Schnittstelle zum Lieferanten wesentlich sein.

Anmerkung 3: Lieferung oder Gebrauch materieller Produkte kann Bestandteil des Erbringens der Dienstleistung sein.

Anmerkung 4: Eine Dienstleistung kann mit der Herstellung und Lieferung materieller Produkte verbunden sein."

Über diese Definition hinaus sind von wissenschaftlicher Seite eine Vielzahl weiterer Definitionsversuche unternommen worden. Dabei hat sich vor allem in der neueren Literatur zur Dienstleistungstheorie eine Dreiteilung des Dienstleistungsbegriffs[3] durchgesetzt. So kann bei der Analyse von Dienstleistungen eine *potentialorientierte*, eine *prozeßorientierte* und eine *ergebnisorientierte Perspektive* eingenommen werden. Als einer der ersten hat Donabedian[4] alle drei Perspektiven definiert, indem er medizinische Leistungen in die Bestandteile "structure", "process" und "outcome" unterteilt hat und daraus eines der ersten dienstleistungsspezifischen Qualitätsmodelle entwickelt hat.[5] In Anlehnung an dieses Modell können einzelne Phasen und Elemente der Dienstleistungserstellung im Reisebüro wie folgt den Perspektiven nach unterteilt werden:

Potentialmerkmale	>	**Prozeßmerkmale**	>	**Ergebnismerkmale**
Physisches Umfeld	>	Telefonkontakt	>	Beschwerdepolitik
Techn. Potential	>	Beratungsgespräch	>	Externe Kommunikation
Mitarbeiterpotential	>	Buchung	>	Produktqualität

Abb. 4.1: Die Dienstleistungserstellung im Reisebüro

---

3   Vgl. z.B. Bruhn, Qualitätssicherung, S.21 ff; Corsten, Dienstleistungen, S.81 f.; Hentschel, Dienstleistungsqualität aus Kundensicht, S.19 ff; Meyer/Mattmüller (1), Qualität von Dienstleistungen, S.187 ff; Hilke, Dienstleistungsmarketing, S.10 f sowie Maleri, Dienstleistungsproduktion, S.80 f.

4   Vgl. Donabedian, Quality and Approaches.

5   Daß sich dieses Modell im Gesundheitswesen etabliert hat, zeigt u.a. Marianne Hofer in Belz/Seghezzi, Qualitätsmanagment, S.144 f.

Die *potentialorientierte* Dienstleistungsdefinition beinhaltet allgemein "alle Fähigkeiten und Bereitschaften, (...) die letztendlich auf den Prozeß einer Dienstleistungserstellung hin ausgerichtet sind"[6]. Angesprochen ist hier zum einen das Vermögen (Potential) und zum anderen die Bereitschaft des Dienstleistungs-Anbieters, eine Dienstleistung auszuführen. Meyer/Mattmüller unterteilen in ihrem in Kap.4.5.1 vorgestellten Qualitätsmodell das Potential zudem nach Anbieter- und Nachfragerpotential. Im Gegensatz zu Donabedian, der dem Potential beispielsweise auch die technische Ausrüstung zurechnet, sehen einige Autoren[7] das Dienstleistungspotential hingegen als stets immateriell an. Für diese Arbeit soll allerdings der auch auf die technische Ausstattung erweiterte Potentialbegriff gelten.

Die *prozeßorientierte* Betrachtung des Dienstleistungsbegriffs umfaßt die tatsächliche Ausführung der dienstleistenden Tätigkeit. Betrachtet man beispielsweise ein Beratungsgespräch im Reisebüro, so ist zwar die unterstützende Funktion eines gut funktionierenden Computersystems zum schnellen und zuverlässigen Auffinden von Reiseangeboten nicht zu unterschätzen. Entscheidend dafür, wie das Beratungsgespräch später jedoch beurteilt wird, ist vor allem die Art und Weise, wie der Expedient sich im direkten Kundenkontakt verhält. Dabei steht "die Synchronisation von Produktion und Absatz"[8] im Vordergrund. Die Serviceleistung wird nicht auf Vorrat produziert, sondern sie wird "auf Abruf" erbracht und entsteht in einem räumlich und zeitlich synchron verlaufenden Interaktionsprozeß zwischen Expedient und Kunde. Wenn der Kunde die Kontaktsituation verläßt (z.B. das Reisebüro verläßt oder den Telefonhörer auflegt) ist die Leistung erbracht. Man spricht hier vom sogenannten *uno-actu-Prinzip*[9] - Produktion und Nutzung entstehen in ein- und demselben Akt.

Prinzipiell könnte die Buchung als Resultat eines z.B. computerunterstützten Beratungsgesprächs betrachtet werden. Im Rahmen dieser Arbeit soll die Buchung oder Reservierung im Reisebüro jedoch als Element des Dienstleistungsprozesses[10] verstanden werden. Der Grund liegt darin, daß die Aktivitäten, die während der Buchungsphase sowohl vom Reisebüro-Mitarbeiter als auch vom Kunden zu erbringen sind, vor allem die Prozeßqualität beeinflussen. Die Buchung hingegen erweist sich erst bei Nutzung des Produktes bzw. der Dienstleistung als qualitativ hochwertig oder nicht. Daher stellen die Produkt- und Leistungsanbieterqualität, also die eigentlichen Elemente der Buchung, Merkmale der *ergebnisorientierten* Sichtweise dar.

---

6   Vgl. Meyer/Mattmüller (1), Qualität von Dienstleistungen, S.192.
7   Vgl. z.B. Oppermann/Schubert, Dienstleistung 'Studienreise', S.24.
8   Vgl. Bruhn, Qualitätssicherung, S.21.
9   Vgl. Herder-Dornreich, Kötz nach Lehmann, Dienstleistungsmanagement, S.31.
10 Vgl. Kap.5.5.2.4.

Dienstleistungsergebnisse werden darüber hinaus zumeist als immaterielle bzw. intangible Güter interpretiert. Die auch schon im Zuge der potentialorientierten Betrachtungsweise angesprochene Meinungsvielfalt setzt sich allerdings auch hier fort. So teilen eine Reihe von Wissenschaftlern[11] *nicht* die Auffassung von der grundsätzlichen Immaterialität der Dienstleistungsergebnisse. Unabhängig davon kann man jedoch von *konsumtivem* oder *investivem Charakter*[12] des Dienstleistungsergebnisses sprechen. Der gebuchte Pauschalreiseurlaub wird beispielsweise eher konsumtiven Charakter haben, da der Urlauber die Dienstleistung zu Erholungszwecken in Anspruch nimmt. Die vom Firmendienst vermittelte und gebuchte Geschäftsreise hingegen wird eher investiven Charakter haben, wenn beispielsweise der Flug zu einer Tagung als Mittel zum Zweck des Ausbaus von Fachkenntnissen dient.

Zusammenfassend läßt sich sagen, daß bei der Analyse von Dienstleistungen die drei vorgestellten Perspektiven eingenommen werden können. Allerdings wurde deutlich, daß auch noch andere Aspekte zu beachten sind. Zwei für die Abgrenzung zu materiellen Gütern wichtige dienstleistungsspezifische Merkmale stellen die *Intangibilität* und die *Integration eines externen Faktors* dar.

Intangibilität oder Nichtgreifbarkeit bedeutet, daß unabhängig davon, daß der Erbringungsprozeß oder dessen Ergebnis materiell sein kann (im Reisebüro z.B. die Buchung oder das ausgedruckte Ticket), die angebotenen oder nachgefragten Leistungsfähigkeiten[13] ihrer Natur nach grundsätzlich immateriell sind. Im Gegensatz zu industriellen Anbietern oder Händlern können Dienstleistungs-Anbieter daher niemals fertige oder zu fertigende eigenständige Objekte anbieten, sondern stets nur ihre Fähigkeiten.[14]

Die *Integration eines externen Faktors*[15] bezieht sich auf den Umstand, daß die Leistungserstellung ohne Mitwirkung des Kunden nicht möglich ist. Die Dienstleistung wird vielmehr erst dadurch konkretisiert, erstellt und realisiert, indem der Kunde oder ein Kundenobjekt in den Dienstleistungsprozeß integriert wird. Den externen Faktor können dabei sowohl Subjekte (also Menschen) als auch Objekte (auch Tiere) bilden.

---

[11] Vgl. z.B. Meyer, Dienstleistungsmarketing, S.20 f; Corsten, Dienstleistungsbesonderheiten, S.16 ff.
[12] Vgl. Oppermann/Schubert, Dienstleistung 'Studienreise', S.24 f.
[13] Vgl. Meyer/Blümelhuber, Interdependenzen zwischen Absatz und Produktion, S.8.
[14] Vgl. Meyer/Blümelhuber, Interdependenzen zwischen Absatz und Produktion, S.8.
[15] Vgl. Meyer/Blümelhuber, Interdependenzen zwischen Absatz und Produktion, S.9.

4.1.2 Dienstleistungsqualität

Ebenso kontrovers wie die Diskussion um den Begriff der Dienstleistung wird auch eine um den Begriff der Qualität geführt. Nach Garvin[16] lassen sich fünf zentrale, auch in den Beiträgen[17] zur Dienstleistungsqualität verbreitete Definitionsansätze finden. Es handelt sich dabei um den:

- absoluten ("transcendent"),
- produktorientierten ("product-based"),
- kundenorientierten ("user-based"),
- herstellungsorientierten ("manufacturing-based") und
- wertorientierten ("value-based") Qualitätsbegriff.

Wird die Qualität als Maßstab für die Güte eines Produktes angesehen, indem sie beispielsweise in Klassen eingeteilt wird, so kann man von Qualität als *absolutem* Maßstab[18] sprechen. Die Messung der Qualität nach objektiven Kriterien ist Gegenstand des *produktorientierten* Ansatzes. In diesem Fall wird das dem Produkt bzw. der Leistung inhärente Eigenschaftsbündel als Qualität definiert. Die Wahrnehmung von Qualität durch den Kunden[19] steht im Mittelpunkt des *kundenorientierten* Ansatzes. Die Qualität eines Gutes wird hier vor allem in der Eignung zur Erreichung von Verwenderzwecken[20] gesehen. Wird Qualität als Vorgabe durch den Hersteller definiert, so spricht man vom *herstellungsorientierten* Ansatz. Der Hersteller gibt Qualitätsstandards[21], die entweder subjektiv aufgrund von Einstellungs- und Zufriedenheitswerten (kundenorientierter Ansatz) oder objektiv (produktorientierter Ansatz) ermittelt werden, für die Produktion vor und nimmt diese Vorgaben als Maß für die Qualitätskontrolle. Beim *wertorientierten* Ansatz steht vor allem das Preis-Leistungsverhältnis im Vordergrund. Die Einschätzung des Verhältnisses von Preis zu gebotener Leistung durch den Kunden wird hier als Indikator für die relative Qualität gesehen.

Diese fünf Definitionsansätze gelten gleichermaßen für Sachgüter wie auch für Dienstleistungen. Im Rahmen der neueren Entwicklung der Qualitätstheorie setzt sich allerdings die Ansicht durch, daß alleiniger Maßstab für die Qualität der

---

16 Vgl. hierzu Garvin, Product Quality, S.25 ff sowie Bruhn, Qualitätssicherung, S.23 f.
17 Vgl. z.B. Luchs/Neubauer, Qualitätsmanagement, S.10 ff; Oess, Total Quality Management, S.31 ff; Haller, Dienstleistungsqualität, S.20 f.
18 Vgl. Bruhn, Qualitätssicherung, S.24.
19 Vgl. Garvin, Managing Quality, S.43.
20 Vgl. Stauss/Hentschel Dienstleistungsqualität, S.238 f.
21 Vgl. Garvin, Product Quality, S.28.

Dienstleistung bzw. des Produktes das Urteil des Kunden ist.[22] Demnach ist Qualität nicht mehr objektiv meßbar, z.B. durch den Vergleich mit Spezifikationen oder Normen, sondern wird vom Kunden subjektiv bewertet.

In diese Richtung weisen auch die "offiziellen" Definitionen. Das Deutsche Institut für Normung e.V. definiert in der DIN 55350 "Qualität" wie folgt:

"Qualität ist die Beschaffenheit einer Einheit bezüglich ihrer Eignung, festgelegte oder vorausgesetzte Erfordernisse zu erfüllen"[23]

Die Qualitätsdefinition der Deutschen Gesellschaft für Qualität e.V. weist in die gleiche Richtung:

"Qualität ist die Gesamtheit von Eigenschaften und Merkmalen eines Produkts oder einer Tätigkeit, die sich auf deren Eignung zur Erfüllung gegebener Erfordernisse bezieht"[24]

Der kundenorientierte Qualitätsbegriff steht auch im Mittelpunkt der weiteren theoretischen Auseinandersetzung. Zur Beurteilung der dabei im Vordergrund stehenden Dienstleistungsqualität sei abschließend die von Bruhn/Meffert entwickelte Begriffsdefinition aufgegriffen:

"Dienstleistungsqualität ist die Fähigkeit eines Anbieters, die Beschaffenheit einer primär intangiblen und der Kundenbeteiligung bedürfenden Leistung aufgrund von Kundenerwartungen auf einem bestimmten Anforderungsniveau zu erstellen."[25]

Die Wahrnehmung der Dienstleistungsqualität erfolgt dabei anhand verschiedener Dimensionen, die von Dienstleistung zu Dienstleistung unterschiedlich und von den einzelnen Kunden differenziert beurteilt werden können. Darüber hinaus nimmt die Identifizierung qualitätsrelevanter Dimensionen in der wissenschaftlichen Diskussion um die Dienstleistungsqualität einen breiten Raum ein. Zudem bilden die nachfolgend diskutierten Dimensionen einen wichtigen Baustein zur Entwicklung eines Modells der Dienstleistungsqualität im Reisebüro.

---

22 Vgl. z.B. Seghezzi, Qualitätsmanagement, S.6.
23 Vgl. Bruhn, Qualitätssicherung, S.23 nach DIN 55350, Teil 11, S.3, Nr.5.
24 Vgl. Bruhn, Qualitätssicherung, S.23.
25 Vgl. Meffert/Bruhn, Dienstleistungsmarketing, S.199.

4.2 Dimensionen der Dienstleistungsqualität

Die Diskussion um die Dimensionen der Dienstleistungsqualität soll an dieser Stelle einen etwas größeren Raum einnehmen. Ziel ist dabei, vor allem ein erstes Verständnis für die später folgenden Qualitätsmodelle der Dienstleistungstheorie zu entwickeln. Es geht aber auch darum zu zeigen, welche Positionen von ausgewählten Autoren der Dienstleistungswissenschaft vor allem hinsichtlich der Kriterien, die das subjektive Qualitätsempfinden von Dienstleistungskunden bestimmen, eingenommen werden.

4.2.1 Dimensionen nach Grönroos

Ein vom Nachfrager vorgenommener Beurteilungsprozeß ist Ausgangspunkt für die Bestimmung der Dimensionen der Dienstleistungsqualität nach Grönroos.[26] In diesem Prozeß vergleicht der Kunde seine ursprünglichen Erwartungen mit der tatsächlich erhaltenen Dienstleistung. Das Ergebnis dieser Bewertung ist die "erfahrene Dienstleistungsqualität". Nach Grönroos bestimmen dabei drei Kriterien (bzw. Dimensionen) das Qualitätsurteil des Kunden:[27]

1. *Technische Qualität*: Know-how, techn. Problemlösungs-Fähigkeit, maschinelle Fähigkeiten, Computer-Systeme.
2. *Funktionale Qualität*: Kundenkontakt, Haltung, Einstellung, Betriebsklima, Benehmen, dienstleistungsorientierte Grundeinstellung, Erscheinung, Erreichbarkeit.
3. *Image*: funktionale und technische Qualität werden durch das vorhandene Image des Dienstleisters gefiltert, beide prägen aber auch das Image v.a. bei bisherigen Kunden.

Die *technische Dimension*, die mit der Frage "Was" erhält der Nachfrager umschrieben werden kann, ist durchaus als objektiv zu beurteilen. Bei den Kriterien der *funktionalen Qualität*, die auf die Frage "Wie" die technische Qualität dargeboten wird, Einfluß nehmen, handelt es sich dagegen um subjektive Aspekte der Qualitätswahrnehmung.[28]

---

26 Vgl. Grönroos, A Service Quality Model, S.36 ff; Dotchin/Oakland, Total Quality Management, S.32 f.
27 Vgl. Grönroos, A Service Quality Model, S.36 ff sowie Meyer/Mattmüller (1), Qualität von Dienstleistungen, S.190 f.
28 Vgl. auch Meyer/Westerbarkey, Qualitätspolitik, S.88 f.

Das *Image* stellt eine Dimension der Dienstleistungsqualität dar, die in zweifacher Hinsicht Einfluß auf das Qualitätsempfinden des Kunden nimmt. Nach Grönroos[29] ist das Image sowohl eine Funktion der beiden Teilkomponenten technische und funktionale Qualität, als auch Filter für die Wahrnehmung dieser Teilaspekte. Diese Sichtweise des Begriffs "Image" kommt besonders in dem später vorgestellten Modell der Dienstleistungsqualität nach Grönroos zum Ausdruck.

4.2.2 Dimensionen nach Meyer/Mattmüller

In Anlehnung an die von Donabedian und Grönroos entwickelten Qualitätsdimensionen und -modelle kommen Meyer/Mattmüller auf zwei primäre Dimensionen der Qualitätsbeurteilung. Sie beurteilen die drei Teilqualitäten ihres Modells[30] Potential-, Prozeß- und Ergebnisqualität nach einer *Tech-Dimension* und einer *Touch-Dimension*.

Die *Tech-Dimension* beinhaltet die Frage "Was" der Nachfrager erhält oder in den Prozeß einbringt. Die *Touch-Dimension* fragt nach dem "Wie", also auf welche Art und Weise dies geschieht. Abbildung 4.2 zeigt einige Beispiele für Qualitätsdimensionen der genannten Teilqualitäten.

---

29 Vgl. Grönroos, A Service Quality Model, S.36 ff.
30 Vgl. Kap.4.5.1.

Qualitäts- dimensionen / Teil- qualitäten	Tech-Dimension (WAS)	Touch-Dimension (WIE)
Potentialqualität (Erwartete Qualität)	Gebäude- und Raumausstattung, Technische Ausstattung, Ausbildung, Gütezeichen, etc.	Gestaltung der materiellen Produktionsfaktoren, Bekanntheit, Aussehen und Persönlichkeit des Dienstleistungspersonals, Referenzen, Preise, Pokale, Auszeichnungen, etc.
Prozeßqualität (Erfahrene Qualität)	Technische Fertigkeiten, formaler Leistungsablauf, Zeitdauer, etc.	Atmosphäre, Klima, Einstellungen und Verhalten des Personals im Umgang mit den externen Faktoren, Betriebsklima, Dienstleistungskultur, Erreichbarkeit, etc.
Ergebnisqualität (Erhaltene Qualität)	Funktion, Dauerhaftigkeit/ Nachhaltigkeit, Folgen/ Folgeleistungen, etc.	Erklärung der Dienstleistung, kommunikative Nachbetreuung, Beschwerdeverhalten, etc.

Abb. 4.2: Dimensionen der Dienstleistungsqualität nach Meyer/Mattmüller[31]

Den besonderen Vorzug des in Kap.4.5.1 vorgestellten Qualitätsmodells und seiner dazugehörigen Dimensionen stellt die Integration in eine übergeordnete dienstleistungsspezifische Management- und Marketing-Theorie dar. Nach Meyer/Mattmüller ergeben sich aus der Integration der dienstleistungsbestimmenden Elemente "Bedarfsdeckung durch die Leistungserstellung", "Immaterialität der angebotenen Leistung" und "Integration eines externen Faktors" vier Marketingdimensionen und - konsequenzen[32], die den Erstellungsprozeß jeder Dienstleistung und deren Qualität substantiell betreffen:

---

31 Entnommen aus Meyer/Westerbarkey, Qualitätspolitik, S.90.
32 Vgl. Meyer/Mattmüller (1), Qualität von Dienstleistungen, S.188 f sowie Meyer A., Dienstleistungs-Marketing, 68 ff.

- *Marketing-Dimension I*: Die Individualisierung der internen Faktor-kombination.
- *Marketing-Dimension II*: Die marketingorientierte Ausrichtung der internen Kontaktfaktoren.
- *Marketing-Dimension III*: Die Integration der externen Faktoren.
- *Marketing-Dimension IV*: Die Interaktivität zwischen den externen Faktoren.

Stehen bei der *Marketing-Dimension I* die auf Dienstleisterseite am Produktionsprozeß beteiligten Faktoren (Menschen, Computer etc.) und ihre individuelle Kombination im Dienstleistungsprozeß im Vordergrund, so geht es in der *Marketing-Dimension II* vor allem um die Mitarbeiter im direkten Kundenkontakt, die zu einer verstärkten Marketingorientierung angehalten werden sollen. Die Integration der externen Faktoren der *Marketing-Dimension III* sieht dagegen beispielsweise die Beachtung von Grundeinstellungen der Kunden bei Marketingaktivitäten vor. Bei der *Marketing-Dimension IV*, nämlich der Interaktivität zwischen den externen Faktoren, stehen Aspekte des Kontaktes unter den einzelnen Kunden im Vordergrund. So kann z.B. Mund-zu-Mund-Kommunikation einen bedeutenden Beitrag zur Imagebildung eines Dienstleisters leisten.

4.2.3 Dimensionen nach Parasuraman/Zeithaml/Berry

Parasuraman, Zeithaml und Berry haben im Zuge der Entwicklung des später vorgestellten SERVQUAL-Fragebogens[33] aufschlußreiche Erkenntnisse über die Kriterien, die Kunden zur Beurteilung von Servicequalität anwenden, erhalten. Mit Hilfe von Fokusgruppeninterviews kommen die Autoren zu dem Schluß, daß branchenunabhängig folgende 10 Kriterien[34] die Güte der Dienstleistungsqualität ausmachen:

- *Materielles* (tangibles): Das Erscheinungsbild von Einrichtungen und Ausrüstungen sowie des Personals und der gedruckten Kommunikationsmittel.
- *Zuverlässigkeit* (reliability): Fähigkeit, den versprochenen Service verläßlich und präzise auszuführen.
- *Entgegenkommen* (responsiveness): Bereitschaft Kunden zu helfen und sie prompt zu bedienen.
- *Kompetenz* (competence): Beherrschung des notwendigen beruflichen Könnens und Fachwissens zur Ausführung der Dienstleistung.

---

33   Vgl. Parasuraman et al., SERVQUAL, S.36 ff; dieselben, SERVQUAL Scale, S.425 ff sowie Kap.5.2.2.3.6.
34   Vgl. Zeithaml et al., Qualitätsservice, S.33 ff.

- *Zuvorkommenheit* (courtesy): Höflichkeit und Freundlichkeit des Kontaktpersonals.
- *Vertrauenswürdigkeit* (credibility): Glaubwürdigkeit und Ehrlichkeit des Dienstleisters.
- *Sicherheit* (security): Kunden nicht Zweifeln oder Eindrücken von Gefahren oder Risiken überlassen.
- *Erreichbarkeit* (access): Leichter Zugang zu Ansprechpartnern.
- *Kommunikation* (communication): Den Kunden zuhören und sie in einer für Laien verständlichen Sprache informiert halten.
- *Kundenverständnis* (understanding): Sich die Mühe machen, die Kunden und ihre Bedürfnisse kennenzulernen.

In einer zweiten, quantitativen Phase des Forschungsprozesses konnten die zehn Kriterien zu fünf Dimensionen verdichtet werden. Kompetenz, Zuvorkommenheit, Vertrauenswürdigkeit und Sicherheit wurden in der Dimension *Leistungskompetenz* zusammengefaßt. Erreichbarkeit, Kommunikation und Kundenverständnis bilden zusammen nun die Dimension *Einfühlungsvermögen*. Daraus ergeben sich nach Zeithaml, Parasuraman und Berry die folgenden fünf Dimensionen:[35]

1. *Annehmlichkeit des tangiblen Umfelds* (tangibles): Das Erscheinungsbild von Einrichtungen und Ausrüstungen sowie des Personals und der gedruckten Kommunikationsmittel.
2. *Zuverlässigkeit* (reliability): Fähigkeit, den versprochenen Service verläßlich und präzise auszuführen.
3. *Reaktionsfähigkeit* (responsiveness): Bereitschaft, Kunden zu helfen und sie prompt zu bedienen.
4. *Leistungskompetenz* (assurance): Fachwissen und zuvorkommendes Verhalten der Angestellten sowie die Fähigkeit, Vertrauen zu erwecken.
5. *Einfühlungsvermögen* (empathy): Fürsorgliche Aufmerksamkeit der Firma für jeden einzelnen Kunden.

Mit anderen Autoren[36] sind Parasuraman et al.[37] der Meinung, daß das mit Abstand wichtigste Kriterium bei der Beurteilung von Servicequalität die Zuverlässigkeit ist. Nach Benkenstein[38] lassen sich die fünf Dimensionen außerdem auf die bereits zu-

---

[35] Vgl. Zeithaml et al., Kommunikations- und Kontrollprozesse, S.112.
[36] Vgl. z.B. Bitran/Lojo, Quality of the Customer Interface, S.385; Dotchin/Oakland, TQM in Services (3), S.14.
[37] Vgl. Berry et al., Five Imperatives, S.29.
[38] Vgl. Benkenstein, Dienstleistungsqualität, S.1106.

vor[39] dargestellten Potential-, Prozeß- und Ergebnismerkmale einer Dienstleistung beziehen. Die *Annehmlichkeit des tangiblen Umfelds* und die *Leistungskompetenz* beschreiben demnach Potentialmerkmale, in den Dimensionen *Einfühlungsvermögen* und *Reaktionsfähigkeit* kommen Prozeßmerkmale zum Ausdruck und schließlich bezieht sich die *Zuverlässigkeit* auf die Ergebnismerkmale einer Dienstleistung.

Wie nachfolgend zu sehen ist, spielen die fünf hier vorgestellten Dimensionen auch bei der Beurteilung der Dienstleistungsqualität in Reisebüros eine bedeutende Rolle.

4.2.4 Dimensionen nach LeBlanc

Unter der Leitung von Prof. LeBlanc[40] wurde im Jahr 1992 eine empirische Erhebung[41] zur Erfassung jener Faktoren durchgeführt, die die Kundenbewertung der Dienstleistungsqualität in Reisebüros beeinflussen.

Untersuchungsobjekte waren dabei zwei Reisebüros in einer Großstadt Kanadas nahe der Atlantikküste. Die beiden Reisebüros können am besten als mittelgroße Vollreisebüros beschrieben werden, die die gesamte Bandbreite von Reiseleistungen sowohl für Geschäfts- als auch Privatreisende anbieten und vergleichbar sind bezüglich des Produktsortiments, der Mitarbeiterzahl, der Büroausstattung sowie der Werbestrategie.

Als Erhebungsinstrument wurde ein Fragebogen entwickelt, der 50 Variablen beinhaltete. Diese umfaßten verschiedene Aspekte der Reisevermittlung im Reisebüro wie beispielsweise das Unternehmensimage, internationale Organisation, Kundenkontaktpersonal, Verkaufssituationen, Kundenerfahrungen und Zufriedenheit der Kunden. Auf einer siebenstufigen Likert-Skala sollten die Befragten ihre Erfahrungen zu diesen Variablen beurteilen. Dabei wurden über die Adressenlisten der beiden Unternehmen 600 Reisebüro-Kunden ausgewählt, denen der Fragebogen zugeschickt wurde. Innerhalb einer zuvor angesetzten Dreiwochenfrist wurden 277 Fragebogen retourniert, was einer Rücklaufquote von 46 % entspricht.

Anhand einer Faktoranalyse konnten die 50 auf den Fragebogen angegebenen Variablen zu neun Faktoren bzw. Dimensionen zusammengefaßt werden. Diese neun Faktoren können folgendermaßen beschrieben werden:

---

39 Vgl. Kap.4.1.1.
40 LeBlanc ist Associate Professor an der Universität Moncton, New Brunswick, Canada.
41 Vgl. LeBlanc, Service Quality in Travel Agencies, S.10-16.

- F1: *Räumlicher Eindruck* (physical evidence), welcher die Variablen beinhaltet, die das physikalische Umfeld von Reisebüros beschreiben. Unter anderem werden hier das Ambiente, die Dekorationen, die Ausstattung sowie das gesamte Erscheinungsbild der Reisebüros zusammengefaßt.
- F2: *Kompetenz* (competence) subsumiert jene Variablen, die das Wissen und die Fähigkeiten der Mitarbeiter beschreiben, welche für einen effektiven Service notwendig sind.
- F3: *Unternehmensimage* (corporate image) beinhaltet die Faktoren, die das bisherige Auftreten des Unternehmens wiedergeben. Hier ist vor allem die Kapazität des Unternehmens auf dem Gebiet der zufriedenstellenden Serviceerfüllung entsprechend den Kundenerwartungen angesprochen. Diese Dimension reflektiert dabei vor allem die Meinung der Befragten bzgl. des Unternehmensimages im Markt sowie der vorhandenen Unternehmensressourcen für guten Service.
- F4: *Rechtzeitigkeit* (timeliness) wird mit den Fähigkeiten eines Reisebüros beschrieben, Kundenansprüche in effektiver Art und Weise zu erfüllen.
- F5: *Aufmerksamkeit* (courtesy) faßt einen Großteil der Variablen zusammen, die das Kundenkontaktpersonal betreffen. Diese spiegeln vor allem die spezielle Aufmerksamkeit bzw. die Freundlichkeit der Expedienten wider.
- F6: *Wettbewerbsfähigkeit* (competitiveness) reflektiert die Fähigkeit des Kundenkontaktpersonals, individuelle Bedienung zu offerieren und wettbewerbsfähige Preise für den Kunden herauszufinden. Sie beinhaltet ebenso die Garantie des Reisebüros, zuverlässigen Service zu bieten wie auch die vorhandenen Kapazitäten um Versprechungen einzuhalten.
- F7: *Reagibilität* (responsiveness) beinhaltet Variablen wie die zügige Lieferung der Tickets und Reisedokumente sowie die notwendige Zeit, um Telefonrückrufe durchzuführen. Sie reflektiert die Fähigkeit des Reisebüros, prompten Service zu liefern, d.h. die Gewilltheit und Schnelligkeit, mit der dem Kunden bei der Lösung eines Problems geholfen wird.
- F8: *Vertraulichkeit* (confidentiality) bezieht sich ebenfalls auf die Mitarbeiter und die Gewißheit, daß Kundengeschäfte diskret und zuverlässig abgewickelt werden.
- F9: *Zugangsmöglichkeit* (accessibility) beschreibt die Einfachheit der prompten Inanspruchnahme des Serviceangebotes, ohne lange in Warteschlangen stehen zu müssen.

Ebenso wie bei Parasuraman et al. lassen sich diese Kriterien, die laut Reisebüro-Kunden ausschlaggebend für die Servicequalität im Reisebüro sind, zu einer geringeren Zahl von Dimensionen zusammenfassen. Dabei lassen sich acht der neun Kriterien sehr gut mit jenen fünf von Parasuraman, Zeithaml und Berry (siehe voriges Kapitel) gefundenen Dimensionen der Dienstleistungsqualität vereinbaren. So kann man die von LeBlanc identifizierten reisebürospezifischen Qualitätskriterien jenen von Parasuraman et al. wie folgt zuordnen:[42]

1. *Annehmlichkeit des tangiblen Umfeldes* (tangibles) beinhaltet
F1: *räumlicher Eindruck* (physical evidence)

2. *Zuverlässigkeit* (reliability) beinhaltet
F4: *Rechtzeitigkeit* (timeliness)
F6: *Wettbewerbsfähigkeit* (competitiveness)

3. *Reaktionsfähigkeit* (responsiveness) beinhaltet
F7: *Reagibilität* (responsiveness)

4. *Leistungskompetenz* (assurance) beinhaltet
F2: *Kompetenz* (competence)
F8: *Vertraulichkeit* (confidentiality)

5. *Einfühlungsvermögen* (empathy) beinhaltet
F5: *Aufmerksamkeit* (courtesy)
F9: *Zugangsmöglichkeit* (accessibility)

Lediglich die Dimension F3: *Unternehmensimage* (corporate image), wurde von Parasuraman et al. nicht explizit aufgenommen. Dagegen findet sie sich, wie in Kap.4.2.1 dargestellt, bei Grönroos[43] als eine äußerst wichtige Qualitätsdimension. Dieser von LeBlanc nachgewiesenen Bedeutung der "Image-Dimension" für die Qualitätsbeurteilung in Reisebüros wird im Rahmen der Entwicklung eines Qualitätsmodells für Reisebüros Rechnung getragen. Bevor jedoch auf die einzelnen Qualitätsmodelle eingegangen wird, ist es sinnvoll, sich mit einzelnen Aspekten der Messung und Steuerung von Dienstleistungsqualität zu beschäftigen.

---

42 Vgl. LeBlanc, Service Quality in Travel Agencies, S.14.
43 Vgl. Grönroos, A Service Quality Model, S.36 ff sowie Dotchin/Oakland, Total Quality Management, S.32 f.

4.3 Messung der Dienstleistungsqualität

An dieser Stelle werden einige theoretische Aspekte der Qualitätsmessung betrachtet. Im Vordergrund stehen dabei die verschiedenen Perspektiven, die es bei der Beurteilung der Dienstleistungsqualität zu unterscheiden gilt, sowie die Konstrukte, die zur Operationalisierung der Dienstleistungsqualität geeignet sind. Eine tiefergehende Auseinandersetzung mit den für die Reisemittlerbranche "sinnvollsten" Marktforschungsinstrumenten erfolgt allerdings erst in Kap.5.2.

4.3.1 Perspektiven der Qualitätsmessung

Die im vorhergehenden Kapitel analysierten Dimensionen geben die Perspektive des Kunden bei der Beurteilung der Dienstleistungsqualität wieder. Bei der nachfolgenden Betrachtung unterschiedlicher Beurteilungsperspektiven geht es hingegen zum einen darum, bei wem die Qualitätsmessung anzusetzen hat und zum anderen, welche Erfordernisse die entsprechenden Meßverfahren zu erfüllen haben. Hentschel[44] unterscheidet folgende Beurteilungsperspektiven:

- unternehmens- und kundenorientierte Perspektive;
- undifferenzierte und differenzierte Perspektive;
- objektive und subjektive Perspektive;
- stärken- und schwächengerichtete Perspektive.

Stellt sich aus *Unternehmenssicht* die Qualität primär als Managementaufgabe dar, so ist aus *Kundensicht* die "Qualität als Einflußgröße im Kaufentscheidungsprozeß zu sehen"[45]. Im ersten Fall bedeutet Managementaufgabe, daß durch die Unternehmensführung Dienstleistungsspezifikationen erstellt werden, die es für alle am Dienstleistungsprozeß Beteiligten einzuhalten gilt. Die Spezifikationen haben sich dabei vordringlich an den Erwartungen der Dienstleistungsnachfrager zu orientieren, welche somit zunächst erfaßt werden müssen. Das in Kap.4.5.4 vorgestellte Gap-Modell von Parasuraman et al. beachtet beispielsweise beide Perspektiven, sowohl die der Unternehmens- als auch die der Kundenseite. Im Mittelpunkt des Modells stehen dabei die Diskrepanzen, die auftreten können, wenn sich beide Perspektiven nicht 100%-ig decken.

---

44 Vgl. Hentschel, Multiattributive Messung, S.317.
45 Vgl. Hentschel, Multiattributive Messung, S.317.

Wird die Qualität *mehr oder weniger differenziert* gesehen, so sind hier vor allem die verschiedenen Abstraktionsebenen der Qualitätsbeurteilung angesprochen. Eine Verringerung des Astraktionsgrades des allgemeinen Terminus "Dienstleistung" erfolgte bereits[46]. So setzt sich nach Donabedian die Dienstleistung aus Potential-, Prozeß- und Ergebnismerkmalen zusammen. Die Qualitätsbeurteilung läßt sich entsprechend differenziert betrachten und sogar noch weiter unterteilen. Für Meyer/Mattmüller[47] besteht beispielsweise die Potentialqualität aus der Potentialqualität der Nachfrager und der Potentialqualität der Anbieter. Diese Teilqualitäten wiederum setzen sich ihrer Meinung nach zusammen aus dem Integrations- und Interaktivitätspotential bzw. dem Spezifizierungs- und Kontaktpotential.

Die Unterscheidung von *objektiver und subjektiver Beurteilungsperspektive* zielt auf die Differenzierung von eher naturwissenschaftlich-technischen Qualitätsmerkmalen und individuellen Bedürfnissen der Nachfrager ab. Während die erste davon ausgeht, daß Qualität durch die objektiven, anhand naturwissenschaftlich-technischer Daten charakterisierbaren Leistungsmerkmale eines Gutes determiniert wird, geht die zweite davon aus, daß die erlebte Dienstleistungsqualität von den subjektiven Bedürfnissen der Nachfrager abhängig ist.

Objektive Qualitätsmessung im Reisebüro würde beispielsweise die Erfassung durchschnittlicher Wartezeiten für Kunden am Telefon oder im Verkaufsraum bedeuten oder auch die Anzahl alternativer Airlines, die dem Kunden angeboten werden können etc.. Dagegen geht es bei der subjektiven Qualitätsmessung nicht um objektiv meßbare Qualitätskennzahlen, sondern darum, daß eine Dienstleistung erst durch individuell verschiedene Erwartungen, Gefühle und Ansprüche des Kunden unterschiedlich beurteilt wird. Betrachtet man mit Benkenstein die subjektive Qualitätsauffassung als das "Bindeglied zwischen den subjektiv relevanten Qualitätsdimensionen und der wahrgenommenen Qualität im Sinne des Nutzens (...), den ein Gut darstellt"[48], so bedarf es trotz allem einer Transformation der subjektiv relevanten Qualitätsdimensionen in objektiv meßbare Qualitätsmerkmale, um die Ergebnisse der Qualitätsmessung einer Steuerung zugänglich zu machen. Es muß also versucht werden, durch entsprechende Verfahren die wahrgenommene Dienstleistungsqualität zunächst zu ermitteln, um dann, zusammen mit objektiven Qualitätsmerkmalen, Dienstleistungsstandards zu entwickeln, die sich an den Erwartungen und Bedürfnissen des Kunden orientieren.

---

[46] Vgl. Kap.4.1.1.
[47] Vgl. Meyer/Mattmüller (1), Qualität von Dienstleistungen, S.187 ff.
[48] Vgl. Benkenstein, Dienstleistungsqualität, S.1100.

In einer letzten Perspektivenunterscheidung stellt sich die Frage, ob es dem Dienstleister eher auf die Beseitigung von *Qualitätsschwächen* oder auf die Forcierung von *Qualitätsstärken* ankommt. Nach Hentschel[49] kommen diesen Auffassungen unternehmensseitig programmatische Schlagworte am nächsten, die im ersten Fall "das Null-Fehler-Ziel realisieren" oder "Kundenprobleme vermeiden" und im zweiten Fall "den Kunden positiv überraschen" oder "mehr bieten als die anderen" lauten können. Für die Evaluierung der Dienstleistungsqualität aus Kundensicht stehen bei der Einnahme einer schwächengerichteten Perspektive die empfundenen Mängel und Fehler des Dienstleisters im Vordergrund. Im Falle einer stärkengerichteten Perspektive hingegen sind positive Dienstleistungserlebnisse und dergleichen abzufragen, die Hinweise auf die besonderen Stärken eines Dienstleisters geben können.

4.3.2 Konstrukte zur Operationalisierung der Dienstleistungsqualität

Zur Operationalisierung der von Nachfragern wahrgenommenen Dienstleistungsqualität erscheinen drei Konstrukte[50] geeignet. Dabei handelt es sich um einstellungsorientierte, zufriedenheitsorientierte sowie kompetenzorientierte Konstrukte.

Nimmt man die Möglichkeit der Einnahme von drei verschiedenen Perspektiven als Grundlage auch für die Konstruktbetrachtung, so kann beim *einstellungsorientierten Qualitätskonstrukt* davon ausgegangen werden, daß dieses Konstrukt sowohl auf Potential-, Prozeß- als auch Ergebnismerkmale einer Dienstleistung gleichermaßen Bezug nimmt. Ausgehend von der Annahme, "daß die Qualitätseinschätzung des Kunden als gelernte, dauerhafte, positive oder negative innere Haltung gegenüber einem Beurteilungsobjekt aufzufassen ist"[51], entsteht die Qualitätseinschätzung hier durch Lernprozesse. Diesen Lernprozessen können sowohl unmittelbare Erfahrungen mit der Dienstleistung als auch durch direkte und indirekte Kommunikation mit dem Dienstleister oder seinen Kunden gesammelte Erfahrungen zugrunde liegen[52]. Neben der Dauerhaftigkeit einer so "gewachsenen" Qualitätsauffassung weist diese üblicherweise auch ein hohes Abstraktionsniveau auf.[53]

Die Messung der Zufriedenheit mit einer Dienstleistung läßt primär Schlüsse auf die Ergebnisqualität und eventuell auch auf die Prozeßqualität einer Dienstleistung zu.

---

49   Vgl. Hentschel, Multiattributive Messung, S.317.
50   Vgl. Benkenstein, Dienstleistungsqualität, S.1101 f; Hentschel, Multiattributive Messung, S.320 f.
51   Hentschel, Multiattributive Messung, S.321.
52   Vgl. Benkenstein, Dienstleistungsqualität, S.1101.
53   Vgl. Hentschel, SERVQUAL, S.233.

Da ein solches *zufriedenheitsorientiertes Qualitätskonstrukt* an der Beurteilung eines klar abgrenzbaren Konsumerlebnisses ansetzt, ist die Qualitätsmessung auf der Basis dieses Konstrukts nur nach vorheriger Interaktion zwischen Dienstleister und Kunde möglich.[54] Die Messung der Zufriedenheit wird hier aus der Diskrepanz zwischen den Erwartungen, die an die Dienstleistung gerichtet werden, und der tatsächlich erlebten Dienstleistung abgeleitet. Dieses Konstrukt liegt beispielsweise dem in Kap.5.2.2.3.6 vorgestellten SERVQUAL-Fragebogen[55] zugrunde.

Wird die Dienstleistung mit Hilfe der *Zufriedenheitsmessung* relativ differenziert und immer wieder neu erfaßt (und ist somit auch stärkeren Schwankungen unterworfen), so setzt die *Einstellungsmessung* an einer eher langfristigen und überdauernden Qualitätsbeurteilung an. Welches dieser beiden Konstrukte zur Messung der Dienstleistungsqualität letztendlich gewählt wird, hängt davon ab, welche Art von Informationen als wichtiger betrachtet werden.

Das *kompetenzorientierte Qualitätskonstrukt* erfaßt, wie das vorige Konstrukt auch, vor allem Potential- und Prozeßmerkmale, die auf die Kompetenz des Dienstleisters rückschließen lassen. Gegenstand der Beurteilung sind dabei die Fertigkeiten und Fähigkeiten, die dem Dienstleister zur Problembewältigung[56] zugesprochen werden. Ähnlich wie beim Einstellungskonstrukt spielen jedoch auch hier die negativen oder positiven Grundhaltungen gegenüber dem Dienstleister eine herausragende Bedeutung.

Eine kompetenzorientierte Qualitätsbeurteilung bietet sich vor allem an, wenn der Nachfrager das Dienstleistungsergebnis nicht richtig beurteilen kann oder wenn die Dienstleistung noch gar nicht in Anspruch genommen wurde. Im zweiten Fall werden stärker noch Potentialmerkmale als Prozeßmerkmale erfaßt, so daß neben den Kunden einer speziellen Dienstleistung auch Nachfrager anderer Dienstleistungen des gleichen Unternehmens befragt werden können. Da die Potentialmerkmale verschiedener Dienstleistungen sich nicht unbedingt unterscheiden müssen, ist z.B. eine Qualitätsbestimmung über mehrere Unternehmensbereiche oder Filialen möglich. Die Messung des Unternehmensimages, welches nach Grönroos[57] sehr stark von Potentialfaktoren geprägt wird, kann beispielsweise mit Hilfe eines kompetenzorientierten Qualitätskonstruktes durchgeführt werden.

---

[54] Vgl. Benkenstein, Dienstleistungsqualität, S.1101.
[55] Vgl. Parasuraman et al., SERVQUAL, S.36 ff.
[56] Vgl. Benkenstein, Dienstleistungsqualität, S.1102.
[57] Vgl. Grönroos, A Service Quality Model, S.39 f.

4.4 Ansätze zur Steuerung der Dienstleistungsqualität

Das von Parasuraman et al. entwickelte *Gap-Modell*[58] liefert bereits erste Anregungen zur Qualitätssteuerung. Allerdings liegt die Stärke des Modells eher in der Anleitung zur systematischen Suche nach qualitätsrelevanten Schwachstellen in Dienstleistungsunternehmen, als in der Anleitung zur Implementierung qualitätssteigernder oder -steuernder Maßnahmen.

Die meisten der in der Literatur bekannten und im Rahmen der modelltheoretischen Betrachtung zum Teil vorgestellten Maßnahmen bzw. Steuerungsmöglichkeiten zur Verbesserung der Dienstleistungsqualität lassen sich drei Arten von Steuerungsansätzen zuordnen. Diese werden im folgenden zunächst erläutert und systematisiert. Unter dem Blickwinkel reisebürospezifischer Anforderungen wird dann verdeutlicht, daß die einzelnen Ansätze nicht isoliert, sondern sinnvollerweise komplementär anzuwenden sind.

4.4.1 Systematisierung der Steuerungsansätze

In Anlehnung an die Organisationstheorie kann bei der Qualitätssteuerung zwischen technokratischen, struktur- und kulturorientierten Steuerungsansätzen differenziert werden.[59]

Die Identifikation und Vorgabe von Qualitätsstandards für alle qualitätsrelevanten Dienstleistungsmerkmale ist Ausgangspunkt der *technokratischen Steuerungsansätze*. Zusammengefaßt in ein geschlossenes Regelwerk[60] überführt der Dienstleistungsanbieter alle vom Nachfrager wahrnehmbaren Qualitätsmerkmale in Qualitätsstandards. Anhand des Modells von Corsten[61] lassen sich technokratische Ansätze zur Qualitätsverbesserung besonders gut darstellen. Wichtige Bestandteile der Verrichtungsqualität stellen in diesem Modell beispielsweise die Integrationsdauer und der Integrationszeitpunkt dar. Die Festsetzung reisebürospezifischer Standards im Sinne eines technokratischen Ansatzes könnte beispielsweise in Form maximaler "Bedienzeiten", die jedem Expedient-Kunde-Gespräch zugebilligt werden, oder der internen Festsetzung von Wartezeiten, die Kunden maximal zugemutet werden darf, erfolgen.

---

58 Vgl. Kap.4.5.4.
59 Vgl. Benkenstein, Dienstleistungsqualität, S.1108 ff.
60 Vgl. Benkenstein, Dienstleistungsqualität, S.1109.
61 Vgl. Kap.4.5.2.

Die Schwachstelle dieser Ansätze liegt vor allem in der Nichtbeachtung individueller Kundenbedürfnisse. Sind die Erwartungen der Kunden sehr heterogen, so können festgelegte Standards sogar nachteilig wirken, da die Suche nach dem "kleinsten gemeinsamen Nenner"[62] zwangsläufig zu unbefriedigenden Ergebnissen für den einzelnen Kunden führen muß.

Strukturorientierte Steuerungsansätze hingegen haben im Unternehmen meistens tiefergreifende Veränderungen zur Folge. Im Mittelpunkt stehen beispielsweise Struktur und Aufbau der von Qualitätsdefiziten betroffenen Funktionsabteilungen oder der gesamten Organisation. Umstrukturierungen können hier zum einen an der Primärorganisation vorgenommen werden, indem z.b. Qualitätsabteilungen geschaffen werden, die mit der Messung, Steuerung und Kontrolle der Dienstleistungsqualität entweder einzelner Abteilungen oder der gesamten Organisation betraut werden. Zum anderen können diese Aufgabe auch Qualitätszirkel oder -projekte übernehmen, die praktisch als Sekundärstruktur an die Organisation angegliedert werden. Neben diesen, vor allem auf die direkte Qualitätsverbesserung ausgerichteten strukturverändernden Maßnahmen, können aber auch abgeänderte Arbeitsabläufe, verbesserte Kommunikationswege oder andere Veränderungen formaler Prozesse zu diesem Typus von Steuerungsansatz gezählt werden.

Über die strukturellen Verbesserungen hinaus können auch mögliche Veränderungen innerhalb einer Unternehmenskultur zu Qualitätsverbesserungen führen. Diesen *kulturorientierten Steuerungsansätzen* ist gemeinsam, daß sie das Verhalten der Mitarbeiter vor allem über Wertvorstellungen, Verhaltensnormen sowie Denk- und Handlungsweisen positiv zu beeinflussen versuchen. Zusammen mit den technokratischen und den strukturorientierten Steuerungsansätzen resultiert nach Benkenstein "die integrierende Wirkung der gemeinsamen Werte aus ihrer Eigenschaft als größter gemeinsamer Nenner der Mitarbeiter"[63]. Die Aufstellung von Unternehmensgrundsätzen, gemeinsame Schulungen und Trainings sowie die Forcierung des Teamgedankens sind Möglichkeiten, diese gemeinsamen Werte zu entwickeln.

---

[62] Vgl. Benkenstein, Dienstleistungsqualität, S.1110.
[63] Vgl. Benkenstein, Dienstleistungsqualität, S.1110.

4.4.2 Komplementarität der Steuerungsansätze

Die zuvor dargestellten Ansätze haben, beginnend bei den technokratischen, über die strukturorientierten hin zu den kulturorientierten im Zeitablauf auch für Dienstleister zunehmende Bedeutung erlangt. Wurden zunächst vor allem Ansätze aus der Produktion zur Verbesserung der Produktqualität auf die Dienstleistungsqualität übertragen (zunächst vor allem technokratische und teilweise strukturorientierte Ansätze), so entwickelten später die strukturorientierten und auch die kulturorientierten Ansätze Modifikationen, die explizit für Dienstleistungsanbieter entwickelt wurden.

Ein solcher Entwicklungsablauf sollte allerdings bei der Einführung von Maßnahmen zur Verbesserung der Dienstleistungsqualität *nicht* befolgt werden. So macht es beispielsweise keinen Sinn, Qualitätsstandards für die Kundenbedienung aufzustellen, wenn der Qualitätsgedanke und das verfolgte Ziel den Mitarbeitern nicht bewußt ist. Ergebnis einer solchen Situation wären wahrscheinlich nur unmotivierte und unzufriedene Mitarbeiter, die bei der Dienstleistungserstellung überfordert wären.

Wichtiger ist vielmehr, den Sinn von Veränderungen im Dienstleistungsprozeß an die Mitarbeiter zu kommunizieren oder besser noch, sie an der Entwicklung sowohl technokratischer als auch strukurorientierter Neuerungen zumindest partizipieren zu lassen. Die Maßnahmen zur Steuerung der Dienstleistungsqualität sollten daher nicht alternativ dem einen oder anderen Ansatz "entnommen" werden, sondern gemeinsam das Steuerungsinstrumentarium bilden.

Abhängig vom jeweiligen Dienstleistungstyp können allerdings unterschiedliche Schwerpunkte[64] gebildet werden. So wird die technokratische Steuerung mit Hilfe von Normen und Standards vor allem dort Sinn machen, wo eine hohe Dienstleistungsstandardisierung (z.B. Festlegung maximaler Wartezeiten) möglich ist. Eine verstärkte Strukturorientierung ist vor allem dann zu präferieren, wenn die Dienstleistung über mehrere Funktionsbereiche hinweg erstellt wird (z.B. der Einsatz des richtigen technischen Geräts, welches sowohl für die Arbeit in der Touristik wie auch für den Firmendienst und andere Abteilungen notwendig ist). Kulturorientierte Ansätze sind besonders für Dienstleister empfehlenswert, deren Mitarbeiter intensiv, direkt und persönlich mit den Kunden interagieren. Hier hat die Dienstleistungseinstellung und -mentalität der Mitarbeiter einen bedeutenden Einfluß auf die Beurteilung der Dienstleistungsqualität durch den Kunden.

---

[64] Vgl. Benkenstein, Dienstleistungsqualität, S.1111.

4.5 Modelle der Dienstleistungsqualität

Wie in der bisherigen theoretischen Abhandlung zu sehen war, liegen trotz der relativ kurzen Zeitdauer der wissenschaftlichen Auseinandersetzung mit dem Thema "Dienstleistungsqualität" sowohl eine Vielzahl von Definitionen als auch von Betrachtungsansätzen auf diesem Gebiet vor. Diese Vielfalt setzt sich auch bei den Modellen der Dienstleistungsqualität fort.

An dieser Stelle soll jedoch eine Konzentration auf vier Modelle der Dienstleistungsqualität erfolgen, die zum Teil recht unterschiedliche Denkansätze und Handlungsrichtlinien zur Verbesserung der Dienstleistungsqualität beinhalten. In einer Art Symbiose werden die zur Verbesserung der Dienstleistungsqualität im Reisebüro sinnvollsten Ideen und Merkmale abschließend in ein eigenes Modell der Dienstleistungsqualität im Reisebüro integriert.

Während bei den Modellen von Meyer/Mattmüller und Corsten der Dienstleistungserstellungsprozeß besonders gut zur Geltung kommt und entsprechend hervorgehoben werden soll, interessiert bei Grönroos primär der Image-Aspekt, dem dieser eine besondere Bedeutung beimißt. Die zielorientierte Gestaltung der qualitätsgerichteten Aktivitäten sowie der kundenorientierte Qualitätsbegriff stehen bei Parasuraman et al. im Vordergrund und sollen in besonderem Maße beachtet werden. Außerdem eignet sich dieses Modell insbesondere als Rahmenkonzept zur systematischen Suche nach Schwachstellen im Management der Dienstleistungsqualität. Die Vorzüge dieser vier Modelle sowie Erkenntnisse aus der vorangegangenen theoretischen Aufarbeitung des Themas gehen Großteils in das abschließend dargestellte Modell der Dienstleistungsqualität im Reisebüro ein.

4.5.1 Modell von Meyer/Mattmüller

Für Meyer/Mattmüller[65] sind die "Absatzobjekte von Dienstleistungs-Anbietern (...) Leistungsfähigkeiten von Menschen oder Objektsysteme, insbesondere Maschinen, die auf der Basis gegebener interner Faktoren direkt an Menschen oder deren Objekten (externe Faktoren) mit dem Ziel erbracht werden, an ihnen gewollte Veränderungen zu bewirken oder gewollte Zustände zu erhalten"[66].

---

[65] Vgl. Meyer/Mattmüller (2), Qualität von Dienstleistungen, S.351.
[66] Vgl. Meyer A., Automatisierung und Veredelung von Dienstleistungen, S.26.

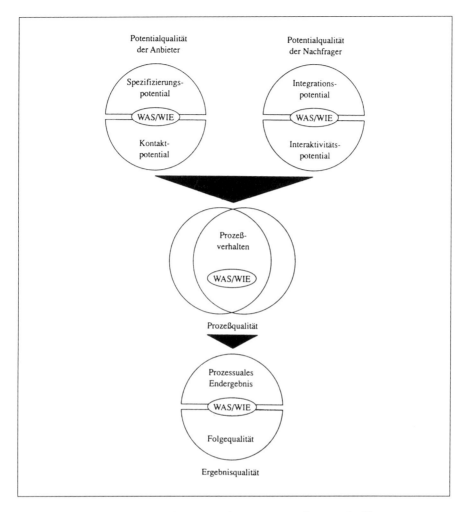

Abb. 4.3: Modell der Dienstleistungsqualität von Meyer/Mattmüller[67]

Sowohl dem Modell von Meyer/Mattmüller[68] als auch jenem von Corsten liegt der von Donabedian[69] entwickelte, dreigeteilte Dienstleistungsbegriff zugrunde. Im Vordergrund stehen demnach die drei Subqualitäten *Potential-*, *Prozeß-* und *Ergebnis-*

---

[67] Entnommen aus Meyer/Westerbarkey, Qualitätspolitik, S.89.
[68] Vgl. Meyer/Mattmüller (1), Qualität von Dienstleistungen, S.187 ff; Meyer/Westerbarkey, Qualitätspolitik, S.90; Meyer/Mattmüller (2), Qualität von Dienstleistungen, S.348 ff.
[69] Siehe Kap.4.1.1 sowie Donabedian, Quality and Approaches.

qualität. Wie bereits in Kap.4.2.2 dargestellt, unterscheiden Meyer/Mattmüller in Anlehnung an Grönroos zwei Qualitätsdimensionen. Dienstleistungsqualität läßt sich dementsprechend nach einer Tech-Dimension, die die Frage beinhaltet "Was" der Nachfrager erhält oder in den Prozeß einbringt und einer Touch-Dimension, die nach dem "Wie", also der Art und Weise der Dienstleistungserstellung fragt, beurteilen. Die in Kap.4.2.2 vorgestellten vier Marketingdimensionen (I-IV) kommen in dem Modell durch die nach Spezifizierungs- (I), Kontakt- (II), Integrations- (III) und Interaktivitätspotentialen (IV) unterteilten Potentialqualitäten zur Geltung.

Die *Potentialqualität*, die allgemein alle Fähigkeiten und Bereitschaften beinhaltet, die auf den Prozeß einer Dienstleistungserstellung hin ausgerichtet sind, wird unterteilt in Potentialqualität der Anbieter und Potentialqualität der Nachfrager.[70]

Die Potentialqualität der Anbieter wird dabei durch die von den Nachfragern subjektiv beschriebenen und eingeschätzten Dienstleistungsangebote bestimmt. Gegenstand dieser Teilqualität sind die internen Subjekte (Dienstleistungen und Mitarbeiter) und die sie unterstützenden internen Objekte (techn. Ausrüstung, Hilfsmittel usw.), die beide in Form von Leistungsfähigkeiten zur Verfügung stehen.

Diese bereitgehaltenen internen Fähigkeiten lassen sich nun je nach Situation so spezifizieren, daß Kundenwünsche direkt und individuell erfüllt werden können. Dieses *Spezifizierungspotential* wird vor allem durch das erreichte Niveau an Aus- und Weiterbildung sowie die berufliche Praxis und Erfahrung, aber auch durch Auszeichnungen und dergleichen repräsentiert. Die marketingorientierte Ausrichtung der internen Kontaktfaktoren (Mitarbeiter mit direktem Kundenkontakt) stellen das *Kontaktpotential* eines Dienstleisters dar. Gemeint sind hier vor allem die positiven wie negativen Einflüsse der internen Kontaksubjekte und -objekte, die auf die Qualität einwirken können.

Die Potentialqualität der Nachfrager hingegen bestimmt, wie der Nachfrager auf den Anbieter wirkt. Nach Meyer/Mattmüller können "die beim Kunden vorhandenen Grundeinstellungen bezüglich seiner physischen, intellektuellen oder emotionalen Mitwirkung an der eigentlichen Dienstleistungserstellung (...) positiver, neutraler oder negativer Art sein und die komplexe Qualität entsprechend unterschiedlich vordeterminieren"[71]. Die Autoren sprechen hier vom *Integrationspotential* der Nachfrager. Die vierte Marketingdimension findet sich im *Interaktivitätspotential* der Nachfrager wieder. Dieses Teilpotential bildet die möglichen Kontakte und Interaktivitä-

---

70 Vgl. Meyer/Mattmüller (1), Qualität von Dienstleistungen, S.191 f.
71 Vgl. Meyer/Mattmüller (1), Qualität von Dienstleistungen, S.193.

ten zwischen den Nachfragern ab, die eine positive, neutrale oder negative Wirkung auf die Qualität der durch den Anbieter zu erstellenden Leistung haben kann. Eine negative Wirkung auf die Beratungsleistung im Reisebüro könnten beispielsweise abfällige Bemerkungen anderer (dritter) Kunden über ein gerade angebotenes Reiseprodukt haben.

Eine explizite Berücksichtigung der internen und externen Faktoren beider Potentialqualitäten im Dienstleistungserstellungsprozeß ist unabdingbar für die Ermittlung der *Prozeßqualität*. Brown/Swartz gehörten zu den ersten, die diese Bedeutung beider Seiten erkannt und Dienstleistungen unter diesem Aspekt evaluiert haben. Die Einbeziehung beider Seiten in die Analyse des Dienstleistungsprozesses "makes possible the identification and analysis of perceptual gaps between the two parties (...) is necessary for gaining understanding of the evaluation process."[72]. Zwischen den Kunden als externen Produktionsfaktoren und den Mitarbeitern als prägenden internen Produktionsfaktoren besteht eine Wechselwirkung, die maßgeblich über die Prozeßqualität einer Dienstleistung entscheidet.[73] Im Modell wird diese Wechselwirkung als *Prozeßverhalten* bezeichnet.

Die Wirkung, die der Prozeß der Dienstleistungerstellung beim externen Faktor hinterläßt, bezeichnen Meyer/Mattmüller als *Ergebnisqualität*. Diese unterteilen sie in einen sofort wahrnehmbaren Teil, den sie in Anlehnung an Donabedian[74] als *prozessuales Endergebnis* bezeichnen und in einen erst nach einer gewissen Zeit wahrnehmbaren Teil, den sie *Folgequalität* nennen. In der Reisebüropraxis kann ein positives prozessuales Endergebnis z.B. die zügige und reibungslose Buchung einer Pauschalreise sein. Die Folgequalität jedoch kann unabhängig davon schlecht sein, wenn sich nämlich erst Wochen nach der Buchung herausstellt, daß der empfohlene Reiseveranstalter schlecht und der Urlaub aufgrund der falschen Beratung und Empfehlung durch den Expedienten eine einzige Enttäuschung war.

Neben dem schon genannten Vorzug der detaillierten Aufschlüsselung des Dienstleistungsprozesses in diesem Modell, wird darüber hinaus auch die besondere Bedeutung des Kundeneinflusses auf die Dienstleistungsqualität und ihre Beurteilung hervorgehoben. Die Nachfragerseite wird ebenfalls, wenn auch nicht so ausführlich, im Modell der Dienstleistungsqualität von Corsten beachtet.

---

72 Vgl. Brown/Swartz, Professional Service Quality, S.92.
73 Vgl. Meyer/Westerbarkey, Qualitätspolitik, S.90.
74 Vgl. Donabedian, Quality and Approaches, S.90 nach Meyer/Mattmüller (1), Qualität von Dienstleistungen, S.193.

4.5.2 Modell von Corsten

In diesem Modell[75] kommt der von Corsten gewählte Ansatz einer produktionswirtschaftlich orientierten Systematisierung von Dienstleistungen[76] zur Geltung. Unter Qualität versteht Corsten wie Kern[77] die Summe der Produkteigenschaften. Diese setzt sich zusammen aus den aus der Sachgüterproduktion bekannten Teilqualitäten *Funktionalqualität, Dauerqualität, Integrationsqualität* und *Stilqualität* (die als Ergebnisqualitäten bezeichnet werden können und erzielte Veränderungen beschreiben), sowie der dienstleistungsspezifischen *Verrichtungsqualität*, die vor allem bei zeitraumbezogenen Dienstleistungen von Bedeutung ist.[78]

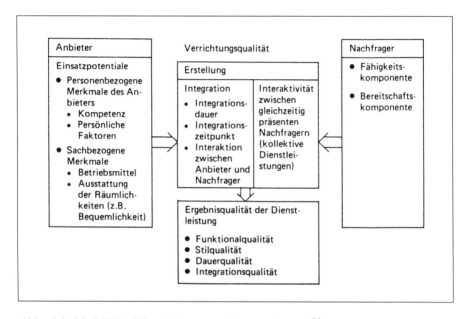

Abb. 4.4: Modell der Dienstleistungsqualität von Corsten[79]

75 Vgl. Corsten, BWL der Dienstleistungsunternehmen, S.116 ff sowie Corsten, Dienstleistungen, S.85.
76 Vgl. Corsten, Produktivitätsmanagement für Dienstleistungsunternehmen, S.10.
77 Vgl. Kern, Faktorqualitäten, S.145.
78 Vgl. Corsten, BWL der Dienstleistungsunternehmen, S.116.
79 Entnommen aus Corsten, BWL der Dienstleistungsunternehmen, S.116.

Die *Verrichtungsqualität* bezieht sich in diesem Modell ausschließlich auf die Phase der Endkombination der Dienstleistungsproduktion und wird sowohl durch die Nachfrager als auch durch den Anbieter und seine Objekte beeinflußt. Ähnlich wie im Modell von Meyer/Mattmüller[80] spielt auch für Corsten die *Interaktivität* zwischen gleichzeitig präsenten Nachfragern eine wichtige Rolle im Prozeß der Dienstleistungserstellung. Dieser Aspekt hat vor allem bei kollektiv erbrachten Leistungen eine besondere Bedeutung. Solche können teilweise sogar von einer positiven Interaktion zwischen den Kunden abhängig sein, wie dies beispielsweise bei Gruppenreisen oder den meisten Incentive-Reisen der Fall ist.

Die *Integration* des externen Faktors in den Dienstleistungsprozeß ist der zweite wichtige Aspekt, der die Verrichtungsqualität determiniert. In Anlehnung an Ernenputsch[81] ist dabei nach Corsten eine differenzierte Betrachtung der Integration notwendig. Drei Erscheinungsformen lassen sich unterscheiden:

- *technisch bedingte* (oder produktionsbedingte) Integration (die Dienstleistung kann nur erbracht werden, wenn der Nachfrager oder sein Verfügungsobjekt präsent ist);
- *bedarfsbedingte* Integration (die Dienstleistung kann zwar ohne Präsenz des externen Faktors technisch vollzogen werden, sie wird aber nicht genutzt und folglich wirtschaftlich nicht verwertet; dies tritt bei kollektiv erbrachten Dienstleistungen auf, wie etwa bei einer Theatervorstellung.);
- *informationsbedingte* Integration (die Einbringung einer Leistung erfordert eine informatorische Mitwirkung des Nachfragers).[82]

Die optimale Integration und damit auch der Einfluß auf die Verrichtungsqualität ist in diesem Modell vor allem von der *Integrationsdauer*, dem *Integrationszeitpunkt* und der *Interaktion* zwischen Anbieter und Nachfrager abhängig.[83] Während der *Interaktion* fließen vor allem nichtsprachliche (Mimik, Gestik, Körperhaltung, äußeres Erscheinungsbild etc.) und sprachliche Merkmale (wie Sprechausdruck, Gesprächsinhalt und Zuhören) ein, die entsprechend das Gesamtbild der erbrachten Dienstleistung beeinflussen. Zur Erlangung eines positiv wirkenden *Integrationszeitpunkts* ist es notwendig, den Zeitpunkt der Dienstleistung zugunsten des Nachfragers zu wählen. In der Praxis bedeutet dies z.B., auf die Vermeidung von Warteschlangen hinzuwirken bzw. die Öffnungszeiten des Reisebüros möglichst kundengerecht festzule-

---

80 Siehe oben.
81 Vgl. Ernenputsch, Beschaffungsprozeß von konsumtiven Dienstleistungen, S.36 ff.
82 Vgl. Corsten, Dienstleistungsmarketing, S.25.
83 Vgl. hierzu auch Corsten, Dienstleistungsbesonderheiten, S.27 f.

gen. Die *Integrationsdauer* zielt darauf ab, daß bei zeitraumbezogenen Dienstleistungen der Leistungsnehmer die Dauer der Verrichtung nachfragt. Die zu veranschlagende Zeit, die beispielsweise einem Reisebüro-Kunden während der Beratung zugestanden wird, stellt somit ein Element der Qualität dar.

Der Potentialgedanke wird ähnlich wie bei Meyer/Mattmüller[84] sowohl auf den Anbieter und seine Objekte als auch auf den Nachfrager angewendet. Bei den in den Dienstleistungsprozeß eingebrachten Potentialen spricht Corsten auf der *Anbieterseite* von *Einsatzpotentialen*[85], die er in *personenbezogene Merkmale* des Anbieters und in *sachbezogene Merkmale* unterteilt.

Unter der Bezeichnung einer "derivativen Qualitätsbeurteilung"[86] stuft Corsten die *sachbezogenen Komponenten* lediglich als "*Hilfsgröße* im Rahmen der Qualitätsbeurteilung"[87] ein, anhand derer der Nachfrager auf die Qualität der Dienstleistung schließen soll. Die *Einsatzpotentiale des Anbieters* hingegen beschreiben die Leistungsfähigkeiten der Mitarbeiter, die allerdings Schwankungen[88] unterliegen können. Diese Schwankungen können einerseits *intraindividueller* und andererseits *interindividueller* Art sein. Interindividuellen Schwankungen sind die Leistungsfähigkeiten verschiedener Mitarbeiter ausgesetzt, die unterschiedliche Erfahrungen und Fähigkeiten besitzen. So kann heute ein Reisebüro-Kunde von einem Expedienten sehr gute Zielgebietsinformationen erhalten, weil dieser das Zielgebiet persönlich kennt. Morgen allerdings kann der gleiche Kunde im gleichen Reisebüro eine schlechte Beratung über das gleiche Zielgebiet erfahren, weil der ihn dann bedienende Expedient keine Erfahrungen mit diesem Zielgebiet hat.

Auf der Nachfragerseite nehmen vor allem die *Fähigkeiten* und die *Bereitschaft* des Kunden auf die Dienstleistungsqualität Einfluß. Da der Anbieter auf diese Faktoren nur sehr beschränkt einwirken kann, hat die Qualität des externen Faktors Auswirkungen auf den Leistungsumfang, der durch den Anbieter zu erbringen ist.[89] Der Aktivitätsumfang, den ein Nachfrager während der Dienstleistungsproduktion erbringt sowie die Möglichkeit in seinem Sinne Einfluß auf den Prozeß der Dienstleistungserstellung zu nehmen sind demnach ähnlich wie im Modell von Meyer/Mattmüller mitentscheidende Determinanten der Dienstleistungsqualität nach Corsten.

---

84 Vgl. Meyer/Mattmüller (1), Qualität von Dienstleistungen, S.193.
85 Vgl. Corsten, Dienstleistungen, S.85 f.
86 Vgl. Corsten, Produktion von Dienstleistungen, S.319.
87 Vgl. Corsten, Dienstleistungen, S.85.
88 Vgl. Corsten, Dienstleistungen, S.86.
89 Vgl. Corsten, BWL der Dienstleistungsunternehmen, S.117.

4.5.3 Modell von Grönroos

Grönroos, der als einer der ersten ein Modell[90] zur Dienstleistungsqualität entwickelt hat, sieht in der *"Verbesserung des Kundenservice"*[91] die beste Möglichkeit, in den 90er Jahren Wettbewerbsvorteile zu erringen. Die Konkretisierung dieser Qualitätsverbesserung in seinem Modell verfolgt Grönroos prozeß-, stärker aber noch ergebnisorientiert[92].

Im Mittelpunkt der Qualitätsbetrachtung steht dabei die durch den Nachfrager *erfahrene Dienstleistungsqualität*. Diese ist das Ergebnis eines durchgeführten Beurteilungsprozesses, in dessen Verlauf der Leistungsnachfrager die tatsächlich *erhaltene Dienstleistung* mit der *erwarteten Dienstleistung* vergleicht.

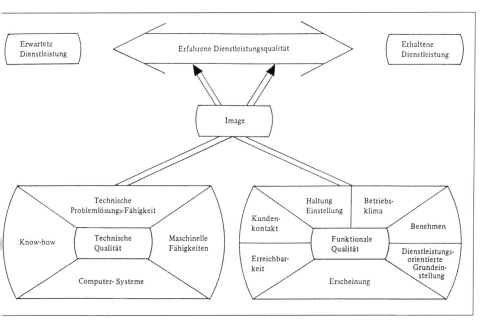

Abb. 4.5: Modell der Dienstleistungsqualität von Grönroos[93]

90 Vgl. Grönroos, Strategic Management in the Service Sector, S.60 ff; ders., Marketing Strategies and Organisation Structures, S.9 ff; ders., A Service Quality Model, S.36 ff.
91 Vgl. Grönroos, Herausforderung im Dienstleistungswettbewerb, S.71.
92 Vgl. Meyer/Mattmüller, (1), Qualität von Dienstleistungen, S.191.
93 Entnommen aus Meyer/Mattmüller, (1), Qualität von Dienstleistungen, S.191.

Für Grönroos[94] ist es wichtig, die Ressourcen und die Aktivitäten zu kennen, die sowohl unter der Kontrolle als auch außerhalb der direkten Kontrolle des Dienstleistungsanbieters Einfluß auf die beiden Variablen "erwartete Dienstleistung" und "erhaltene Dienstleistung" nehmen, und die somit die Qualität letztlich zum Großteil mitbestimmen. Bezogen auf die Ressourcen spricht der Autor von der *technischen Qualität* ("Was" erhält er?), die Aktivitäten hingegen bestimmen die *funktionale Qualität* ("Wie" erhält er die Dienstleistung?). Da diese beiden Dimensionen in Kap.4.2.1 detailliert erörtert werden, soll hier nicht weiter auf sie eingegangen werden.

Von besonderer Bedeutung[95] für die eigene Modellentwicklung ist die in diesem Modell implizierte *Image-Dimension*. Das *Image* eines Dienstleisters setzt sich nach Grönroos[96] aus zweierlei Arten von Faktoren zusammen. Wie im Modell zu erkennen ist, wird das Image in erster Linie durch die Faktoren *technische* und *funktionale Qualität* des Unternehmens geprägt. Eine eher untergeordnete Rolle spielen dagegen Faktoren, die zum einen als äußere Einflüsse bezeichnet werden können. Dabei handelt es sich beispielsweise um Tradition, Ideologie und Mund-zu-Mund-Kommunikation. Zum anderen haben aber auch die klassischen Marketingaktivitäten (trotz zugebilligter Imagewirkung) wie Werbung, Preispolitik und Öffentlichkeitsarbeit eine eher untergeordnete Bedeutung für das tatsächliche Image eines Leistungsanbieters. Die letztgenannten bergen vielmehr die Gefahr in sich, daß, falls das "erworbene" Image nicht die tatsächliche funktionale und/oder technische Qualität des Unternehmens reflektiert, die vom Nachfrager beurteilte Dienstleistungsqualität negativ gesehen wird. Im Modell läßt sich dies durch die zunehmende Diskrepanz zwischen größer gewordenen Erwartungen und tatsächlich erhaltenem Service verdeutlichen.

Das Image hat für Grönroos jedoch vor allem eine Art *Filterfunktion*[97]. So wird die Wahrnehmung der technischen und der funktionalen Qualität gleichsam durch das Image, welches der Dienstleister beim Kunden besitzt, gefiltert. Hat also ein Kunde bei seinem Reisebüro bisher nur gute Erfahrungen gemacht oder betritt er erstmals ein Reisebüro, von dem er bisher nur Gutes gehört hat, so kann er beispielsweise trotz des schlechten Benehmens eines Expedienten oder der ungenügenden Beratung durch einen solchen, die erbrachte Dienstleistung als befriedigend empfinden. Das positive Image des Reisebüros läßt ihn Entschuldigungen für die schlechten Erfah-

---

94 Vgl. Grönroos, A Service Quality Model, S.37.
95 Vgl. Dotchin/Oakland, TQM in Services, S.32 f.
96 Vgl. Grönroos, A Service Quality Model, S.39 f.
97 Vgl. Meyer/Mattmüller, (1), Qualität von Dienstleistungen, S.190.

rungen finden.[98] Werden die Erwartungen allerdings wiederholt enttäuscht, so verschlechtert sich natürlich auch das Image des Anbieters und die Dienstleistungsqualität wird negativ beurteilt.

Verglichen mit den Modellen von Meyer/Mattmüller und Corsten hat das Modell von Grönroos den stärksten Bezug zu dem von Parasuraman/Zeithaml/Berry entwickelten Modell. Neben der stärker ergebnisorientierten Betrachtungsweise der Dienstleistungsqualität stellt ein wichtiges gemeinsames Merkmal die "erfahrene Dienstleistungsqualität" als die Differenz aus der erwarteten und der erhaltenen Dienstleistung dar.

4.5.4 Modell von Parasuraman/Zeithaml/Berry

Dieses von Valerie A. Zeithaml, Leonard L. Berry und A. Parasuraman in den USA entwickelte Modell[99] ist wohl eines der populärsten und von vielen Autoren[100] aufgegriffene bzw. diskutierte Qualitätsmodell der Dienstleistungstheorie.

Im Zuge einer umfangreichen Explorationsstudie und unter Berücksichtigung wichtiger marketing- und organisationstheoretischer Erkenntnisse entwickelten die Autoren ihr Modell der Dienstleistungsqualität. Dieses basiert darauf, "daß die Qualitätswahrnehmung der Konsumenten von vier in den Unternehmen auftretenden "Gaps" (Diskrepanzen) beeinflußt wird"[101]. Die wahrgenommene Dienstleistungsqualität, welche als die "Diskrepanz zwischen den Erwartungen und den Wahrnehmungen der Kunden definiert"[102] ist, kommt in dem Modell als Gap 5 zur Geltung.

---

98 Vgl. Grönroos, A Service Quality Model, S.40.
99 Vgl. Parasuraman et al., A Conceptual Model, S.41 ff; Zeithaml et al., Communication and Control, 35 ff; dieselben, Kommunikations- und Kontrollprozesse, S.107 ff; Zeithaml et al., Delivering Quality Service; dieselben, Qualitätsservice, S.49 ff.
100 Vgl. z.B., Benkenstein, Dienstleistungsqualität, S.1107 f; Bitran/Lojo, Quality of the Customer Interface, S.392 ff; Dotchin/Oakland, TQM in Services (2), S.33 f; Haller, Dienstleistungsqualität, S. 21 ff; Stauss/Hentschel, Dienstleistungsqualität, S.242 f.
101 Vgl. Zeithaml et al., Kommunikations- und Kontrollprozesse, S.110.
102 Vgl. Zeithaml et al., Kommunikations- und Kontrollprozesse, S.110.

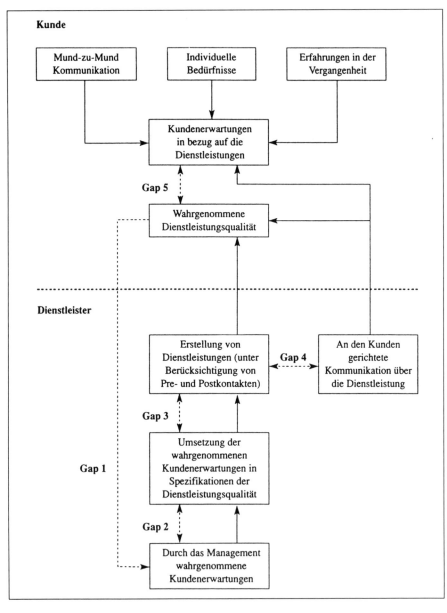

Abb. 4.6: Modell der Dienstleistungsqualität von Parasuraman/Zeithaml/Berry[103]

---

[103] Entnommen aus Zeithaml et al., Kommunikations- und Kontrollprozesse, S.111.

Einer der wichtigsten Gründe für das große Interesse und auch für die überwiegende Zustimmung, die das "Gap-Modell" (bzw. "Lücken-Modell"[104]) erfahren hat, ist die äußerst sorgfältige und umfangreiche Explorationsstudie, die zu seiner Entwicklung geführt hat. Diese war in drei Untersuchungsphasen[105] unterteilt.

Für die *erste Phase* wurden ausführliche Interviews (vor allem in Form offener Fragen) mit drei oder vier Führungskräften von vier landesweit tätigen Dienstleistungsunternehmen aus der Banken-, Kreditkarten-, Makler- sowie Reparaturdienstbranche gewählt. Die *zweite Phase* bestand aus einer, in den Niederlassungen von drei Regionen einer landesweit tätigen Bank durchgeführten Fallstudie. Im Zuge dieser Studie wurden Mitarbeiter unterschiedlichster Hierarchiestufen persönlich oder in Fokusgruppeninterviews zu den zuvor bereits definierten vier Gaps, die mit der Erstellung von Dienstleistungsqualität in Verbindung gebracht werden können, befragt. In einer *dritten Phase* wurde ein systematisches Gruppeninterview mit 11 Vorstandsmitgliedern aus jeweils zwei landesweit tätigen Banken, Versicherungs- und Telefonunternehmen geführt. In diesem wurden die Erkenntnisse der zwei ersten Phasen überprüft und vervollständigt.

Parasuraman et al. legen einen kundenorientierten Qualitätsbegriff zugrunde, der wie schon angedeutet, in *Gap 5* zum Ausdruck kommt. Die Größe dieser Lücke ist abhängig von der Differenz zwischen den Kundenerwartungen an die Dienstleistung und der Wahrnehmung, wie die Dienstleistung ausgeführt wird. Zur Evaluierung dieser Differenz wurde von den Autoren mit dem SERVQUAL-Fragebogen[106] ein standardisiertes, attributorientiertes Erhebungsinstrument entwickelt, auf das in Kap.5.2.2.3.6 näher eingegangen wird. Die Erwartungen sowie die Wahrnehmungen bzgl. der Dimensionen[107] *Annehmlichkeit des tangiblen Umfeldes, Zuverlässigkeit, Reaktionsfähigkeit, Leistungskompetenz* und *Einfühlungsvermögen*, werden hiermit nacheinander abgefragt und analysiert, so daß im Anschluß daran die empfundene Dienstleistungsqualität ermittelt werden kann.

Die Erwartungen der Kunden an Dienstleistungen sind Gegenstand weiterer intensiver Forschungen der Autoren. Diese haben bereits zu einer erweiterten und differenzierteren Betrachtungsweise geführt, die drei Typen von Dienstleistungserwartungen unterscheidet:[108]

---

[104] Vgl. Zeithaml et al., Qualitätsservice, S.148.
[105] Vgl. Zeithaml et al., Kommunikations- und Kontrollprozesse, S.112.
[106] Vgl. Parasuraman et al., SERVQUAL, S.36 ff; dieselben, SERVQUAL Scale, S.425 ff.
[107] Siehe Kap.4.2.3.
[108] Vgl. Zeithaml et al., Customer Expectations, S.12; (eigene Übersetzung).

- *desired service* (gewünschter Service), welcher reflektiert, was Kunden wünschen;
- *adequate service* (angemessener Service), der Standard, den Kunden bereit sind zu akzeptieren;
- *predicted service* (vorhergesagter Service), das Serviceniveau, welches nach Kundenmeinung wahrscheinlich geboten wird.

Im Mittelpunkt der weiteren Betrachtung und vor allem auch des Management-Leitfadens steht jedoch die Dienstleisterseite, die ihrerseits auf Gap 5 einwirkt. Dies geschieht vor allem durch Diskrepanzen im Dienstleistungsprozeß, die in Form der Gaps 1-4 auftreten. Die Größe von Gap 5 kann somit als abhängig von den Gaps 1-4 hypotetisiert[109] werden. Diese vier Lücken, "die es erschweren, von den Kunden als qualitativ hochwertig wahrgenommene Dienstleistungen zu erstellen"[110], sind:[111]

Gap 1: Diskrepanz zwischen den Kundenerwartungen und deren Wahrnehmung durch das Management,

Gap 2: Diskrepanz zwischen der Wahrnehmung der Kundenerwartungen durch das Management und ihrer Umsetzung in Spezifikationen der Dienstleistungsqualität,

Gap 3: Diskrepanz zwischen den Spezifikationen der Dienstleistungsqualität und der tatsächlich erstellten Leistung,

Gap 4: Diskrepanz zwischen erstellter Dienstleistung und der an den Kunden gerichteten Kommunikation dieser Dienstleistung.

Mit Hilfe verschiedener Organisationsvariablen können diese vier Lücken verkleinert und im (eher hypothetischen) Optimalfall sogar ganz geschlossen werden. Die einzelnen Variablen bilden einen wichtige Bestandteil eines Managements der Dienstleistungsqualität im Reisebüro und erfahren in Kap.5 eine tiefergehende Analyse. Eine kurze Erläuterung zum jeweiligen Gap sowie eine knapp gehaltene Erläuterung der anzuwendenden Organisationsvariablen soll zur Modellerläuterung[112] genügen.

Mit *Gap 1* wird auf die Möglichkeit hingewiesen, daß Dienstleistungsanbieter falsche Vorstellungen bzgl. der Bedeutung einzelner Merkmale für die Einschätzung der Qualität durch den Kunden und das von ihm gewünschte Leistungsniveau haben.

[109] Vgl. Hentschel, SERVQUAL, S.234.
[110] Vgl. Zeithaml et al., Kommunikations- und Kontrollprozesse, S.110.
[111] Vgl. Zeithaml et al., Kommunikations- und Kontrollprozesse, S.110.
[112] Die Erläuterung erfolgt in Anlehnung an die Ausführungen von Zeithaml et al., Kommunikations- und Kontrollprozesse, S.113 ff; Zeithaml et al., Qualitätsservice, S.66 ff sowie Stauss/Hentschel, Dienstleistungsqualität, S.243.

Verstärkte *Marktforschung* ist eine Möglichkeit, die Lücke zu verkleinern. Stauss/Hentschel[113] schlagen für die Qualitätsmessung von Dienstleistungen insbesondere Multiattributverfahren und Verfahren der Kundenerlebnisauswertung vor, die der Erfassung von Qualitätsdefiziten dienen sollen. Eine permanente Informationsversorgung der Entscheidungsträger in Form reibungsloser *"Aufwärts"-Kommunikation im Unternehmen* soll die Topmanager über die Aktivitäten und Ergebnisse im gesamten Unternehmen auf dem laufenden halten. Neben den Arten der Kommunikation (formell/informell) kommt hierbei den Kommunikationsmedien (persönlich/sächlich) eine besondere Bedeutung zu. Eine weitere Möglichkeit, Gap 1 zu schließen, haben vor allem größere Unternehmen durch die Reduzierung der *Hierarchiestufen* im Unternehmen. Für das kleine und mittlere Reisebüro wird diese Möglichkeit allerdings von geringerer Bedeutung sein.

Die Schwierigkeit der Umsetzung wahrgenommener Kundenerwartungen in konkrete Dienstleistungsspezifikationen wird von *Gap 2* thematisiert. Die Gründe[114] für Mängel bei der Umsetzung können etwa in einer kurzfristigen Gewinnorientierung, eingeschränkten finanziellen bzw. organisatorischen Mitteln, den Marktbedingungen oder der Gleichgültigkeit des Managements liegen. Um diese Mißstände zu beseitigen, schlagen Zeithaml et al.[115] die *Verpflichtung des Managements gegenüber dem Prinzip Dienstleistungsqualität* (d.h. die Qualitätsphilosophie durch z.B. Qualitätsprogramme, erhöhten Mitteleinsatz etc. unternehmenskulturell zu fundieren), eine entsprechende *Zielformulierung* (klare Zielsetzungen hinsichtlich der qualitätsrelevanten Leistungsaspekte), *Arbeitsstandardisierung* (mittels des Einsatzes "weicher" wie "harter" Techniken) sowie die *Überprüfung der Durchführbarkeit von Qualitätsmaßnahmen* (Ermittlung der Fähigkeiten und Systeme im Unternehmen sowie die Überzeugung der Manager von der ökonomisch sinnvollen und möglichen Erfüllung der Spezifikationen) vor.

Eine weitere Lücke, *Gap 3*, weist auf ein mögliches Auseinanderklaffen von spezifizierter und erstellter Leistung hin. Hier gehört es zu den wichtigsten Aufgaben des Managements, für den Einsatz geeigneter Mitarbeiter und Technologien zu sorgen, um die Entstehung oder Ausweitung dieser Lücke zu verhindern. Für die Diskrepanz in Gap 3 sind vor allem verantwortlich:[116] *fehlendes Teamwork, Nichtentsprechung von Mitarbeiter und Arbeitsplatz* (Verbesserung durch entsprechende Auswahlprozesse sowie Schulung und Ausweitung der Fähigkeiten), unzureichendes technisches

---

[113] Vgl. Stauss/Hentschel, Dienstleistungsqualität, S.243.
[114] Vgl. Zeithaml et al., Kommunikations- und Kontrollprozesse, S.117.
[115] Vgl. Zeithaml et al., Kommunikations- und Kontrollprozesse, S.117 ff.
[116] Vgl. Zeithaml et al., Kommunikations- und Kontrollprozesse, S.121 ff.

Gerät zur Erledigung der gestellten Aufgaben (*Technologie-Arbeitsplatz-Entspre-chung*), fehlende Kontrolle der Mitarbeiter über ihre Aufgaben (*Wahrgenommene Kontrolle*), "Ergebnis-Kontrollsysteme"[117] anstatt "Verhaltens-Kontrollsystemen"[118] (*beaufsichtigende Kontrollsysteme*), *Rollenkonflikte* (z.b. aufgrund miteinander nicht vereinbarer Erwartungen von Vorgesetzten, Leistungsanbietern und Kunden)[119] sowie ein *unklares Rollenverständnis* (aufgrund unklarer Ziele und Erwartungen sowie eines als zu gering empfundenen Ausmaßes an Kompetenz und Vertrauen).

Gap 4 kann entstehen, wenn beispielsweise eine durch übertriebene Versprechungen oder wegen Fehlens qualitätsrelevanter Informationen in externer Kommunikation vermittelte Leistungerstellung nicht mit der tatsächlich erbrachten Dienstleistung übereinstimmt. Dies kann seinen Grund in der mangelnden oder falschen *horizonta-len Kommunikation* innerhalb des Unternehmens zwischen einzelnen Abteilungen oder einzelnen Mitarbeitern haben. Ebenso kann ein Unternehmen aber auch zu *übertriebenen Versprechungen* aufgrund von zu starker Konkurrenz bzw. einem all-gemein üblichen Standard in der Branche verleitet werden.

4.5.5 Modell der Dienstleistungsqualität im Reisebüro

Den Kern dieser Arbeit bildet der Leitfaden zum Management der Dienstleistungs-qualität in kleinen und mittleren Reisebüros. Während die inhaltliche Ausgestaltung erst in Kap.5 erfolgt, soll an dieser Stelle die Konzeption des Leitfadens anhand ei-nes Modells der Dienstleistungsqualität im Reisebüro dargestellt werden. Mit Hilfe des Modells soll zum einen eine Übersicht über die voneinander abhängigen, quali-tätsrelevanten Faktoren gegeben werden. Zum anderen soll gezeigt werden, welche Maßnahmen zur Verbesserung der Dienstleistungsqualität durchzuführen sind.

Im Ablauf eines solchen Prozesses der Qualitätsverbesserung sollte die Erfassung des Status quo der Dienstleistungsqualität mit Hilfe einer umfassenden *Marktforschung* den Ausgangspunkt darstellen. Aus den Ergebnissen einer solchen Gesamterhebung sind dann erste Rückschlüsse zu ziehen, wo im Unternehmen in erster Linie Quali-tätsdefizite bestehen. Auf Grundlage dieser Erkenntnisse muß im Rahmen eines *Ge-samtkonzepts zur Verbesserung der Dienstleistungsqualität* entschieden werden, an

---

[117] Vgl. Ouchi, A Conceptual Framework sowie Ouchi/McGuire, Organizational Control nach Zeithaml et al., Kommunikations- und Kontrollprozesse, S.125.
[118] Vgl. Ouchi, A Conceptual Framework sowie Ouchi/McGuire, Organizational Control nach Zeithaml et al., Kommunikations- und Kontrollprozesse, S.125.
[119] Vgl. Kap.5.5.1.

welcher bzw. an welchen der drei *Teilqualitäten* angesetzt werden muß, um die Dienstleistungsqualität zu verbessern. Mit Hilfe verschiedener *Steuerungsansätze und -instrumente* sind dann die ausgewählten *Qualitätsmerkmale* der jeweiligen Teilqualität so zu optimieren, daß die Kunden eine Verbesserung der Dienstleistungsqualität auch bemerken. Für den Reisebüro-Kunden wurden dabei *sechs Dimensionen* identifiziert, die bei der Beurteilung der Dienstleistungsqualität im Reisebüro ausschlaggebend sind. Diese sind nach Einführung der Qualitätsverbesserungsmaßnahmen von neuem beim Nachfrager abzufragen, um aufzuzeigen, wo eventuell neue Schwachstellen aufgetreten sind bzw. alte nicht optimal beseitigt wurden.

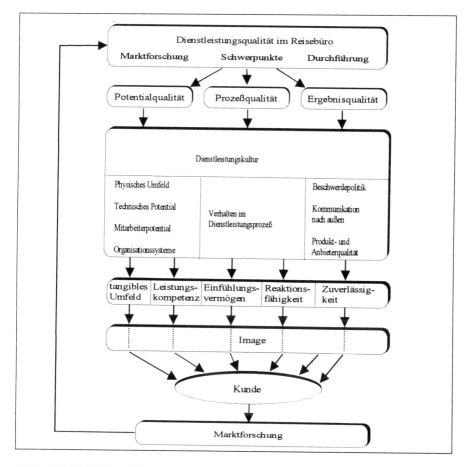

Abb. 4.7: Modell der Dienstleistungsqualität im Reisebüro

87

Wie zu erkennen ist, stellt sich die Qualitätsverbesserung in diesem Modell als ein kontinuierlicher Prozeß dar. Die einzelnen "Durchgänge" dieses Prozesses müssen allerdings nicht jedesmal den gleichen Umfang haben. Vielmehr ist es beispielsweise möglich, während eines ersten "Durchgangs" möglichst viele Verbesserungsmaßnahmen einzuleiten und sich in den folgenden "Durchläufen" nur noch auf einige wenige Maßnahmen (im Sinne von Nachbesserungen) zu beschränken. Entsprechend kann auch die Marktforschung zu Beginn sehr umfangreich und auf alle Bereiche bezogen sein, im weiteren Verlauf sich jedoch nur noch auf Teilbereiche beziehen. Die Elemente des Modells im einzelnen können wie folgt beschrieben werden:

Marktforschung

Empirische Studien[120] zeigen sehr deutlich, daß die Erwartungen der Kunden durch das Management häufig falsch eingeschätzt werden. Aus diesem Grund kommt der *Marktforschung* in diesem Modell (ähnlich wie bei Parasuraman et al.) eine besondere Bedeutung zu. Die Phasenbetrachtung der Dienstleistung, die sich in den drei dargestellten Teilqualitäten manifestiert, ist auch bei der Marktforschung zu berücksichtigen. Da sich die Bewertungskriterien und -gewichtungen beim Nachfrager von Phase zu Phase ändern können, sollte auch die Messung derselben zu unterschiedlichen Zeitpunkten[121] stattfinden.

Die in der Reisebüropraxis eingesetzten Erhebungsmethoden werden sich nicht zuletzt nach der Finanzkraft der einzelnen Unternehmen richten. Aus einer durchschnittlichen Nettorendite aller DRV-Reisebüros zwischen 0,67% und 1,17% vom Brutto-Umsatz in den Jahren 1981-1990[122] läßt sich erkennen, daß diese gerade bei kleinen und mittleren Reisebüros nicht für weitreichende Markterhebungen ausreichen wird. Aus diesem Grund werden in Kap.5.2 vor allem Meßverfahren vorgestellt, die auf diesen Umstand Rücksicht nehmen.

Gesamtkonzept

Bevor mit der Durchführung qualitätssteigernder Maßnahmen begonnen wird, ist ein Konzept zu erstellen, das eine gewisse Systematik und Ordnung in den gesamten Prozeß der Qualitätsverbesserung bringt. Beginnend bei einer Stärken-Schwächen-Analyse mit Hilfe der *Marktforschungsergebnisse*, müssen zunächst die größten Qualitätsdefizite aufgedeckt werden. Es sind aber auch die Stärken des Unterneh-

---

[120] Vgl. Albrecht/Zemke, Servicestrategien; Lewis/Klein, Measurement of Gaps, S.35-37; Kasper/Lemmink, After Sales Service Quality, S.203.
[121] Vgl. Haller, Dienstleistungsqualität, S.23.
[122] Vgl. DRV, Geschäftsbericht '93, S.63.

mens zu benennen, um die Qualitätsstrategie unter Umständen an diesen auszurichten bzw. diese Stärken im Rahmen der Kommunikation nach außen auch den Kunden mitzuteilen.

Gegenstand der *Schwerpunktsetzung* sollten vor allem die identifizierten Schwachstellen sein. Im Rahmen des Konzepts muß unter anderem festgelegt werden, mit Hilfe welcher *Organisationsvariablen* diese beseitigt werden sollen, welcher genaue *Zielzustand* erreicht werden soll und welche *Strategie* zur Zielerreichung gewählt wird.

Der Zeitablauf ist mit Hilfe eines *Durchführungsplans* zu bestimmen. Inhalt eines solchen Planes sollte die Bestimmung des Zeitraums sein, innerhalb dessen alle Verbesserungsmaßnahmen durchgeführt werden sollen, die *Koordination* dieser Maßnahmen, die *Zuordnung* von Mitarbeitern, die für die Maßnahmen zuständig sein sollen, sowie eine detaillierte *zeitliche Abstimmung* der einzelnen Durchführungsschritte.

Teilqualitäten

Die sowohl in der Theorie[123] als auch in der Praxis[124] bewährte Dreiteilung der Dienstleistung bzw. ihrer Qualität wird auch für dieses Modell als sinnvoll erachtet. Der besondere Vorzug der Unterscheidung von *Potential-, Prozeß-* und *Ergebnisqualität* liegt vor allem in der Möglichkeit, die gesamte Dienstleistungsqualität differenzierter zu analysieren und zu steuern. Vor allem für die Konzepterstellung ergeben sich hier Vorteile aufgrund einer klareren Zuordnungsmöglichkeit der indentifizierten Schwächen zu den einzelnen Teilqualitäten und ihren Merkmalen.

Allerdings ist bei dieser Unterteilung zu beachten, daß die Grenzen zwischen den Teilqualitäten fließend sind. Man kann also bei einzelnen Qualitätsmerkmalen darüber streiten, ob diese eher die eine oder die andere Teilqualität bestimmen. Eine Entscheidung über die "richtige" Zuordnung kann dann nur von Fall zu Fall erfolgen, wobei diese primär von der Struktur des einzelnen Dienstleisters abhängig ist.

Qualitätsteuerung

Im Rahmen der *Qualitätssteuerung* sei auf die verschiedenen Steuerungsansätze hingewiesen, die in Kap.4.4 besprochen werden. Sowohl dieses Modell als auch der

---

[123] Vgl. z.B. Donabedian, Quality and Approaches; Meyer/Mattmüller (1), Qualität von Dienstleistungen, S.192; Corsten, BWL der Dienstleistungsunternehmen, S.116.
[124] Vgl. z.B. Belz/Seghezzi, Qualitätsmanagment, S.144 f.

Leitfaden berücksichtigen alle drei in der Literatur diskutierten Ansätze. Die einzelnen Qualitätsmerkmale der drei Teilqualitäten können dabei am besten mit Hilfe *technokratischer und strukturorientierter Ansätze* gesteuert werden. Die Implementierung einer übergeordneten Dienstleistungskultur, die alle drei Teilqualitäten gleichermaßen betrifft, erfolgt im Sinne einer *kulturorientierten Steuerung*.

Aufgrund häufiger Überschneidungen bei der Steuerung einzelner Merkmale sollen die beiden erstgenannten Ansätze allerdings zusammengefaßt werden und vor allem im Leitfaden nicht explizit unterschieden werden. Gegenstand dieser beiden Steuerungsansätze sind die:

- Potentialmerkmale: *physisches Umfeld, technisches Potential, Mitarbeiterpotential* und *Organisationssysteme.*
- Prozeßmerkmale: *Der eigentliche Dienstleistungsprozeß im Reisebüro.*
- Ergebnismerkmale: *Beschwerdepolitik, Kommunikation nach außen* sowie *Produkt- und Leistungsanbieterqualität.*

Die Verbesserung der einzelnen Teilqualitäten mit Hilfe technokratischer und strukturorientierter Ansätze kann allerdings nur dann gelingen, wenn *alle* Mitarbeiter auf *allen* Hierarchieebenen von dem Ziel der Schaffung höchster Dienstleistungsqualität überzeugt sind. Zu diesem Zweck ist es notwendig, im Unternehmen eine Dienstleistungskultur zu implementieren und diese sowohl im Bewußtsein als auch im Unterbewußtsein aller Mitarbeiter und Führungskräfte zu "verankern". Noch vor der ersten Verbesserung einzelner Qualitätsmerkmale muß demnach die kulturorientierte Steuerung einsetzen, die langfristig auf alle Teilqualitäten wirkt. Realisiert wird eine solche Steuerung durch Schulungen und Workshops aber auch mittels im Unternehmen eingesetzter Medien wie Leitbilder.

Dimensionen

Die zuvor beschriebene Qualitätssteuerung wirkt primär auf die Qualitätsmerkmale bzw. -determinanten. Bei diesen handelt es sich um Faktoren, die die Qualität einer Dienstleistung zwar direkt beeinflussen, die jedoch vom Kunden nicht unmittelbar und detailliert bewertet werden können. Der Kunde hat vielmehr eigene Kriterien, die sein subjektives Qualitätsempfinden bestimmen. Diese Kriterien fassen die zuvor beschriebenen Qualitätsmerkmale quasi aus der "Außenperspektive" zu *Dimensionen* zusammen, die wiederum von jedem Kunden individuell bewertet werden.

Für die verschiedenen Dienstleistungsbranchen lassen sich dabei unterschiedliche Dimensionen ausmachen, die für die Bewertung der jeweiligen Dienstleistung ausschlaggebend sind. Im Laufe der letzten Jahre hat es bereits umfangreiche Untersuchungen[125] gegeben, die angefangen von Hotel-Kunden, über Patienten von Allgemein- und Fachärzten bis hin zu Bankkunden die entsprechenden Dimensionen ermittelt haben. Für die Reisebüro-Kunden hat diese Dimensionen LeBlanc[126] identifiziert. Die empfundene Dienstleistungsqualität setzt sich demnach zusammen aus den Dimensionen:

- *Annehmlichkeit des tangiblen Umfeldes*, welche u.a. das Erscheinungsbild von Einrichtungen und Ausrüstungen sowie des Personals und der gedruckten Kommunikationsmittel beschreibt;
- *Leistungskompetenz*, in der der Kunde das Fachwissen und zuvorkommendes Verhalten der Angestellten sowie die Fähigkeit, Vertrauen zu erwecken, zusammenfaßt;
- *Einfühlungsvermögen*, das die fürsorgliche Aufmerksamkeit der Firma für jeden einzelnen Kunden beinhaltet;
- *Reaktionsfähigkeit*, die die empfundene Bereitschaft des Dienstleisters wiedergibt, Kunden zu helfen und sie prompt zu bedienen;
- *Zuverlässigkeit*, die die Fähigkeit, den versprochenen Service verläßlich und präzise auszuführen, ausdrückt;
- *Image*, das die Meinung über das Unternehmen im Markt sowie bezüglich der Ressourcen, die das Unternehmen besitzt, wiedergibt.

Können die ersten fünf Dimensionen den einzelnen Teilqualitäten zugeordnet werden[127], so nimmt das Image eine Sonderstellung ein. Zum einen können sowohl Potential-, Prozeß- als auch Ergebnismerkmale einer Dienstleistung das Image beeinflussen, zum anderen hat dieses aber auch eine Art Filterfunktion[128]. Diese Filterfunktion hat zur Folge, daß die Beurteilung der anderen fünf Dimensionen durch das Image, welches der Dienstleister bei dem beurteilenden Kunden hat, beeinflußt wird. Hat also ein Reisebüro bei einem Kunden ein sehr positives Image, so kann ein "ausnahmsweise" schlechter Service positiver beurteilt werden, als dies beim gleichen Service in einem Reisebüro mit schlechtem Image der Fall wäre.

Kunde

Im Mittelpunkt der Verbesserung der Dienstleistungsqualität steht der Kunde. Dies hat zur Folge, daß für alle qualitätsrelevanten Überlegungen und Maßnahmen, sei es

---

[125] Vgl. hierzu Hentschel, SERVQUAL, S.236 ff.
[126] Vgl. Kap.4.2.4.
[127] Vgl. Benkenstein, Dienstleistungsqualität, S.1106.
[128] Vgl. Grönroos, A Service Quality Model, S.39 f.

im Rahmen der Marktforschung, bei der Erstellung eines Gesamtkonzepts oder bei der Steuerung der Dienstleistungsqualität, der kundenorientierte Qualitätsbegriff[129] oberste Priorität hat. Der Kunde bestimmt also, ob die erbrachte Dienstleistungsqualität gut oder schlecht ist.

---

[129] Vgl. Kap.4.1.2.

5 Das Management der Dienstleistungsqualität im Reisebüro

Die theoretische Auseinandersetzung mit dem Thema Dienstleistungsqualität in den vorhergehenden Kapiteln hat vor allem einen Eindruck vermittelt, wie dieses Thema von wissenschaftlicher Seite betrachtet und diskutiert wird. Mit der abschließenden Entwicklung eines Modells zur Dienstleistungsqualität im Reisebüro wurde die theoretische Basis für die Umsetzung der aus der Theorie gewonnenen Erkenntnisse und deren Umsetzung in der touristischen Dienstleistungspraxis geschaffen.

Auf dieser Basis und unter Rückgriff auf weitere wissenschaftliche Erkenntnisse der Dienstleistungs- und Tourismusforschung sowie der im Rahmen in der Einleitung angesprochenen Interviews[1] mit Qualitätsexperten der Reisemittler- und -veranstalterbranche, ist in diesem Kapitel das praxisorientierte Management der Dienstleistungsqualität Gegenstand der Betrachtung. Die Gliederung des Kapitels erfolgt dabei in Anlehnung an die Kernelemente des Modells der Dienstleistungsqualität im Reisebüro[2].

5.1 Gesamtkonzept zur Verbesserung der Dienstleistungsqualität

Für die Umsetzung der im folgenden vorgestellten Möglichkeiten zur Verbesserung der Dienstleistungsqualität ist insbesondere ein strukturiertes und gut organisiertes Vorgehen notwendig. Um ein solches Vorgehen zu gewährleisten, ist die Erstellung eines Gesamtkonzeptes im Rahmen eines Managements der Dienstleistungsqualität im Reisebüro Grundlage.

Sowohl im Tourismus- und Fremdenverkehrsmanagement[3] als auch im Rahmen eines qualitätsorientierten Dienstleistungsmanagements wird ein übergreifendes und integriertes Konzept als wichtige Voraussetzung für die erfolgreiche Umsetzung von Unternehmungsstrategien betrachtet. Fried/Wiedenmann stellen dabei fest, daß Fremdenverkehrskonzepte die in sie gesteckten Hoffnungen häufig nicht erfüllen können, da sie isoliert entwickelt wurden - "es wird isoliert analysiert, geplant und dementsprechend werden Maßnahmen entwickelt und umgesetzt, ohne die Abhängigkeiten und Beziehungen des Fremdenverkehrs zu den anderen Wirtschafts- und Lebensbereichen des Ortes oder der Region zu berücksichtigen"[4].

---

[1] Vgl. Kap.1.3.
[2] Vgl. Kap.4.5.5.
[3] Vgl. zur Entwicklung eines übergreifenden Unternehmenskonzeptes für Tourismusorganisationen die Ausführungen in Kaspar, Management im Tourismus, S.130 ff.
[4] Vgl. Fried/Wiedenmann, Integriertes Fremdenverkehrskonzept, S.170.

Auch zur Verwirklichung von Qualität im Dienstleistungsmanagement wird die Bedeutung integrierter Leistungskonzepte betont. Dabei muß ein Leistungskonzept "zu einer verstärkten integrierten Ausrichtung der Marktleistung führen und alle Phasen des Leistungsprozesses umfassen"[5]. Entsprechend ist eine Qualitätskonzeption "von Anbeginn sorgfältig zu planen, um überzeugend zu sein"[6].

Für das Management der Dienstleistungsqualität im Reisebüro gilt, im Rahmen der Konzepterstellung außerdem zu bedenken[7], daß:

- der Kunde die Dienstleistung des Reisebüros aus seiner ganz persönlichen Sicht bewertet; er hat also unter Umständen ganz andere Qualitätskriterien, als der Leistungsanbieter bisher vermutet hat;
- der Kunde alle Elemente einer Dienstleistung als ein Ganzes wahrnimmt;
- Schwachstellen die Qualitätswahrnehmung des Kunden überproportinal beeinflussen, so daß Schwächen einer Teilleistung mitunter eine entscheidende Ausstrahlung auf die gesamte Wahrnehmung haben können;
- für den Kunden die interne Organisation der Dienstleistungsabläufe irrelevant ist und er nur das Ergebnis, nämlich die Beratung bzw. den Verkauf im Reisebüro, bewertet.

Um diese Grundgedanken in das Management der Dienstleistungsqualität zu integrieren, gilt es im Rahmen einer Gesamtkonzeption auch zu verdeutlichen, daß nicht lediglich eine formalistisch-technokratische Qualitätssicherung angestrebt wird, die materialorientiert und systembezogen ist. Vielmehr ist ein verstärkt kundenorientiertes Qualitätsmanagement anzustreben, bei dem das menschenbezogene System im Vordergrund steht. Die Unterschiede zwischen diesen beiden Auffassungen verdeutlicht Abb.5.1.

---

[5] Vgl. Lehmann, Dienstleistungsmanagement, S.91.
[6] Vgl. Haist/Fromm, Qualität im Unternehmen, S.25.
[7] Vgl. Barg, Kundenzufriedenheit, S.13.

Qualitätssicherung	Qualitätsmanagement
Prüfungen	Fehler vermeiden
	(auch prüfen)
Korrekturmaßnahmen	ständige Verbesserungen
	(nicht nur einmal korrigieren
Dokumenten-Lenkung	Kommunikation zwischen Kunden
	und mit/zwischen Mitarbeiter
	(auch geregelte Dokumenten-Leitung)
Schulung	Motivation, Weiterentwicklung
	(auch Schulungen)
Kundendienst	Dienst für den Kunden

Abb. 5.1: Qualitätssicherung versus Qualitätsmanagement[8]

Ein kundenorientiertes Gesamtkonzept hat zusammenfassend die Grundvoraussetzungen jeglicher Qualitätsverbesserungsmaßnahmen (*Marktforschung*), die Schwerpunkte der Qualitätsverbesserung (*Schwerpunktsetzung*) und die wichtigsten Aspekte der *Umsetzung* einmal getroffener Entscheidungen zu beinhalten.

5.1.1 Marktforschung

Im Rahmen eines kundenorientierten Managements der Dienstleistungsqualität ist die Ausgangsbasis jeglicher Verbesserungen und Maßnahmen die Orientierung an den Kundenerwartungen. Die Ermittlung und Analyse der Erwartungen, Erfahrungen und Wünsche potentieller und aktueller Kunden ist Gegenstand der Marktforschung. Kap.5.2. geht ausführlich auf das für Reisebüros zur Verfügung stehende sortiments- und qualitätsorientierte Marktforschungsinstrumentarium ein.

Zur Integration dieser Marktforschungsinstrumente in ein übergreifendes Management der Dienstleistungsqualität sind im Rahmen der Konzeptionsphase einige grundsätzliche Aspekte[9] zu beachten, um eine optimale Nutzung der Potentiale, die sich aus der Marktforschung ergeben, zu gewährleisten.

---

8   Entnommen aus Saatweber, Inhalt und Zielsetzung, S.78.
9   Vgl. Altschul, Alles für den Kunden?, S.26.

Marktdaten sollten grundsätzlich zu zweierlei *Zwecken* genutzt werden. Zum einen können erhobene Marktdaten Auskunft über den derzeitigen Leistungsstand des Reisebüros geben, so daß die eigene Wettbewerbsposition im Vergleich zu den Wettbewerbern bestimmt werden kann. Zum anderen hat die Marktforschung die Aufgaben eines Diagnoseinstruments zu erfüllen, mit dem nicht nur die Kundenzufriedenheit ermittelt wird, sondern auch Aussagen über die expliziten Stärken und Schwächen des Reisebüros ermöglicht werden.

Wie auch aus der Modelldarstellung in Kap.4.5.5 ersichtlich, wird das Management der Dienstleistungsqualität im Reisebüro als ein *nicht endender Prozeß* von Qualitätsverbesserungsmaßnahmen betrachtet. Aus diesem Grund stellt auch die qualitätsorientierte Marktforschung eine ständige Abfolge der Gewinnung von Informationen dar. Um das langfristige Kauf- und Entscheidungsverhalten der Kunden ermitteln zu können, hat auch die sortimentsorientierte Marktforschung langfristiger Natur zu sein. So können Veränderungen im Kundenverhalten frühzeitig erkannt und entsprechend notwendige sortimentsbereinigende Maßnahmen eingeleitet werden.

Die *Basis* der Marktforschung besteht aus einem Sample aktueller Kunden, wobei sinnvollerweise eine Mischung aus Stamm- und Neukunden zu wählen ist. Letztendlich gilt es, von diesen Kunden Informationen über ihr (zukünftiges) Buchungsverhalten, ihre Zufriedenheit mit dem Reisebüro sowie ihre Meinung zu den verschiedenen Aspekten der Dienstleistungsqualität zu erhalten.

Insbesondere Kundenbefragungen haben *inhaltlich* das gesamte Spektrum an Produkt- und Serviceeigenschaften, die die Kundenzufriedenheit und das Kaufverhalten bestimmen, einzuschließen. Dabei ist sowohl die relative Bedeutung der abgefragten Produkt- und Serviceeigenschaften als auch die Bewertung der vom Reisebüro erbrachten Leistungen in diesen Bereichen abzufragen.

Marktforschung muß nicht unbedingt eine komplizierte Zusammenstellung von Stichproben und die Erstellung und *Auswertung* ausgefeilter Erhebungen beinhalten[10]. Prinzipiell sollten sich aber "marktforschende" Reisebüro-Chefs zumindest mit den grundlegenden Prinzipien von Zufallsstichproben, der Erstellung von Fragebogen und der Darstellung der Ergebnisse einigermaßen vertraut machen.

Selbst wenn ein hohes technisches Niveau gebraucht wird, wie dies auch bei einigen der vorgestellten Marktforschungsinstrumente der Fall ist, kann kostengünstige Unterstützung unter Umständen von Professoren bzw. deren Mitarbeitern von nahegelegenen Universitäten eingeholt werden.

---

[10] Vgl. Andreasen, Kostenbewußte Marktforschung, S.70.

Grundsätzlich gilt es, die Ergebnisse der Marktforschung in die tägliche Arbeit *umzusetzen*. Langfristig sind die gewonnenen Marktdaten vor allem zu nutzen, um eine relative Qualitätsposition des eigenen Reisebüros im Markt zu etablieren. Dabei sind immer wieder neue Standards hinsichtlich Qualität und Kundenzufriedenheit zu setzen, um Wettbewerbsvorteile zu realisieren. Aus diesem Grund muß der Zugang zu allen kundenspezifischen Problemen während der Datenerhebung gewährleistet sein.

5.1.2 Schwerpunktsetzung

Als Bindeglied zwischen *Qualitätsprüfung* (Marktforschung) und *Qualitätslenkung* (Umsetzung von Maßnahmen zur Verbesserung der einzelnen Teilqualitäten) bildet die Schwerpunktbildung den Kern der *Qualitätsplanung*. Bevor jedoch auf die möglichen Schwerpunkte eingegangen wird, sind im Rahmen eines Gesamtkonzepts einige Aspekte[11] anzusprechen, die es vor allem bei der Generierung von Ideen und Maßnahmenvorschlägen zu beachten gilt.

So sind im Rahmen eines umfassenden Managements der Dienstleistungsqualität die *Koordination* der einzelnen Aktivitäten von grundlegender Bedeutung. Aus diesem Grund besteht die Notwendigkeit einer schriftlichen Festlegung der durchzuführenden Aufgaben und Tätigkeiten im Rahmen der Qualitätsverbesserung. Dabei ist vor allem festzulegen, wie und in welcher Reihenfolge die einzelnen Schritte durchgeführt werden, und in wessen Verantwortung dies geschieht.

Qualität kann nicht hinzugekauft werden, sondern sie entsteht im *Inneren* eines Dienstleisters, d.h. vor allem durch die Menschen, die in einem Reisebüro tätig sind. Eine besondere Bedeutung kommt dabei dem Reisebüro-Chef zu, der durch seine Führungseigenschaften und -qualitäten erheblich zur Entwicklung einer Qualitätskultur[12] beiträgt. Qualität entsteht also nicht *nur* durch die Erneuerung der Technik oder Verschönerung der Räumlichkeiten, sondern muß vor allem durch alle Mitarbeiter gelebt werden.

Um Veränderungen herbeizuführen, ist es nicht damit getan, lediglich den Büroleiter oder einen speziellen Qualitätsbeauftragten mit der Konzeption und der Durchführung von qualitätssteigernden Maßnahmen zu beauftragen. Vielmehr sind sowohl in die Phase der Planung als auch in jene der Umsetzung sämtliche Mitarbeiter aktiv zu *integrieren*. Beginnend mit dem Einholen der Expedientenmeinung zu allgemeinen Fragen, die den gesamten Arbeitsablauf betreffen, über die Identifizierung von

---

[11] Vgl. Altschul, Alles für den Kunden?, S.28 f.
[12] Vgl. Kap.5.3.1.1.

Schwachstellen im Kundenkontakt bis hin zur Generierung von Qualitätsstandards sind sowohl Auszubildende, erfahrene Expedienten sowie Büroleiter am Prozeß der Qualitätsverbesserung zu beteiligen.

Ist der Eigentümer eines Reisebüros nicht selbst im Reisebüro tätig, oder existieren mehrere Filialen, so kommt dem Büroleiter oder einem ausgesuchten Qualitätsbeauftragten die Aufgabe der Koordination zu. Diese Person ist verantwortlich für die kontinuierliche Auseinandersetzung des gesamten Reisebüro-Teams mit dem Thema Qualität, und stellt letztendlich die treibende Kraft dar, die den Qualitätsverbesserungsprozeß am Leben hält.

Die effektive Nutzung der aus der Marktforschung gewonnenen Informationen soll mit der Schwerpunktsetzung erreicht werden. Gerade kleine und mittlere Reisebüros besitzen dabei häufig nicht die personellen und finanziellen Kapazitäten, um ganzheitliche Qualitätsprogramme übergreifend durchführen zu können. Daher liegt es nahe, zunächst Qualitätsverbesserungsmaßnahmen in jenen Bereichen zu initiieren, in denen die größten Schwächen identifiziert werden. Zur *Strukturierung* der einzelnen Bereiche bietet sich wiederum das Modell der Dienstleistungsqualität im Reisebüro (Kap.4.5.5) an.

Schwerpunkt Dienstleistungskultur

Grundvoraussetzung für jegliche Qualitätsverbesserungsmaßnahmen im Reisebüro ist eine qualitätsorientierte Dienstleistungskultur[13], ohne die langfristig keine nachhaltige Verbesserung der Dienstleistungsqualität möglich ist. Die Dienstleistungskultur hängt dabei primär von der Dienstleistungsorientierung und -mentalität der Mitarbeiter ab. Diese kann zum einen durch Managementmaßnahmen und zum anderen durch die mittels Leitbild nach innen wie außen kommunizierte Dienstleistungskultur verbessert werden.

Neben einem, der Dienstleistungskultur förderlichen *Führungsverhalten*, sollen die *Maßnahmen* des Managements vor allem die Problemlösungskapazität der Mitarbeiter erweitern. Ziel ist dabei, das Verhalten der Mitarbeiter insbesondere über entsprechende Wertvorstellungen, Verhaltensnormen sowie Denk- und Handlungsweisen positiv zu beeinflussen. Mit Hilfe eines *Unternehmensleitbild*es ist zudem eine fruchtbare Auseinandersetzung aller am Dienstleistungsprozeß Beteiligten mit dem gelebten und dem angestrebten Dienstleistungsverständnis möglich.

---

13 Vgl. Kap.5.3.

98

Schwerpunkt Potentialqualität

Die Potentialqualität[14] ist geprägt vom *physischen Umfeld*, dem *technischen Potential*, dem *Mitarbeiterpotential* und den im Reisebüro genutzten *Organisationssystemen*.

Werden mittels der Marktforschung Qualitätsdefizite in der Dimension *physisches Umfeld* festgestellt, so können diese durch Veränderungen des äußeren Erscheinungsbildes des Reisebüros (z.b. Schaufenster, Innenbereich etc.) gemindert oder sogar eliminiert werden. Hinsichtlich der qualitätsorientierten Raumgestaltung im Reisebüro spielen zudem Aspekte wie hybrides Verbraucherverhalten und Corporate Design eine wichtige Rolle.

Die Qualität des *technischen Potentials* hängt neben der Qualität des Computer-Reservierungs-System (CRS) auch von der Qualität des genutzten Reisevertriebssystems sowie der Qualität der dezentralen System- und Softwarelösungen wie Touristik-Verwaltungssoftware und Reiseinformations- und Marketingsysteme ab.

Defizite beim *Mitarbeiterpotential* können insbesondere durch qualitätsorientierte Mitarbeiterauswahl, -entwicklung und -motivation behoben werden. Neben der Nutzung entsprechender Stellen- und Personenprofile, Auswahlverfahren sowie Aus- und Weiterbildungsmaßnahmen können Maßnahmen zur Erhöhung der äußeren und der inneren Motivation eingeleitet werden.

Eine Verbesserung *organisationaler Aspekte* im Reisebüro wird durch qualitätsorientierte Zielvereinbarungs-, Be- und Entlohnungs-, Arbeitszeit- sowie Kommunikationssysteme erreicht.

Schwerpunkt Prozeßqualität

Im Mittelpunkt der Beurteilung der Prozeßqualität[15] steht der Expedient. Aus diesem Grund ist es zunächst wichtig, seine *Rolle* im Dienstleistungsprozeß zu definieren. Erkenntnisse der Rollentheorie lassen sich dabei nutzen, um eine etwaige Gefahr von *Rollenkonflikten* und *Rollenambiguität* zu mindern, was letztendlich der Dienstleistungsqualität im Reisebüro zu gute kommt.

Defizite in der Prozeßqualität können vor allem durch das richtige *Verhalten* der Expedienten im Dienstleistungsprozeß abgebaut werden. Die Unterteilung des Dienstleistungsprozesses anhand der im touristischen Reisebüro üblichen Kundenkontaktpunkte ermöglicht dabei eine strukturierte Vorgehensweise. *Qualitätsstandards* für

---

14 Vgl. Kap.5.4.
15 Vgl. Kap.5.5.

die einzelnen Phasen des Dienstleistungsprozesses unterstützen die Qualitätsverbesserung der vom Kunden wahrgenommenen Kontaktpunkte im Reisebüro. Die Prozeßqualität wird im Rahmen des *Telefonkontaktes*, des eigentlichen Dienstleistungsprozesses mit *Kontaktaufnahme, Beratung* und *Buchung* sowie durch die *Nachkaufkontakte* der Kunden mit dem Reisebüro bestimmt. Maßnahmen zur Qualitätsverbesserung haben entsprechend an diesen Kontaktpunkten anzusetzen.

Schwerpunkt Ergebnisqualität

Zur Verbesserung der Ergebnisqualität im Reisebüro gehören insbesondere die Bereiche *Beschwerdepolitik, Kommunikation nach außen* sowie die *Produkt- und Leistungsanbieterqualität.*

Werden Schwachstellen im Bereich der Beschwerdebehandlung festgestellt, so gilt es, die *Beschwerdepolitik* des Reisebüros unter den Aspekten Beschwerdestimulierung, Beschwerdebearbeitung, Beschwerdeanalyse sowie Beschwerdeweitergabe zu analysieren und zu verbessern.

Für die Optimierung der *Kommunikation nach außen* sind die notwendigen Maßnahmen und Gestaltungsmöglichkeiten eines qualitätsorientierten Reisebüromarketings mit seinen Bereichen Werbung, Öffentlichkeitsarbeit und Verkaufsförderung einzuleiten.

Stellt das Reisebüro fest, daß Kunden oder Mitarbeiter über Probleme mit Leistungsanbietern berichten, so ist die Qualität der im Sortiment befindlichen *Produkte und Leistungsanbieter* zu überprüfen. Zu diesem Zweck sind sowohl Qualitätskriterien für Produkte und Dienstleistungen als auch Qualitätskriterien zur Auswahl der "richtigen" Leistungsanbieter heranzuziehen.

5.1.3 Durchführung

Die Durchführungsplanung hat zum Ziel, die zeitliche Abstimmung der einzelnen Qualitätsverbesserungsmaßnahmen sowie die Zuordnung von Mitarbeitern zu ihren Aufgaben zu gewährleisten. Wie einleitend bereits angesprochen, kommt dabei einem eher progressiv ausgerichteten Management der Dienstleistungsqualität eine größere Bedeutung zu, als einer primär auf Reaktion beruhenden Qualitätssicherung.

Eine solche Form der Qualitätssicherung wird letztendlich durch die Normen der DIN ISO 9000 ff festgeschrieben. So sind für den Dienstleistungsanbieter nach der

DIN ISO 9004 folgende Bereiche und Maßnahmen[16] *nachweislich* (in Form von Formularen und Prozeßbeschreibungen) auf eine umfassende Qualitätssicherung auszurichten:

- Festlegung der Inhalte für die Dienstleistung selbst und derjenigen für die Erbringung der Dienstleistung,
- Personalmotivation, Personalschulung und -entwicklung,
- Kommunikation zwischen den Personen,
- Qualitätskreis für Dienstleistungen,
- Kontaktbereich mit den Kunden,
- Kommunikation mit den Kunden,
- Dienstleistungs-Lastenheft,
- Qualitätsforderung an die Dienstleistung und diejenige an das Erbringen der Dienstleistung,
- Bewertung der Dienstleistungsqualität durch das Unternehmen,
- Bewertung der Dienstleistungsqualität durch den Kunden,
- Analyse und Verbesserung der Gestaltung der Dienstleistung.

Zweifellos bietet die theoretische Erfüllung dieser Aspekte eine sinnvolle Voraussetzung zur Verbesserung der Dienstleistungsqualität. Allerdings sagen diese Normen nichts über die tatsächliche Kundenorientierung und Dienstleistungskultur eines Dienstleisters und damit letztendlich auch nichts über die tatsächliche Qualität dieses Unternehmens aus. So ist eine Zertifizierung auch längst noch keine Garantie für eine tatsächliche Verbesserung der Dienstleistungsqualität. Auf kritische bzw. negative Erfahrungen mit der Zertifizierung wird an anderer Stelle[17] verwiesen. Der Ansatz der reinen Qualitätssicherung erscheint daher für das kleine bis mittlere Reisebüro nicht als empfehlenswert.

Zudem bietet ein stärker progressives und aktives Management der Dienstleistungsqualität im Reisebüro bereits in der Durchführungsplanung besondere Vorteile. So kann zum einen bereits an dieser Stelle mit einem Management der Dienstleistungskultur[18] begonnen werden. Zum anderen ermöglicht die Konzentration auf die zuvor beschriebenen Schwerpunkte der Qualitätsverbesserung ein inkrementales[19] Vorgehen im Qualitätsverbesserungsprozeß. Vorteil dieser "Problemlösung in kleinen Schritten" sind die leichtere Durchsetzbarkeit von Veränderungen, die geringeren finanziellen Belastungen sowie die Korrigierbarkeit bei Fehlentscheidungen. Im einzelnen hat die Durchführungsplanung folgende Aspekte zu klären bzw. zu beachten.

---

16 Vgl. Petrick, Auditierung und Zertifizierung, S.99.
17 Vgl. Kap.5.3.
18 Vgl. Kap.5.3.1.
19 Vgl. Kirsch, Unternehmenspolitik, S.94.

Eine durch die Integration der Mitarbeiter bei der Konzepterstellung bereits eingeleitete *Sensibilisierung* für wichtige Aspekte der Dienstleistungsqualität ist im Rahmen der Durchführung fortzuführen. Dies gilt zum einen für eine "intelligente" Integration der Mitarbeiter in den Qualitätsverbesserungsprozeß, indem die Mitarbeiter über das "warum" und "wie" der einzelnen Maßnahmen aufgeklärt werden. Zum anderen hat die Umsetzung von Maßnahmen der jeweiligen Situation im Reisebüro *angepaßt* zu erfolgen. Dabei sollte allerdings auf eine "Strategie des Bombenwurfes"[20] verzichtet werden, wonach erst nach einer radikalen Veränderung die Mitarbeiter von der Maßnahme überzeugt werden müssen. In einer so sensiblen Angelegenheit wie der Qualitätsverbesserung kann dies schnell zu unangenehmen und nicht beabsichtigten Ergebnissen führen.

Die *Koordination* einzelner Maßnahmen muß in der Verantwortung einer Person liegen, die die entsprechende Entscheidungsmacht besitzt und sich voll und ganz mit der Qualitätsstrategie des Reisebüros identifiziert. Idealerweise ist dies der Eigentümer bzw. Chef des Reisebüros persönlich. Die *Zuordnung* bestimmter Maßnahmen der Qualitätsverbesserung auf einzelne Mitarbeiter des Reisebüros hat den Willen des Mitarbeiters zur verantwortungsvollen Erfüllung der Aufgabe(n), die Entscheidungsbefugnis zur Lösung der Maßnahmen, die Übereinstimmung von Tätigkeitsbereich und betroffenem Bereich und die fachliche und menschliche Kompetenz zur Erfüllung der Maßnahmen zur Voraussetzung.

Der *Zeitplan* für die Durchführung von Qualitätsverbesserungsmaßnahmen muß so konzipiert sein, daß die Durchführung nicht als Druck empfunden wird[21]. Der normale Reisebürobetrieb sollte möglichst reibungslos weiterlaufen. Die einzelnen Maßnahmen sind schrittweise, d.h. einer auf den anderen aufbauend, aber zügig durchzuführen.

Das im Rahmen eines *vorbildlichen Managements* wichtige Führungsverhalten wird in Kap.5.3.1 detailliert erläutert. Sollte die Unternehmensführung dabei jedoch nicht davon überzeugt sein, daß Qualität der wichtigste Faktor zur Erlangung von Kundenzufriedenheit und Gewinn ist, so ist jede Maßnahme zur Qualitätsverbesserung zum Scheitern verurteilt.

Von den in Kap.5.4.3 vorgestellten Maßnahmen zur Förderung der Mitarbeiter, stellen sowohl Weiterbildungs- und Schulungsmaßnahmen als auch Motivationsaspekte ein wichtiges Element zur Verbesserung der Dienstleistungsqualität dar. Eine *gezielte Mitarbeiterentwicklung* muß dabei unabhängig von Stärken-Schwächen-

---

20 Vgl. Kirsch et al., Strategie und Struktur, S.320.
21 Vgl. Haist/Fromm, Qualität im Unternehmen, S.25.

Analysen kontinuierlich und dauerhaft durchgeführt und laufend verbessert werden. Gerade im Hinblick auf die in Kap.2.3 beschriebenen veränderten Bedingungen und Anforderungen in der Reisevermittlung, stellen leistungsfähige und motivierte Mitarbeiter das wichtigste Potential kleiner und mittlerer Reisebüros dar.

Viele Dienstleister versuchen über institutionalisierte Schulungsprogramme und Qualitätssicherungssysteme[22] ihre Qualität zu verbessern. Dabei übersehen diese Unternehmen jedoch häufig, daß das wichtigste Element einer im direkten Kundenkontakt erbrachten Dienstleistung das "*Persönliche*" ist. So werden regelmäßig als die besten Hotels der Welt die "*persönlichen, daß heißt auch mit menschlichen Schwächen versehenen Hotels, wie das Oriental in Bangkok, das Vierjahreszeiten in München (...) genannt*"[23]. Für die Implementierung von Qualitätsverbesserungsmaßnahmen bedeutet dies, daß nicht primär technokratische Qualitätsstandards etc. für das Kundenurteil ausschlaggebend sind, sondern für dessen Qualitätsbeurteilung *das erkennbare Bemühen um die bessere Lösung*, d.h. auch mit dem "Eingeständnis des möglichen Irrtums"[24], im Vordergrund steht.

5.2 Marktforschung

Neben den in Kap.5.1.1 dargestellten allgemeinen Aspekten der Planung von Marktforschungsaktivitäten im Reisebüro, sind mit der Marktforschung im Rahmen eines Managements der Dienstleistungsqualität zwei grundlegende Zielsetzungen zu verfolgen. Zum einen muß sich die Reisebüro-Führung zunächst Klarheit darüber verschaffen, wer die Kunden des Reisebüros sind bzw. sein sollen. Diese Analyse und Bestimmung von Zielgruppen erfolgt im Rahmen der *sortimentsorientierten Marktforschung* und entscheidet über die Auswahl der im Sortiment eines Reisebüros befindlichen Dienstleistungen und Produkte, was insbesondere Auswirkungen auf die Ergebnisqualität hat. Eine solche Sortimentsbestimmung beeinflußt des weiteren sowohl die Marktposition und die Erlös- und Kostenstruktur des Reisebüros als auch dessen Kundenstruktur. Diese Kundenstruktur hat auf das zweite Marktforschungsziel, nämlich die Erfassung qualitätsrelevanter Aspekte mit Hilfe einer *qualitätsorientierten Marktforschung*, bedeutenden Einfluß. Da für die Einleitung und Durchführung von Qualitätsverbesserungsmaßnahmen die Kundenerwartungen und -eindrücke grundlegender Ausgangspunkt sind, bestimmt nicht zuletzt die Art und die Zusammensetzung des Kundenkreises die Qualitätspolitik eines Reisebüros.

---

22 Wie im Rahmen der DIN ISO 9000 ff angestrebt.
23 Vgl. Momberger, Qualitätssicherung, 373.
24 Vgl. Momberger, Qualitätssicherung, 373.

5.2.1 Sortimentsorientierte Marktforschung

5.2.1.1 Teilsortimente

Im Reisebürogewerbe ist aufgrund der Anforderungen bei Verträgen mit Reiseaus-
führungs- und Reiseveranstaltungsbetrieben und der Ansprüche der Kunden eine
relativ langfristige Festlegung auf ein bestimmtes Produktsortiment notwendig. Aus
der Gesamtheit aller reisebezogenen Handelsobjekte ist dabei eine Beschränkung auf
eine überschaubare Menge von Alternativen sinnvoll.

Neben dem Grundsortiment aus *Pauschalreisen* und *Reiseeinzelleistungen* unterschiedlicher kleinerer und/oder spezialisierter Veranstaltungs-, Reise- und Fremdenverkehrsbetriebe können zum Sortiment eines Reisebüros die Teilsortimente *Pauschalreisen von Universalreiseveranstaltern*, *Individualreisen von Bahn-, Bus- und
Linienluftfahrtbetrieben*, der *Firmendienst* und in einigen Ländern (wie z.B. der
Schweiz) das *Incoming-Geschäft* gezählt werden.

Im Rahmen der Gestaltung und Kombination von Teilsortimenten sind jedoch neben
erzielbaren Provisionen und Incentives vor allem qualitätspolitische Aspekte zu beachten, um die Dienstleistungsqualität im Reisebüro positiv zu beeinflussen. Insbesondere die *Zuordnung* bestimmter Teilsortimente zu Zielgruppen spielt dabei eine
herausragende Rolle, wobei das *Fachwissen* der Mitarbeiter und das *Wissen um die
Reisebedürfnisse potentieller Kunden* zunehmend an Bedeutung gewinnt.

Entsprechend den mit den einzelnen Teilsortimenten angesprochenen Zielgruppen,
gilt es auch mögliche unterschiedliche *Absatzreichweiten* zu beachten und in das
Konzept zur Sortimentgestaltung miteinzubeziehen. Während für angebotene Pauschalreisen eventuell nur die Bewohner der unmittelbaren Umgebung in Frage kommen, kann das Absatzgebiet für das Teilsortiment *Firmendienst* mit entsprechenden
Individualreisen die ganze Gemeinde (oder den Stadtteil) und das weitere Umland
umfassen.

Hinsichtlich der *Angebotsbedingungen und -formen* sind die unterschiedlichen Anforderungen an Quantität und Qualität der *Kundenberatungen* in den einzelnen
Teilsortimenten zu beachten. So stellt z.B. der *Firmendienst* besondere Anforderungen an die Beratung und Abwicklung insbesondere unter Aspekten wie Rabatt- und
Kreditgewährung, Hauszustellung sowie Rückgabe- und Umtauschrecht. Im *Touristik-Bereich* dagegen ist verstärktes Destinationswissen gefragt. Diese unterschiedlichen Anforderungen an die Expedienten sind vor allem im Rahmen der Aus- und
Weiterbildung zu berücksichtigen.

Um verschiedene Produkte innerhalb des gleichen Teilsortiments auch für den Kunden vergleichbar zu machen, muß auf die *Artikeltransparenz* dieser Dienstleistungsangebote geachtet werden. Dies gilt insbesondere für Massenpauschalreisen von Universalveranstaltern, für Flugreisen zu gleichen Zielen mit verschiedenen Luftverkehrsgesellschaften sowie für die Erklärungsbedürftigkeit von Pauschalreisen einiger Spezialveranstalter und komplizierte Individualreisen.

5.2.1.2 Zielgruppenformulierung

Als eine primäre und gerade für das kleine und mittlere Reisebüro äußerst wichtige geschäftspolitische Dimension muß die zuvor angesprochene Kunden- bzw. Zielgruppenorientierung betrachtet werden. Dabei sind im Rahmen der Zielgruppenformulierung folgende Aspekte zu beachten:[25]

- In der Kundenberatung muß der Kunde mit seiner individuellen Ausgangssituation im Mittelpunkt stehen.
- "Produkte" haben sekundäre Bedeutung, der Kunde möchte eine Problemlösung.
- Im Mittelpunkt muß das Problemlösungsangebot stehen, das aus der Kombination traditioneller Produkte eines einzelnen Anbieters, aber auch aus Produkten anderer Dienstleister bestehen kann.
- (...)
- Basis für die Entwicklung zielgruppenorientierter Problemlösungen ist das Lebensphasenkonzept.

Vor allem die steigende Komplexität des touristischen Angebotes erschwert es den Reisebüros zunehmend, Kunden in allen Bereichen mit derlei Problemlösungsangeboten kompetent, umfassend und mit dem passenden Produktangebot zu versorgen. Sinnvoll ist daher aus Reisebürosicht, z.B. nicht das komplette touristische Angebot in das Programm aufzunehmen, sondern sich auf bestimmte Kundengruppen zu konzentrieren und diese dann auch mit exzellentem Fachwissen und einem ausgewählten Produktsortiment zu bedienen.

So besteht beispielsweise die Möglichkeit, sich auf *Reisearten* (z.B. Städte-, Jagd-, Camper-, Sportreisen etc.), auf *Reiseziele* (z.B. Griechenland, Afrika etc.) oder nur auf *Touristik-* und/oder *Firmendienste* (Voraussetzungen für letztere sind in Deutschland mindestens DB/DER- und IATA-Lizenzen) zu konzentrieren. Die Zielgruppen können aber auch nach *soziologischen Merkmalen* (Alter, Geschlecht, be-

---

[25] Vgl. Benölken/Greipel, Dienstleistungsmanagement, S.68.

rufliche/soziale Stellung, Einkommen, Bildungsniveau usw.) der Kunden unterteilt werden. Soll das Einkommen oder die Finanzkraft das ausschlaggebende Kriterium sein, so kann sich das Reisebüro z.b. auf luxuriöse Kreuzfahrten und teure Rund-um-die-Welt-Flüge spezialisieren oder mit Last-Minute-Angeboten und niedrigpreisigen Pauschalreisen auf finanzschwächere Kundenkreise abzielen.

Das Beispiel Kuoni[26] zeigt, wie eine zielgruppenorientierte Produktpolitik für Reiseveranstalter, aber ebenso auch für vermittelnde Reisebüros aussehen kann. So hat der schweizerische Veranstalter vier Hauptzielgruppen anvisiert, auf deren jeweilige Erwartungen die angebotenen Dienstleistungen zugeschnitten wurden. Die Zielgruppen im einzelnen sind: *Geschäftsreisende, Ferntouristen, junge Leute*, die Kurz-, Mittel- und Langstreckenreisen unternehmen, und *sportbegeisterte "Junggebliebene"*. Die Ansprache der einzelnen Zielgruppen erfolgt entweder individuell oder über Katalog.

Für *Geschäftsreisende* werden beispielsweise zusätzliche Reisearrangements für Fachausstellungen oder Kongresse kreiert. Darüber hinaus werden regelmäßige Informationen über Spezialangebote, wie z.B. Vielfliegerprämien der Fluggesellschaften geliefert. Die Gruppe der anspruchsvolleren *Fernreisenden* soll vor allem durch qualitativ hochwertige Unterkünfte und die besondere Kompetenz der Reiseleiter überzeugt werden. Die Zielgruppe der *jungen Leute* mit dem Wunsch nach Kurz-, Mittel- und Langstreckenreisen wird primär über den Preis angesprochen. Eine eigene Pauschalreisemarke (Helvetic Tours) nimmt sich vorrangig dieser Kundengruppe an. Mit Reiseangeboten zu Sportereignissen in aller Welt, spricht der schweizerische Reiseveranstalter die *sportbegeisterten "Junggebliebenen"* an. Speziell für den französischen Markt werden eine Reihe von "Nostalgietouren", bei denen beispielsweise verschiedene Ziele in Afrika per Wasserflugzeug angeflogen werden, angeboten.

Im Vordergrund dieser Strategie der *Marktnischenfindung* steht eine laufende und kontinuierliche Identifizierung immer neuer Servicenischen, für die noch keine Angebote existieren. Wichtig ist dabei, daß die Dienstleistungen immer genau auf die Zielkundschaft abgestimmt sind. Die Gratwanderung besteht dabei darin, daß einerseits die anvisierte Zielgruppe so eng gefaßt sein muß, daß die Ansprüche einer neuen Marktnische erfüllt werden, daß jedoch andererseits die Rentabilität durch die Zahl der hereingeholten Aufträge gesichert wird. Vereinfacht wird die Zielgruppengenerierung zum einen durch den Einsatz des entsprechenden Marktforschungsinstrumentariums und zum anderen durch Implikationen, die aus dem Lebenszykluskonzept ableitbar sind.

---

[26] Ermittelt im Rahmen der Interviewdurchführung.

5.2.1.3 Lebenszykluskonzept

Nach Meffert und Bruhn unterliegen Dienstleistungen bzw. Dienstleistungsunternehmen "während ihrer Marktpräsenz in der Regel ebenso wie Sachgüter einem *Lebenszyklus*. In idealtypischer Weise lassen sich dabei mit Einführungs-, Wachstums-, Reife-, Sättigungs- und Verfallphase fünf Stadien unterscheiden"[27]. Befinden sich Dienstleistungsprodukte bereits am Ende einer Sättigungs- oder Verfallphase, so sollte darauf verzichtet werden, für diese Dienstleistungen Zielgruppen zu generieren. Für den Urlaubstourismus (siehe Abbildung 5.2) ist dies momentan beispielsweise bei traditionellen Kreuzfahrten bzw. Jugend- und Tramperreisen der Fall.

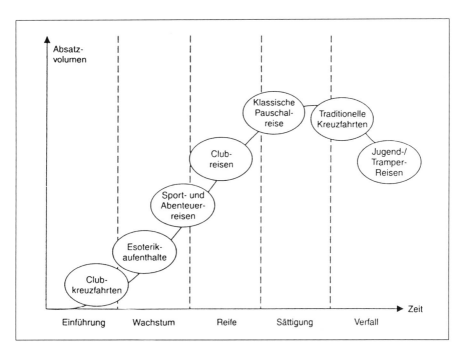

Abb. 5.2: Lebenszyklus von Dienstleistungen am Beispiel der Formen von Urlaubsreisen[28]

Dienstleistungen wie Clubkreuzfahrten und Esoterikaufenthalte befinden sich dagegen in der Einführungs- bzw. der Wachstumsphase. Will ein Reisebüro mit neuen

---

27   Vgl. Meffert/Bruhn, Dienstleistungsmarketing, S.129.
28   Entnommen aus Meffert/Bruhn, Dienstleistungsmarketing, S.130.

Touristikprodukten bestimmte Zielgruppen ansprechen, so bieten sich momentan diese Produkte an, da Reife- und Sättigungsphase derzeit noch nicht erreicht sind.

Die Bedeutung des Lebenszykluskonzeptes muß allerdings insofern eingeschränkt werden, als es keine definitiven Aussagen über die zeitlich exakte *Dauer* der einzelnen Phasen zuläßt. So kann der Lebenszyklus der gerade in der Wachstumsphase befindlichen Esoterikaufenthalte wesentlich kürzer sein als jener der klassischen Pauschalreise. Des weiteren muß eingeschränkt werden, daß Dienstleistungen aufgrund ihrer in der Regel *beschränkten Standardisierbarkeit*[29] einem evolutionärem Anpassungsprozeß unterliegen. Die Schwierigkeit liegt hier in der Bestimmung des Zeitpunktes, zu dem aufgrund der Dienstleistungsvariation ein neuer Lebenszyklus eben dieser veränderten Dienstleistung entsteht.

Das Lebenszykluskonzept kann jedoch wichtige Hilfestellung bei der Zielgruppenanalyse geben, sofern sich die Umweltentwicklungen kontinuierlich vollziehen (z.B. keine radikalen Änderungen der gesetzlichen Rahmenbedingungen). Durch Umsatz- und Absatzprognosen lassen sich zukunftsträchtige touristische Dienstleistungsprodukte identifizieren, für die Zielgruppen festgelegt werden können.

Weitere Informationen, die für die Zielgruppenfindung und die Gestaltung des Produktsortiments von Bedeutung sind, betreffen vergangene und künftige Entwicklungen auf den touristischen Märkten. Diese können mit Hilfe der Marktforschung gesammelt werden.

5.2.1.4 Primär- und sekundärstatistische Marktforschung

Grundlegende Entscheidungshilfen hinsichtlich der Angebots- und Leistungspolitik eines Reisebüros bietet die Marktforschung. Im Rahmen einer qualitätsorientierten Beschaffungsplanung können mit Hilfe der Marktforschung Informationen gesammelt werden, die es dem Reisebüro ermöglichen, einerseits zukunftsträchtige und zur eigenen Qualitätsstrategie passende Produkte und deren Anbieter zu identifizieren und andererseits gesellschaftliche Trends und Veränderungen bei der eigenen Zielgruppendefinition zu berücksichtigen. Dabei sind vor allem Informationen zu folgenden Bereichen von Interesse:[30]

  - Beschaffungsquellen (Anzahl, relative Größe, Marktstruktur, Preise,
    Zuverlässigkeit und Image);

---

[29] Vgl. Meffert/Bruhn, Dienstleistungsmarketing, S.129.
[30] Vgl. Pompl, Touristikmanagement 1, S.103 f.

- Beschaffungsobjekte (Qualität, Substitutionsmöglichkeiten);
- Beschaffungswege (direkt oder über Vermittler);
- Beschaffungskonkurrenten (Mitnachfrager);
- besondere Beschaffungsprobleme (staatliche Auflagen und Einflüsse).

Marktforschung wird in kleinen und mittleren Reisebüros keinen solchen Umfang haben, wie dies beispielsweise bei großen Veranstaltern der Fall ist. Trotzdem können auf relativ einfache Art und Weise wichtige Informationen gesammelt werden, die es ermöglichen bei der Zusammenstellung des Produktsortiments die richtigen Entscheidungen zu treffen und Fehler zu vermeiden. Zu unterscheiden ist hierbei zwischen primär- und sekundärstatistischen Datenerhebungen.

5.2.1.4.1. Primärstatistische Marktforschung

Der Begriff Primärforschung bezeichnet alle "speziell zur Erfüllung eines speziellen Zieles durchgeführten Datenerhebungen"[31]. Für kleine und mittlere Reisebüros kommen Primär-Untersuchungen aus finanziellen Gründen jedoch meist nur in sehr beschränktem Umfang in Frage. Unter diesem Aspekt stellt die wichtigste Form der Primärforschung die *Befragung* dar.

Dabei umfaßt der zu *befragende Personenkreis*[32] die Kunden des Reisebüros, die entweder regelmäßig (*Stammkunden*) oder selten (*Gelegenheitskunden*) Reisen bei dem gleichen Reisebüro buchen. Insbesondere den Stammkunden kommt hier eine besondere Bedeutung zu, da diese erheblich zur Kostenwirtschaftlichkeit[33] eines Reisebüros beitragen. Den Erwartungen und Meinungen dieses Kundenkreises muß also die Marktforschung besondere Aufmerksamkeit schenken. Gelegenheitskunden hingegen bieten die Möglichkeit herauszufinden, was diese Kunden bislang davon abhält, ein Reisebüro öfter in Anspruch zu nehmen. Nach der Art der Befragung lassen sich *schriftliche*, *telefonische* und *mündliche Befragungen* unterscheiden.

Um eine *schriftliche Befragung* handelt es sich, wenn der Fragebogen von den Befragten selbst ausgefüllt wird. Kurze Fragebogen können direkt an die Befragten geschickt werden, oder sie werden den Reiseunterlagen, Angeboten oder Rundschreiben etc. beigefügt. Gefragt werden kann hier nach der Zufriedenheit mit dem Produktangebot im Reisebüro, mit der gebuchten Urlaubsreise (nach Beendigung derselben) oder nach Wünschen und Vorstellungen, die die Produktpolitik des Reisebüros

---

31 Vgl. Preißner/Engel, Marketing, S.16.
32 Vgl. Lettl-Schröder, Touristische Marktbeobachtung, S.235.
33 Kann dieser Kundenstamm durch ein entsprechendes Produktangebot "gehalten" werden, lassen sich z.B. die relativ hohen Akquirierungskosten vermeiden, die bei Neukunden anfallen.

betreffen. Um die Rücklaufquote zu steigern, bietet es sich an, die Befragung beispielsweise an ein Preisausschreiben zu koppeln.

Vorteil der *telefonischen Befragung* sind zum einen die relativ geringen Kosten, zum anderen die Möglichkeit, die Befragung zentral von einem bestimmten Punkt aus durchzuführen. Nachteilig wirkt sich hingegen aus, daß nur verhältnismäßig wenige, kurze und einfache Fragen gestellt werden können. Die Möglichkeit, mittels der telefonischen Befragung schnell an Informationen zu kommen, macht dieses Medium insbesondere für die kurzfristige Informationsgewinnung interessant. Des weiteren können vor allem Voruntersuchungen (Pretests) und Orientierungsgespräche durchgeführt werden.

Die *mündliche Befragung* in Form des direkten Interviews ermöglicht die umfassendste Datengenerierung. Sie ist dadurch gekennzeichnet, daß der Interviewer gezielte Fragen stellt oder Stimuli[34] wie Bildvorlagen, Textvorlagen etc. vermittelt, auf die von der Auskunftsperson verbale Informationen gegeben werden. Führt ein Reisebüro persönliche Interviews in Eigenregie durch, so sind für die Vorgehensweise folgende Entscheidungen zu treffen:[35]

- Festlegung des Standardisierungsgrades,
- Auswahl der Interviewer,
- Entwicklung des Fragebogens,
- Befragungsdauer sowie
- Auswertung der Befragung.

Die Festlegung des *Standardisierungsgrades* eines persönlichen Interviews hat vor allem darüber zu entscheiden, welcher Fragentyp gewählt wird. Mit Hilfe offener Fragen hat der Befragte beispielsweise die Möglichkeit, auch vom Interviewer zuvor nichtbedachte Antworten zu geben. Will man hingegen den Interpretationsspielraum des Interviewten eingrenzen, so sind geschlossene Fragen mit meist auch festgelegten Antwortvorgaben zu wählen, die eine *Gleichheit der Interviewsituation*[36] gewähren sollen. Mögliche Fragentypen sind:[37]

- direkte Fragen,
- indirekte Fragen (psychotaktische, projektive Fragen),
- offene Fragen,
- geschlossene Fragen,

---

34 Vgl. Wolf, Marktforschung im Tourismus, S.235.
35 Vgl. Wolf, Marktforschung im Tourismus, S.236-239.
36 Vgl. Schnell/Hill/Esser, Empirische Sozialforschung, S.297.
37 Vgl. Wolf, Marktforschung im Tourismus, S.237.

- Vorlagenfragen (mit Textvorlagen oder Bildvorlagen),
- instrumentelle Fragen (Kontakt-, Lehr-, Filter- und Kontrollfragen).

Ein bestimmter Fragentypus kann entweder stringent durchgehalten werden, es können aber auch unterschiedliche Typen miteinander kombiniert werden. Beispielsweise können im Rahmen *halb-strukturierter*[38] Interviews die wichtigsten Fragen und die für unabdingbar gehaltenen Nachfragen in einem Interviewleitfaden festgelegt werden. Den Befragten bleibt dabei die Möglichkeit offen, die ihrer Meinung nach wichtigen Aspekte zu den Fragen frei zu formulieren. Außerdem kann der Interviewer Aspekte, die im Laufe des Gesprächs auftauchen und thematisch interessant sind, aufgreifen und durch spontane Fragen vertiefen.

Hinsichtlich der *Auswahl der Interviewer* sollte darauf geachtet werden, daß auf keinen Fall die eigenen Mitarbeiter, die dem zu befragenden Kundenkreis bekannt sind, mit der Durchführung der Interviews betraut werden. Grund ist vor allem die eventuelle Unbrauchbarkeit[39] der Befragungsergebnisse aufgrund gefärbter oder rationalisierter Antworten der befragten Personen.

Der *Entwicklung des Fragebogens* kommt eine besondere Bedeutung zu, da die Qualität der Fragen auch den größten Einfluß auf die Qualität der Ergebnisse hat. Im Rahmen der Fragebogenentwicklung sind sowohl Befragungsdramaturgie als auch Befragungstaktik zu beachten. Erstere hat dabei zu berücksichtigen:

- welcher Kontakt zu den Befragten besteht (freundschaftlich, geschäftlich, kollegial etc.),
- wie am besten das Interesse geweckt und aufrecht erhalten werden kann,
- wie das Vertrauen der Befragten gewonnen werden kann und
- wie die Befragten motiviert werden können, bereitwillig zu antworten.

Mit der Auswahl der zuvor bereits angesprochen Fragentypen wird teilweise bereits die Befragungstaktik bestimmt. Darüber hinaus sind folgende Fragenformulierungs grundsätze[40] zu beachten:

- Die Fragen müssen einfach gehalten und leicht verständlich sein.
- Die Fragen müssen eindeutig und präzise sein.
- Die Fragen dürfen nicht suggestiv wirken.
- Die Fragen sollen nicht zu falschen Antworten, z.B. aus Prestigegründen oder Geltungsbewußtsein, verleiten.

---

38 Vgl. Schnell/Hill/Esser, Empirische Sozialforschung, S.296.
39 Vgl. Wolf, Marktforschung im Tourismus, S.236.
40 Vgl. Wolf, Marktforschung im Tourismus, S.237.

Die *Befragungsdauer* sollte 30 bis 60 Minuten nicht überschreiten. Entsprechend darf ein Fragebogen maximal 50 Fragen umfassen. Um sowohl den Umfang als auch die Qualität des Fragebogens zu überprüfen, sollte vor Beginn der eigentlichen Befragung ein *Pretest* durchgeführt werden. Mit einer sehr geringen Zahl von Interviews wird so die Brauchbarkeit des Fragebogens für die Erhebung sowie für die Auswertung getestet. Entsprechende Schwachstellen im Bereich der Fragenformulierung und -reihenfolge können dadurch verbessert werden.

Hinsichtlich der *Auswertung* der Befragung, ist schon im Vorfeld zu entscheiden, welche Art von Daten gesammelt werden sollen. Mögliche Kriterien sind z.B.:

- statistische Daten über aktuelle oder potentielle Kunden eines Reisebüros,
- Informationen über Zielgruppenmerkmale (wie z.b. Alter, Geschlecht, Einkommen, Beruf etc.),
- Reisegewohnheiten der im Einzugsgebiet lebenden Bevölkerung,
- positive und/oder negative Einstellungen bestimmter Kundengruppen gegenüber dem Reisebüro,
- Einflußfaktoren auf das Buchungsverhalten potentieller Kunden.

Aufgrund der Vielzahl an Einzelinformationen, die während einer solchen Befragung anfallen, kann eine sinnvolle Auswertung grundsätzlich nur mit EDV-Hilfe erfolgen. Dabei ist von der Art und vom Strukturierungsgrad der Befragung abhängig, mit welcher EDV die Auswertung am sinnvollsten erfolgt. So gibt es Auswertungsprogramme, die lediglich für quantitative Erhebungen tauglich sind, andere Programme hingegen besitzen die Fähigkeit, sowohl quantitative als auch qualitative Fragen bzw. Antworten zu erfassen und zu analysieren.

Während kleinere Befragungen vom Reisebüro unter Umständen noch selber durchgeführt werden können, sollten bei umfangreicheren Erhebungen Marktforschungsinstitute hinzugezogen werden. Hier lassen sich Kosten sparen, indem Gemeinschaftsstudien erhoben werden, das Reisebüro sich an bekannten Reisestudien beteiligt oder einzelne Fragen in sogenannten Mehrthemen-Untersuchungen geschaltet werden, wie dies von jedem größeren Marktforschungsinstitut angeboten wird.

5.2.1.4.2 Sekundärstatistische Marktforschung

Da eine umfangreiche primärstatistische Datenerhebung für mittelständische Reisebüros häufig aus finanziellen und personellen Gründen ausscheidet, stellt die Informationsgewinnung mit Hilfe von Sekundärdaten eine ungleich wichtigere Art der

Datengenerierung dar. Für diese auch unter der Bezeichnung Desk Research[41] bekannte Form der Marktforschung kommen *interne* wie *externe Quellen* in Betracht. Von Bedeutung sind dabei für Reisebüros vor allem folgende Sekundärdaten:[42]

- Entwicklungen in der Bevölkerung unter demographischen, sozialen und finanziellen Gesichtspunkten.
- Wirtschaftliche und politische Einflußfaktoren.
- Veränderungen im Wertesystem, Wertewandel etc..
- Entwicklung der touristischen Nachfrage.
- Veränderungen auf der touristischen Angebotsseite.

Voraussetzung für die Nutzung *interner Quellen* ist vor allem die richtige *Selektion* der Informationen mit Hilfe einer vernünftigen *Systematik* bei der Datensammlung. Häufig reichen einige wenige Kriterien[43] aus, um vorhandene Informationen zu sortieren und zum Nachschlagen abzuheften, so z.B.:

- Nachfragedaten, die Aussagen über die Kundschaft enthalten (Statistiken, Zielgruppendaten, Einstellungen etc.),
- Informationen über Leistungsträger, Reiseveranstalter und Reisebüros (Fakten über Entwicklungen und Veränderungen etc.) oder
- Zielgebietsinformationen (Counterberichte, etc.).

Eine der wichtigsten internen Quellen, die Aussagen über die eigene Kundschaft enthalten, ist die in vielen Reisebüros bereits vorhandene EDV. Hier können die bei jeder Buchung anfallenden Informationen wie Reiseziele und Reisearten, Reisezeitpunkt, Umsätze und die Zahl der gebuchten Personen abgefragt werden. Besteht der Wunsch nach Einbeziehung weiterer Daten, die allerdings gesondert abgefragt werden müssen, so sind die Kunden aus Datenschutzgründen über die Aufnahme dieser Daten in die Kundendatei zu informieren. Eine ausführliche Auseinandersetzung mit dem Thema Kundendateien erfolgt in Kap.5.4.2.3.2.

Andere interne Quellen stellen Umsatz- und Absatzstatistiken dar, mit deren Hilfe Aussagen über den Absatzerfolg angebotener Produkte gemacht werden können, oder die unter Umständen sogar Prognosen über künftige Nachfrageentwicklungen zulassen. Eine ähnliche Funktion können Reklamations- oder Beschwerdestatistiken erfüllen, die vor allem bei der Sondierung "schlechter" Produkte im Sortiment behilflich sind.

---

41 Vgl. Preißner/Engel, Marketing, S.16.
42 Vgl. Datzer, Marktforschung, S.27.
43 Vgl. Datzer, Marktforschung, S.27.

Die im Rahmen der Sekundärmarktforschung zur Verfügung stehenden externen Quellen haben gerade im Touristikbereich einen mittlerweile relativ großen Umfang angenommen. Neben der Fachpresse und eher allgemeinen Erhebungen durch öffentliche Institutionen, wie dem Statistischen Bundesamt, den statistischen Landesämtern oder der Deutschen Bundesbank (Konjunkturberichte etc.) bieten insbesondere folgende regelmäßigen touristischen Marktuntersuchungen wichtige Informationen zum Reiseverhalten, zu Entwicklungen auf dem Reiseveranstalter- und Reisebüromarkt sowie zu anderen ausgewählten Themen, die für die Sortimentgestaltung von Reisebüros von Bedeutung sein können (in Klammern steht der primäre Gegenstand der Untersuchung):[44]

- Europäischer Reisemonitor (Auslandsreiseverhalten: Zahl der Reisen und Übernachtungen, Dauer, Saison, Anlaß, Ziel und Organisation der Reise);
- Deutscher Reisemonitor (alle Übernachtungsreisen: Zahl der Reisen, Übernachtungen, Reiseanlaß, -dauer, -monat, -ziel, Herkunftsregion, Urlaubsart, Geschäftsreiseart etc);
- Urlaub + Reisen (Urlaubsreiseverhalten der Deutschen, ihre Urlaubsmotive und -interessen: Ziel, Zeitpunkt, Dauer, Organisationsform, Verkehrsmittel, Unterkunft, Reisebegleitung, persönlicher Stellenwert);
- Touristscope (Urlaubsreisetätigkeit der Deutschen innerhalb Deutschlands und ins Ausland: Reiseziel, -monat, -dauer, Organisationsgrad der Reise, Unterkunft, Verkehrsmittel, Fluggesellschaft und Abflughafen, Zielregionen, soziodemographische Daten);
- Deutsches Kundenbarometer (Kundenorientierung und Wettbewerbsfähigkeit ausgewählter Unternehmen und Organisationen in verschiedenen Branchen; aus der Tourismusbranche: Reiseveranstalter sowie in- und ausländische Urlaubsregionen);
- Reisebüro-Spiegel (Umsatzentwicklung bei deutschen Reisebüros);
- Betriebsvergleich (Struktur-, Umsatz-, Leistungs- und Kostenzahlen, Nettorenditen und Betriebsergebnisse von deutschen Reisebüros).

5.2.2 Qualitätsorientierte Marktforschung

Mit der Einführung in die Qualitätsmessung und der Beschreibung verschiedener Meßinstrumente soll ein Überblick über die verschiedenen Möglichkeiten der Erfassung der durch den Kunden erwarteten und erlebten Dienstleistungsqualität gegeben werden. Dabei ist allerdings zu berücksichtigen, daß insbesondere die Methoden der

---

[44] Vgl. FVW 25/94, S.25 f.

Erlebnisforschung (Methode der kritischen Ereignisse und sequentielle Ereignismethode) relativ aufwendig sind und hohe Ansprüche an den Interviewer stellen[45].

Zudem weisen nach Bruhn die einzelnen Verfahren zur Messung der Dienstleistungsqualität naturgemäß inhaltliche und methodische Schwächen auf, die Probleme:[46]

- der Validität und Rentabilität,
- der mangelnden Vollständigkeit der durch die Verfahren erfaßten Qualitätsmerkmale,
- der Relevanz und des Bezugs zum Kaufverhalten und
- des mit den meisten Methoden verbundenen hohen zeitlichen Abstandes zwischen der erlebten Dienstleistung und der Kundenbefragung

beinhalten.

5.2.2.1 Messung der Dienstleistungsqualität im Reisebüro

Die Auseinandersetzung mit den wichtigsten Voraussetzungen zur Qualitätsmessung und den Dimensionen der Dienstleistungsqualität im Reisebüro soll ein grundlegendes Verständnis hinsichtlich der Möglichkeiten und Grenzen einer qualitätsorientierten Marktforschung im Reisebüro vermitteln. Die abschließend vorgestellten Methoden der Qualitätsmessung bieten zudem einen ersten Überblick über die in den folgenden Kapiteln näher beschriebenen Möglichkeiten der Erfassung der Dienstleistungsqualität im Reisebüro.

5.2.2.1.1 Voraussetzungen

In der mittelständisch geprägten Tourismuslandschaft wird die Forderung nach systematischer Erfassung der Kundenbedürfnisse und Kundenerwartungen häufig in Frage gestellt. So vertreten viele mittelständische Reisebüro-Besitzer die Auffassung, daß sie ihre Kunden besser kennen als jeder andere, und sehen in den vermeintlich teuren Aufwendungen für die Messung der Kundenzufriedenheit keinen großen Sinn[47]. Diese Reisebüro-Besitzer sind sich dabei jedoch nicht über die Wichtigkeit

---

45 Vgl. Bruhn, Qualitätssicherung, S.39.
46 Vgl. Bruhn, Qualitätssicherung, S.39.
47 Diese Auffassung wurde von der überwiegenden Zahl der Interviewpartner identifiziert und bemängelt.

einer *neutralen* Überprüfung der Kundenerwartungen[48] bewußt. So kann sich gerade bei erfahrenen Touristikern, die bereits 20 Jahre und länger in der Branche tätig sind, eine gewisse "Betriebsblindheit" entwickelt haben, die es zu überwinden gilt. Nicht ohne Grund gibt es gerade bei Marktuntersuchungen häufig "Aha-Erlebnisse" aufgrund unerwarteter Forschungsergebnisse.

Wichtigste Voraussetzung für eine erfolgreiche, qualitätsorientierte Marktforschung ist der unbedingte Wille der verantwortlichen Personen, ebenso wie eine umfassende Qualitätspolitik auch eine systematische Qualitätsmessung zu betreiben und fördern.

Die Verbesserung der Dienstleistungsqualität hängt somit ab von:

- dem Ausmaß der durchgeführten Marktforschung,
- der Berücksichtigung der Marktforschungsergebnisse,
- dem Stellenwert, den das Thema Dienstleistungsqualität bei Marktforschungs-
  untersuchungen einnimmt, sowie
- dem Ausmaß der direkten Interaktion zwischen Reisebüro-Chef und Kunden,
  d.h. der "Erfahrung" von Kundenbedürfnissen im Alltagsgeschäft.

5.2.2.1.2 Dimensionen der Dienstleistungsqualität im Reisebüro

Während der mit den internen Arbeitsabläufen, technischen Möglichkeiten und anderen Qualitätsmerkmalen vertraute Reisebüro-Fachmann Einzelheiten und technische Details intern beurteilen kann, besteht diese Möglichkeit der unmittelbaren und detaillierten Bewertung für die meisten Kunden nicht. Vielmehr entwickeln Kunden ihre eigenen Kriterien zur Qualitätsbeurteilung, indem sie diese Qualitätsmerkmale quasi aus der "Außenperspektive" zu *Dimensionen* zusammenfassen. Die einzelnen Dimensionen werden wiederum von jedem Kunden individuell bewertet.

Für die Bewertung der Dienstleistungsqualität im Reisebüro wurden sechs Dimensionen[49] identifiziert, die wie folgt lauten:[50]

- *Annehmlichkeit des tangiblen Umfeldes*, welche u.a. das Erscheinungsbild von
  Einrichtungen und Ausrüstungen sowie des Personals und der gedruckten
  Kommunikationsmittel beschreibt;

---

48 Zur Bedeutung von Kundenerwartungen vgl. auch Heskett et.al., Bahnbrechender Service, S.146.
49 Vgl. LeBlanc, Service Quality in Travel Agencies, S.10-16.
50 Vgl. Kap.4.1.2.4.

- *Leistungskompetenz*, in der der Kunde das Fachwissen und zuvorkommendes Verhalten der Angestellten sowie die Fähigkeit, Vertrauen zu erwecken, zusammenfaßt;
- *Einfühlungsvermögen*, das die fürsorgliche Aufmerksamkeit der Firma für jeden einzelnen Kunden beinhaltet;
- *Reaktionsfähigkeit*, die die empfundene Bereitschaft des Dienstleisters wiedergibt, Kunden zu helfen und sie prompt zu bedienen;
- *Zuverlässigkeit*, die die Fähigkeit, den versprochenen Service verläßlich und präzise auszuführen, ausdrückt;
- *Image*, das die Meinung über das Unternehmen im Markt sowie bezüglich der Ressourcen, die das Unternehmen besitzt, wiedergibt.

Ruft man sich das Modell der Dienstleistungsqualität im Reisebüro[51] in Erinnerung, so können die ersten fünf Dimensionen den einzelnen Teilqualitäten zugeordnet werden[52]. Das vom Kunden beurteilte Image eines Reisebüros steht hingegen in Wechselwirkung zu den verschiedenen Potential-, Prozeß- und Ergebnismerkmalen. So wirkt sich einerseits das Image des Reisebüros bei dem befragten Kunden auf die Beurteilung der Qualitätsmerkmale aus. Andererseits beeinflußt die Güte der Qualitätsmerkmale auch das vom Kunden wahrgenommene Image eines Reisebüros.

Im Rahmen der Auswertung der unterschiedlichen Methoden zur Messung der Dienstleistungsqualität ist es nun von Vorteil, sich diese Kriterien bzw. Dimensionen vor Augen zu halten. So kann eine leichtere Strukturierung der einzelnen Bewertungsfelder vorgenommen und die Initiierung und Koordination von Qualitätsverbesserungsmaßnahmen vereinfacht werden.

5.2.2.1.3 Methoden der Qualitätsmessung

Die nachfolgende Darstellung verschiedener Methoden der Messung der Dienstleistungsqualität im Reisebüro kann sich nur auf die mehr oder weniger umfangreiche Beschreibung der Instrumente beschränken. Insbesondere für kleine und mittlere Reisebüros geben dabei, ähnlich wie bei der sortimentsorientierten Marktforschung, die finanziellen Möglichkeiten einen Handlungsspielraum vor, der es notwendig macht, sich auf "finanzierbare" Meßinstrumente zu beschränken. Des weiteren haben Untersuchungen[53] gezeigt, daß längst nicht alle Instrumente, die zur Qualitätsmessung angeboten werden, die Qualität bzw. die Anforderungen an diese auch messen.

---

[51] Vgl. Kap.4.5.5.
[52] Vgl. Benkenstein, Dienstleistungsqualität, S.1106.
[53] Vgl. Meffert/Bruhn, Dienstleistungsmarketing, S.203-226.

Daher wurde darauf geachtet, daß nur solche Meßverfahren ausgewählt werden, bei denen eine entsprechende Qualitätsrelevanz gegeben ist. Bezieht man in die Auswahl sowohl nachfrager- als auch anbieterbezogene Verfahren mit ein, so bieten sich zur Messung der Dienstleistungsqualität im Reisebüro insbesondere folgende Verfahren an:

- Internes Vorschlagswesen
- Einhaltung von Qualitätsstandards
- Testkauf-Verfahren
- Sequentielle Ereignismethode
- Methode der kritischen Ereignisse
- Beschwerdeanalyse
- Fokusgruppeninterview
- SERVQUAL-Fragebogen

Bezogen auf die zuvor vorgestellten Dimensionen bzw. Kriterien, nach denen Kunden die Dienstleistungsqualität im Reisebüro beurteilen, unterscheiden sich diese Methoden vor allem im Grad der Detailliertheit, mit der die einzelnen Dimensionen beurteilt werden. Während sich beispielsweise die sequentielle Ereignismethode und die Methode der kritischen Ereignisse dazu eignen, die Dimensionen zu identifizieren, in denen Qualitätsschwächen vorhanden sind, können mit Hilfe von Fokusgruppeninterviews oder Beschwerdeanalysen diese Schwachstellen näher definiert und analysiert werden.

Während es sich beim internen Vorschlagswesen und der Überprüfung der Einhaltung von Qualitätsstandards um *anbieterbezogene Verfahren* der Qualitätsmessung handelt, sind die übrigen Methoden dem *nachfragerbezogenen Meßinstrumentarium* zuzuordnen.

5.2.2.2 Anbieterbezogene Qualitätsmessung

Die *anbieterbezogene Qualitätsmessung* erfolgt aus der Perspektive des Reisebüros. Dabei wird versucht, "Erkenntnisse über den Zusammenhang zwischen unternehmensorientierten Bestimmungsfaktoren der Dienstleistungs-qualität (wie zum Beispiel Mitarbeiterpotential) und in erster Linie Qualitätsschwächen der Unternehmung zu erlangen"[54].

---

54 Vgl. Meffert/Bruhn, Dienstleistungsmarketing, S.221.

5.2.2.2.1 Internes Vorschlagswesen

Es ist bereits mehrfach darauf hingewiesen worden, daß Planung, Umsetzung und Kontrolle von Maßnahmen zur Qualitäts-Verbesserung nicht allein Sache des Vorgesetzten, sondern des gesamten Reisebüro-Teams ist. Insbesondere die im direkten Kundenkontakt stehenden Expedienten stellen den zentralen Erfolgsfaktor in diesem Prozeß dar und müssen entsprechend integriert werden. Eine Möglichkeit der Integration besteht u.a. durch die Einbringung ihres, in der täglichen Arbeit erworbenen Wissen über die Wertvorstellungen, Einstellungen und Bedürfnisse der Kunden. Mit Hilfe eines internen Vorschlagswesens können die Mitarbeiter Verbesserungsvorschläge machen, wie diese Kundenerwartungen noch besser erfüllt werden können. Aber auch Schwachstellen im Arbeitsablauf können am besten diejenigen identifizieren, die mit den täglichen Problemen zu "kämpfen" haben. Diesbezügliche Verbesserungsvorschläge sollten ebenfalls gesammelt, analysiert und umgesetzt werden.

Im Rahmen eines internen Vorschlagswesen dokumentiert der Mitarbeiter seine Vorschläge auf einem Formblatt. Hierauf beschreibt er, wo Qualitätsprobleme aufgetreten sind und wie diese Probleme im Reisebürobetrieb gelöst werden können. Wird der Verbesserungsvorschlag angenommen, so sollte der Mitarbeiter eine Prämie erhalten, die sich an den eingesparten Kosten orientiert.

So bietet beispielsweise[55] der Gesellschafter eines mittelständischen Busreiseveranstalters und von fünf Reisebüros als Anreiz 200 DM für den *praktikabelsten Verbesserungsvorschlag des Monats*. Ein solcher Vorschlag kann die Vereinfachung von Formularen, Einsparungen von Material oder die Optimierung des Beratungsgesprächs betreffen. Zusätzlich wurden 1.500 DM für den besten Vorschlag des Jahres ausgesetzt, die allerdings nur derjenige bekommen kann, der sich monatlich am Vorschlagswesen mit einer Anregung beteiligt hat.

Das interne Vorschlagswesen hat drei Zielsetzungen zu verfolgen:[56]

1. Indem die Mitarbeiter (ebenso wie die Kunden) zur Artikulation ihrer Vorstellungen bezüglich der Qualität der unternehmenseigenen Leistungen aufgefordert werden, sind sie von Anfang an in den Qualitäts-Verbesserungs-Prozeß eingebunden und damit für Veränderungen im Reisebüro offener.

2. Die bei den Expedienten vorliegende Fülle von Informationen über die Bedürfnisse der Kunden und die typischen Probleme der eigenen Dienstleistungsqualität kann sinnvoll genutzt werden. Wichtig ist dabei die systematische Erfassung dieser Informationen, um sowohl die Analyse als

---

55 Vgl. Brandt, Kreativ in die Zukunft, S.20.
56 Vgl. Langner, "Qualitäts-Management", S.103.

auch die Nutzung derselben zu vereinfachen.

3. Realisieren die Mitarbeiter, daß sie durch eigene Vorschläge in der Lage sind, die Unternehmenspolitik und ihre eigene Arbeitswelt mitzubestimmen, so nimmt auch ihre Zufriedenheit, sei es mit ihrem Arbeitsplatz, mit dem Vorgesetzten oder auch mit den verbesserten Kommunikationsstrukturen, zu.

Zudem gibt die Gegenüberstellung von Kundenmeinungen[57] und Mitarbeitervorschlägen aufschlußreiche Informationen und wertvolle Ansatzpunkte für die Planung und Einleitung von Programmen und Maßnahmen im Rahmen eines Managements der Dienstleistungsqualität. Die Bedeutung eines internen Vorschlagswesens ist insgesamt nicht hoch genug einzuschätzen, denn letztendlich kann eine kontinuierliche Verbesserung der Qualität nur durch Mitarbeiter erreicht werden, die mitdenken.

5.2.2.2.2 Einhaltung von Qualitätsstandards

Die Überprüfung der Einhaltung von quantifizierbaren und objektiven Qualitätsstandards ist eine weitere Möglichkeit, die Qualität auf Anbieterseite zu überprüfen. Im internationalen Tourismus gewinnt diese Form von Leistungsversprechen, insbesondere im Marketing von Fluggesellschaften und Hotels, zunehmend an Bedeutung[58]. Auch wenn vorgegebene Standards letztendlich kein Garant dafür sind, daß der Kunde die gebotene Leistung als qualitativ hochwertig einstuft, so kann mit der Einhaltung von Standards zumindest eine gewisse Mindestqualität gewährleistet werden.

Die Art der Überprüfung von Qualitätsstandards hängt primär von der Art der Standardisierung ab. Nachfolgend werden beispielhaft einige Standards und ihre Überprüfungsmöglichkeit dargestellt:

- "Das Telefon läutet maximal 3 mal" - die Überprüfung kann durch moderne Telefonanlagen selbst erfolgen.
- "Bei Buchungen ab einem bestimmten Betrag wird ein Dankesbrief verschickt" - die Verfassung der Briefe kann über EDV erfolgen und entsprechend gespeichert und kontrolliert werden.
- "Der Counter ist immer sauber aufgeräumt" - Stichproben des Chefs oder neutraler Personen ermöglichen die Kontrolle dieses Standards.
- "Jedem Kunden wird eine Visitenkarte überreicht" - entweder durch Beobachtung oder mittels Befragung bei Kunden lassen sich solche Normen überprüfen.

---

57 Vgl. Kap.5.2.2.3.
58 Vgl. Laws, Tourism Marketing, S.100 f.

- "Kein Kunde wartet länger als x Minuten im Reisebüro, bis er an der Reihe ist" - hier gilt es, die Zeit zu messen, bis ein Kunde vom Expedienten "bedient" wird.

Die Überprüfung von Qualitätsstandards ermöglicht dem Reisebüro neben einer quantitativen Qualitätsbeurteilung vor allem die Kontrolle und Optimierung des eigenen Qualitätsverständnisses. Entwickelt beispielsweise das gesamte Reisebüro-Team derartige Standards, so kann es sich letztendlich selber überprüfen und in einem kontinuierlichen Verbesserungsprozeß die eigenen Leistungen an den selbst entwickelten Vorgaben messen. Dabei sind allerdings nicht die Standards an die Leistungen, sondern die Leistungen an die Standards anzugleichen. Insbesondere die Prozeßqualität[59] kann mit Hilfe von Qualitätsstandards überprüft und gesteuert werden.

5.2.2.3 Nachfragerbezogene Qualitätsmessung

Nimmt man den *kundenorientierten Qualitätsbegriff*[60] zur Grundlage der eigenen Qualitätspolitik, so haben die *nachfragerbezogenen Meßinstrumente* eine besondere Bedeutung für die Bestimmung und Verbesserung der Dienstleistungsqualität. Mit ihrer Hilfe können zum einen die Kundenerwartungen bezüglich der Qualität einer Dienstleistung analysiert werden, zum anderen besteht die Möglichkeit, die erbrachte Qualität durch diese Kunden bewerten zu lassen.

5.2.2.3.1 Testkauf-Verfahren

Das Testkauf- bzw. Silent-Shopper-Verfahren bedient sich sogenannter "Silent-shopper", d.h. Schein- oder Testkäufer, die als Kunden auftreten, "wobei sie eine reale Situation simulieren, um dadurch Hinweise auf wesentliche Mängel zu erhalten"[61]. Neben der Möglichkeit, mit diesem Verfahren einen Eindruck von der eigenen Dienstleistungsqualität zu erhalten, ermöglicht sie auch einen, in anonymer Form durchgeführten, Konkurrenzvergleich. Das Silent-Shopper-Verfahren stellt die einzige der hier vorgestellten nachfragerbezogenen Methoden dar, die als mehr oder weniger *objektiv* eingestuft werden kann.

Wichtig beim Einsatz dieses Verfahrens ist vor allem das Erfahrungspotential der Testkäufer. Neben einem gewissen Fachwissen sollten diese auch die Fähigkeit be-

---

59 Vgl. Kap.5.5.
60 Vgl. Kap.4.1.
61 Vgl. Meffert/Bruhn, Dienstleistungsmarketing, S.206.

sitzen, die Wahrnehmungen und Empfindungen "wirklicher" Kunden nachvollziehen zu können. Vor dem Start der Testkäufe gilt es, neben den grundsätzlich zu "testenden" Themengebieten und der Abstimmung der Vorgehensweise, einen standardisierten Bewertungsbogen zu entwickeln. In diesem werden direkt nach dem Test-Beratungsgespräch die vorgegebenen Merkmale protokolliert und bewertet. Hinsichtlich einer direkten und unkomplizierten Zuordnungsmöglichkeit bietet sich bei der Strukturierung des Bewertungsbogens wieder die Unterteilung nach den für das Erleben der Dienstleistungsqualität im Reisebüro wichtigen Dimensionen an.[62]

5.2.2.3.2 Sequentielle Ereignismethode

Sowohl bei der sequentiellen Ereignismethode (Sequential Incident Method[63]) wie auch bei der unter Punkt 5.2.2.3.3 vorgestellten Methode der kritischen Ereignisse (Critical Incident Technique) handelt es sich um Ereignismessungen, die auf der Überlegung basieren, "daß Kunden aus der Vielzahl von Situationen während eines Dienstleistungsprozesses bestimmte Standard- oder Schlüsselerlebnisse als besonders qualitätsrelevant wahrnehmen"[64]. Beide Verfahren haben zwar den Vorteil, daß sowohl die Qualitätsrelevanz als auch die Eindeutigkeit und die Vollständigkeit gegeben sind, nachteilig wirken sich jedoch die sehr hohen Kosten aus.[65]

Die *sequentielle Ereignismethode* stellt eine phasenorientierte Kundenbefragung auf der Grundlage eines "Blueprints und der dabei ermittelten moments of truth"[66] dar. Dabei werden zunächst die im Reisebüro üblichen Kundenkontaktpunkte in ihrer Abfolge kundenorientiert dargestellt (verbal oder visuell durch Symbole oder Fotos). Diese Kundenkontaktpunkte können für ein touristisches Reisebüro beispielsweise wie folgt lauten:

1. Telefonische Vorabinformation.
2. Außenfassade und Schaufenster des Reisebüros.
3. Kundenbereich des Reisebüros.
4. Beratung am Counter.
5. Reisebuchung (evtl. erst bei einem zweiten Besuch).
6. Verlassen des Reisebüros (Kontakte analog 2 und 3).
7. Zuhause (z.B bei Verschickung der Reiseunterlagen oder telefonischer Nachfrage nach der Reise).

---

[62] Vgl. Kap.5.2.2.1.2.
[63] Vgl. Stauss, Customer Service Problems, S.7 f.
[64] Vgl. Meffert/Bruhn, Dienstleistungsmarketing, S.215.
[65] Vgl. Meffert/Bruhn, Dienstleistungsmarketing, S.220.
[66] Vgl. Stauss, Augenblicke der Wahrheit, S.99.

In persönlichen Interviews werden die Kunden gebeten, beispielsweise ihren letzten Reisebürobesuch in allen Phasen noch einmal gedanklich durchzugehen und jeden einzelnen "Augenblick der Wahrheit" ausführlich schildern und bewerten zu lassen. Dabei wird mit Hilfe offener strukturierter Fragen sowohl nach positiven als auch nach negativen Beurteilungen gefragt.

5.2.2.3.3 Methode der kritischen Ereignisse

Die Methode der kritischen Ereignisse bzw. Critical Incident Technique wurde im wesentlichen von Flanagan und seinen Mitarbeitern entwickelt und bereits 1954 ausführlich dargestellt[67]. Ziel dieser Methode ist die Erfassung und Auswertung kritischer Ereignisse ("critical incidents") im Ablauf von Handlungsprozessen. Diese kritischen Ereignisse können im Rahmen von Interaktionsprozessen zwischen Dienstleistungsanbieter und Konsumenten auch als "Vorfälle, die von Konsumenten als außergewöhnlich positiv oder negativ empfunden werden"[68] definiert werden.

Bei der herkömmlichen Anwendung[69] der Methode der kritischen Ereignisse werden Beschreibungen bestimmter Verhaltensweisen erfaßt, die sich auf beobachtbare Weise entscheidend auf den Erfolg oder Mißerfolg einer aufgabenorientierten Aktivität auswirken. Im Reisebüro könnte dies beispielsweise die Begrüßung, das Beratungsgespräch oder die Verabschiedung sein. Dabei werden die kritischen Ereignisse durch die Schilderung des Betroffenen im Rahmen mündlicher Befragungen mittels "standardisierter, direkter offener Fragen"[70] ermittelt.

Diese Methode wird vor allem angewendet, um Aufschlüsse über Kernprobleme bei der Bewältigung bestimmter Aufgaben zu erhalten. Die Aussagen bilden häufig nur die Ausgangsbasis zur Entwicklung tiefergehender Fragebogen, Erstellung von Trainingsprogrammen usw.. So können durch die Darstellung kritischer Ereignisse allgemeine Schwachstellen definiert werden, die durch weitere detaillierte Befragung (z.B. mittels Fragebogen) näher analysiert werden können. Für das Beratungsgespräch im Reisebüro ließe sich beispielsweise feststellen, daß das Zielgebietswissen der Expedienten nicht ausreichend ist. Diese, aufgrund der Schilderungen kritischer Ereignisse durch Kunden erfahrenen Schwachstellen, können nun näher untersucht werden. Mit Hilfe kurzer Fragebogen kann man z.B. die Kunden um eine genauere Beurteilung der Expedienten-Kenntnisse zu verschiedenen aufgelisteten Zielgebieten

---

67 Vgl. Flanagan, Critical Incident Technique, S.327 ff.
68 Vgl. Stauss/Hentschel, Verfahren, S.240.
69 Vgl. Bitner et al., Service Encounter, S.71 ff.
70 Vgl. Stauss/Hentschel, Verfahren, S.241.

bitten. Im Ergebnis können entsprechend schwach beurteilte Zielgebietskenntnisse z.b. durch Schulungsreisen verbessert werden.

5.2.2.3.4 Beschwerdeanalyse

Im Laufe der 80er Jahre hat vor dem Hintergrund einer zunehmenden Kundenorientierung vieler Unternehmen die systematische Analyse von Kundenbeschwerden verstärkt an Bedeutung gewonnen. Definitorisch lassen sich Beschwerden als "Artikulationen der Unzufriedenheit, die gegenüber einem Dienstleistungsunternehmen vorgebracht werden, wenn der Kunde die erlebten Probleme subjektiv als gravierend betrachtet"[71], beschreiben.

Der "richtige" Umgang mit Beschwerden bzw. mit sich beschwerenden Kunden ist Gegenstand von Kap.5.6.1.1. An dieser Stelle soll lediglich dargestellt werden, wie man Beschwerden am besten zur Feststellung und Verbesserung der Dienstleistungsqualität nutzen kann.

Beschwerden haben den Vorteil, daß in der Regel ein konkreter Sachverhalt bereits kurz nach Auftreten des Problems durch den Kunden benannt wird und bei gutem Beschwerdemanagement ein relativ zügiger Verbesserungsprozeß in Gang gesetzt werden kann. Hinzu kommt, daß Beschwerdeinformationen aktuell, eindeutig und kostengünstig zu beschaffen sind.[72] Nachteilig wirkt sich hingegen aus, daß nicht alle kritischen Kundenerlebnisse in Beschwerden münden und außerdem meist nur negative Erlebnisse erfaßt werden.

Im Rahmen der Beschwerdeanalyse sollten sowohl mündliche als auch schriftliche, direkt an das Reisebüro bzw. seine Mitarbeiter gerichtete Beschwerden systematisch erfaßt und analysiert werden. Im Rahmen eines umfassenden Beschwerdemanagements[73] spielen bei der Durchführung sowohl *Beschwerdestimulierung* als auch *Beschwerdebearbeitung* ein wichtige Rolle. Die *Auswertung* ist der eigentliche Gegenstand der Beschwerdeanalyse. Hier gilt es durch inhaltliche Interpretation die Konsumentenartikulationen zu selektieren. Unter Zugrundelegung des Modells der Dienstleistungsqualität im Reisebüro[74] bietet sich dabei die Unterteilung in die einzelnen Unterpunkte der drei Teilqualitäten *Potential-, Prozeß-* und *Ergebnisqualität* an. Die Unterteilung kann beispielsweise nach Problemkategorien wie Mitarbeiterverhalten, Beratungsinhalte, Kommunikation nach außen (Werbung etc.), vermittelte

---

71 Vgl. Bruhn/Hennig, Qualitätsmerkmale, S.222.
72 Vgl. Stauss, Augenblicke der Wahrheit, S.100.
73 Vgl. Kap.5.6.1.1.
74 Vgl. Kap.4.5.5.

Produkte und Dienstleistungen usw. erfolgen. Werden bestimmte, durch Beschwerden offengelegte Schwachstellen identifiziert, so sollten Verbesserungsmaßnahmen wohlüberlegt, aber zügig initiiert werden.

5.2.2.3.5 Fokusgruppeninterview

Mit Hilfe von Fokusgruppen[75] können Schwachstellen im Dienstleistungsprozeß eines Reisebüros aufgedeckt und Verbesserungsvorschläge diskutiert werden. Die Gruppe sollte aus maximal 12 Personen bestehen und sich sowohl aus Stammkunden des Reisebüros als auch aus Neukunden oder sogar ehemaligen Kunden zusammensetzen. Letztere können durch Erläuterung ihrer Gründe für eine Abkehr von diesem Reisebüro wichtige Informationen zur Qualitätsverbesserung liefern. Vielleicht können sie sich aufgrund der Qualitäts-Anstrengungen des Reisebüros sogar wieder zurückgewinnen lassen.

Geleitet wird ein solches Fokusgruppengespräch am besten von einer "neutralen" Person, die nicht unbedingt in das Tagesgeschäft eines Reisebüros involviert ist. Moderator kann aber auch der Reisebüro-Chef sein, der sich allerdings möglichst neutral verhalten sollte und seine eigene Meinung bzw. Einwände nicht in die Gesprächsrunde einfließen lassen darf.

Die *Vorgehensweise* bei Vorbereitung, Durchführung und Auswertung einer solchen Gesprächsrunde mit Kunden kann in etwa wie folgt ablaufen:[76]

1. Sechs Wochen vor Einberufung der Gesprächsrunde vereinbart der Reisebüro-Chef mit seinen Mitarbeitern die Themen, die bei dem Gespräch behandelt werden sollen.
2. Fünf Wochen vor der Gesprächsrunde werden gemeinsam vom Vorgesetzten und den Mitarbeitern die Kunden ausgewählt, die eingeladen werden sollen. Die Auswahl der Kunden orientiert sich an den zu besprechenden Themen.
3. Der Veranstaltungsort und alle Arrangements bezüglich kleiner Mahlzeiten oder Snacks und dergleichen werden vier Wochen vor Durchführung festgelegt.
4. Drei Wochen vor der Gesprächsrunde werden Einladungsschreiben mit detaillierten Informationen über die Gesprächsrunde verschickt.

---

75 Zeithaml et al. bezeichnen die Mitglieder solcher Focusgruppen auch als *Kundenbeiräte*. Vgl. Zeithaml et al., Qualitätsservice, S.68 ff.
76 Vgl. Murphy, Dienstleistungsqualität, S.27 f.

5. In einem abschließenden Meeting sprechen sich zwei Wochen vor Durchführung Reisebüro-Chef und Büroleiter bzw. die in den Qualitätsverbesserungsprozeß besonders involvierten Mitarbeiter nochmals ab.

6. Falls die Gesprächsrunde von einer externen Person geleitet wird, sollten eine Woche vor der Durchführung nochmals sämtliche Dienstleistungsspezifika, die angesprochen werden sollen, benannt und auf eventuelle Besonderheiten in diesem Büro hin durchgesprochen werden.

7. Die Gesprächsrunde dauert nicht viel länger als zwei Stunden. Der Ort der Besprechung sollte auf jeden Fall außerhalb des Reisebüros an einem neutralen Ort sein. Die Besprechung sollte ohne die Mitarbeiter mit direktem Kundenkontakt stattfinden. Der Grund hierfür ist, daß sich Kunden sowohl über positive als auch negative Aspekte der Dienstleistungen freier äußern, wenn die persönlich bekannten Mitarbeiter nicht zugegen sind.[77] Aufgabe des Moderators ist es, für eine entspannte Atmosphäre zu sorgen, die Gespräche zu moderieren und darauf zu achten, daß nicht zu weit vom Thema abgekommen wird. Der Inhalt der Gespräche kann entweder auf Tonband oder auf Videocassette aufgezeichnet werden oder stichpunktartig vom Moderator selbst oder einer dritten Person mitgeschrieben werden.

8. Eine Woche nach der Gesprächsrunde bedankt sich das Reisebüro schriftlich bei den Personen, die teilgenommen haben. Außerdem sollte das Schreiben die Ankündigung enthalten, daß Verbesserungsmaßnahmen, die aufgrund der von diesen Kunden gemachten Anregungen eingeführt werden, diesen auch mitgeteilt werden.

9. Ein vom Moderator der Runde verfaßter Bericht wird zwei Wochen nach den Gesprächen an die Teilnehmer verschickt. Inhalt sind die besprochenen Punkte.

10. Alle Mitarbeiter des Reisebüros studieren den Bericht und legen gemeinsam die Schritte fest, die zur Verbesserung der Dienstleistungsqualität beitragen sollen.

Die *Auswertung* der Ergebnisse sollte ähnlich wie im Rahmen der Beschwerdeanalyse unter Mitarbeit des Chefs und zumindest einiger Mitarbeiter erfolgen. Dabei sollten die Mitarbeiter mit den Aussagen der Kunden konfrontiert und um ihre Meinung gefragt werden. Bei entsprechendem Handlungsbedarf werden dann gemeinsam Verbesserungsmöglichkeiten ausgearbeitet und in die Tat umgesetzt.

---

77 Vgl. Murphy, Dienstleistungsqualität, S.28.

5.2.2.3.6 SERVQUAL-Fragebogen

Als standardisiertes und attributorientiertes Erhebungsinstrument zur Messung der Dienstleistungsqualität wurde von Parasuraman, Zeithaml und Berry der sogenannte SERVQUAL-Fragebogen[78] entwickelt. Die praktische Anwendbarkeit dieses standardisierten Fragebogens in verschiedenen Dienstleistungsbereichen war und ist dabei Gegenstand reger wissenschaftlicher Diskussionen[79]. Trotz der Kritik an begrifflichen und theoretischen Grundlagen sowie an methodischen Aspekten des SERVQUAL-Ansatzes, kann man von der grundsätzlichen Eignung[80] als branchenübergreifendes Modell zur Messung der Dienstleistungsqualität ausgehen.

Die Dienstleistungsqualität wird bei diesem Ansatz als ein "globales, einstellungsorientiertes Konstrukt interpretiert, das aus dem Vergleich zwischen erwarteter und erlebter Leistung resultiert"[81]. Die Messung der vom Kunden empfundenen Dienstleistungsqualität knüpft dabei an folgende fünf, in Kap.4.2.3 beschriebene, Dimensionen der Dienstleistungsqualität an:

- Die Annehmlichkeit des tangiblen Umfelds ("tangibles").
- Die Verläßlichkeit ("reliability").
- Die Reagibilität ("responsiveness").
- Die Leistungskompetenz ("assurance").
- Das Einfühlungsvermögen ("empathy").

Diese fünf Dimensionen werden durch 22 (bzw. 44) Items in Form eines standardisierten Fragebogens präsentiert. Dabei werden zu jedem Item zwei Aussagen formuliert. Eine Form des Items gibt den Wunsch des Ausfüllenden, wie es sein sollte, die zweite Form die Empfindung über die erlebte Leistung an. Die Bewertung erfolgt mittels einer 7-Punkte-Skala, in der der Befragte die Möglichkeit hat, die vorgegebenen Aussagen von "stimme völlig zu" (7) bis "lehne völlig ab" (1) zu beurteilen. Die Kundenzufriedenheit wird dann durch Differenzbildung[82] zwischen diesen Items gemessen, wobei Negativ-Formulierungen im Fragebogen vor der Differenzbildung umkodiert werden. Eine auf die Gegebenheiten in Reisebüros abgestimmte Version von SERVQUAL ist in Abb. 5.3 a und Abb. 5.3 b dargestellt.

---

[78] Vgl. Parasuraman et al., SERVQUAL, S.11 ff; dies., Refinement and Reassessment, S.420 ff; Zeithaml et al., Qualitätsservice, S.199 ff.
[79] Vgl. Brown et al., Service Quality, S.127 ff; Carman, SERVQUAL Dimensions, S.33 ff; Cronin/Taylor, SERVPERF Versus SERVQUAL, S.125 ff; Hentschel, SERVQUAL, S.230 ff; Parasuraman et al., Improving Service Quality Measurement, S.140 ff, dies., Measuring Service Quality, S.111 ff Saleh/Ryan, Using the SERVQUAL Model, S.324 ff; Teas, Perceived Service Quality, S.33.
[80] Vgl. Meffert/Bruhn, Dienstleistungsmarketing, S.209.
[81] Vgl. Meffert/Bruhn, Dienstleistungsmarketing, S.209 sowie Hentschel, SERVQUAL, S.232.
[82] Das detaillierte Auswertungsverfahren findet sich in: Zeithaml et al., Qualitätsservice, S.205ff.

Fragebogen zur Ermittlung der
Dienstleistungsqualität in Reisebüros (I)

Diese(r) Meinung...

stimme ich   lehne ich
voll zu   völlig ab

E1. Die technische Ausrüstung von
Reisebüros sollte dem neuesten
Stand entsprechen.

                                  7 6 5 4 3 2 1

E2. Die Geschäftsräume eines
Reisebüros sollten ansprechend
gestaltet sein.

 7 6 5 4 3 2 1

E3. Die Angestellten sollten ordentlich
angezogen sein und einen
sympathischen Eindruck machen.

 7 6 5 4 3 2 1

E4. Die Gestaltung der Geschäftsräume
eines Reisebüros sollte der Art
der Dienstleistung angemessen sein.

 7 6 5 4 3 2 1

E5. Wenn Reisebüros die Fertigstellung eines Auftrags bis zu einem
bestimmten Zeitpunkt versprechen,
sollten sie diesen auch einhalten.

 7 6 5 4 3 2 1

E6. Kundenprobleme sollten ernstgenommen
und mitfühlend und beruhigend
behandelt werden.

 7 6 5 4 3 2 1

E7. Man sollte sich auf Reisebüros
verlassen können.

 7 6 5 4 3 2 1

E8. Die Dienstleistung sollte zu dem
Zeitpunkt ausgeführt sein/werden, zu
dem sie versprochen wurde.

 7 6 5 4 3 2 1

E9. Reisebüros sollten ein
ordentliches Computersystem besitzen.

 7 6 5 4 3 2 1

E10. Man sollte von Reisebüros
nicht erwarten, daß sie den Kunden
darüber Auskunft geben, wann die
Leistung ausgeführt wird.

 7 6 5 4 3 2 1

E11. Es ist unrealistisch, als Kunde
prompten Service von den Angestellten
eines Reisebüros zu erwarten.

 7 6 5 4 3 2 1

	Diese(r) Meinung…
	stimme ich lehne ich
	voll zu völlig ab

E12. Die Angestellten müssen nicht permanent gewillt sein, den Kunden zu helfen.

7 6 5 4 3 2 1

E13. Es ist in Ordnung, wenn die Angestellten zu beschäftigt sind, um Kundenwünsche unmittelbar zu erfüllen

7 6 5 4 3 2 1

E14. Kunden sollten den Reisebüro-Angestellten vertrauen können.

7 6 5 4 3 2 1

E15. Kunden sollten sich während des Kontakts zu den Angestellten sicher fühlen.

7 6 5 4 3 2 1

E16. Die Angestellten von Reisebüros sollten höflich sein.

7 6 5 4 3 2 1

E17. Die Angestellten sollten angemessene Unterstützung im Unternehmen erhalten, um ihre Tätigkeiten gut ausführen zu können.

7 6 5 4 3 2 1

E18. Von Reisebüros sollte nicht erwartet werden, daß sie jedem Kunden individuelle Aufmerksamkeit widmen.

7 6 5 4 3 2 1

E19. Von Angestellten in Reisebüros kann nicht erwartet werden, daß sie sich persönlich um jeden Kunden kümmern.

7 6 5 4 3 2 1

E20. Es ist unrealistisch, von den Angestellten zu erwarten, daß sie die Bedürfnisse ihrer Kunden kennen.

7 6 5 4 3 2 1

E21. Es ist unrealistisch zu erwarten, daß Reisebüros nur das Interesse ihrer Kunden im Auge haben.

7 6 5 4 3 2 1

E22. Man sollte von Reisebüros nicht erwarten, daß die Öffnungs-zeiten angenehm für alle sind.

7 6 5 4 3 2 1

Abb. 5.3 a: Fragebogen zur Dienstleistungsqualität im Reisebüro (I).[83]

---

83   In Anlehnung an Zeithaml et al., Qualitätsservice, S.205 ff.

Fragebogen zur Ermittlung der Dienstleistungsqualität in Reisebüros (II)

Diese(r) Meinung...
stimme ich   lehne ich
voll zu   völlig ab

E1. Die technische Ausrüstung dieses
Reisebüros entspricht dem
neuesten Stand.

7 6 5 4 3 2 1

E2. Die Geschäftsräume des Reisebüros
sind ansprechend gestaltet.

7 6 5 4 3 2 1

E3. Die Angestellten sind ordentlich
angezogen und machen einen
sympathischen Eindruck.

7 6 5 4 3 2 1

E4. Die Gestaltung der Geschäftsräume des
Reisebüros ist der Art der Dienstleistung angemessen.

7 6 5 4 3 2 1

E5. Wenn dieses Reisebüro die
Fertigstellung eines Auftrags bis zu
einem bestimmten Zeitpunkt ver-
spricht, so hält es diesen auch ein.

7 6 5 4 3 2 1

E6. Kundenprobleme werden bei diesem
Reisebüro ernstgenommen und
mitfühlend und beruhigend behandelt.

7 6 5 4 3 2 1

E7. Man kann sich auf dieses Reisebüro
verlassen.

7 6 5 4 3 2 1

E8. Bei diesem Reisebüro wird die Dienstleistung zu dem Zeitpunkt ausgeführt,
zu dem sie versprochen wurde.

7 6 5 4 3 2 1

E9. Dieses Reisebüro besitzt ein
ordentliches Computersystem.

7 6 5 4 3 2 1

E10. Bei diesem Reisebüro kann man
nicht davon ausgehen, daß es den
Kunden Auskunft gibt, wann die
Leistung ausgeführt wird.

7 6 5 4 3 2 1

E11. Als Kunde erhält man von den
Angestellten dieses Reisebüros
keinen prompten Service.

7 6 5 4 3 2 1

| | Diese(r) Meinung … | |
| | stimme ich voll zu | lehne ich völlig ab |

E12. Die Angestellten sind nicht   7 6 5 4 3 2 1
gewillt, den Kunden zu helfen.

E13. Die Angestellten sind zu beschäftigt,   7 6 5 4 3 2 1
um Kundenwünsche unmittelbar zu
erfüllen.

E14. Kunden können den Angestellten in   7 6 5 4 3 2 1
diesem Reisebüro vertrauen.

E15. Kunden können sich während des   7 6 5 4 3 2 1
Kontakts zu den Angestellten sicher
fühlen.

E16. Die Angestellten dieses Reisebüros   7 6 5 4 3 2 1
sind höflich.

E17. Die Angestellten erhalten angemessene   7 6 5 4 3 2 1
Unterstützung im Unternehmen, um ihre
Tätigkeiten gut ausführen zu können.

E18. Dieses Reisebüro widmet nicht jedem   7 6 5 4 3 2 1
Kunden individuelle Aufmerksamkeit.

E19. Die Angestellten dieses Reisebüros kümmern 7 6 5 4 3 2 1
sich nicht persönlich um die Kunden.

E20. Die Angestellten kennen die   7 6 5 4 3 2 1
Bedürfnisse ihrer Kunden nicht.

E21. Dieses Reisebüro hat nicht nur   7 6 5 4 3 2 1
das Interesse seiner Kunden im Auge.

E22. Die Öffnungszeiten dieses Reisebüros   7 6 5 4 3 2 1
sind nicht angenehm für alle.

Abb. 5.3 b: Fragebogen zur Dienstleistungsqualität im Reisebüro (II).[84]

---

[84] In Anlehnung an Zeithaml et al., Qualitätsservice, S.205 ff.

5.3 Steuerung der Dienstleistungskultur

Eine qualitätsorientierte Dienstleistungskultur oder auch Quality Culture kann definiert werden als eine

"vom gesamten Unternehmen entwickelte und gelebte Kultur, die zu kundengerechter Qualität in allen Angeboten und Dienstleistungen führt. Eine gelebte Quality Culture ist die Voraussetzung für die Evolutionsfähigkeit des Unternehmens und sichert dauerhaft den Unternehmenserfolg"[85].

Geprägt von der "Service-Mentalität"[86] sämtlicher Mitarbeiter, stellt die Dienstleistungskultur einen Teil der Unternehmenskultur dar, der insbesondere die Kundenorientierung eines Unternehmens zum Ausdruck bringt. Dabei entspringt eine solche *dienstleistungsorientierte Unternehmenskultur*[87], wie jegliche Formen von Unternehmenskulturen, drei Quellen:[88]

1. Den Überzeugungen, Werten und Prämissen der Unternehmensgründer,
2. den Lernerfahrungen der Gruppenmitglieder im Verlauf der Unternehmensentwicklung und
3. neuen Überzeugungen, Werten und Prämissen, die von neuen Mitgliedern und Führungspersönlichkeiten stammen.

In Anlehnung an das Konzept eines integrierten Managements nach Bleicher[89], kann die Unternehmenskultur als eines von vier Elementen eines normativen Managements betrachtet werden. Ein solches normatives Management beschäftigt sich dabei "mit den generellen Zielen der Unternehmung, mit Prinzipien, Normen und Spielregeln, die darauf ausgerichtet sind, die Lebens- und Entwicklungsfähigkeit der Unternehmung sicherzustellen"[90]. Insgesamt umfaßt ein normatives Management die Elemente:[91]

- unternehmerische Vision (Leitidee),
- Unternehmenspolitik (Festlegung der generellen Ziele und Verhaltensnormen) als zentrales Element; unterstützend die
- Unternehmensverfassung (formale und normierende Rahmenordnung) und
- Unternehmenskultur (verhaltensbezogene Werte und Normen).

---

85 Vgl. Renner, Quality Cultur, S.9.
86 Vgl. Hagen vom, Positionen, S.90.
87 Vgl. Benölken/Greipel, Dienstleistungsmanagement, S.97.
88 Vgl. Schein, Unternehmenskultur, S.172.
89 Vgl. Bleicher, Konzept, S.8.
90 Vgl. Kaspar, Management, S.45 nach Bleicher, Konzept, S.69.
91 Vgl. Kaspar, Management, S.45.

Auch wenn, wie Kaspar feststellt[92], die Unternehmensführung in kleinen und mittleren Reisebüros im wesentlichen auf die operative Dimension (v.a. das Tagesgeschäft) konzentriert ist, die strategische Dimension nur am Rande berücksichtigt wird (z.B. Budgetplanung) und ein normatives Management häufig nur im Kopf des Reisebüro-Inhabers stattfindet, so ist doch jegliches Management der Dienstleistungsqualität, auch in kleinen und mittleren Reisebüros, zum scheitern verurteilt, das nicht zumindest über die *Unternehmenskultur* auf der normativen Ebene verankert ist.

Entsprechend stellen die ersten Erfahrungsberichte von nach der DIN ISO 9000 ff zertifizierten Unternehmen in Deutschland ernüchternd fest[93], daß es nicht ausreicht, lediglich Prozesse und Strukturen auf das Unternehmensziel Qualität auszurichten, ohne dabei den Qualitätsgedanken auch in den Köpfen aller Mitarbeiter auf allen Ebenen zum Leben zu erwecken und vor allem am Leben zu erhalten. Der langfristige Erfolg jeglicher Qualitätsverbesserungsmaßnahmen im Reisebüro hängt somit entscheidend von der Existenz einer qualitätsorientierten Dienstleistungskultur im Unternehmen ab.

Die Erfüllung einer vom Qualitätsgedanken dominierten Dienstleistungskultur[94] im Reisebüro bedeutet daher vor allem, daß alle Mitarbeiter auf allen *Ebenen*, vom obersten Management bis zum Auszubildenden, von dem Ziel der Schaffung höchster Dienstleistungsqualität überzeugt sind. Dieses Ziel muß dabei sowohl im Bewußtsein als auch im Unterbewußtsein aller Mitarbeiter immer präsent sein.

Aus dieser Erkenntnis heraus wird im folgenden auf die *Aufgaben*, die der Unternehmensführung im Rahmen des "Managements" einer qualitätsorientierten Dienstleistungskultur zukommen und auf die *Kommunikation* des durch die Dienstleistungskultur geprägten Dienstleistungsverständnisses, nach innen wie außen eingegangen.

5.3.1 Das Management der Dienstleistungskultur

Im Rahmen der Implementierung und Optimierung einer von allen Mitarbeitern gelebten Dienstleistungskultur im Reisebüro sei auf die in Kap.4.4 dieser Arbeit vorgestellten Steuerungsansätze hingewiesen. Während zur Steuerung der Potential-, Prozeß- und Ergebnismerkmale vor allem *technokratische und strukturorientierte Ansätze* geeignet erscheinen, wird für das Management einer übergeordneten Dienstlei-

---

[92] Vgl. Kaspar, Management, S.47.
[93] Vgl. Rieker, Norm ohne Nutzen?, S.201 ff.
[94] Vgl. hierzu die Ausführungen von Sinclair/Collins, Towards a Quality Culture?, S.19 ff.

stungskultur im Reisebüro eine *kulturorientierte Steuerung* empfohlen. Vor dem Hintergrund der Verbesserung der Dienstleistungsqualität hat diese zum Ziel, das Verhalten der Mitarbeiter vor allem über entsprechende Wertvorstellungen, Verhaltensnormen sowie Denk- und Handlungsweisen positiv zu beeinflussen.

5.3.1.1 Führungsverhalten

Ein Management der Dienstleistungskultur darf in diesem Sinne nicht mißverstanden werden als ein Management von "Anweisungen und Verhaltensrichtlinien". Vielmehr ist für eine von allen Mitarbeitern verinnerlichte und gelebte Dienstleistungskultur das *Dienstleistungsverständnis* und die *Dienstleistungsmentalität* der Reisebüro-Führung entscheidend. Insbesondere eine hohe Dienstleistungsqualität kann dabei nur dann entstehen, wenn eine der wichtigsten Voraussetzungen zur Erlangung derselben, nämlich eine von allen Mitarbeitern gelebte Dienstleistungskultur, auf der Führungsebene *vorgelebt* wird.

Das *Verhalten*[95] der Führungspersönlichkeit eines qualitätsorientierten Dienstleistungsunternehmens zeichnet sich daher vor allem dadurch aus, "daß sie durch Beispiel führt, ohne dominieren und sich bestätigen zu müssen"[96] sowie jederzeit für konstruktive Kritik und Anregungen empfänglich und dabei nicht nachtragend ist. Zu diesem Führungsverständnis zählt auch die Auseinandersetzung anläßlich unangenehmer Entscheidungen, Offenheit und die Bekenntnis "zu den Schwierigkeiten des Transparentmachens vor allem unangenehmer Entscheide"[97] sowie die unbedingte Entschlossenheit des Managements zur Dienstleistungsqualität. Letztere manifestiert sich unter anderem:[98]

- in der Bereitstellung von Finanzmitteln zur Verbesserung der Dienstleistungsqualität,
- in betriebsinternen Programmen zur Verbesserung der Dienstleistungsqualität,
- in der internen Promotion der Managementbemühungen um eine Verbesserung der Dienstleistungsqualität und
- in der Installierung von Belohnungssystemen für entsprechend engagierte Mitarbeiter.

---

95 Vgl. hierzu auch Kap.5.4.3.3.3.
96 Vgl. Fröhlich, Dienstleistung, S.114.
97 Vgl. Fröhlich, Dienstleistung, S.114.
98 Vgl. Zeithaml et al., Qualitätsservice, S.87; Zeithaml et al., Kommunikations- und Kontrollprozesse, S.117.

134

Um insbesondere der Forderung nach Entschlossenheit des Managements zur Dienstleistungsqualität nachzukommen, unterstützen *Führungsrichtlinien* die Implementierung sowie Verbesserung einer Dienstleistungskultur und können beispielsweise, wie in Abb.5.4 dargestellt, lauten.

FÜHRUNGSRICHTLINIEN

1. Jede Führungsebene hat eine Vorbildfunktion für die nachgeordnete hinsichtlich der Unternehmensziele und -strategien durch:
   - Effizienz des Arbeitseinsatzes
   - Sparsamkeit des Mitteleinsatzes
   - konstruktive Zusammenarbeit.
2. Das Unternehmensinteresse geht vor die Einzelinteressen: Bei jeder Einzelentscheidung sind die Gesamtkonsequenzen zu berücksichtigen.
3. Exzellent führen, erfordert die Identifikation mit dem Unternehmen.
4. Entscheidungen sind intelligent auszuführen.
5. Konstruktive Kritik zu üben und zu ertragen, ist Pflicht jedes Mitarbeiters.
6. Probleme lösen - nicht Schuldige suchen.
7. Jeder darf Fehler machen - nur nicht zu viele und vor allem nicht den Fehler, ihn zum Schaden des Reisebüros zu verschleiern.
8. Die Kompetenz der Mitarbeiter, auch anderer Abteilungen oder Filialen anerkennen, heißt auch, konstruktives Hinterfragen zu akzeptieren und kompetent beantworten.
9. Beherrschbare Risiken eingehen.
10. Leistung verlangt Gegenleistung.
11. Nur der Kunde entscheidet über die Güte unserer Leistungen.
12. Das Reisebüro XY muß für alle externen Beziehungen als kompetenter, fairer, verläßlicher Partner gelten.
13. Gültige Gesetze und Vorschriften werden vom Reisebüro XY erfüllt.
14. Jeder einzelne hat die Pflicht, initiativ zu werden.
15. Lebenslanges Lernen ist notwendig, um das Reisebüro jung zu halten.

Abb. 5.4: Führungsrichtlinien im Reisebüro[99]

---

[99] In Anlehnung an Bühner, Total Quality Management, S.135.

Die Festlegung vergleichbarer, auf das individuelle Reisebüro zugeschnittener Führungsrichtlinien, stellt nur einen Teil kontinuierlicher Anstrengungen zur Implementierung einer gelebten Dienstleistungskultur dar. Abgeleitet von solchen Richtlinien,
bietet sich für die operative Führung der Mitarbeiter das in Kap.5.4.4.1 erläuterte
Management by objectives an.

Aus den vorgestellten Richtlinien wird auch ersichtlich, daß der Eigentümer, Geschäftsführer oder Büroleiter die Dienstleistungskultur durch sein Verhalten so zu
prägen hat, daß in seinem Unternehmen eine *Vertrauenskultur* und keine *Mißtrau-
enskultur*[100] herrscht. Eine solche Vertrauenskultur entsteht allerdings nur dann,
wenn das Management in der Lage ist, durch Offenheit, Glaubwürdigkeit und
Achtung eine auf Vertrauen aufbauende Dienstleistungskultur zu etablieren, die für
den zukünftigen Unternehmenserfolg von entscheidender Bedeutung ist.

Um eine solche dienstleistungsorientierte Führungskultur[101] realisieren zu können,
muß das Management vor allem vom Wert der erbrachten Dienstleistung, die das
Reisebüro bietet, *überzeugt*[102] sein. Dabei kommt es darauf an, daß sich diese Überzeugung und Begeisterung auch auf die Mitarbeiter überträgt, die keine führenden
Positionen bekleiden[103].

5.3.1.2 Gestaltungsparameter für eine qualitätsorientierte Dienstleistungskultur

Dienstleistungsorientierung bedeutet insbesondere, dem Kunden bei der Lösung seiner Probleme helfen zu können und zu wollen. Aus diesem Grund ist mit einer qualitätsorientierten Dienstleistungskultur im Reisebüro die *Problemlösungskapazität*[104]
der Mitarbeiter eng verbunden. Auf die hierfür wichtigen Aspekte der Mitarbeiterauswahl, -entwicklung und -motivation wird detailliert in Kap.5.4.3 eingegangen.
Nachfolgend stehen daher vor allem die für die Entwicklung und Erhaltung einer
qualitätsorientierten Dienstleistungskultur weiteren wichtigen Gestaltungsparameter
im Vordergrund der Betrachtung. Diese sind insbesondere die *Kenntnis der Kundenbedürfnisse* aller Mitarbeiter, eine gerade für das Reisebüro wichtige *Teamarbeit*,
der *Spielraum*, der den Expedienten zur eigenverantwortlichen Arbeit und Entscheidungskompetenz zugebilligt wird, sowie die Wechselwirkung von *Corporate Identity*
bzw. *Corporate Image* und Dienstleistungskultur.

---

100 Vgl. Hagen vom, Positionen, S.90.
101 Vgl. Hagen vom, Positionen, S.91.
102 Vgl. Heskett, Dienstleistungsunternehmen, S.145.
103 Vgl. Heskett, Dienstleistungsunternehmen, S.145.
104 Vgl. Wildemann, Unternehmensqualität, S.141.

136

Um Probleme lösen oder Kundenerwartungen überhaupt erfüllen zu können, muß der Expedient grundsätzlich wissen, welche *Wünsche, Anforderungen und Erwartungen der Kunden* hinsichtlich der vom Reisebüro und seinen Mitarbeitern zu erbringenden Leistungen hat. Letztendlich sind die Kundenbedürfnisse die Entscheidungsgrundlagen[105] für ein marktorientiertes Unternehmen und seine Mitarbeiter, weshalb die Mitarbeiter auch über die Ergebnisse sowohl der sortimentsorientierten als auch der qualitätsorientierten Marktforschung regelmäßig zu informieren bzw. aufzuklären sind. Nur so ist sicherzustellen, daß jeder Mitarbeiter sich in seinem Verhalten und Denken an den Kundenerwartungen und -bedürfnissen orientieren kann. Ein wichtiger Ansatz zur Erfüllung dieser Kundenerwartungen stellt *Teamarbeit* im Reisebüro dar.

Teamarbeit (beispielsweise in Form von Team-Selling, Verkaufsteams oder gemeinsamen Profitcentern aus Mitarbeitern verschiedener Abteilungen) wird dabei häufig als ein Mittel zur Steigerung der Produktivität und der Wettbewerbsfähigkeit des Vertriebs betrachtet. Erfahrungen zeigen jedoch, daß solche Strategien häufig scheitern oder nur punktuell Erfolge zeitigen, weil die in vielen dieser Unternehmen geprägte und gelebte Unternehmenskultur "dem erfolgreichen Einzelkämpfer mehr Anerkennung zukommen läßt als einem erfolgreichen Team"[106]. In Reisebüros kann dies dadurch zum Ausdruck kommen, daß Bonus- oder Prämiensysteme auf den einzelnen Mitarbeiter bezogen werden oder die Einzelleistung eines Expedienten stärkere Beachtung findet, als die der ganzen Gruppe.

Gerade für Dienstleistungsunternehmen mit einer überschaubaren Zahl an Mitarbeitern, wie dies bei Reisebüros häufig der Fall ist, stellt jedoch die reibungslose und sich gegenseitig motivierende Arbeit im Team eine wichtige Voraussetzung für eine gemeinsame qualitätsorientierte Dienstleistungskultur dar. Aus diesem Grund muß dem Teamgedanken im Reisebüro besondere Aufmerksamkeit geschenkt werden, wobei insbesondere folgende Maßnahmen zur Förderung von Teamarbeit geeignet erscheinen:[107]

- Zielvereinbarungsgespräche mit allen Mitarbeitern gemeinsam und Festlegen gemeinsamer Ziele[108] für das Reisebüro, beispielsweise zu Themen wie Zusatzverkäufe, mehr Telefonverkauf, schnellere Buchungsabwicklung.
- Einführung regelmäßiger Teambesprechungen, beispielsweise zur Ausarbeitung von Maßnahmen zur Zielerreichung oder zur Festlegung von Qualitätsstandards.

---

[105] Vgl. Gohlke, Bundesbahn, S.239.
[106] Vgl. o.V., Team-Arbeit, S.135.
[107] Vgl. o.V., Team-Arbeit, S.135.
[108] Vgl. hierzu auch Kap.5.4.4.1.

- Anerkennung sowohl von Teamleistungen als auch von Einzelleistungen.
- Gegenseitiges Aushandeln der Front- und Backoffice-Mitarbeiter bzw. der unterschiedlichen Abteilungen, wie man sich gegenseitig unterstützen kann.
- Einführung teamorientierter Prämien- bzw. Belohnungssysteme, z.b. durch Einführung eines gemeinsamen Prämientopfes für das gesamte Team, Verteilung der Prämien nach Köpfen oder Verteilung nach vereinbarten Prozentsätzen - alles jedoch unabhängig von der Grundentlohnung.

Neben einer gesteigerten Effizienz ergeben sich durch Maßnahmen dieser Art vor allem Möglichkeiten[109] zur Verbesserung des Betriebsklimas (auch zwischen Expedienten und Reisebüro-Leitung), zunehmender Kooperation anstatt Konkurrenz unter den Mitarbeitern, Entwicklung gemeinsamer Überzeugungen für das Reisebüro und Ermutigung zu einer guten Zusammenarbeit unter den Mitarbeitern, gerade im Hinblick auf das Ziel Qualitätsverbesserung.

In Anlehnung an Erkenntnisse der Arbeitspsychologie[110] stellt der individuelle *Spielraum* für die Erbringung qualitativ hochwertiger Dienstleistungen eine ebenfalls wichtige Voraussetzung[111] dar. Auch wenn für die unterschiedlichen Aspekte des Spielraumes eines einzelnen Mitarbeiters oder des gesamten Reisebüro-Teams so unterschiedliche Begriffe wie *Entscheidungs-, Tätigkeits-, Handlungs- oder Gestaltungsspielraum* benutzt werden, so ist hiermit letztendlich immer gemeint, "daß den Menschen Möglichkeiten eingeräumt werden müssen, auf möglichst viele Aspekte ihrer Arbeit Einfluß zu nehmen, möglichst viel selbst zu entscheiden oder zumindest mitzuentscheiden"[112]. Die Gewährung von Freiräumen bzw. Freiheitsgraden[113] bedeutet allerdings nicht, alle Mitarbeiter über alles entscheiden zu lassen. Vielmehr hängt die Größe des Spielraums in entscheidendem Maße von den Fähigkeiten und dem Willen des einzelnen ab, selbst Entscheidungen zu treffen.

Um unter diesem Gesichtspunkt insbesondere die Problemlösungskapazität der Reisebüro-Mitarbeiter zu erhöhen, sollte die *Entscheidungsbefugnis*[114] der Expedienten groß genug sein, um eine gute Befriedigung der Kundenwünsche und -erwartungen gewährleisten zu können. Hierzu zählen beispielsweise Aspekte wie der Spielraum des einzelnen Mitarbeiters bei Kulanzfragen, das in Zukunft stärker an Bedeutung gewinnende Ausmaß an Rabattgewährung[115] oder die Festlegung von Ausnahmefäl-

---

[109] Vgl. Zeithaml et al. Qualitätsservice, S.109-125.
[110] Vgl. z.B. Hacker, Arbeitspsychologie; Kannheiser et al., Planung; Rosenstiel v., Organisationspsychologie; Ulich, Arbeitspsychologie.
[111] Vgl. Zeithaml et al. Qualitätsservice, S.109.
[112] Vgl. Kannheiser et al., Planung, S.25.
[113] Vgl. Ulich, Arbeitspsychologie, S.64.
[114] Vgl. Zeithaml et al. Qualitätsservice, S.109.
[115] Vgl. die Artikel in der FVW 23/95, S.32-62 unter dem Titel "Provision kontra Gebühr".

len, in denen zur Erbringung einer besonderen Serviceleistung Genehmigungen einzuholen sind. Um den vorgegebenen Spielraum optimal ausfüllen zu können, ist den Mitarbeitern dabei ein *Methodenarsenal*[116] an die Hand zu geben, das sie befähigt, den Kundenumgang optimal zu gestalten. Gemeint sind hiermit insbesondere Techniken und Wissen zur optimalen Gestaltung des Dienstleistungsprozesses, wie in Kap.5.5.2 ausführlich beschrieben.

In engem Zusammenhang zur Frage des Spielraumes stehen die Ausführungen von Benölken/Greipel zur Bedeutung des *Humankapitals* von Dienstleistungsunternehmen. So sehen sie als Voraussetzung für eine "motivierende, auf Effizienz ausgerichtete Unternehmenskultur als mentale Heimat engagierter *Mitarbeiterunternehmer*"[117] die Notwendigkeit eines sogenannten "Human-Capital-Management"[118]. Dieses beinhaltet unter anderem:

"- Schaffung klarer Anforderungsprofile und Laufbahnen, die eine gelungene Mischung von Selbstverwirklichung durch erfolgreiche Aufgabenerfüllung und persönlicher Weiterentwicklung bieten. Dabei geht es verstärkt darum, nicht nur die damit verbundenen Einkommenserwartungen, sondern vor allem auch das Streben nach einem adäquaten Sozialstatus zu befriedigen.
- Nutzung aller sich bietenden Möglichkeiten für ein Job-Enrichment als vorrangige Basis für unternehmerisches Denken.
- Förderung und Entwicklung der Fähigkeit, zu differenzieren, Problemlösungen für den Kunden zu erarbeiten, darauf ausgerichtete Argumentationen aufzubauen. Die produktbezogene Verkaufsargumentation allein reicht als tragfähige Basis für eine erfolgreiche Vertriebstätigkeit nicht aus.
- (...)
- Schaffung eines organisatorischen Umfeldes (u.a. Kundenberaterorganisationen sowie Steuerungssysteme), das Self-Management und Self-Controlling als wirksamste Form der Motivation und Ergebniskontrolle gewährleistet
- Angebot konkreter Aufstiegsmöglichkeiten als Gegengewicht zur heute schon weit verbreiteten inneren Kündigung als Reflex einer Freizeitgesellschaft und Rückbesinnung auf private und familiäre Werte, bei dem der Beruf nur noch ein unangenehmer Störungsfaktor ist."[119]

---

116 Vgl. Zeithaml et al. Qualitätsservice, S.109.
117 Vgl. Benölken/Greipel, Dienstleistungs-Management, S.95.
118 Vgl. Benölken/Greipel, Dienstleistungs-Management, S.94.
119 Vgl. Benölken/Greipel, Dienstleistungs-Management, S.94 f.

Wie weit der einzelne Mitarbeiter seine Entscheidungskompetenz zur Verbesserung der Dienstleistungsqualität und damit zur Entwicklung einer Dienstleistungskultur im Reisebüro nutzt, hängt nicht zuletzt von den Kriterien der Leistungsüberwachung ab. Wie in Kap.5.4.3.3 und Kap.4.4.2 erläutert, sollten sich Beurteilung, Entlohnung und Beförderung der Mitarbeiter an deren Beitrag zur Servicequalität orientieren. Dabei ist von besonderer Bedeutung, daß die Mitarbeiter um die Kriterien der qualitätsorientierten Leistungsbeurteilung wissen und dabei das Gefühl haben, daß ihre Kundenorientierung auch tatsächlich anerkannt wird.

In engem Zusammenhang mit der Dienstleistungskultur steht auch die *Corporate Identity* eines Reisebüros. Diese setzt sich nach Schrand[120] aus den Unternehmenswerten (Corporate Values), dem Unternehmensverhalten (Corporate Behavior), der Unternehmenskommunikation (Corporate Communication) sowie dem Unternehmenserscheinungsbild (Corporate Design) zusammen.

Bezogen auf diese Merkmale hat die Qualitätspolitik "erfahrungsgemäß eine starke Wechselwirkung mit der corporate identity. (...) Nicht weniger eng ist der Zusammenhang mit der Qualitätskultur, die ihrerseits die Unternehmenskultur widerspiegelt."[121] Die Corporate Identity ist dabei letztendlich das Erscheinungsbild des Reisebüros, so wie dieses von der Außenwelt gesehen und bewertet werden will. Sie ist der "faßbare und wahrnehmbare Teil der Unternehmenskultur"[122], wobei zwischen Unternehmenskultur und Corporate Identity *Gemeinsamkeiten* und *Interdependenzen* bestehen, die sich vor allem auf das Unternehmungs- und Mitarbeiterverhalten[123] beziehen.

Während die *Corporate Identity* den Autostereotyp, d.h. das Selbstbild des Reisebüros darstellt, drückt das *Corporate Image* den Heterostereotyp, also das Fremdbild des Reisebüros aus[124]. Wie im Rahmen von Kap.4.2.4 eingehend erläutert wird, stellt das Image dabei eine wichtige Dimension zur Beurteilung der Dienstleistungsqualität im Reisebüro dar. Aufgrund dieser Bedeutung und der starken wechselseitigen Beeinflussung[125] von Corporate Identity und Corporate Image, stellt die Dienstleistungskultur letztendlich auch eine wichtige Einflußgröße auf das qualitätsdeterminierende Image eines Reisebüros dar.

---

[120] Vgl. Schrand, Marketing der Reisebüroorganisationen, S.374 ff.
[121] Vgl. Geiger, Qualitätslehre, S.156.
[122] Vgl. Hinterhuber/Winter, Unternehmungskultur und Corporate Identity, S.194.
[123] Vgl. Hinterhuber/Winter, Unternehmungskultur und Corporate Identity, S.194.
[124] Vgl. Schrand, Marketing der Reisebüroorganisationen, S.376.
[125] Vgl. Birkigt et al., Corporate Identity, S.23.

5.3.2 Leitbilder zur Entwicklung einer Dienstleistungskultur

Die Entwicklung einer Dienstleistungskultur wird durch die Kommunikation eines entsprechenden Dienstleistungsverständnisses im Rahmen der Unternehmenskommunikation wesentlich unterstützt. Insbesondere durch die explizite Kennzeichnung der Dienstleistungskultur als Teil einer übergreifenden Qualitätsstrategie mit Hilfe eines *Unternehmensleitbild*es ist eine fruchtbare Auseinandersetzung aller am Dienstleistungsprozeß Beteiligten mit dem gelebten und dem angestrebten Dienstleistungsverständnis möglich.

In Anlehnung an Kaspar[126] stellen Leitbilder zur Dienstleistungsqualität außerdem eine gedankliche Grundlage des in Kap.5.1 beschriebenen Gesamtkonzeptes zur Verbesserung der Dienstleistungsqualität dar. So werden in einem Leitbild die Idealvorstellungen der Dienstleistungsqualität im Reisebüro festgehalten, die in Zukunft angestrebt werden sollen. Es enthält dabei "Zielsetzungen und längerfristige, strategische Leitlinien"[127], deren Konkretisierung in ein Gesamtkonzept[128] münden, welches klare Handlungsanweisungen aufweist.

5.3.2.1 Aufgaben von Leitbildern

Ein Leitbild umfaßt nach Ulrich, "... die allgemeinsten unternehmungspolitischen Entscheide. (...) Es stellt eine Zusammenfassung der zahlreichen konkreteren unternehmungspolitischen Entscheide in wenigen Sätzen dar, ..."[129]. Die auf diese Art thematisierten unternehmenspolitischen Entscheidungen hinsichtlich einer gelebten bzw. angestrebten Dienstleistungskultur im Unternehmensleitbild, können dabei insbesondere helfen, die Akzeptanz und Identifikation der Mitarbeiter mit der hierzu notwendigen Arbeitsauffassung zu erhöhen, den ökonomischen Nutzen im Sinne der Eigentümer zu verdeutlichen, die Sensibilität des Unternehmens für qualitätsorientierte Fragestellungen bei den Mitbürgern aufzuzeigen und dem Kunden neue Wege der Kundenorientierung bewußt zu machen. Generell weist die Verortung des Komplexes "Dienstleistungsqualität" im Unternehmensleitbild auf die gewichtige und ernstzunehmende Auseinandersetzung des Reisebüros mit Fragen der optimalen Dienstleistungserstellung und Kundenorientierung hin. Im Detail sind derlei formulierte Unternehmensgrundsätze dabei in der Lage:[130]

---

[126] Vgl. Kaspar, Touristische Leitbilder und Konzepte, S.56.
[127] Vgl. Kaspar, Touristische Leitbilder und Konzepte, S.56.
[128] Vgl. Kap.5.1
[129] Vgl. Ulrich, 1990, S.31..
[130] Vgl. Gabele/Kretschmer, Unternehmensgrundsätze, S.143f.

- Mitarbeiter zu motivieren und eine Identifikation mit dem Unternehmen zu erleichtern,
- ihre Interessen ausgleichend zu berücksichtigen,
- über Probleme informierend aufzuklären,
- bestehende Reibungspunkte abzubauen,
- das Verhalten von Mitarbeitern zu steuern,
- Kriterien zur Auswahl von Alternativen an die Hand zu geben,
- richtungsweisend und rechtfertigend für die gesamte Orientierung der Unternehmung zu wirken und
- besonders in prekären chancen- und risikoreichen Grenzsituationen als Maximen des Verhaltens zu fungieren.

5.3.2.2 Inhalte von Leitbildern

Je nach Ziel, das mit einem Leitbild erreicht werden soll, und den spezifischen Gegebenheiten innerhalb und außerhalb des Unternehmens, können über ein Leitbild grundsätzlich die unterschiedlichsten Themen[131] kommuniziert werden. So können *allgemeine Aussagen* zur Umschreibung des Tätigkeitsgebietes oder zu Umsatz-, Marktanteils- und Wachstumszielen etc. getroffen werden, genauso wie *aufgabenspezifische Aussagen* zu Themen wie Führungsprinzipien im Unternehmen oder Grundüberlegungen zu einzelnen Unternehmensbereichen wie Absatz, Leistungserstellung, Beschaffung oder Forschung und Entwicklung. Eine dritte Form stellen *adressatspezifische Aussagen* gegenüber Mitarbeitern, Kapitalgebern, Kunden, Konkurrenz oder der Öffentlichkeit dar. Unternehmen der Tourismus-Branche, die in ihren Leitbildern Bezug auf mehrere dieser Themengebiete gleichzeitig nehmen, sind die bayerische Reisebürokette abr (siehe Abb. 5.5) und der schweizerische Reiseveranstalter Hotelplan (siehe Abb.5.6).

---

[131] Vgl. Grünig, Unternehmensleitbilder, S.257.

abr-Leitbild

1. Das abr*Reisebüro* ist der kompetente Partner rund ums Reisen.
2. Wir überzeugen durch Qualität in Angebot und Service.
3. Jeder von uns ist das abr, zusammen erreichen wir alles.
4. Unsere Geschäftssysteme ebnen den Weg für erfolgreiches Handeln.
5. Erfolg durch Fortschritt - wir bauen das abr*Reisebüro* der Zukunft.

Abb. 5.5: Leitbild abr*Reisebüro*

Hotelplan-Leitbild

- Wir sind eine erfolgreiche schweizerische Reisemarke.
- Mit der Einstellung von Gewinnern finden und nützen wir im Kleinen wie im Großen das Positive.
- Wir stellen an uns hohe Ansprüche bezüglich Marktleistung. Die erzielte Qualität schafft Vertrauen, das von Dauer ist.
- Wir sind ein Allrounder. Für die Reisewünsche unserer Gäste finden wir pfiffige Lösungen.
- Wir begegnen unseren Gästen bewußt auf ihren Einkaufswegen und laden sie zu genussvollem Reisen ein.
- Bei allem, was wir nach innen und außen tun, handeln wir verantwortungsvoll und umweltbewußt. Unsere Umweltstandards sind wegweisend in der Branche.
- Unser Leistungsanspruch verpflichtet uns alle, sich in Bezug auf Wissen und Können weiterzuentwickeln.
- Miteinander sorgen wir dafür, daß unser Unternehmen auf Dauer ein attraktiver Arbeitsplatz bleibt.

Abb. 5.6: Leitbild Hotelplan

Ein hinsichtlich der kommunizierten Dienstleistungskultur sehr gutes Leitbild-Beispiel stellt die Kundenphilosophie von Thomas Cook dar (Abb.5.7).

UNSERE KUNDENPHILOSOPHIE

DER KUNDE STEHT IM MITTELPUNKT UNSERES GESAMTEN HANDELNS.
WIR SIND ABHÄNGIG VOM KUNDEN,
NICHT DER KUNDE VON UNS.

*

WIR, DIE MITARBEITER, SIND DAS GRÖSSTE KAPITAL DES UNTERNEHMENS.
UNSERE BEDÜRFNISSE SIND DEM UNTERNEHMEN ÄUSSERST WICHTIG.
SIE KÖNNEN NUR VON EINEM KUNDENORIENTIERTEN UND WIRTSCHAFTLICH
ERFOLGREICHEN UNTERNEHMEN ERFÜLLT WERDEN.

*

WIR SIND EIN DIENSTLEISTUNGSUNTERNEHMEN, DAS DEM HÖCHSTEN
QUALITÄTSANSPRUCH VERPFLICHTET IST.

*

WIR MESSEN ERFOLGREICHES ARBEITEN AN KUNDENZUFRIEDENHEIT
UND DEM WIRTSCHAFTLICHEN ERFOLG
DES UNTERNEHMENS.

*

HOHE KUNDENZUFRIEDENHEIT KANN NUR VON ENGAGIERTEN
UND KOMPETENTEN MENSCHEN ERBRACHT WERDEN,
VOR ALLEM, WENN SIE ALS TEAM ZUSAMMENARBEITEN.

*

JEDER EINZELNE VON UNS DENKT UND ARBEITET UNTERNEHMERISCH
MIT EINEM MINIMUM AN BÜROKRATIE UND
MIT STÄNDIGEM BLICK AUF EFFIZIENZ UND PRODUKTIVITÄT.

*

WIR DENKEN UND HANDELN MIT EINEM HOHEN MASS AN
VERANTWORTUNGS- UND DRINGLICHKEITSBEWUSSTSEIN.

*

WIR BEHALTEN STETS UNSERE ZIELE
UND GRUNDSÄTZE IM AUGE.

Abb. 5.7: Kundenphilosophie von Thomas Cook

In dieser Kundenphilosophie des Touristik-Konzerns Thomas Cook gelingt besonders gut die Kommunikation der qualitätsorientierten Dienstleistungskultur und -mentalität des Unternehmens und seiner Mitarbeiter. Soll bei der Entwicklung eines Leitbildes dieser Aspekt der Kunden- bzw. Dienstleistungsorientierung im Vordergrund der Kommunikation stehen, so sollten die im Leitbild formulierten Unternehmensgrundsätze folgende Kriterien erfüllen:[132]

- Grundsätze müssen auf den Kunden und den Markt ausgerichtet sein. Das Wort "Kunde" sollte so häufig wie möglich erwähnt werden.
- Die Grundsätze müssen sowohl einen direkten als auch einen verbindlichen Charakter haben ("Unsere Kunden sollen stets zufrieden sein!" Nicht "Es wäre schön, wenn wir einen zufriedenen Kunden hätten").
- Sie sollen zukunftsorientiert sein und eine langfristige Allgemeinverbindlichkeit aufweisen.
- Auch die Mitbewerber sind zu berücksichtigen.
- Die Konzentration hat auf die Stärken und die Einzigartigkeit des eigenen Unternehmens zu erfolgen.
- Die Verantwortung des Unternehmens gegenüber seinen Mitarbeitern, der Umwelt und der Gesellschaft sollte ebenfalls Bestandteil der Grundsätze sein.

5.3.2.3 Erstellung von Leitbildern

Der Prozeß der *Leitbilderstellung* sollte als integrativer Prozeß verstanden werden. So ist ein in sich schlüssiges und mit der tatsächlich im Unternehmen gelebten Dienstleistungskultur übereinstimmendes Leitbild nicht allein vom Management oder von außen zu verfassen (geschweige denn von einem erfolgreichen Unternehmen "abzuschreiben") und den Mitarbeitern und Kunden vorzusetzen. Vielmehr ist entscheidend, daß an der Erstellung des Leitbildes die Mitarbeiter, d.h. "Herz und Seele" eines Dienstleistungsunternehmens (zumindest in Form einer Projektgruppe) beteiligt werden.

---

[132] Vgl. Nagel/Rasner, Herausforderung Kunden, S.82.

In der mittlerweile sehr umfangreichen Literatur zum Thema "Leitbild" werden teilweise recht unterschiedliche Vorgehensweisen bzgl. der Entwicklung und Einführung von Leitbildern vorgeschlagen. Nach Grünig sollte beispielsweise eine Leitbilderarbeitung oder -revision in sieben Schritten erfolgen:[133]

1. Bestimmung der Ausgangslage.
2. Bestimmung eines Rahmens der Leitbilderarbeitung.
3. Bestimmung der Leitbild-Themen und ihrer Bearbeitungsreihenfolge.
4. Bestimmung der Schlüsselgrundsätze.
5. Bestimmung der übrigen Grundsätze.
6. Überprüfung der Zweckmäßigkeit der Grundsatzzahl.
7. Bestimmung der Struktur des Leitbildes.

Kippes hingegen beschreibt den Leitbilderstellungsprozeß mit Hilfe von Projektteams:[134]

1. Anregung eines Leitbildes.
2. Beschluß der Geschäftsführung: Geschäftsführung als Machtpromoter.
3. Projektgruppe wird gebildet: Heterogene Zusammensetzung (Geschäftsführung, Betriebsrat, verschiedene Unternehmensbereiche).
4. Nullfassung: Exploration des formierten Leitbildes im Unternehmen; Herausarbeitung möglicher Themenschwerpunkte).
5. 1.Entwurf: Überarbeitung der Nullfassung; Stellungnahme der Unternehmensbereiche zu diesem Entwurf.
6. 2.Entwurf: Mit Hilfe der Stellungnahmen Überarbeitung des 1. Entwurfs.
7. X. Entwurf: Letzte sprachliche Korrekturen.
8. Beschlußfassung: Im Anschluß hieran muß die Diffusion des Leitbildes anschließen.

---

[133] Vgl. Grünig, Unternehmensleitbilder, S.258-260.
[134] Vgl. Kippes, Leitbilderstellungsprozeß, S.187.

Grimm spricht von drei Phasen der Leitbilderstellung:[135]

Phase I: 1. Projektauftrag der Unternehmensleitung
               2. Befragung der Führungskräfte nach Stärken/Schwächen und Erfassung und Auswertung schriftlicher Materialien und Befragung der Experten im Unternehmen
               3. Formulierung von Hypothesen

Phase II: 1. Abwägung, ob akzeptabel, vollständig und richtig
               2. Befragung der Mitarbeiter durch ein neutrales Institut
               3. Information der Mitarbeiter über die Ergebnisse
               4. Formulierung der vorläufigen Fassung

Phase III: 1. Eingehende, mehrfache Diskussion und Abstimmung mit Führungskräften, Betriebsrat und Gesellschaftern
               2. Endfassung

Wie aus diesen drei Beispielen ersichtlich wird, sind unterschiedliche Vorgehensweisen bei der Leitbilderstellung denkbar. Neben der Integration der Mitarbeiter ist allen Beispielen jedoch gemeinsam, daß die Aufeinanderfolge der Phasen zwar logisch vorgegeben ist, Rückkopplungen zwischen den einzelnen Phasen aber durchaus zu erwarten und sinnvoll sein können.

Grundvoraussetzung für die interne wie externe Kommunikation formulierter Unternehmensgrundsätze bzw. Leitbilder ist jedoch die Verbindlichkeit der hier kommunizierten Inhalte. Um die festgeschriebenen Werte realisieren zu können, sollten diese Grundsätze daher "nach Möglichkeit an ökonomisch nachvollziehbare Größen geknüpft sein, um sie nicht zur hohlen Phrasendrescherei ohne verpflichtenden Charakter verkommen zu lassen"[136]

Leitsätze und Normen sind entsprechend auch von allen Mitarbeitern, d.h. auch vom Management zu befolgen. Schreibt sich das Reisebüro auf die Fahnen, nur umweltbewußte Reiseveranstalter im Sortiment zu haben, "so sollte auch im Büro Müll vermieden werden und Altpapier gesammelt werden"[137]. Wird dagegen kein Müll getrennt bzw. kein Altpapier gesammelt, so wirkt die gesamte Kommunikation unglaubwürdig.

---

[135] Vgl. Grimm, Unternehmensgrundsätze, S.123.
[136] Vgl. Nagel/Rasner, Herausforderung Kunden, S.81.
[137] Vgl. Fink, Unternehmenskultur, S.45.

5.4 Steuerung der Potentialqualität

Die Potentialqualität eines Reisebüros beurteilt der Kunde in erster Linie anhand zweier Dimensionen[1]. So beurteilt er zum einen die Annehmlichkeit des physischen Umfelds nach dem Eindruck, den dieses auf ihn macht.

In einer zweiten Dimension beurteilt der Kunde die Kompetenz des Reisebüros und seiner Mitarbeiter. Dabei bezieht er das fachliche und verkaufspsychologische Wissen und die Fähigkeiten der Mitarbeiter genauso in die Beurteilung mit ein, wie das vom Reisebüro, soweit ihm ersichtlich, genutzte technische und organisatorische Potential.

5.4.1 Physisches Umfeld

Eine der sechs für den Reisebüro-Kunden identifizierten Dimensionen zur Beurteilung der Dienstleistungsqualität im Reisebüro stellt, wie oben angesprochen, das tangible bzw. physische Umfeld eines Reisebüros dar. Diese Dimension umfaßt Kriterien[2] wie die Ausstattung und das Ambiente im Reisebüro, das äußere Erscheinungsbild des Gebäudes, Parkmöglichkeiten für Autofahrer, die Lage, die Gestaltung, die Ausstattung und die Größe des Reisebüros sowie die Sauberkeit innerhalb der Räume.

Bezüglich des letztgenannten Kriteriums kommen Erhebungen in den USA zu dem Ergebnis[3], daß unaufgeräumte ("disorganized") Counter im Reisebüro nicht nur auf die unmittelbar empfundene Dienstleistungsqualität Einfluß haben, sondern auch die Meinung des Kunden bzgl. Kompetenz und Problemlösungsfähigkeit des Expedienten für weiterreichende Servicetätigkeiten negativ beeinflussen.

Ebenso zeigen Untersuchungen[4] in deutschen Reisebüros, daß das äußere Erscheinungsbild und die Einrichtung eines Reisebüros mitentscheidend für die Wahl einer Agentur sind. Entsprechend kommt es darauf an, durch ein positives Erscheinungsbild des Reisebüros die entscheidenden ersten Sekunden und Minuten des Kundenkontakts positiv zu beeinflussen, um eine entsprechend positive Grundeinstellung des Kunden schon vor dem ersten persönlichen Kontakt mit einem Expedienten zu bewirken.

---

[1]   Vgl. Kap.4.5.5.
[2]   Vgl. LeBlanc, Service Quality in Travel Agencies, S.12 f.
[3]   Vgl. Bitner, Evaluating Service Encounters, 76 ff.
[4]   Vgl. Lindner, Qualifizierte Beratung, S.65.

5.4.1.1 Außengebäude

Die wichtigsten Kriterien zur Beurteilung des Äußeren eines Reisebüros sind zum einen die Lage des Reisebüros und die damit zusammenhängende Erreichbarkeit, und zum anderen das Schaufenster von Ladenlokalen. Dieses stellt eine Art Visitenkarte des Reisebüros dar, die für die meisten Kunden Rückschlüsse über das Innere der Verkaufsräume und die Kompetenz des Reisebüro-Teams zuläßt.

5.4.1.1.1 Geschäftslage

Die *Lage* eines Reisebüros entscheidet darüber, welche Belastungen und Unannehmlichkeiten der Kunde auf sich nehmen muß, um zu dem Reisebüro zu gelangen. Die Erreichbarkeit mit öffentlichen Verkehrsmitteln in Innenstadtlagen oder die Parkmöglichkeiten an entlegenen Standorten spielen dabei ebenso eine Rolle wie die Öffnungszeiten. Letztere können die Dienstleistungsqualität insofern beeinflussen, als beispielsweise Reisebüros in Bahnhöfen oder an Flughäfen aufgrund der gesetzlich geregelten Ladenöffnungszeiten eindeutige Wettbewerbsvorteile aufweisen. Wie "Stoßzeiten" im Reisebüro begegnet werden kann und unabhängig von Kundenandrang etc. eine gleichbleibend optimale Dienstleistungsqualität gefördert werden kann, beinhaltet das Kap.5.4.4.3.

Welchen Einfluß das Standort-Kriterium auf den Unternehmenserfolg eines Reisebüros hat, bringt eine Analyse[5] des Betriebsvergleichs 1993 zum Ausdruck. Unterteilt nach Hauptgeschäftslagen, mittleren Geschäftslagen, ruhigen Geschäftslagen und Sonderlagen kommt die Analyse zu dem Schluß, daß:

- Reisebüros in Hauptgeschäftslagen im Durchschnitt ein höheres betriebswirtschaftliches Ergebnis in % des Erlöses erzielen als Betriebe in mittleren Geschäftslagen, die wieder erfolgreicher sind als Reisebüros in ruhigen Lagen;
- das schlechtere Abschneiden der Reisebüros in ruhigen Lagen im wesentlichen aufgrund von Kostennachteilen gegenüber Reisebüros in Hauptgeschäftslagen zustande kommt;
- höhere Raumkosten der Reisebüros in Hauptgeschäftslagen durch ein höheres akquisitorisches Potential des Standortes ausgeglichen werden, was wiederum zu niedrigeren Werbekosten und einer höheren Personalproduktivität führt;
- bei zusätzlicher Betrachtung von Sonderlagen (Bahnhöfen, Einkaufszentren, Fußgängerzonen), die insgesamt (inkl. Hauptlagen, mittleren und ruhigen Lagen) beste Umsatz- (Netto-) Rendite in Einkaufszentren erzielt wird.

---

5 Vgl. Erdmann, Erfolgsfaktoren der Reisebüros, S.81-104.

Auch entscheidet die Lage des Reisebüros darüber, wieviel Geld für Werbung und andere Kommunikationsmaßnahmen ausgegeben werden muß. Um vergleichbare Umsatzzahlen zu erreichen, sind die Werbeaufwendungen für Geschäfte in ruhigen Lagen ungleich höher als beispielsweise in belebten Fußgängerzonen.

5.4.1.1.2 Schaufenster

In Ladenlokalen übernimmt das Werbemedium *Schaufenster* eine wichtige und vergleichsweise kostengünstige Werbefunktion. Allerdings finden sich Reisebüros, gemeinsam mit Apotheken und Banken, auf den hintersten Plätzen der Rangliste[6] der beliebtesten Schaufenster. Wie auch unter dem Aspekt der qualitätsorientierten Kommunikation nach außen in Kap.5.6.2 noch angesprochen wird, hat das Schaufenster jedoch großen Einfluß auf den ersten Eindruck, den der Kunde von einem Reisebüro hat. Dem Kunden muß mittels der Schaufenstergestaltung auch verdeutlicht werden, was und welche Art der Beratung ihn in diesem Reisebüro erwartet. Dabei spielen sowohl Auswahl der Dekorationen wie auch die Gestaltung der Auslage eine wichtige Rolle.

Untersuchungen[7] haben gezeigt, daß drei Viertel der Reisebüro-Kunden an einen Zusammenhang zwischen Schaufenstergestaltung und Beratungsqualität des Reisebüros glauben. Darüber hinaus wollen 70% der Kunden keine Prospekte und Kataloge im Schaufenster. Außerdem ist zu berücksichtigen, daß der ungehinderte Blick des Kunden in das Innere des Reisebüros gewährleistet sein muß und auf an das Fenster geklebte Angebote verzichtet werden sollte. Vielmehr kann das Schaufenster zur Kundenanimation genutzt werden, indem dort Info-Boards, LED-Anzeigetafeln mit wechselnden Texten oder Monitore mit aktuellen Informationen und Angeboten plaziert werden.

Die Dekoration[8] kann beispielsweise produkt- und zielgebietsspezifische Elemente bestimmter Destinationen oder Veranstalter beinhalten. Allerdings sollte für das Einzel-Reisebüro an erster Stelle stehen, zunächst einmal für sich selbst zu werben. Die eigene Profilierung und Abgrenzung von der Konkurrenz muß im Vordergrund stehen. Da hierzu ein unabhängiges Erscheinungsbild Voraussetzung ist, sollte nicht lediglich auf das Dekorationsmaterial der Veranstalter zurückgegriffen werden, sondern die eigene bzw. professionelle Kreativität im Vordergrund der Schaufenstergestaltung stehen.

---

6 Vgl. o.V., Schaufenster-Gestaltung, S.86.
7 Vgl. o.V., Schaufenster-Gestaltung, S.86.
8 Vgl. hierzu auch Kap.5.6.2.

5.4.1.2 Raumgestaltung

Die *Innenraumgestaltung* eines Reisebüros hat sich insbesondere an den Kundenerwartungen der für das Reisebüro wichtigsten Kundengruppe(n) zu orientieren. Sind
die Erwartungen der Kunden erhoben und analysiert, so ist (evtl. mit professioneller
Hilfe) ein übergreifendes Raumkonzept zu erstellen. Ziel einer solchen Raumplanung
muß dabei sein, dem Reisebüro einen unverwechselbaren Marktauftritt zu verleihen.

5.4.1.2.1 Hybrides Verbraucherverhalten

Wie in anderen Branchen ist auch in der Touristik ein zunehmend hybrides Verbraucherverhalten[9] bemerkbar. Nach dem Motto "mittags Aldi, abends Champagner" buchen Reisebüro-Kunden heute einen Last-Minute-Wochenendtrip nach Paris und
morgen eine hochwertige teure 2-Wochen-Pauschalreise nach Kalifornien. Dieser
Tendenz folgend, gewinnen Kundenanteilsüberlegungen im Gegensatz zu Marktan-
teilsüberlegungen in der Reisebranche zunehmend an Bedeutung.

Entschließt sich ein Reisebüro dazu, diesem Trend zu folgen und vom Freizeit- und
Urlaubsreisebudget eines einzelnen Kunden möglichst viel in einem Reisebüro um-
setzen zu wollen, so ist die "richtige" Kundenbetreuung von ausschlaggebender Bedeutung. Dabei muß aber auch dem Stammkunden verdeutlicht werden, daß er für
ein Last-Minute-Ticket nicht die gleiche Beratungsintensität erwarten kann, wie für
eine zweiwöchige Pauschalreise. Allerdings darf in einem solchen Fall der Kunde
nicht abgespeist werden, sondern es muß ihm verdeutlicht werden, welche *Art* der
Beratung er erwarten kann. Vergleichbar ist diese Entwicklung mit jener in der Mö-
belindustrie. Dort kann es sich heute kein Fachmöbelhaus mehr leisten, auf einen
Mitnahmemarkt zu verzichten. Wollen Kunden günstig Möbel erwerben, wissen sie
allerdings, daß sie selbständig planen und zusammenstellen müssen, die Möbel selber
im Mitnahmemarkt aussuchen und im Lager abholen und auf eigene Faust transpor-
tieren und aufbauen müssen.

Eine entsprechende Erkenntnis hat sich hingegen noch nicht bei allen Reisebüro-
Kunden durchgesetzt. Dies liegt insbesondere daran, daß die räumliche Trennung
von "Frequenz-Bereich" (für das schnelle Ticket-Geschäft mit z.B. Bahnfahrkarten,
Flugscheinen und Last-Minute-Angeboten) und Beratungsbereich in den meisten Büros nicht beachtet wird. Hat ein Reisebüro genügend Fläche zur Verfügung, so bietet
es sich an, den Verkaufsraum in einen solchen Frequenz-Bereich und in einen Beratungs-Bereich zu unterteilen.

---

9   Vgl. Kap.3.3.3.

Im Frequenz-Bereich muß dem Kunden die Möglichkeit geboten werden, sich selbständig über das Angebot des Reisebüros zu informieren. Zu diesem Zweck können Informationsmappen ausgelegt werden, ein Bildschirm (z.b. mit Touch-Screen) oder dergleichen installiert sowie evtl. ein Münztelefon (für schnelle Information der Mitreisenden) angebracht werden. An einem oder mehreren Stehcounter(n) können schnelle Ticket-Geschäfte ohne umfangreiche Beratung getätigt werden. Auch kleinere Reisebüros sollten einen solchen Stehcounter durch Abtrennung (z.b. mittels Seilen, Blumenkästen, Trennwänden etc.) von den übrigen Countern absetzen.

In einem Beratungs-Bereich finden die zeitintensiveren Beratungen und Verkäufe der "klassischen" Reiseangebote statt. Je nach Sortiment kann die Unterteilung innerhalb dieses Bereichs nach Pauschal-, Bus-, Gruppenreisen usw. erfolgen.

Reisebüros, die nicht genügend Fläche für eine Raumteilung zur Verfügung haben und zusätzlich zur "klassischen" Reisevermittlung einen Frequenz-Bereich installieren wollen, sollten sinnvollerweise ein zweites Ladengeschäft in nächster Nähe eröffnen. Mit Hilfe eines differenzierten Erscheinungsbildes ist es für den Kunden leichter, seine Erwartungen entsprechend zu variieren und eine verzerrte Qualitätswahrnehmung zu vermeiden.

5.4.1.2.2 Beratungsbereich

Für den Touristik-Bereich mit Beratung gilt, daß auch ein optisch raffiniert konstruierter Counter den Verkauf in keiner Weise einschränken darf. Computer, Unterlagen und Broschüren müssen mit einem Griff erreichbar, die Arbeitsabläufe wirtschaftlich rationell sein. Expedient und Kunde sollten sich nicht mehr als einen Meter entfernt voneinander gegenüber sitzen. Um diesen Anforderungen gerecht zu werden, gibt es verschiedene Konzepte, die auf eine optimale Kundenbetreuung ausgerichtet sind.

Eine dieser Konzeptlösungen stellt der patentierte *Multi-System-Counter*[10] dar, der einer Art Reisebüro-Cockpit gleichkommt. Der Expedient hat hier alles in Reichweite, was er für Beratung und Buchung benötigt, so daß das Gespräch nicht durch die ständige Suche nach Unterlagen und dergleichen unterbrochen wird. Neben einer entsprechenden Beinfreiheit für den Kunden und der vollen Nutzungsmöglichkeit einer großzügigen Arbeitsfläche steht hinter dem Counter die Funktionalität für den Expedienten im Vordergrund. Griffbereit am Arbeitsplatz befinden sich Telefon, Schreibutensilien in einem eigenen Schubladenkorpus, für den Kunden unsichtbar,

---

10 entwickelt und vertrieben von der Firma INVEST.

152

genügend Stauraum für persönliche Notizen und Arbeitsvorgänge sowie genügend Platz in einem weiteren Schubladenkorpus für eine komplette Handkasse und für Handexemplare der wichtigsten Veranstalterkataloge. Die Einhaltung einer ergonomisch optimalen Gestaltung des gesamten Arbeitsplatzes (inkl. Arbeitsfläche, Bildschirm und Stuhl) wird ebenso beachtet, wie die optimale Integration der notwendigen Kommunikationsmedien.

Eine weitere Version stellt das *Round-Table-Konzept*[11] dar, bei dem die Counter-Barriere zwischen Kunden und Expedient aufgehoben ist. Durch "Inselbildung" können kleine Gruppen ungestört über die Reise miteinander kommunizieren. Dabei ist jedoch zu beachten, daß die Funktionalität des Reisebüro-Counters unbedingt erhalten bleibt. Um die Diskretion zu wahren, kann beispielsweise für Reisebüros in kleinen Orten und Gemeinden das Aufstellen von Trennwänden oder Blumenkästen zwischen den einzelnen "Beratungsinseln" vorteilhaft sein.

In ein übergreifendes Raumkonzept ist auch die *Katalogwand* zu integrieren. Allerdings könnte das im Moment noch zunehmende Katalogvolumen bei schneller Etablierung von CD-Rom Disketten in Zukunft reduziert werden[12]. Auch könnten zukünftig statt Prospektwänden Medientürme und Bildschirmwände[13] in Reisebüros Einzug halten. Erste Erfahrungen[14] mit Video-Bildschirmen zur Kaufstimulierung beim Kunden haben sich allerdings als nicht unbedingt verkaufsfördernd, sondern eher als ablenkend herausgestellt. Dabei weisen unterschiedliche Verhaltensweisen von jungen und älteren Kunden darauf hin, daß kommende Käufer-Generationen diesem Medium voraussichtlich offener gegenüber stehen werden als jetzige.

Aus Gründen der Kundenbindung gehen Reisebüros teilweise dazu über, Zusatzleistungen[15] in Form eines *Shop-in-Shop-Systems* anzubieten. In der Praxis anzutreffen sind Lotto-Toto-Annahmestellen ebenso wie integrierte Fotogeschäfte, Reiseboutiquen und ähnliches. Unter raumgestalterischen Aspekten ist dabei wichtig, daß in solchen Fällen entweder eine 100%-ige Integration in das Unternehmens- und Raumkonzept realisiert wird, oder aber eine komplette räumliche Trennung vom Reisebüro erfolgt.

Um auf ein verändertes Kundenverhalten und neue Marktsituationen flexibel reagieren zu können, bieten sich vor allem *Modulkonzepte* für den Ladenbau im Reisebüro an. Bei wechselndem Zeitgeist können Veränderungen mit wenigen Handgriffen

---

11 Vgl. Lindner, Qualifizierte Beratung, S.66.
12 Vgl. hierzu jedoch die Ausführungen zur kurz- bzw. mittelfristigen Bedeutung des Kataloges in Kap.5.6.2.3.1.
13 Vgl. Lindner, Transparenz und Funktionalität, S.64
14 Vgl. Lindner, Qualifizierte Beratung, S.67 f
15 Vgl. Kap.5.6.3.1.6

durchgeführt werden, wobei durch den Austausch einiger Elemente die Möglichkeit besteht, ein ganz neues Ambiente im Reisebüro zu schaffen. Ein weiterer Vorteil liegt in den niedrigen Kosten für einen solchen Umbau, die unter 15 % des Betrages für einen Komplettumbau[16] liegen können.

Solche Modulkonzepte wirken nicht zuletzt auch auf die, gerade in der Touristik zunehmend an Bedeutung gewinnende *Umweltqualität*[17] eines Reisebüros. Austauschbare Module, die über mehrere Einrichtungsgenerationen hinaus verändert und neu verwendet werden können, leisten unter diesem Aspekt einen wichtigen Beitrag zum Umweltschutz. Der Einsatz umweltverträglicher und recycelbarer Materialien für Fußbodenbeläge, abgehängte Decken, Wandverkleidungen und Beleuchtungssysteme ist dabei ebenso zu forcieren wie die Nutzung satinierten Lichts und stromsparender Leuchten, die den Energieverbrauch merklich eindämmen.

5.4.1.3 Gesamteindruck

Letztendlich vermitteln Außengebäude und Raumgestaltung dem Kunden einen ersten Eindruck von dem jeweiligen Reisebüro. Miteinander in Wechselwirkung tretend, bewirken die zuvor aufgeführten Kriterien eine Atmosphäre, die den Kunden entweder positiv oder negativ auf den weiteren Dienstleistungsprozeß einstimmt. Um den Gesamteindruck weiter zu verbessern, bietet sich die Einführung eines eigenen Corporate Designs sowie die Erstellung und Einhaltung von Qualitätsstandards bezüglich des Erscheinungsbildes an.

5.4.1.3.1 Atmosphäre

Wichtig für ein erfolgreiches und für den Kunden befriedigendes Verkaufsgespräch ist nicht nur die kompetente Beratung, sondern auch eine angenehme *Atmosphäre*, in der sich der Kunde wohlfühlt.

Voraussetzung hierfür ist die Schaffung einer *zielgruppengerechten* Raumatmosphäre. Entsprechend der anvisierten Zielgruppe eines Reisebüros ist daher zu entscheiden, ob eher Urlaubsstimmung oder Funktionalität ausgestrahlt werden soll. Wichtig ist primär, daß durch den Einsatz der Gestaltungs- und Raumelemente eine Atmosphäre geschaffen wird, in der sich Expedienten und Kunden gleichermaßen wohlfühlen. Dabei können Einrichtung und Dekoration eines touristischen Reisemittlers

---

16 Vgl. Lindner, Transparenz und Funktionalität, S.63.
17 Vgl. Romeiß-Stracke F., Service-Qualität im Tourismus, S.20-22.

dazu beitragen, eine gewisse Vorfreude auf den Urlaub zu wecken und so zu einer angenehmen Beratungsatmosphäre beizutragen. Bei einem eher konservativen Kundenstamm kann beispielsweise das Thema Urlaub auf eine dezente Art und Weise in den Vordergrund gerückt werden, wogegen Spezialisten für Adventure-Reisen eventuell ausgefallenere Dekorationen (wie Beduinenzelt, Dschungellandschaft oder Schneeausstattung) verwenden können. Laut Expertenmeinung[18] wirken allerdings schreiende Farben, verwirrende Lichteffekte oder überdimensionierte Dekorationen eher belastend auf den Kunden.

5.4.1.3.2 Corporate Design

Die Darstellung der Leistungsfähigkeit versuchen vor allem Reisebüroketten und -kooperationen über ein einheitliches *Corporate Design* als Teil einer übergreifenden *Corporate Identity*[19] zu erreichen. Allerdings profitieren auch kleinere Reisebüros von einem klaren Erscheinungsbild mit einer durchgängigen Linie. Dabei soll die Vermittlung eines klaren Profils nach "außen" nicht nur Kompetenz zeigen und Vertrauen schaffen, sondern auch die Wiedererkennung fördern und Glaubwürdigkeit vermitteln. Die für die Beurteilung der Dienstleistungsqualität wichtige Image-Dimension kann mit diesem Instrument positiv beeinflußt werden. Wie bei anderen Image-Aspekten auch, kommt es hierbei jedoch darauf an, daß das durch das Corporate Design Versprochene auch gehalten wird.

Entscheidet sich ein Reisebüro für die Einführung eines eigenen Corporate Design, so bietet sich folgende Vorgehensweise an:[20]

- Gestaltung von Firmenbezeichnung, -slogan bzw. -signet sowie Plazierung derselben.
- Wahl der Hausfarbe und der Zusatzfarbe, je nach Charakter und Zielgruppe des Reisebüros.
- Verwendung einer einheitlichen Schriftart bei Geschäftsbriefen, Mailings an Kunden etc. sowie einheitlicher Schriftgrad und übereinstimmende Schreibweise.
- Verbindliches Festlegen von Satzspiegel und Gestaltungsraster.
- Einheitlicher Einsatz von Grafiken und anderen Abbildungen sowie einheitliche Formate für Postaussendungen etc. (z.B. alles DIN-A4).

---

18 Vgl. Lindner, Qualifizierte Beratung, S.67.
19 Vgl. Kap.5.3.1.2.
20 Vgl. o.V., Corporate Design, S.49.

- Abwägung, ob Kompetenz mittels farblich und stilistisch einheitlicher Innenraumgestaltung demonstriert werden soll.
- Sicherstellen, daß keine Ähnlichkeiten zum Corporate Design anderer Reisebüros im näheren Umkreis bestehen.
- Prüfung und Registrierung des eigenen Corporate Designs (inkl. Firmenname und Slogans) durch einen Anwalt.

Zudem ist entscheidend, daß Trends, die einem schnellen Wandel unterliegen, *nicht* in ein Corporate Design eingebunden werden.

5.4.1.3.3 Qualitätsstandards

Um alle Mitarbeiter eines Reisebüros auf ein gemeinsames Wirken zur Verbesserung des Erscheinungsbilds bzw. physischen Umfelds festzulegen, bietet es sich an, gemeinsam Qualitätsstandards zu entwickeln und diese auch einzuhalten. Beispielhaft können Standards zum Erscheinungsbild wie folgt lauten:

- Das Reisebüro XY ist von weitem gut erkennbar und gekennzeichnet.
- Das Reisebüro XY wirkt von außen einladend, die nähere Umgebung ist sauber, Schriftzüge entsprechen unserem Corporate Design.
- Schaufenster ziehen die Aufmerksamkeit von Passanten auf sich, verbreiten Ferienstimmung und laden zum Betreten des Reisebüros XY ein. Sie erlauben einen Blick in das Innere.
- An den Scheiben werden generell keine Kleber und Handzettel angebracht; (Ausnahmen möglich bei POS Aktionen).
- Das Reisebüro XY ist sauber, freundlich und hell. Es verbreitet eine angenehme Atmosphäre. Die Pflanzen sind in gepflegtem Zustand.
- Die Arbeitsplätze sind ordentlich und die Namensschilder für die Kunden gut lesbar angebracht.
- Die Prospekte und Kataloge sind übersichtlich und ordentlich ausgestellt.
- Mitarbeiterinnen und Mitarbeiter rauchen im Kundenraum nicht. Aschenbecher sind nur auf Kundenwunsch verfügbar.
- Am Schalterplatz wird prinzipiell nicht gegessen.
- Kleidung, Frisur und Äußeres unserer Mitarbeiter sind gepflegt.

Änderungen, andere Schwerpunkte und zusätzliche Aspekte können die Liste erweitern. Allerdings ist eine zu große Anzahl von Standards zu vermeiden. Besser sind eher weniger Standards, die eingehalten werden als zu viele, die nicht beachtet werden.

5.4.2 Technisches Potential

Veränderte technologische Bedingungen beeinflussen sowohl die gesamte Wettbewerbsstruktur der Tourismusbranche als auch die Wettbewerbsposition der einzelnen Tourismusunternehmen. Da ein umfassendes Management der Dienstleistungsqualität im Reisebüro insbesondere eine Optimierung der auf den einzelnen Gast zugeschnittenen Dienstleistungsqualitäten zum Ziel hat, sind die unter qualitätsoptimierenden Aspekten einzusetzenden Informations- und Kommunikationstechnologien nicht zuletzt auf die Erlangung von Wettbewerbsvorteilen auszurichten. Dabei geht es vor allem um Wettbewerbsvorteile, die nicht von jedem kopiert werden können, die also in der Exklusivität der Leistungen liegen. Der Einsatz ausgereifter und optimal genutzter Informations- und Kommunikationstechnologien bestimmt letztendlich:[21]

- die Schaffung neuer Wettbewerbsvorteile und die Erhöhung von
  Vorteilsquellen (z.B. durch zusätzliche Marktinformationsinstrumente) und
- die Verteidigbarkeit von Wettbewerbsvorteilen (z.B. langjährige
  Kundeninformationen, Informationsverbund-Erfahrung).

Die Situation sieht derweil jedoch noch nicht nach einer umfassenden Nutzung vorhandener Technologien in der Reisebürobranche aus. So befinden sich von den vier Computer-Reservierungs-Systemen Amadeus, Galileo, Sabre und Worldspan schätzungsweise zwar über 30.000[22] Terminals in deutschen Reisebüros im Einsatz. Vergleicht man diese Zahl aber mit der von den Anbietern von Reisebüro-Verwaltungsprogrammen genannten Zahl von insgesamt 9.124 ausgestatteten Terminals[23] (Stand: 31.3.1995), so ist nur etwa ein Drittel der Arbeitsplätze in deutschen Reisebüros mit unterstützender Reisebüro-Software ausgestattet. Während die durchschnittlichen Personalkosten bei fast 55 % des Gesamterlöses liegen, die Kosten für Kommunikation und EDV hingegen zwischen 8 % und 14 % ausmachen[24], bedeutet dies, daß bei effektiverem EDV-Einsatz eine merkliche Entlastung und Unterstützung sowohl der "teuren" menschlichen Arbeitskraft als auch der Kostenstruktur erreicht werden könnte.

Auch wenn Arbeitserleichterungen durch die Anbindung an START, StiNET oder Merlin in Deutschland, Traviswiss in der Schweiz oder andere Vertriebssysteme möglich sind, so legt die dargestellte Situation trotzdem die Vermutung nahe, daß aufwendige Verwaltungsarbeiten nach wie vor überwiegend in mühsamer und teurer Handarbeit erledigt werden, obwohl dies kostengünstiger und effizienter von ent-

---

21 Vgl. Schertler, Informationssystemtechnologie, S.563.
22 Vgl. Kuck, CRS-Test, S.31.
23 Vgl. o.V., Software-Preise, S.41.
24 Vgl. Erdmann, Erfolgsfaktoren, S.59.

sprechender Technik übernommen werden kann. Durch den alternativen Einsatz der so gebundenen Kapazitäten im Servicebereich, könnte hingegen eine Optimierung der Kundenansprache am Point of Sale mittels der erfolgreichen Kombination[25] von "High Tech" und "Human Touch" erfolgen und zu einer Verbesserung der Dienstleistungsqualität beitragen.

Im Rahmen der angesprochenen Integration der Technik in den Dienstleistungsprozeß sind grundsätzlich zwei Aspekte zu berücksichtigen, die direkt auf die Dienstleistungsqualität im Reisebüro Einfluß nehmen:

1. Je geeigneter und zuverlässiger technische Hilfsmittel für die Aufgaben des Reisebüros sind, desto besser können die Kunden bedient werden. Dabei sind ausgereifte Technologien meist weniger anfällig für Computerzusammenbrüche oder Maschinenausfälle als noch nicht so ausgereifte Hard- und Software. Dem steht allerdings gegenüber, daß sich Wettbewerbsvorteile nur dann erarbeiten lassen, wenn der Konkurrent noch nicht über vergleichbare (modernste) Technik etc. verfügt.

2. Die Qualifikation der Mitarbeiter für die entsprechenden Systeme muß gesichert sein. Die beste Technik hat keinen Nutzen für das Reisebüro *und* den Kunden, wenn die Expedienten nicht in der Lage sind, mit dieser umzugehen. So kann sich ein durch technisches Unwissen zerstörtes Beratungsgespräch insbesondere auf den Eindruck des Kunden bezüglich der Kompetenz dieses Mitarbeiters (evtl. auch in anderen Bereichen) negativ auswirken.

Vor diesem Hintergrund befassen sich die nachfolgenden Abschnitte mit den grundsätzlichen Anforderungen an das technische Potential im Reisebüro und der Bedeutung desselben für ein umfassendes Management der Dienstleistungsqualität. Aufgrund der nach wie vor rasanten Entwicklung im Bereich der elektronischen Medien soll jedoch auf eine detaillierte technische Auseinandersetzung[26] verzichtet werden.

5.4.2.1 Computer-Reservierungs-Systeme

Die meisten international auftretenden Computer-Reservierungs-Systeme (CRS) sind Gründungen von Airlines, weshalb sie ihren Geschäftsschwerpunkt bei Flugreservierungen (Städteverbindungen, Flugstrecken mit Angabe der verfügbaren Sitze, Umsteigeverbindungen usw.) und den daran hängenden Zusatzgeschäften (Hotel, Mietwagen) haben.

---

[25]   Vgl. Benölken/Greipel, Dienstleistungs-Management, S.84.
[26]   Zu diesem Zweck vgl. z.B. DRV, PC im Reisebüro.

158

5.4.2.1.1 Computer-Reservierungs-Systeme in Europa

Die in Europa wichtigsten CRS sind Amadeus, Galileo, Sabre und Worldspan. Die Marktanteile dieser vier CRS nach Terminals verteilen sich in Deutschland und der Schweiz etwa wie folgt:

Deutschland:[27]
- Amadeus 88,3%
- Sabre 6%
- Worldspan 3,9%
- Galileo 1,9%

Schweiz:[28]
- Galileo 81,12%
- Sabre 16,53%
- Worldspan 2,12%
- Amadeus 0,23%

Nachfolgend[29] sollen diese vier, für Deutschland und die Schweiz interessantesten CRS, kurz vorgestellt werden.

Das Reisevertriebssystems *Amadeus* befindet sich im Eigentum[30] der Deutschen Lufthansa zusammen mit den Partnern Air France, Iberia und Continental Airlines. Nach der Übernahme von SystemOne im April 1995 ist Amadeus mit dem Anschluß an über 33.000 Reisebüros weltweit das von den vier genannten CRS in den meisten Reisebüros vertretene System. Nicht zuletzt aufgrund der exklusiven Verbindung zwischen START und der dadurch möglichen Kombination mit einem kompletten touristischen Angebot, der Verfügbarkeit aller Bahn-Leistungen und der zahlreichen Zusatzleistungen für die gesamte Reisebüro-Verwaltung besitzt START-Amadeus die in Deutschland dominierende Position unter den CRS.

Ursprünglich wurde *Galileo* als rein europäisches Distributionssystem von Swissair, British Airways, KLM und Covia, einer Tochtergesellschaft von United Airlines (USA), im Jahr 1987 gegründet. Mittlerweile zählen zu den Eigentümern weitere europäische Airlines sowie die amerikanische US Air. Seit dem Zusammenschluß mit dem CRS Apollo im Jahr 1993 ist Galileo International als globales System tätig. Ähnlich der Bedeutung von START-Amadeus in Deutschland, besitzt Galilco diese Vormachtstellung zusammen mit dem Vertriebssystem Traviswiss in der Schweiz. Einen wichtigen Schritt, um im deutschen Markt stärker Fuß zu fassen, hat Galileo mit der Buchungsmöglichkeit des zweitgrößten deutschen Reiseveranstalter NUR Touristik getan. Die installierten Terminals betreffend, liegt Galileo mit weltweit über 116.000 Stück in der Vierer-Gruppe an zweiter Stelle.

---

27 Vgl. Kuck, CRS-Test, S.31; (Stand: 31.12.1994).
28 Vgl. FVW 24/93, S.23ff; (Stand: 02.11.1993).
29 Soweit nicht anders gekennzeichnet, sind die im folgenden angegebenen Zahlen und Daten folgender Quelle entnommen: Kuck, CRS-Test, S.21 ff.
30 Vgl. Lufthansa, Jahrbuch '92, 1992, S.161.

Als Unternehmensbereich von American Airlines waren an *Sabre* im Mai 1995 weltweit fast 120.000 Terminals in über 28.000 Reisebüros sowie zusätzlich über 26.000 Terminals bei American Airlines, vorwiegend in den USA, angeschlossen. Während im Vierer-Vergleich weltweit knapp 40% aller Buchungen über Sabre laufen, steht dieses CRS in Deutschland und in der Schweiz hinter den Marktführern jeweils an zweiter Stelle.

Worldspan ist aus dem Zusammenschluß der Reservierungssysteme von TWA (PARS) und Delta Airlines (DATAS) entstanden. Eigentümer sind Northwest, TWA, Delta und Abacus, wobei mit dem südost-asiatischen CRS Abacus eine enge Kooperation besteht, die zu einer gegenteiligen Kapitalbeteiligung von je fünf Prozent geführt hat. Das japanische Reservierungssystem Infini bringt seine Terminals und Standorte ebenfalls in die Worldspan-Rechnung mit ein. Weltweit sind an Worldspan (zusammen mit Abacus und Infini) damit über 43.000 Terminals an knapp 14.000 Standorten angeschlossen. In Deutschland und der Schweiz spielt Worldspan jedoch keine dominierende Rolle.

5.4.2.1.2 Qualitätskriterien

Die dominierende Stellung von Amadeus auf dem deutschen und Galileo auf dem schweizerischen Reisebüromarkt (beide decken jeweils über 80% des nationalen Marktes bei den Terminalanschlüssen ab), dürfte in Zukunft nicht mehr so selbstverständlich sein, wie dies bisher der Fall war.

Insbesondere in Deutschland hat die Forderung[31] der Europäischen Kommission nach freierem Wettbewerb (z.B. nach der freien Verfügbarkeit der Bahn-Leistungen auch in konkurrierenden Systemen) den Konkurrenzkampf unter den vier CRS deutlich belebt. Um als Reisebüro einen Nutzen aus diesem Konkurrenzkampf und einer damit normalerweise einhergehenden kontinuierlichen Produktverbesserung bei den einzelnen Anbietern zu ziehen, sollte die Entwicklung in diesem Markt aufmerksam beobachtet werden. Da allerdings eine detaillierte Qualitätsbeurteilung durch das einzelne Reisebüro kaum möglich ist, sollen die folgenden Kriterien einen ersten Anhaltspunkt für die Auswahl eines geeigneten CRS geben. Regelmäßige Tests und Vergleiche der verschiedenen CRS können darüber hinaus in der einschlägigen Fachliteratur[32] nachgelesen werden.

---

31 Vgl. Kuck, CRS-Test, S.21.
32 Vgl. hierzu vor allem die Sonderheft-Reihe von TOURISTIK-Report sowie entsprechende (Sonder-) Veröffentlichungen in der FVW-International.

Grundsätzlich ist zu bemerken, daß der zunehmende Konkurrenzkampf unter den CRS vor allem über Incentives und Nullmieten geführt wird, und der reine CRS-Wechsel von Agenturen illegal sogar "mit Barem provoziert und in Barem belohnt"[33] wird. Reisemittler, die den Wechsel oder den Neueinstieg in ein CRS planen, sollten die Entscheidung jedoch nicht von solchen kurzfristigen finanziellen Anreizen abhängig machen, sondern die zur Wahl stehenden CRS nach Qualitätskriterien wie *Leistungsspektrum, Antwortzeiten, Bedienungskomfort* sowie *Hilfestellung* und *Schulungsangebot* beurteilen.

Die Bewertung des *Leistungsspektrums* der einzelnen CRS hängt insbesondere von den individuellen Ansprüchen der einzelnen Reisebüros ab. Die qualitativen Unterschiede zwischen den, mittels der verschiedenen CRS buchbaren Leistungsanbietern, können aufgrund des Umfangs und auch der unterschiedlichen Qualitätsansprüche an dieser Stelle nicht weiter vertieft werden. Zudem besteht bei vielen Leistungsanbietern die Möglichkeit, diese über mehre CRS zu reservieren.

Der quantitative Vergleich zwischen den Leistungsspektren der einzelnen CRS hingegen wird aus Abbildung 5.8 ersichtlich.

CRS-Leistungsspektren	Amadeus	Galileo	Sabre	Worldspan
Zahl der buchbaren Airlines	399	557	423	339
- davon in der höchsten Verfügbarkeit	116	175	116	85
Zahl der buchbaren Hotelketten	165	196	195	147
- davon in der höchsten Verfügbarkeit	109	96	96	40
Zahl der buchbaren Mietwagenfirmen	9	47	56	40
- davon in der höchsten Verfügbarkeit	5	25	22	9

Abb. 5.8: Quantitativer Vergleich der CRS-Leistungsspektren[34]

Der starke Konkurrenzdruck und die sehr hohen Personalkosten haben in vielen Reisebüros zu der Einstellung geführt, daß "jede Sekunde, die ein Expedient zu lange

---

33 Vgl. Kuck, CRS-Test, S.21.
34 Entnommen aus Kuck, CRS-Test, S.32; (Stand: 1995).

auf eine Antwort des CRS warten muß, immer auch verlorenes Geld ist"[35]. Auch wenn diese Auffassung vor allem die effiziente Betriebsführung betrifft, so können möglichst kurze *Antwortzeiten* ebenfalls auf die Dienstleistungsqualität im Reisebüro einen positiven Einfluß haben.

In umfangreichen Testserien[36] wurden alle vier Systeme in den Jahren 1994 und 1995 unter exakt den gleichen Bedingungen wiederholt[37] getestet. Von jeweils demselben Reisebüro aus wurden im Profimodus des jeweiligen CRS die Transaktionsgeschwindigkeiten gemessen. Die Durchschnittszeiten der Verfügbarkeitsabfragen im Jahresvergleich sind der Abbildung 5.9 zu entnehmen.

CRS-Verfügbarkeitsabfragen				
	Amadeus	Galileo	Sabre	Worldspan
- Durchschnitt 1994:	7,4 sec.	3,95 sec.	4,75 sec.	5,15 sec.
- Durchschnitt 1995:	4,9 sec.	3,9 sec.	4,3 sec.	3,15 sec.

Abb. 5.9: Durchschnittszeiten der CRS-Verfügbarkeitsabfragen[38]

Allerdings ergeben sich, laut Testergebnissen, neben diesen Durchschnittswerten für alle Abfragen, bei allen Airlines noch deutliche Unterschiede bei den Einzelbewertungen. Insbesondere eine gewisse Instabilität und die voneinander abweichenden Leistungen bei den *Airlinezugriffen* und bei den *Preisabfragen* sind bei Amadeus und Sabre ein größeres Problem als bei Worldspan und Galileo. Während für erstere der Grund wahrscheinlich in differierenden Netzbelastungen liegt, die teilweise abhängig von Tageszeit und daraus folgender Auslastung sind, hängt die Ermittlungsgeschwindigkeit bei den Preisen vor allem von der Herkunft derselben ab. So kommen Preisinformationen bei Galileo z.B. von der eigenen Datenbank GlobalFares, bei Sabre werden Tarifinformationen über das hauseigene Tarifsystem Worldfare abgefragt.

---

35   Vgl. Kuck, CRS-Test, S.21.
36   Vgl. Kuck, CRS-Test, S.22 ff.
37   Im Jahr 1995 bestand der CRS-Test aus 444 Einzelmessungen, 111 für jedes CRS.
38   Entnommen aus Kuck, CRS-Test, S.24.

Die Messung der kompletten *Arbeitsabläufe*, d.h. die Verfügbarkeitsabfrage der Route samt Availability des Rückflugs und Buchung beider Segmente stellt ein weiteres Testkriterium dar. Laut Testergebnis liegt hier Worldspan mit 7,8 Sekunden durchschnittlicher Gesamtzeit vor Galileo (10 sec.), Sabre (10,5 sec.) und Amadeus (14,2 sec.).

Allerdings sind diese reinen Geschwindigkeitsmessungen gerade im Hinblick auf qualitative Aspekte ein wenig differenzierter zu betrachten. So wird von den Testern vermutet[39], daß vor allem bei Amadeus der etwas höhere Zeitbedarf seinen Grund teilweise in der höheren *Datenverarbeitungsqualität* hat.

Der Übergang zu Personal Computern und von der starren Programm-Maske des Zentralsystems zu graphischen Nutzeroberflächen mit Klartexteingaben, vielen Hilfestellungen und Maus-Unterstützung, bedeutet für den Expedienten eine bedeutende Vereinfachung der Bildschirmarbeit und somit eine Verbesserung des *Bedienungskomforts*.

Für den geübten Anwender, der das jeweilige CRS im Normalfall im Profimodus bedient und die meisten Kommandos und Parameter auswendig kann, besteht bei allen vier CRS die Möglichkeit, per Online-Hilfe oder durch einen Blick ins Handbuch oder die Kurzübersicht Probleme zu lösen.

Weitere Unterstützung in diesem Modus erfolgt bei Galileo, Sabre und Worldspan über Windows. Durch die Nutzung mehrerer Fenster gleichzeitig wird beispielsweise das Ausschneiden von Abfrageergebnissen oder die weitere Nutzung in der Textverarbeitung ermöglicht. Bei Amadeus ist die Nutzung solcher Features im Moment nur über die aufpreispflichtige Nutzung der PC-Software AmadeusPro in der OS/2 Version möglich. Technologische Verbesserungen werden hier vor allem aufgrund der Fusion von AmadeusPro mit dem US-CRS System One erwartet.[40]

Wie bereits erwähnt, bieten alle CRS eine *Online-Hilfe* sowie sehr gute *Schulungsunterlagen* und *Handbücher* an. Das Galileo-Handbuch hebt sich von den anderen durch die Charakterisierung von Eingabefeldern ab, "die der Nutzer für weitere Bearbeitungen mit Drittprogrammen einsetzen kann"[41]. Die angebotenen Grundkurse finden in CRS-eigenen Trainingszentren statt und sind kostenlos. Weiterführende Schulungen sind im Regelfall kostenpflichtig.

---

39   Vgl. Kuck, CRS-Test, S.26.
40   Vgl. Kuck, CRS-Test, S.22.
41   Vgl. Kuck, CRS-Test, S.22.

Telefonische Help-Desks gibt es ebenfalls von sämtlichen CRS. Qualitätsunterschiede machen sich insbesondere bei der telefonischen Erreichbarkeit bemerkbar. Da diese immer wieder schwanken kann, sollte hier auf die Erfahrungen anderer Nutzer oder aktueller Berichte zu diesem Thema zurückgegriffen werden.

Ebenso wie in den anderen elektronischen Bereichen, stellen die vorgestellten Testergebnisse lediglich Momentaufnahmen (hier für das Jahr 1995) dar. Technische *Neuerungen* und *Verbesserungen* können jedoch laufend neue Situationen entstehen lassen. Im Zuge einer Entscheidungsfindung, welches CRS neu angeschafft oder auf welches CRS umgestiegen werden soll, sind diese zu berücksichtigen.

5.4.2.2 Reisevertriebssysteme

Reisevertriebssysteme stellen eine Art Mischung aus den zuvor beschriebenen CRS und den im nächsten Kapitel vorgestellten Software-Lösungen dar. Primär werden über Reisevertriebssysteme die Produktangebote verschiedener Leistungsträger aus den Bereichen Flug, Bahn, Pauschal- und Individualreisen, Fähren, Mietwagen, Bus, Hotel, Reiseversicherungen und Kreditkarten angeboten. Die meist sehr enge Zusammenarbeit mit einem bestimmten CRS ermöglicht außerdem den Zugriff auf das gesamte Leistungsangebot dieses CRS. Darüber hinaus bieten die Reisevertriebssysteme zusätzliche Leistungen an, die die Arbeit im Reisebüro unterstützen sollen. Dabei kann je nach System und Ansprüchen des Reisebüros auf zentrale oder dezentrale Dienste und Softwarelösungen der Systembetreiber zurückgegriffen werden.

5.4.2.2.1 Ausgewählte europäische Reisevertriebssysteme

Die Verbindungen von START mit dem CRS Amadeus in Deutschland und von Traviswiss mit Galileo in der Schweiz bedeuten, ähnlich der nationalen Marktdominanz der zwei CRS, auch für die beiden Vertriebssysteme eine monopolartige Stellung in ihren Heimatländern. Mit zunehmender Liberalisierung und aufkommenden globalen Wettbewerbsstrukturen öffnen sich diese Märkte jedoch auch verstärkt anderen Vertriebssystemen. In Form einer Kurzcharakteristik sollen die "alten" und "neuen" Wettbewerber kurz vorgestellt werden.

Seit dem Markteintritt 1979 hat sich *START*[42] schnell als führendes Reisevertriebssystem auf dem deutschen Touristik-Markt etabliert. Heute sind an START über

---

[42] Vgl. START, Geschäftsbericht 1994, S.4f.

14.000 Reisebüros angeschlossen. Mit Amadeus als Partner verfügt START über das marktführende CRS in Deutschland. Zu je einem Drittel sind die Deutsche Bahn, die Lufthansa Commercial Holding sowie die TUI an der START Holding beteiligt. Über 90 % aller Reisebüros in Deutschland sind an das START-System angeschlossen. Mit dem Aufbau von START-Tochtergesellschaften in Ländern wie Griechenland, Polen, Ungarn und Rußland sollen in Zukunft weitere Märkte erschlossen werden.

Das von der Tochtergesellschaft des Stinnes-Konzerns, der Stinnes-data Service GmbH, entwickelte Vertriebssystem *StiNET*[43] soll als modernes dezentrales Gegenkonzept zum großrechnerfixierten START-System die Vorteile der zunehmend leistungsfähigeren PCs und der intelligenten Netzwerke nutzbar machen. Insbesondere eine lokal gehaltene PC-Datenbank und die zentrale Datenverteilung via Satellit soll dem Reisebüro bei Arbeiten im Frontoffice-Bereich (z.B. Verbesserung der Vertriebssteuerung) eine Unterstützung bieten, die mit START nicht möglich ist. Allerdings schränkt StiNET seine Zielgruppe insoweit ein, als nur die großen touristischen Ketten angesprochen werden sollen. An kleinen und mittleren Reisebüros sowie am reinen Geschäftsreise-Business besteht bei Stinnes-data hingegen kein Interesse[44].

Umsatzschwächere und von StiNET vernachläßigte Reisebüros hat hingegen die Dillon Communication Systems GmbH mit ihrer Buchungssoftware *Merlin*[45] im Auge. So sollen mit Merlin vor allem kleinere Reisebüros und Non-IATA-Betriebe eine preiswerte Alternative zu den START-Buchungsterminals geboten bekommen. Insbesondere für Reisebüros mit einem bestimmten Sortiment und auch für Ketten mit spezifischer zentralisierter Organisation kann der Einsatz von Merlin, nicht zuletzt aus finanziellen Gründen, eine Alternative zum Branchen-Primus START sein. Derzeit sind 250 Reisebüros mit Merlin ausgestattet, das "Partner-" CRS ist Sabre.

Wie START in Deutschland hat *Traviswiss*[46] eine vergleichbar dominierende Stellung in der Schweizer Reisebranche. Das elektronische Reservations- und Bürokommunikationssystem wurde 1985 in Zusammenarbeit von Kuoni und Swissair aus dem Passenger Airline Reservation System (Pars) der schweizerischen Airline entwickelt. Heute sind etwa 800 Reisebüros mit diesem System ausgerüstet. CRS-Partner von Traviswiss ist Galileo.

---

43 Vgl. Bäuchle/Kuck, StiNET gegen START, S.8 ff.
44 Vgl. Bäuchle/Kuck, StiNET gegen START, S.7.
45 Vgl. o.V., Merlin, S.16 f.
46 Vgl. Reisebüro Kuoni, Geschäftsbericht 1993, S.33.

5.4.2.2.2 Leistungsspektren der wichtigsten Reisevertriebssysteme

Die Anfänge der Datenverarbeitung in deutschen Reisebüros prägten insbesondere die von START zur Verfügung gestellten Workstations, die lediglich eine Verbindung vom Anwender zum CRS und zu bestimmten Rechenzentren für Buchhaltungsarbeiten und dergleichen ermöglichten. Die fehlenden Speichereinheiten in diesen Workstations erlaubten jedoch keine individuelle Weiterverarbeitung der im Reisebüro anfallenden Daten.

Mit der Ausstattung von PCs der 286er, 386er oder 486er Generation, den entsprechend individuellen Gestaltungsmöglichkeiten und einem darüber hinausgehenden umfangreichen Leistungsangebot, bieten die Reisevertriebssysteme zunehmend Gesamtlösungen für die Arbeit im Reisebüro an. Die wichtigsten Leistungen der einzelnen Vertriebssysteme werden nachfolgend kurz vorgestellt.

START

Das Leistungsangebot[47] von START umfaßt eine auf die Betriebsgröße des Reisemittlers passende technische Ausstattung mit PC und Drucker sowie Software für alle Arbeitsabläufe. Mit Beratung vor Ort und vorgangsbezogener Hilfestellung wird das Leistungsangebot ergänzt. Die Kernleistung umfaßt im START System die elektronische Zugriffsmöglichkeit auf sämtliche touristische Leistungsanbieter, wobei insbesondere auf das komplette Leistungsangebot des CRS Amadeus zurückgegriffen werden kann. Für Besitzer eines START Vollterminals, d.h. eines Terminals mit den START Modus Funktionen, wird darüber hinaus ein umfassendes Leistungsspektrum zur Vereinfachung der Reisebüroarbeit angeboten.

Im Rahmen der *Verkaufsabwicklung* können für sämtliche Verkäufe im Reisebüro Belege erstellt werden. Neben der Erfassung der Kundendaten in sogenannten "Kundenprofilen" können zudem auf einem Beleg mehrere Leistungen für einen Kunden zusammengefaßt werden. Die automatische Berücksichtigung der Mehrwertsteuer, die mögliche Umrechnung der Beträge in Fremdwährungen sowie die Option zum Druck individueller Texte ergänzen das Spektrum der Verkaufsabwicklung.

Der *Zahlungsverkehr* kann sowohl bar als auch über Kredit, inklusive entsprechender Barverkaufsbelege bzw. Belege für Kreditverkäufe, erfolgen. START Cash vereinfacht darüber hinaus das bargeldlose Verkaufsgeschäft mittels einer speziell entwickelten Geräteeinheit.

---

47 Vgl. START Amadeus, Der START Modus, S.2-15; START, Die Leistungspalette, S.2-20; Bommer J., Kommunikationstechnik im Reisebüro, S.409-419.

166

Das *Verkaufsmanagement* von Reisebüros unterstützt START zentral über die Touristische Vorgangsverwaltung (TV) und die Zentrale Auftragsverwaltung (ZAV). Bei ersterer steht die Pflege der Kundendaten im Vordergrund, die Überwachung von Terminen und Zahlungen, statistische Übersichten und die Zahlungsabwicklung. Kundendaten werden in den Kategorien Firmenprofil (KD) und Reisendenprofil (KDP) erfaßt und können in den verschiedenen START Verfahren genutzt werden. Die "ZAV" erleichtert durch Zusammenfassen mehrerer Arbeitsschritte die Auftragsabwicklung im Flugbereich.

Umsatzstatistiken und Kassenbestände werden über START *Online* automatisch und sofort zusammengestellt. *Betriebsstellenfunktionen* ermöglichen die Änderung von Verfahrensabläufen durch das Reisebüro. Beispielsweise können so neue Expedientendaten oder Pflichtfelder für die Dateneingabe eingerichtet werden.

Über das START *Informations-System* und die daran angeschlossenen *Datenbanken* können Informationen abgerufen oder an andere START Nutzer, in Form elektronischer Mailings, versendet werden. Für die *Buchhaltung* werden vom START Modus alle relevanten Daten geliefert, die beim Ausstellen von Verkaufsbelegen anfallen. Dabei können die Daten direkt an das Servicerechenzentrum des Reisebüros oder an das Reisebüro selber übermittelt werden.

Der *Daten-Transfer* vortagesaktueller Servicedaten ist bei START via PC File Transfer möglich. So können die im START System produzierten Daten, z.B. Touristikdaten eines Reisebüros, in individuelle Reisebüro-Software übertragen werden. Diese Leistung ist allerdings kostenpflichtig.

StiNET

Für die Nutzung des Programmsystems StiNET[48] ist das vom Reisebüro selbst zu beschaffende, marktübliche PC-Equipment ausreichend. Die grafische Oberfläche arbeitet unter Windows. StiNET bietet derzeit den *Zugriff* auf 17 touristische Veranstalter und Marken, die über das bundesweit verbreitete Netzwerk Meganet der Stinnes AG direkt an StiNET angeschlossen sind. Per ISDN sollen auch die Reisebüros in diesen Verbund einbezogen werden. Der direkte Anschluß an START-Amadeus läuft bereits im Probebetrieb, die übrigen drei CRS Galileo, Worldspan und Sabre können bei Bedarf des Reisebüros über Meganet ebenfalls verfügbar gemacht werden. Der START-Zugriff wird auch für absehbare Zeit noch notwendig sein, da das Leistungsangebot von StiNET bisher noch sehr begrenzt ist.

---

[48] Vgl. Buchholz, Entwicklung eines Touristikvertriebssystems, S.389 ff; Bäuchle/Kuck, StiNET gegen START, S.8 ff.

Die *Rechnerleistungen* und die "*Drehscheibenfunktion*"[49] zu den verschiedenen Leistungsträgern liegen bei StiNET nicht auf einem zentralen Rechnersystem, sondern auf dem PC-Netzwerk im Reisebüro selbst.

Eine Kombination aus zentral und dezentral angelegten *Informations- und Datenbanken* ermöglicht für den *Backoffice-Bereich* die zentrale Abrechnung mit den Leistungsträgern (inkl. Provisionssteuerungen und Umsatzwerte für Staffelprovisionen) und die dezentrale, d.h. lokale buchhalterische Erfassung und Bearbeitung der Kundenabrechnungen in jedem einzelnen Reisebüro.

Für den *Frontoffice-Bereich*, d.h. insbesondere zur Unterstützung der Beratungstätigkeit der Expedienten, werden Informationen lokal in einer computerunterstützten auswertbaren Form zur Verfügung gestellt. Dies erfolgt zum einen über die Nettotarifdatenbank FarNET mit direkter Buchungsmöglichkeit bei Worldspan und zum anderen über die Datenbank TourDB mit dem gesamten touristischen Angebot der angeschlossenen Veranstalter. Die tägliche Aktualisierung dieser, in CD-ROM-Technologie abgespeicherten, touristischen Datenbank, soll über die satellitengestützte Datenverteilung teleCast erfolgen. Durch die Speicherung der entsprechenden Kriterien wie Termine, Preise und Verfügbarkeiten als Datenbestand auf lokalen Magnetplatten, kann ein Update der Daten einmal täglich in der Nacht via Satellit erfolgen. Allerdings ist das System grundsätzlich so konzipiert, daß Vakanzstatusveränderungen auch im Real-time-Modus[50] möglich sind, d.h. Updates im Sekundenrhythmus erfolgen können.

Das Konzept von TourDB ermöglicht dem Expedienten den gleichzeitigen Zugriff auf die Angebote mehrerer Veranstalter und die Selektion nach den vom Kunden genannten Kriterien (z.B. Termin, Zielgebiet, Unterkunft, Reiseart, Preis etc.). Eine Tarifdatenbank für Versicherungen, die anhand von Reisedauer und -preis die Versicherungsgebühr automatisch errechnet und in eine Buchungsmaske stellt, ist ebenso vorhanden.

Eine besondere Stärke von StiNET ist die Möglichkeit der Sammlung umfangreicher *Kundendaten*. Eine lokale Kundendatenbank speichert neben den üblichen Adreßdaten auch Geburtstag, Anzahl der Kinder, Beruf, vier verschiedene Hobbys, Kennzeichen zur Sperrung für Mailings, Konto des Kunden und die Historie der bisher erfolgten Buchungen. Während diese Daten bei StiNET über Jahre speicherbar sind, erfolgt bei START eine zentrale Speicherung der Kundendaten lediglich über die letzten 3 Monate.

---

[49] Vgl. Buchholz, Entwicklung eines Touristikvertriebssystems, S.394.
[50] Vgl. Buchholz, Entwicklung eines Touristikvertriebssystems, S.403.

Eine Buchungsmaske für mehrere Leistungen und Reisende für einen Veranstalter ermöglicht die Vorbereitung einer *Online-Buchung* und speichert Buchungen nach dem Abschluß in einer Leistungsdatei ab.

Im *Zahlungsteil* ist die Barzahlung des Kunden vorgesehen mit Lastschrifterklärung des Kunden. *Ausgedruckt* werden können Reiseanmeldung, Bestätigung und Kassenzettel. Insbesondere Mängel bei der Datensuche[51] lassen den *Bedienungskomfort* als noch nicht optimal erscheinen. Die im Vergleich zu START gravierend langsameren Bearbeitungszeiten ergeben sich vor allem aufgrund des umständlicheren Aufbaus der Informationen. So muß die Abfrage zunächst im lokalen PC vorbereitet werden, dann wird die Leitung über Meganet aufgebaut und danach erst können die Daten an den Veranstalterrechner abgesendet werden. Für Transaktionen zu den Veranstaltern braucht StiNET daher im Durchschnitt etwa anderthalb mal so lang wie START[52].

Merlin

Das Reisevertriebssystem Merlin[53] arbeitet unter der Benutzeroberfläche Windows und wird auf den reisebüroeigenen Standard PCs installiert. Die Vorzüge der Arbeit unter Windows (Multitaskingfähigkeit etc.) treffen auch für PC-Arbeiten, wie beispielsweise Reisezusammenstellungen, unter Merlin zu.

Die *Online-Verbindung* zum CRS Sabre, sowie der Zugriff auf über 50 große und kleinere Veranstalter, vier Charterfluggesellschaften und sechs Busreiseveranstalter erfolgt über Modemleitung oder ISDN-Schaltung. Die Sabre Funktionen beschränken sich allerdings nur auf Verfügbarkeitsfunktionen und Buchungen. Für den kompletten Zugriff auf sämtliche Sabre-Funktionen inkl. Ticketausdruck ist die übliche Sabre-Voll-Lizenz Voraussetzung.

Für *Backoffice-Arbeiten* ist eine eigene Software notwendig, da Buchungs- und Kundendaten nicht zentral (wie bei START) speicherbar sind. Für größere Reisebüros mit Jahresumsätzen von über 30 Millionen Mark soll die *finanztechnische Aufarbeitung* in Zukunft von Stinnes-data erfolgen. Voraussetzung ist in diesem Fall die Zusammenarbeit des Reisebüros mit Stinnes.

Für kleinere Reisebüros soll ähnlich wie bei StiNET die *Datenhaltung* dezentral, möglichst auf einem lokalen Netz, erfolgen. Entsprechende Abrechnungs- und Zugriffslösungen für die Veranstalterabrechnungen sind in der Entwicklung. Für die *Kundenabrechnungen* benötigt das Reisebüro eine eigene Software.

---

51 Vgl. Bäuchle/Kuck, StiNET gegen START, S.14.
52 Vgl. Bäuchle/Kuck, StiNET gegen START, S.14.
53 Vgl. o.V., Merlin, S.16 f.

Die *Response-* bzw. *Abwicklungszeiten* zu den Leistungsanbietern wurden für dieses Vertriebssystem empirisch nicht genau gemessen. Allerdings lassen erste Buchungsversuche[54] mit Merlin durchaus gute Geschwindigkeiten für die Zukunft erwarten.

Einen kompletten Ersatz für START kann jedoch auch Merlin für die meisten Reisebüros noch nicht bieten. So ist beispielsweise ein Reisebüro mit TUI- und Bahn-Angebot nach wie vor auf mindestens ein START-Terminal angewiesen, ebenso wie auf die zusätzliche Software für die gesamte Backoffice-Verwaltung.

Traviswiss

Traviswiss[55] bietet, wie die deutschen Reisevertriebssysteme auch, Lösungen sowohl für den Frontoffice- als auch für den Backoffice-Bereich.

Wichtigstes Element für den Frontoffice-Bereich ist *Vendor Link*. Mit diesem Leistungsträger-Verbund wird die Möglichkeit geboten, von einem Traviswiss Arbeitsplatz aus via Traviswiss/Swissair Host verschiedene Reiseleistungen zu buchen oder Informationen abzufragen. Die Vendor Link Funktionen umfassen die Möglichkeit der Reservation von Sitzplatz-, Couchette- und Schlafwagen der SBB sowie Fahrplaninformationen, der Tätigung von "Tourbo" Tour Operator Buchungen via HOST EDV Treuhand/Toursol, der Ausstellung von Versicherungspolicen, der direkten Buchungsmöglichkeit bei verschiedenen "Tourbo" Tour Operator sowie des Anschlusses an Galileo mit der Möglichkeit, RoomMaster, CarMaster, Leisure und Air Vendor Buchungen vorzunehmen.

Fünf verschiedene Backoffice-Produkte unterstützen das Reisebüro vor allem im Rahmen der Kundenverwaltung, -betreuung und -abrechnung. Basis dieser Angebotspalette stellen die Produkte *Kundenstamm* und *Guided Booking* dar. Während mit Hilfe von *Kundenstamm* sämtliche vom Reisebüro erfaßten Kundendaten auf dem HOST-Rechner gespeichert werden können, steht *Guided Booking* für die automatische Buchung direkt aus dem Kundenstamm ins Galileo System zur Verfügung. Mit *Mailing* können Kundendaten nach unterschiedlichen Kriterien selektiert, sortiert und in das lokale System transferiert werden. Darüber hinaus können Listen oder fertig aufbereitete Adressen für Serienbriefe ausgedruckt werden. Unter der Bezeichnung *OPAL* (Order Processing and Invoicing) wird die Auftragsbearbeitung und Belegerstellung verstanden, die auf Basis der Stammdaten erfolgen. Diese werden durch das Reisebüro so definiert, daß sie dessen Anforderungen an Verarbeitung der unterschiedlichen Auftragspositionen, Kontierung für das Rechnungswesen sowie Gestaltung der auszudruckenden Belege entsprechen. Zusätzlich besteht die Möglichkeit,

---

54   Vgl. o.V., Merlin, S.17.
55   Vgl. Traviswiss, Informationsbroschüren.

Schnittstellendaten von Filialen an eine zentrale Stelle zu liefern. Mit *ALF* (Accounting Link Facility) bietet Traviswiss eine Schnittstelle von *OPAL* in ein Buchhaltungssystem. Zahlungen können so in das Rechnungswesen übergeleitet und auch wieder retour in *OPAL* verbucht werden. Alternativ zu *OPAL* bietet Traviswiss *OPI-LIGHT*. Dieses Produkt ist für Reisebüros gedacht, die von einem vereinfachten automatischen Ablauf profitieren, jedoch keinen Aufwand mit der Stammdatenverwaltung haben möchten. Die Stammdaten sind hier standardisiert und von Traviswiss fix eingegeben, eine Schnittstelle zur Buchhaltung ist bei *OPI-LIGHT* nicht möglich.

Mit unterschiedlichen *Access Products* (Zugriffsprodukten) bietet Traviswiss die individuelle Abstimmung des Reisevertriebssystems auf die Ansprüche und Bedürfnisse des Reisebüros. Je nach Zahl der eingesetzten Arbeitsstationen, der Anzahl der benötigten Traviswiss- und/oder Galileo-Zugriffe sowie der Nutzung eigener oder fremder Hardware, kann das Reisebüro zwischen den Zugriffsprodukten Travi Focalpoint, Travi Dynamic, Travi Remote, Galileo Remote, Travi Access oder Travitel wählen.

Vor allem für Reisebüros mit kleinerem Buchungsvolumen und für Firmenreisestellen stellt *Travitel* eine sinnvolle Lösung dar. Mit diesem Reservationssystem wird der direkte Zugang ins Galileo Informations- und Reservationssystem sowie auf das Traviswiss Touroperator-Buchungssystem TOURBO ermöglicht. Der Datenaustausch erfolgt über das öffentliche Datennetz Telepac. Die für den Betrieb nötige Hard- und Software wird vom Benutzer selber beschafft. Travitel ist auf jedem handelsüblichen PC der neueren Generation installierbar, wobei IBM-Kompatibilität empfohlen wird. Auch ist grundsätzlich jede handelsübliche Kommunikationssoftware geeignet, die die VT 100 Emulation unterstützt.

5.4.2.3 Dezentrale System- und Softwarelösungen

Im Verlauf der letzten Jahre hat sich die Vielfalt und das Angebot dezentraler Softwarelösungen stark weiterentwickelt. Gegenstand heutiger Softwareangebote sind Programme für Backoffice- und Frontoffice-Arbeiten. Die Angebotspalette umfaßt dabei sowohl Lösungen für den Reiseveranstalter- als auch den Reisemittlerbereich. Insbesondere größere Reisebüroketten versuchen in diesem Bereich, über umfassende und durchgängige Softwarelösungen Wettbewerbsvorteile bzw. Rationalisierungspotentiale zu realisieren[56].

---

56 Vgl. Bommer, Kommunikationstechnik im Reisebüro, S.423.

Im Rahmen eines im Jahr 1993 erstmals durchgeführten PC-Software-Tests konnten zwei grundlegende Trends[57] bei der Entwicklung touristischer PC-Software festgestellt werden. Im hart umkämpften deutschen Software-Markt hat zum einen ein schneller und gründlicher Reinigungsprozeß eingesetzt. Die Konsequenz sind weniger Anbieter mit zuverlässigeren Produkten. Zum zweiten ist eine zunehmende Professionalisierung der Anbieter und ihrer Produkte auszumachen, weshalb eine steigende Qualität der Produkte zu verzeichnen ist.

Im Sinne eines umfassenden Managements der Dienstleistungsqualität sollte bei der täglichen PC-Arbeit eine explizite Trennung von Frontoffice- und Backofficetätigkeiten unterlassen werden. Vielmehr kann durch den wohlüberlegten PC-Einsatz und der dazugehörigen Software eine Bündelung der Kräfte zu übergreifenden Tätigkeiten realisiert werden. Entsprechend einem solchen bereichsübergreifenden PC-Einsatz gilt es aber auch, den Expedienten bereichsübergreifend einzusetzen, indem dieser in Leerlaufzeiten mit Verwaltungsarbeiten, wie z.B. dem Kassenabschluß oder der Kundendatenpflege betraut wird. So bekommt der Mitarbeiter ein ganzheitliches Verständnis für alle Vorgänge, die im Reisebüro ablaufen, und die indirekt oder direkt auf die Qualität der erbrachten Dienstleistung Einfluß nehmen.

Auch wenn für den Umgang mit beiden Systemtypen eine ganzheitliche Betrachtungsweise empfohlen wird, ist es aufgrund des derzeitigen technischen Standes der Dinge notwendig und zum besseren Überblick zweckdienlich, Backoffice- und Frontoffice-Systeme getrennt zu betrachten. Zudem bietet kaum ein Software-Hersteller Gesamtkonzeptionen von Software-Produkten an, die das komplette Anforderungsspektrum sowohl im Frontoffice- als auch im Backoffice-Bereich zufriedenstellend erfüllen können.

5.4.2.3.1 Touristik-Verwaltungssoftware

Die am Markt erhältlichen Verwaltungssoftwareangebote unterscheiden sich in Qualität und Güte teilweise erheblich. Aus diesem Grund wird nachfolgend dargestellt, welche Anforderungen eine Verwaltungssoftware erfüllen sollte, um die Dienstleistungsqualität im Reisebüro positiv zu beeinflussen. Eine qualitativ hochwertige und die Dienstleistungsqualität im Reisebüro eindeutig steigernde Verwaltungssoftware bietet dabei neben einigen allgemeinen Funktionen insbesondere Unterstützung in den Bereichen Vorgangs-, Veranstalterdaten- und Kundenverwaltung, kann Hilfestellung auf dem Gebiet Marketing und Statistik leisten, vereinfacht den Zahlungsver-

---

[57] Vgl. o.V., Bestnote, S.11.

kehr mit Kunden und Leistungsanbietern und ermöglicht eine Optimierung der EDV-Nutzung im Reisebüro mittels zusätzlicher Dienste wie Daten-Sicherung, Software-Steuerung und Schnittstellen-Management.[58]

Im *allgemeinen* ist das Handbuch einer guten Verwaltungssoftware in der Muttersprache des jeweiligen Reisebüros verfaßt und wird in seiner Qualität den geforderten Ansprüchen gerecht. Eine zusätzlich angebotene Online-Hilfe kann dabei das Handbuch zwar nicht ersetzen, ist aber trotzdem nützlich. Neben dem "fit" mit eventuell im Reisebüro bereits vorhandenen Oberflächen (z.B. Windows) ist die Bedienung der Software schlüssig und funktional. Dies betrifft v.a. den Arbeitsaufbau und die Multitaskingfähigkeit, d.h. die Möglichkeit, verschiedene Programme gleichzeitig auf einem Rechner laufen zu lassen. Ein Entwicklungssprung im Bereich der Multitaskingfähigkeit wird für 1996 erwartet[59] und wird zunehmend größere Bedeutung bei der Entscheidung für oder gegen ein Software-Angebot erlangen.

Die *Vorgangsverwaltung* beinhaltet die Erfassung und Bearbeitung von Buchungen oder Vorgängen im weitesten Sinne. Insbesondere die Einfachheit des Buchungsvorgangs, die nachträgliche Bearbeitungsmöglichkeit eines Vorgangs bei Änderungen und die Einfachheit von Stornierungen (wenn die Rechnung also bereits ausgestellt wurde) ist hierbei sichergestellt. Des weiteren arbeitet eine hochwertige Software genau und sicher und besitzt die Fähigkeit, gemischte Rechnungen zu erzeugen. Die maximale Menge der Leistungen eines Vorgangs sowie die größtmögliche Menge der Personen pro Leistung ist abhängig von den eigenen Ansprüchen und entsprechend zu bewerten.

Im Bereich der Dokumentenverwaltung besitzen gute Software-Angebote die Fähigkeit, ein- und ausgehende Dokumente zu datieren oder deren Fehlen zu überprüfen, sowie Voucher zu drucken. Je nach Abnehmer der Software, können darüber hinaus bestimmte Druckanforderungen erfüllt werden, wie z.B. die Möglichkeit des Ausdrucks von Hotelvouchern oder Versicherungsscheinen.

Im Rahmen der Statusverwaltung sind die Waitings und Optionen sowie deren Behandlung entscheidend. Die für Reisebüros juristisch unumgänglichen Reiseanmeldungen bewerkstelligt eine gute Software ebenso, wie die Bestätigung bzw. den Rechnungsdruck.

---

[58] Die Darstellung der technisch möglichen und teilweise gängigen Eigenschaften von Reisebüro-Software erfolgt in Anlehnung an die von TOURISTIK-Report entwickelten Testkriterien für PC-Software-Tests; vgl. hierzu o.V., Die Testkriterien, S.10-17.
[59] Vgl. o.V., Software-Preise, S.42 sowie Hoffmann, Mehr netzwerkfähige Programme, S.23.

Im Bereich der finanztechnischen Funktionen eines Softwareangebotes sind insbesondere die automatisierten Kontrollvorgänge von Interesse. Dabei geht es um die Möglichkeiten der Vor- und Nachkalkulation sowie die Umsatzsteuerbehandlung und Prüfung gegenüber dem Leistungsträger.

Eine hochwertige *Veranstalterdaten-Verwaltung* ist grundsätzlich in der Lage, Adressen und Kommunikationsdaten ausführlich darzustellen, erhaltene Provisionen abzuspeichern sowie die Provisionen umsatz- oder sachbezogenen zu verwalten. Die automatische Steuerung von Veranstalterinkasso kann darüber hinaus ebenso geleistet werden, wie die Verwaltung der Kickbacks oder Incentives.

Die Qualität der *Kundenverwaltung* richtet sich nach der Erfaßbarkeit der Adressen und Kommunikationsdaten, der Möglichkeit der Provisionsweitergabe an andere Büros, der Möglichkeit, Kunden nach beliebigen bzw. selbst gewählten Kriterien auszuwählen und der Möglichkeit, nach einem bestimmten Kunden schnell und anhand verschiedener Merkmale zu suchen. Die für die Praxis ebenfalls interessanten Mitreisenden sind als potentielle Kunden häufig ebenfalls speicherbar. Die Möglichkeit der Verwaltung einer Kundenhistorie, die z.B. darüber informiert, wo der Kunde bereits war bzw. welche touristischen Neigungen er hat, läßt die Qualität einer Reisebüro-Software zusätzlich steigen.

Im Bereich *Marketing und Statistik* werden die Fähigkeiten einer Software bewertet, aus den gespeicherten Daten verschiedene Ergebnisse zu ziehen. Eine allgemeine Umsatzstatistik (monatsweise und mit Vorjahresvergleich) gehört ebenso dazu, wie eine Mitarbeiterstatistik (evtl. mit Daten für die provisionsbezogene Gehaltsabrechnung). Des weiteren kann sowohl eine Kunden- als auch eine Lieferantenstatistik integriert sein, die Aussagen über die jeweils besten bzw. schlechtesten Kunden bzw. Lieferanten zulassen. Die Möglichkeit der Gegenüberstellung von Verkauf und Einkauf mit dem voraussichtlichen Ertrag wirkt ebenso qualitätssteigernd auf die Software, wie das Vorhandensein und die Übertragbarkeit von speziellen Kunden-, Veranstalter- und Lieferantendaten (Umsatz, Paxe etc.), oder die Selektionsmöglichkeiten der Kunden nach Umsatzkriterien, Reisezielen und Interessen/Gruppen für gezielte Mailingaktionen.

Der Bereich *Zahlungsverkehr* ist bei der Software auch dann wichtig, wenn das Reisebüro über keine eigene Finanzbuchhaltung verfügt, sondern diese einem Steuerberater oder einer Buchhaltungsgesellschaft (wie DERDATA, Stinnes-Data etc.) überläßt. Das Reisebüro muß auch in einem solchen Fall immer über den (finanziellen) Stand der Dinge auf dem laufenden sein. Beginnend mit der Kassenverwaltung geht es darum, ob es grundsätzlich ein Kassenbuch gibt, einfache Ausgaben aus dem Barbestand (Portokosten etc.) verwaltet werden können, Bareinzahlungen von Kunden direkt in den Vorgang geschrieben und in die Kasse gebucht werden können und umgekehrt, und ob Quittungen sofort ausgedruckt werden können. Darüber hinaus besteht häufig auch die Möglichkeit der Erfassung der Ein- und Abgänge der Bankkonten (z.B. Kundenzahlungen, Mitabbuchungen etc.).

Grundsätzlich hat eine Software im Finanzbereich die Annahme einer Anzahlung und der Restzahlung (möglichst dokumentiert) zu bewerkstelligen. Können mehr als fünf Personen auf einen Vorgang einzahlen oder ist sogar die automatische Abbuchung möglich, so wird ein wichtiges Kriterium v.a. für Büros mit starkem Agenturgeschäft oder Firmendienst erfüllt.

Auch teilweise notwendige Mahnungen können von einer guten Reisebüro-Software ausgestellt werden. Hier ist, ebenso wie eine geforderte Anzahlung, auch die Restzahlung im System mahnbar. Auch ist die Verwaltung von Schecks grundsätzlich möglich, wie auch der Umgang mit Kreditkartenzahlungen (sowohl Abrechnung mit der Kartengesellschaft als auch hinsichtlich des finanziellen Verhaltens der Veranstalter). Überweisungen oder Übermittlungen von Schecks an den Veranstalter/Leistungsträger können von solchen Systemen häufig ebenfalls produziert werden.

Eine gute Verwaltungssoftware kann Abbuchungen von Reiseveranstaltern auf die einzelnen Vorgänge verteilen und im Rahmen der Bankkontenverwaltung die entsprechende Summe ausweisen. Ebenso können Barzahlungen verwaltet und nach dem Vorgang in der Kasse eingetragen werden. Die Übergabe der Daten an eine gesonderte eigene Finanzbuchhaltung oder in das entsprechende Format fremder Buchhaltungsorganisationen (wie DERDATA, Datev etc.) ist bei Bedarf grundsätzlich auch möglich.

In den Bereich der *Dienste* fallen Daten-Sicherheit und Steuerungsmöglichkeiten der Software. Für erstere ist vor allem von Bedeutung, daß die gespeicherten Daten permanent auf einem externen Medium gesichert werden, d.h. die Software den Benutzer auf diese Möglichkeit hinweist. Für die Sicherung von Daten gibt es unterschiedliche Verfahren: Generationenverfahren, Teil- oder Vollsicherung. Die Organisation des Datenzugriffs, wie beispielsweise durch Paßwortvergabe, hängt von den individuellen Wünschen der Benutzer ab und ist auf diese abstimmbar.

Gute Programme ermöglichen außerdem Spielräume bei der Farbsteuerung (Einstellung der Monitorfarben) ebenso wie eine "sachbezogene" Druckersteuerung per Software, die die automatische Zuordnung der Druckaufträge auf bestimmte Drucker übernimmt (z.B. alle Rechnungen über Drucker 1 etc.).

Der Umfang der möglichen Textverarbeitung und der Zugriff auf Tabellen (z.B. mit Zwei- und Drei-Letter-Codes für Airlines und Flughäfen) hängt vor allem von den Anforderungen und Erwartungen des Reisebüros ab und ist entsprechend zu bewerten.

Im Bereich des *Schnittstellen-Managements* geht es um das Vorhandensein von direkten Schnittstellen (CRS-Interfaces) zu den Computer-Reservierungs-Systemen (CRS), und somit um die Datenübernahme aus diesen Systemen. Wichtig ist für das Reisebüro natürlich vor allem die Existenz eines Interfaces zu "seinem" CRS (Amadeus, Galileo, Sabre oder Worldspan). Dabei ist wichtig, daß die Software auf der Hardware des jeweiligen CRS eingesetzt werden kann oder der Einsatz des CRS auf der Anlage des Benutzers möglich ist.

5.4.2.3.2 Reiseinformations- und Marketingsysteme

Während die zuvor beschriebenen Eigenschaften einer guten touristischen Verwaltungssoftware primär den Backoffice-Bereich betreffen, stellen Reiseinformations- und Marketingsysteme Technologien dar, die direkt auf den Kern der Dienstleistung im Reisebüro, nämlich die Beratung, positiven Einfluß nehmen sollen. Die Darstellung von Möglichkeiten[60], die die Technik im Frontoffice-Bereich bieten kann, gibt einen Einblick in das zur Verfügung stehende technische Potential. Bei entsprechender Nutzung dieses Potentials kann auch die Prozeßqualität im Reisebüro direkt verbessert werden.

Kundendateien

Die zuvor bereits beschriebenen Aspekte der Kundenverwaltung decken nicht alle Möglichkeiten ab, die einem Reisebüro mit der Nutzung von Kundendaten offenstehen. Während im Backoffice-Bereich die Erfassung von Kundendaten vor allem Verwaltungs- und Statistikzwecken dient, interessieren an dieser Stelle insbesondere die Möglichkeiten der qualitätssteigernden Nutzung von Kundendaten.

Wichtigste Option der Kundendatenpflege ist die Erfassung der *Buchungshistorie* in sogenannten customer profiles[61], die im Firmendienst bereits weit verbreitet sind. Inhalt eines customer profiles sind v.a. die bevorzugten Vorlieben und Einschränkungen des Kunden, wie z.B. "immer Business Class, Fenster, Nichtraucher, vegetarisches Essen, Mittelklasse-Mietwagen, Hotelzimmer zwischen 5. und 10. Stock-

---

60   Die Auflistung dieser Möglichkeiten und Produkte erfolgt zum Teil auf Basis folgender Quelle: o.V., Informations- und Marketingsysteme, S.90 ff.
61   Vgl. z.B. "AmadeusPro".

werk etc.". Gespeicherte Kundendaten dienen aber auch einer gewissen Arbeitserleichterung für den Expedienten, wie z.B. die gespeicherte Art der Kreditkarte, die Kreditkarten-Nummer, Währungstabellen etc.. Die Servicequalität kann mittels solcher customer profiles eindeutig verbessert werden, da der Kunde sicher sein kann, daß seine Wünsche automatisch immer berücksichtigt werden.

Für *Mailingaktionen* kann eine kundenbezogene PC-Datenbank[62] Daten wie Buchungs- und Reisedatum, Reisedauer, Expedient, Personenzahl, Veranstalter, Zielgebiet, Beförderungs- und Reiseart sowie Reisepreis beinhalten. Auch können Buchungsänderungen oder Stornierungen automatisch vorgenommen werden. Neben der Übersicht über Verkaufszahlen bietet die Unterscheidungsmöglichkeit nach Adressen, Beförderungsarten, Reisearten oder Zielgebieten eine gute Grundlage für Mailingaktionen. Um Doppeleingaben zu vermeiden, ist häufig die Übernahme der Daten in eine Standard-Textverarbeitung möglich.

Vermittlungs- und Informationssysteme für Flugleistungen

Für Last-Minute-Reisebüros interessant sind Programme[63] für Reisemittler und -veranstalter, die die *Last-Minute-Angebote* der Veranstalter und Consolidators auf elektronischem Weg einsammeln und diese mit den notwendigen Ergänzungen über Modem an die angeschlossenen Reisebüros weitergeben.

Im Bereich der *Flugtouristik* besteht die Möglichkeit der elektronischen Suche der für den Kunden optimalen Pauschalreise[64]. Die Eingabe der Kundenwünsche bezüglich Reiseziel, Abflugdatum und Flughafen, Dauer, Verpflegungsart, Zimmerkategorie und die Anzahl der Auswahlprodukte ermöglichen dabei einen schnellen Überblick über den nahezu vollständigen Veranstaltermarkt.

Bei der Suche nach der optimalen *Linienflugverbindung* können mittels Software[65] unterschiedliche Abflugs- und Ankunftsorte berücksichtigt sowie fluglinienübergreifende Verbindungen angezeigt werden. Gesamtreisezeit-berechnungen, Darstellung von Anschlußflügen, Flugdauer und Angabe der Abflugs- und Ankunftszeiten (jeweils in Ortszeit) sind ebenfalls über PC möglich.

Schnelle papierlose *Information sowohl im Linien- als auch im Charterflugbereich* bieten vor allem modulartig aufgebaute Software-Produkte[66]. Entsprechend der Eingabe von Ziel, Buchungsklasse, Abflughafen, Airline, Tag und Stopps können über

---

62 Vgl. z.B. "File Transfer Touristik".
63 Vgl. z.B. "Hitch-Hiker-Last-Minute".
64 Vgl. z.B. "VISTA".
65 Vgl. z.B. "Aral-Flugverbindungen International" oder "AirQuest".
66 Vgl. z.B. "Partners.Travel Flug, - Linie, - Charter".

Datenbank alternative Flugdaten sowie die Preise bei den verschiedenen Anbietern bzw. Consolidators abgefragt werden. In einem Travel-Management-Modul können die erfragten Daten dann weiterverarbeitet werden.

Informationssysteme[67] zur *Verwaltung und Kalkulation von Flugtarifen* haben die Vermeidung des Wühlens in unzähligen Preislisten der Consolidators und Fluggesellschaften zum Ziel. Dabei kann vor allem bei Neueingabe, Kalkulation und Aktualisierung der Flugpreise Zeit und Arbeit eingespart werden.

Sogenannte, aus den USA stammende *Roboting-Tools*[68] nehmen den Expedienten Arbeiten ab, die sich kontinuierlich wiederholen. Diese Programme[69] arbeiten im verborgenen und führen permanent bestimmte Arbeitsschritte, wie beispielsweise immer wiederkehrende Abfragen an das CRS aus. Plausibilitätsüberprüfungen von Buchungen sind ebenso möglich, wie die Verwaltung von Wartelisten. In diesem Fall wird ein frei werdender Platz automatisch vom Computer gebucht. Die Suche nach speziellen Plätzen am Fenster oder für Raucher kann von diesen Programmen ebenso durchgeführt werden, wie die Suche nach günstigeren Tarifen für einen bereits gebuchten Flug, was bei erfolgreichem Abschluß zu einer automatischen Umbuchung führt.

Vermittlungs- und Informationssysteme für weitere Leistungsangebote

Im Bereich der *Bahnleistungen* bieten *elektronische Kursbücher*[70] komplette Fahrplanauskünfte und Städteverbindungen der nationalen Bahnen. Diese sind in der Lage, die gewählten Bahnverbindungen durch Kennzeichnung der Orte *graphisch*[71] aufzubereiten. Möglich ist dies für ein umfassendes europäisches Streckennetz inklusive der Abfahrts- und Ankunftszeiten, Zugnummern und anderen Informationen.

Elektronische *Hotel-Buchungssysteme*[72], rein informative, auf PC gespeicherte *Hotel- und Restaurantführer*[73] sowie zusätzlich abrufbare Adressen von *Touristeninformationszentren*[74] dienen ebenfalls der Unterstützung im Beratungsgespräch. Die erste Variante ermöglicht neben der Information die direkte Buchung des Hotels über Modem-Leitung oder über ein bestimmtes CRS. Mit der Installation von Hotel- und Restaurantdatenbanken zu Informationszwecken wird eine schnelle Übersicht ermöglicht. Die Suche und Auswahl der Hotels bzw. Restaurants kann nach beliebigen

---

67 Vgl. z.B. "C.A.T.S.dTicket2.0".
68 Vgl. o.V., Die Roboter, S.106.
69 Vgl. z.B. "AQUA".
70 Vgl. z.B. "DB-Städteverbindungen, DB-Kursbuch".
71 Vgl. z.B. "Aral-Bahnverbindungen Deutschland bzw. Europa".
72 Vgl. z.B. "HRS-Hotel-Online" bzw. "HotQuest".
73 Vgl. z.B. "Mitsubishi Hotel- und Restaurantführer".
74 Vgl. z.B. "Aral - Schlemmen und Schlummern in Deutschland".

Auswahlkriterien erfolgen. Im Dialogverfahren können z.B. Reiseziel, Preisvorstellungen, spezielle Wünsche wie Tennisanlagen etc. und anderes eingegeben werden. Die in Frage kommenden Hotels werden dann vom Computer aufgelistet, wobei zusätzliche Informationen zu jedem Hotel möglich sind. Wie bei ausgereiften Bahninformationssystemen ist bei den angesprochenen *Hotelinformations-systemen*[75] auch eine graphische Veranschaulichung möglich. So kann beispielsweise die Anreise mit Hilfe einer Landkarte und geographischer Darstellung der Orte sowie durch eine Anfahrtsskizze erleichtert werden. Des weiteren ist eine Umkreissuche möglich, die Alternativen darstellt, falls das gewünschte Hotel ausgebucht ist.

In seiner Funktionalität noch einen Schritt weiter geht eine PC-basierte Systemlösung[76] zur Organisation der *Vermittlung von Ferienwohnungen*, Ferienparks sowie zur Vermittlung von Abschreibungsobjekten jeder Art, wie Wohnmobile und Yachten. Neben einer Ganzjahres- und einer Zweimonats-Übersicht wird zusätzlich eine Adreßverwaltung, Inkasso, Eigentümerabrechnung, Informationsausgabe geboten, sowie die Unterstützung des Reisebüros bei Verwaltungsarbeiten im Vermiet- und Vermittlungsbereich von Mietobjekten.

Die gespeicherten Daten sämtlicher *Mietwagenfirmen* sind ebenfalls bereits auf dem Markt[77]. Die Sortierung aller Mietwagentarife und -bedingungen nach Ländern erleichtert die Übersicht, die Kalkulation der Brutto- und Nettotarife wird wesentlich vereinfacht und die Verwaltung von saisonalen Preisen und Spezialraten ermöglicht zu jeder Zeit den Zugriff auf die aktuellen Preise.

Serviceleistungen

Ein Service, der in den meisten Fällen nicht direkt Geld bringt, der jedoch ein gutes Instrument zur Kundenbindung darstellt, ist ein *elektronischer Routenplaner*. Auf Diskette[78] gespeicherte Straßenverbindungen mit Orten in ganz Europa, sämtlichen Straßennummern, Entfernungskilometern und der benötigten Reisedauer, ermöglichen die automatische Erarbeitung alternativer Routen, die zur Veranschaulichung graphisch dargestellt werden können. Eine Art mitdenkende Atlanten stellen Programme[79] dar, die mit der Eingabe eines Start- und eines Zielortes, mehrerer Unterbrechungen, der gewünschten Reisegeschwindigkeit und dem bevorzugten Straßentyp Autorouten für das gesamte europäische und amerikanische Straßennetz ausarbeiten können.

---

75 Vgl. z.B. "Mitsubishi Hotel- und Restaurantführer".
76 Vgl. z.B. "TIBOS".
77 Vgl. z.B. "CarQuest".
78 Vgl. z.B. "Aral Straßenverbindungen Deutschland bzw. Europa".
79 Vgl. z.B. "Auto Route Express" bzw. "Auto Route Windows".

Informationen über bestimmte *Zielgebiete* lassen sich heute über verschiedene Programme abrufen. Als elektronische Atlanten fungieren dabei Softwareangebote[80], deren umfangreiche Datenbanken Auskunft geben zu Themen wie Bevölkerung, Altersverteilung, Bruttosozialprodukt, Gesundheitswesen, Klima, Kultur, Geschichte, Religionen, Politik sowie über Reise-, Visa- und Gesundheitsbestimmungen und Touristenattraktionen in den verschiedensten Zielgebieten. In der Art ähnlich, aber stärker auf touristische Belange in den entsprechenden Zielorten ausgerichtet, können über weitere Datenbankprogramme[81] Informationen rund um Unterhaltung, Sport, Kultur, Erholung, Sehenswürdigkeiten, Veranstaltungen, Shopping, Essen, Übernachtungsmöglichkeiten usw. abgerufen werden. Eine stärker auf Sicherheits- und Gesundheitsaspekte orientierte Software[82] bietet aktuelle und umfassende Länderinformationen, Einreisebestimmungen, Devisenkurse, medizinische Auskünfte und Impfvorschriften. Dazu Adressen von Botschaften und Ärzten, Klimatabellen, Reisewege und Fahrtkosten etc..

Neben möglichen Informationsquellen für Reisebüro-Mitarbeiter stellen diese Programme, je nach Bedienungsfreundlichkeit, auch eine gute Möglichkeit zur Information der Kunden im Reisebüro dar. Neben einer Verkürzung der Wartezeit kann durch Vorabinformation mittels für den Kunden zugänglicher Geräte auch das Beratungs- bzw. Verkaufsgespräch vereinfacht werden.

Automaten und "Selbstläufer"

Als Informationsmedium oder als Verkaufsalternative dienen vornehmlich "Selbstläufer" bzw. Automaten. So gibt es seit geraumer Zeit schon Versuche, den Verkauf touristischer Leistungen über Automaten zu betreiben. Allerdings fanden bis auf den Fahrkartenverkauf im öffentlichen Personennahverkehr diese Versuche bisher keine große Akzeptanz beim Kunden. Betrachtet man hingegen die immer weiter zunehmende Akzeptanz beispielsweise bei Bankautomaten, so gilt diese Vertriebsschiene trotz anfänglicher Schwierigkeiten für die Touristik als zukunftsträchtig.

Für Reisebüros stellen Automaten zwar grundsätzlich eine Konkurrenz dar, bei richtigem Einsatz können Reisemittler solche Geräte aber auch für sich nutzen. Neben möglicher Umsatzsteigerungen besteht vor allem die Chance zu einem verbesserten Kunden- bzw. Informationsservice, beispielsweise für wartende Kunden im Reisebüro. Dadurch entstehen Freiräume für das Beratungsgepräch. Entlastung ist vor allem im Last-Minute-Verkauf und beim Verkauf von Bahnfahrkarten und Linienflügen zu erwarten.

---

80 Vgl. z.B. "PC-Globe".
81 Vgl. z.B. "PC-Tourist".
82 Vgl. z.B. "TIP (Touristik Informations Programme)".

Insbesondere das START Btx Terminal ist mit seiner Sicherheitssoftware und aufgrund seiner gesamten Konzeption darauf ausgerichtet, auch außerhalb der eigenen Geschäftsräume zum Einsatz zu kommen. Die Genehmigung[83] für einen solchen Terminalstandort zum Verkauf von IATA-Tickets steht allerdings noch aus. Außerdem verfügen die START-Automaten bisher nur über eingeschränkte Buchungsmöglichkeiten. Mit Touch-Screen-Monitor und einfach bedienbarer Tastatur können Kunden preiswerte Last-Minute-Angebote vieler Veranstalter sowie reguläre Angebote auf freie Vakanzen hin abfragen, wobei eine Online-Buchung allerdings noch nicht möglich ist. Tickets für Linienflüge werden dagegen ausgedruckt, allerdings nur für eine sehr eingeschränkte Auswahl an Angeboten und nur zum offiziellen IATA-Tarif.

Zur Information über Restplätze sind bereits Alternativen[84] zu den vieldiskutierten START-Automaten auf dem Markt. Dabei handelt es sich um interaktive Datenbanksysteme, die sowohl für den Expedienten am Counter (mit erweitertem Modul) und/oder als Selbstbedienungs-Kundenterminal für den Last-Minute-Verkauf konzipiert wurden. Je nach Produkt ist die Bedienung über eine einfache Tastatur oder Touch-Screen-Technik und Windows-Oberfläche möglich. Teilweise können Bilder entsprechend den Angeboten eingelesen werden. Aktuelle Angebote können entweder über Modem direkt von entsprechenden Datenbanken eingespeist oder von Reisebüro-Mitarbeitern eingegeben werden.

Als "Selbstläufer" können diese Last-Minute-Börsen auch auf einem Monitor (z.B. im Schaufenster des Reisebüros) laufend die aktuellsten Angebote präsentieren. Aufgrund des meist zeitaufwendigen, aber wenig profitablen Geschäfts mit Last-Minute-Reisen bietet diese Lösung eine Alternative für Vollreisebüros, die den Kunden wie auch den Mitarbeitern entgegenkommt.

Multimedia-Systeme

Eine in der Touristik weit verbreitete und viel diskutierte Wortprägung der letzten Zeit stellt *Multimedia* dar. Die Idee, die hinter dieser Technik steckt, bedeutet[85], daß verschiedene Medien wie Text, Grafik, Musik, Sprache sowie bewegte und stehende Bilder über den PC zusammengefaßt bzw. kombiniert werden und für den Nutzer einen leichten Informationszugang ermöglichen. Wichtiger aber noch als die Multimediafähigkeit ist die "Interaktivität"[86], aufgrund derer jederzeit und spontan auf unterschiedlichste Art und Weise Informationen abgerufen werden können. Abruf,

---

83 Vgl. o.V., Die Sache mit dem Automaten, S.105.
84 Vgl. z.B. "Romance!" bzw. "Hitch-Hiker-Last-Minute"
85 Vgl. Kagerbauer, Multi-Media-Einsatz, S.44
86 Vgl. Schulze, Multimedia, S.107.

Verknüpfung und Abfolge der Informationen können vom Nutzer individuell bestimmt werden und durch den Einsatz der verschiedenen Medien auf alle Sinne gleichzeitig wirken. Die drei klassischen Einsatzfelder[87] für Multimedia-Systeme stellen Verkaufsförderungsprogramme für den Point of Sale, Informationssysteme für den Point of Information sowie Lernprogramme (Computer Based Training) dar.

Neben dem Multimedia-Massenmarkt, der in der Touristik langfristig z.b. den Vertrieb von CD-Rom-Speichermedien mit bestimmten Veranstalterangeboten[88] beinhaltet, ist für die Reisebürobranche das individuelle Multimedia-Computer-Terminal interessant. Über die Nutzung als Expedientensystem hinaus ermöglicht ein solches Terminal, in einer ruhigen Ecke des Reisebüros plaziert und einfach zu bedienen, auch die Nutzung direkt durch den Kunden. Durch die Aufnahme der Informationen über verschiedene Sinne und die notwendige Aktivität des Kunden bei der Informationsabfrage, können komplexe Sachverhalte, auch bei Detailfragen, leicht aufgenommen werden.

Bei der Nutzung von Multimedia-Systemen ist allerdings Vorsicht geboten. Experten gehen davon aus, daß lediglich zwei Prozent[89] der weltweit angebotenen über 10.000 Multimedia-Produkte qualitativ hochwertig sind und die komplette Bandbreite echter Multimedia-Eigenschaften in sich vereinen.

Telefon und Telefax

Wenn auch nicht direkt den Reiseinformations- und Marketingsystemen zuzuordnen, stellt die Telefon- und Telefaxanlage ein ebenfalls wichtiges Element des technischen Potentials dar. So nimmt insbesondere die telefonische Erreichbarkeit großen Einfluß auf die Bewertung der Dienstleistungsqualität im Reisebüro. Dauernde Besetztzeichen, falsche Verbindungen oder "Bitte Warten-" Ansagen können negative Auswirkungen haben, die bis hin zum Verlust (potentieller) Kunden führen können. Entscheidenden Einfluß auf die Potentialqualität nimmt dabei vor allem die gewählte Telefonanlage. Im Gegensatz zu herkömmlichen, analogen Anlagen bieten digitale ISDN-Anschlüsse Funktionalitäten, die direkt auf die Verbesserung des Kundenservice wirken. Neben internen Funktionen[90] wie Rufnummern-Erkennung, Makeln (Hin- und Herschalten zwischen zwei externen Teilnehmern ohne gegenseitiges Mithören), Dreier-Konferenz (Konferenzschaltung mit zwei externen Teilnehmern), Umleitung von Anrufen auch von Nebenstellen, oder die Möglichkeit zur Verteilung

---

87 Vgl. Schulze, Multimedia, S.107.
88 Vgl. z.B. die Multimedia-Scheibe von START-Telematik mit Reiseprodukten für die Karibik.
89 Vgl. Schulze, Multimedia, S.108.
90 Vgl. Koch-Jacobs, Besserer Service, S.22.

standardisierter Mitteilungen, verbessern insbesondere sogenannte Call Center[91] die telefonische Erreichbarkeit eines Reisebüros erheblich. Mittels automatischer Anrufverteilung werden hier Anrufe intelligent weitergeleitet, nach Priorität sortiert (wenn notwendig, bei Belegung in eine Warteschlange eingereiht) sowie gespeichert und ausgewertet. Die Zahl der Anrufer, die aufgrund zu langer Wartezeit wieder auflegen, kann mit einer derartigen Anlage auf unter 5% gesenkt, die Erreichbarkeit um 50% verbessert werden.[92] Ab einer Mitarbeiterzahl von mehr als zehn Mitarbeitern, die in regelmäßigem telefonischem Kundenkontakt stehen, ist die Anschaffung einer solchen Anlage in jedem Fall empfehlenswert.

Die Erreichbarkeit kann aber auch mit Hilfe unterschiedlicher Serviceleistungen[93] verbessert werden. Über einheitliche Servicetelefonnummern[94] lassen sich beispielsweise Anrufe auf verschiedene Reisebüros einer Reisebürokette verteilen. Intelligente Rechner können eintreffende Gespräche dabei automatisch zu dem für den Anrufer nächstgelegenen Reisebüro dieser Kette weiterleiten. Auch können mittels Ansagediensten[95] viele Routinefragen geklärt werden. Dabei kann der Anrufer z.B. über einen Sprachcomputer die Information einkreisen, indem er per Telefontastatur oder per Stimme den Informations- bzw. Ansagedienst "lenkt".

Im Bereich der Fax-Dienste[96] werden bereits Serviceleistungen erbracht, bei denen der Kunde sich per Fax-on-demand über eine der oben beschriebenen Servicenummern Angebote eines Last-Minute-Veranstalters auf das eigene Faxgerät abrufen kann. Zusätzlich wird das Buchungsformular gleich mitgeliefert. Die Buchung erfolgt einfach durch die Zusendung des ausgefüllten Buchungsformulars an den Anbieter, welcher die Buchung nochmals bestätigt. Besondere Serviceleistung des Veranstalters ist die Erstattung der höheren Telefongebühren bei Buchung.

5.4.3 Mitarbeiterpotential

Die im vorangegangenen Kapitel beschriebene Einführung und kontinuierliche Verbesserung des technischen Potentials im Reisebüro stellt große Anforderungen an die Mitarbeiter, die mit dieser Technik umgehen müssen. Allerdings sind nicht nur technische Fähigkeiten und Fertigkeiten für eine optimale Dienstleistungserbringung erforderlich. Vielmehr gilt es, im Rahmen einer qualitätsorientierten Personalpolitik

---

91 Vgl. Koch-Jacobs, Besserer Service, S.22.
92 Vgl. Koch-Jacobs, Besserer Service, S.22.
93 In Deutschland z.B. die 0180er und 0190er Nummern der Deutschen Telekom.
94 Vgl. Brandt U., Schlaue Nummer, S.16.
95 Vgl. o.V., Reiseberater, S.64.
96 Vgl. o.V., Faxdienste, S.19.

auf eine umfassende Qualitäts- und Serviceorientierung der Mitarbeiter hinzuwirken. Eine solche Personalpolitik hat dabei zu gewährleisten, daß sich die Mitarbeiter in all ihren kundenbezogenen Aktivitäten so verhalten, daß Kunden gewonnen, zufriedengestellt und gehalten werden[97]. Dies impliziert die Zielsetzung, kundenorientierte Mitarbeiter zu gewinnen, zu entwickeln und zu motivieren.

Da es sich im Reisebüro überwiegend um Tätigkeiten mit direktem Kundenkontakt handelt, sei es in der Touristikabteilung, im Firmendienst oder in den übrigen Abteilungen, steht auch das Anforderungsprofil für diese Tätigkeiten im Vordergrund der nachfolgenden Betrachtung. Für Positionen in rein administrativen Bereichen wie Buchhaltung etc. werden diese Kriterien keine so überragende Rolle spielen.

5.4.3.1 Mitarbeiterauswahl

Mit der Mitarbeiterauswahl muß das Ziel verbunden sein, den "richtigen" Bewerber für den "richtigen" Arbeitsplatz zu finden, um den optimalen "Arbeitnehmer-Job-Fit"[98] herzustellen. Im Rahmen der Rekrutierung neuer Mitarbeiter ist daher zunächst eine Stellenbeschreibung des zu besetzenden Arbeitsplatzes vorzunehmen. In einem zweiten Schritt gilt es dann, diese Merkmale mit den für die Schaffung hervorragender Dienstleistungsqualität wichtigen Eigenschaftskriterien eines potentiellen Mitarbeiters abzugleichen. Letztendlich ist in einem dritten Schritt das Auswahlverfahren zu bestimmen, welches für die ausgeschriebene Position am sinnvollsten erscheint.

5.4.3.1.1 Stellenbeschreibung

Mit Hilfe einer ausführlichen Stellenbeschreibung hat sich der Arbeitgeber zunächst ein Bild darüber zu verschaffen, welche Grundanforderungen ein Bewerber zu erfüllen hat, um für die vakante Stelle die optimalen (theoretischen) Voraussetzungen zu erfüllen. Dabei kann ein Arbeitsplatz mit Hilfe der Dimensionen[99] *Zweck, Pflichten, Methoden* und *Kenntnisse, Standards* und *Beziehungen* beschrieben werden.

Der *Zweck* der Tätigkeit hat die Fragen zu beantworten, welche Dienstleistung im Endeffekt gefordert ist und was das erwünschte Endresultat der Tätigkeit sein soll. Es gilt also festzulegen, ob der künftige Mitarbeiter im Bereich Touristik, Gruppen-

---

97   Vgl. Stauss, Internes Marketing, S.234.
98   Vgl. Zeithaml et al., Qualitätsservice, S.108.
99   Vgl. Murphy, Dienstleistungsqualität, S.103.

reisen, Bahn, Incoming, Busreisen und/oder Firmendienst etc. eingesetzt werden soll und in welcher Position (z.B. Expedient oder Büroleiter) dies geschehen soll.

Zur Klärung der *Pflichten*, die es an diesem Arbeitsplatz zu erfüllen gilt, ist zu fragen, was die wichtigsten Pflichten sind, wie weitere Pflichten definiert werden, wie oft welche Pflichten im Durchschnitt zu erfüllen sind, welcher Natur die Entscheidungen[100] sind, die getroffen werden müssen und wie groß der Entscheidungsspielraum ist, den die betreffende Person dabei hat.

Die *Methoden*, die neue Mitarbeiter *kennen* sollten, haben bei den meisten Reisebüros in den letzten Jahren wesentlich an Umfang gewonnen. Ausschlaggebend hierfür sind vor allem die bereits in Kap.5.2 beschriebenen rasanten Entwicklungen im Technologiebereich. Die zunehmende Modifizierung sowohl der Vertriebssysteme als auch der Hard- und Software für Reisebüros, stellen an einen/eine ausgebildete(n) Reiseverkehrskaufmann/-frau größere Anforderungen, als durch die "offizielle" Ausbildung gewährleistet wird. Auch sind Lizenzen, die ein Reisebüro besitzt, wie beispielsweise IATA-, DB/DER- oder andere Verkehrsträger- oder Leistungsanbieterlizenzen, bei der Stellenbeschreibung zu berücksichtigen. Ein Expedient, der bereits in einem Reisebüro mit diesen Lizenzen gearbeitet hat, wird sich leichter an seinem neuen Arbeitsplatz tun, als einer, der in diesem Bereich noch keine Erfahrungen gesammelt hat.

Die *Qualitätsstandards*, die für die ausgeschriebene Position kreiert wurden, sind ebenfalls zu berücksichtigen. Wurden derartige Standards im Rahmen der Leitbilderstellung[101] oder der Verhaltensvorgaben zur Verbesserung der Dienstleistungskultur festgelegt, so sind diese in die Stellenbeschreibung miteinzubringen. Gefragt werden muß hier danach, welche Standards für diesen Job gelten, welche persönlichen Leistungsstandards der Bewerber zu erfüllen hat und wie letztendlich die Qualität der Arbeit gemessen und beurteilt wird.

Die letzte Dimension, die im Rahmen der Stellenbeschreibung zu berücksichtigen ist, umfaßt die *Beziehungen* zu anderen Tätigkeiten im Reisebüro. Hier ist zu ermitteln, welche internen und externen Kontakte stattfinden und inwieweit sich Tätigkeitsbereiche überschneiden, beispielsweise aufgrund der Übernahme auch buchhalterischer Aufgaben oder dem für später geplanten Wechsel in eine andere Abteilung. Des weiteren ist darzustellen, welche hierarchischen Beziehungen innerhalb des Reisebüros bestehen und wo die ausgeschriebene Stelle angesiedelt ist, und wie Belohnungen für besondere Serviceleistungen aussehen.

---

[100] Vgl. Kap.5.3.1.2.
[101] Vgl. Kap.5.3.2.

Im Ergebnis sind die mit Hilfe dieser fünf Dimensionen gefundenen Leistungsmerkmale zusammenzufassen und um die für den optimalen Service-Mitarbeiter geforderten Persönlichkeitsmerkmale (siehe Abb.5.10) zu ergänzen und aufeinander abzustimmen.

5.4.3.1.2 Personenbeschreibung

Die im Rahmen der Stellenbeschreibung herausgearbeiteten Anforderungen sind in einem zweiten Schritt vor allem um jene Persönlichkeitsmerkmale zu erweitern, die für einen qualitäts- und serviceorientierten Mitarbeiter wichtig sind. Dabei basieren diese Merkmale für Reisebüro-Expedienten auf den Arbeitsanforderungen am späteren Arbeitsplatz. Für ein qualitätsorientiertes Reisebüro bedeutet dies, daß Eigenschaftskriterien für potentielle Mitarbeiter zum einen von den Dimensionen der Dienstleistungsqualität im Reisebüro abhängig sind, und zum anderen von den festgelegten Qualitätsstandards der in diesem Reisebüro gelebten Dienstleistungskultur beeinflußt werden. Die in Abbildung 5.10 aufgeführten wesentlichen sachbezogenen, sozialen und konzeptionellen Merkmale dienen dazu, die wichtigsten Anforderungen an einen zukünftigen Mitarbeiter mit entsprechender Serviceeinstellung zu definieren, und je nach reisebürospezifischer Gewichtung als Einstellungskriterium zu nutzen.

Wurden die für das qualitätsorientierte Reisebüro wichtigsten Merkmale sowohl im Rahmen der Stellenbeschreibung als auch der gewünschten Personenbeschreibung festgelegt, gilt es, die für den vakanten Arbeitsplatz wichtigsten Kriterien auszuwählen, zu gewichten und das erforderliche Anforderungsniveau zu bestimmen. Mittels geeigneter Auswahlverfahren ist dann der Bewerber zu identifizieren, der dem so gefundenen Anforderungsprofil am besten entspricht.

186

- *Kommunikation*: Fähigkeit, sich in den Interaktionen mit dem Kunden verbal und schriftlich klar auszudrücken.
- *Einfühlungsvermögen*: Fähigkeit, die Gefühle und den Standpunkt des Kunden anzuerkennen und darauf einzugehen.
- *Entscheidungsfähigkeit*: Bereitschaft, Entscheidungen zu treffen und etwas zu unternehmen, um Kundenwünsche zu erfüllen.
- *Energie*: Hoher Grad an Wachheit und Aufmerksamkeit im Interaktionsprozeß.
- *Flexibilität*: Fähigkeit, den eigenen Service-Stil entsprechend der jeweiligen Situation oder der Persönlichkeit des Kunden zu variieren.
- *Verläßlichkeit*: Zeitgerechte und adäquate Leistung entsprechender Zusagen.
- *Äußerer Eindruck*: Saubere, ordentliche Erscheinung, guter Eindruck auf Kunden.
- *Initiative*: Eigene Aktivitäten, um Kundenerwartungen (über-) zu erfüllen.
- *Integrität*: Einhaltung hoher sozialer und ethischer Standards im Kundenumgang
- *Fachkenntnis*: Vertiefte Kenntnisse bezüglich des Angebots und der kundenbezogenen Leistungsprozesse.
- *Urteilsvermögen*: Fähigkeit, verfügbare Informationen richtig zu beurteilen und zur Entwicklung von Problemlösungen zu nutzen.
- *Motivation, dem Kunden zu helfen*: Eigenschaft, Gefühl der Arbeitszufriedenheit aus dem Umgang mit dem Kunden, der Erfüllung seiner Bedürfnisse und der Behandlung seiner Probleme gewinnen zu können.
- *Überzeugungsfähigkeit/Verkaufstalent*: Fähigkeit, mit seinen Ideen und Problemlösungen beim Kunden Akzeptanz zu finden und ihn vom Angebot des Reisebüros zu überzeugen.
- *Planungsvermögen*: Fähigkeit, die kundenbezogene Arbeit zeitlich und sachlich richtig vorzubereiten.
- *Belastungsfähigkeit*: Fähigkeit, unerwartete Kundenprobleme, unvorhersehbaren Arbeitsanfall oder Arbeitsdruck während des Kundenkontakts auszuhalten.
- *Situationsanalyse*: Sammlung und logische Analyse von wichtigen Informationen über die Situation des Kunden.
- *Hohes Anspruchsniveau*: Hohe Ziele im Kundendienst und ständige Bemühung, diese Ziele zu erreichen.

Abb. 5.10: Persönlichkeitsmerkmale für den serviceorientierten Mitarbeiter[102]

---

[102] In Anlehnung an Stauss, Internes Marketing, S.234 nach Becker/Wellins, Customer-service perceptions, S.49.

5.4.3.1.3 Auswahlverfahren

Vorrangiges Ziel der Personalauswahl muß vor allem sein, Mitarbeiter zu finden, die durch ihre persönlichen Bedürfnisse und Lebenssituationen dem Verhaltensprofil[103] eines Reisebüros entsprechen. Während fachliche Kenntnisse und Fähigkeiten mittels Schulungen verbessert werden können, ist dies bei den Persönlichkeitsmerkmalen ungleich schwieriger, wenn nicht gar unmöglich. Aus diesem Grund haben für das Reisebüro Leistungstests auch eine geringere Bedeutung als Persönlichkeitstest, können jedoch bei speziellen Wissensvoraussetzungen notwendig sein. Daher sollen beide Testformen kurz beschrieben werden.

Leistungstests

Zu den grundsätzlich verwendbaren Leistungstests gehören:[104]

- Kenntnisprüfungen (z.B. Sprachtest, CRS-Kenntnis-Test etc.);
- allgemeine Leistungs- und Konzentrationstests (z.B. Aufmerksamkeit, Konzentration und Aktivität in Leistungssituationen);
- spezielle Funktions- und Eignungstests (etwa Geschicklichkeit und Reaktionsvermögen);
- Intelligenztests (beispielsweise räumliches Vorstellungsvermögen, Merkfähigkeit, logisches Schlußfolgern).

Allerdings sind diese Tests insbesondere für das Reisebüro, mit Ausnahme der Kenntnisprüfungen, nur bedingt oder gar nicht geeignet und benötigen für eine korrekte Anwendung speziell ausgebildete Fachleute wie Psychologen oder Personalberater. Zudem hat sich gerade in der Touristik gezeigt[105], daß Fehlbesetzungen zumeist nicht auf mangelnde fachliche Qualifikationen zurückzuführen sind, sondern Entlassungen vor allem auf mangelhafte Eignungen im Verhaltensbereich zurückgeführt werden.

Persönlichkeitstests

Die Identifizierung und Beurteilung von Eigenschaften der Bewerber im Persönlichkeitsbereich kann mit Hilfe von Persönlichkeitstests erfolgen. Wie eine große Anzahl herausragender Dienstleistungsunternehmen sollten auch qualitätsorientierte Reisebüros neben der Überprüfung fachlicher Fähigkeiten vor allem Wert auf die Persönlichkeit des Bewerbers legen.

---

[103] Vgl. Norman, Dienstleistungsunternehmen, S.33-43.
[104] Vgl. Frings, Wer bin ich?, S.13.
[105] Vgl. Frings, Wer bin ich?, S.18.

Entsprechend der festgelegten Kenntnis- und Persönlichkeitsmerkmale, die ein Expedient mitbringen sollte, bieten sich zur Einschätzung der Persönlichkeit beispielsweise *Verhaltensinterviews*[106] an. Dabei werden die Interviewten mit gewöhnlichen oder ungewöhnlichen Dienstleistungssituationen konfrontiert und dann befragt, wie sie in solchen Situationen bereits gehandelt haben oder handeln würden.

Zur Ermittlung der Bewerberpersönlichkeit stellen *Potentialsanalysen*[107] eine weitere Hilfe dar. Mittels solcher Analysen können sehr gut soziale Kompetenz, Kommunikationsfähigkeit und Streßbelastbarkeit getestet werden. Eingeschränkt geeignet sind solche Verfahren auch zur Erfassung des Führungsverhaltens und der Fähigkeit zu planvollem und systematischen Arbeiten.

Weitere Verfahren[108] wie *Eigenschaftstests*, *Interessenstests*, *Einstellungstests*, *Charaktertests* oder *Typentests* ergänzen das Testangebot, sollten allerdings ebenfalls von (seriösen) Fachleuten entwickelt und nach Möglichkeit durchgeführt werden. Neben guten Personalberatern können erste Ansprechpartner auch an den psychologischen Lehrstühlen von Universitäten gesucht oder über die Fachpresse bzw. Interessensverbände ermittelt werden. Die Kosten für externe Hilfe müssen dabei in Relation zu den Kosten einer ungleich teureren Fehlbesetzung gesehen werden.

5.4.3.2 Mitarbeiterentwicklung

In kleinen und mittleren Reisebüros kann davon ausgegangen werden, daß die Geschäftsführungsaufgaben primär vom Reisebüro-Eigentümer oder von einem eingesetzten Geschäftsführer wahrgenommen werden. Im Rahmen der Mitarbeiterentwicklung stehen daher vornehmlich die *Expedienten* im Vordergrund, die in direktem täglichen Kundenkontakt stehen.

Unter der Bezeichnung *Expedient* wird sowohl der fertig ausgebildete Reiseverkehrskaufmann als auch der Angestellte in einem Reisebüro bezeichnet[109]. Für den nachfolgenden Gebrauch dieses Ausdrucks ist, wie auch in der Reisebüropraxis, die eher allgemein gefaßte, zweite Definition Grundlage, und wird nur dahingehend eingeschränkt, daß mit Expedienten vor allem diejenigen Reisebüro-Angestellten gemeint sind, die in täglichem, direkten Kundenkontakt stehen. Diese Gruppe der *Expedienten* umfaßt also auch jene Büroleiter, deren vornehmliches Tätigkeitsfeld in der Kundenbetreuung liegt.

---

106 Vgl. Davidow, Service Total, S.140.
107 Vgl. Frings, Wer bin ich?, S.13.
108 Vgl. Rosenstiel, Organisationspsychologie, S.144.
109 Vgl. Drosdowski et al., Duden, S.238.

5.4.3.2.1 Aus- und Weiterbildung

Auch wenn von der obigen Definition des Begriffs *Expedient* ausgegangen wird, beziehen sich die Aussagen zu Ausbildungsaspekten in erster Linie auf die üblicherweise dreijährige Ausbildung zum/zur Reiseverkehrskaufmann/-frau in Deutschland. Es kann dabei von der Annahme ausgegangen werden, daß der überwiegende Teil der Expedienten aus Reiseverkehrskaufleuten besteht, und nur eine vergleichbar geringere Zahl von Expedienten den Zugang zu dieser Tätigkeit aus anderen (touristischen) Berufszweigen, wie beispielsweise dem Hotelgewerbe oder dem Bereich der Reiseleitung etc., wählt.

Gegenstand[110] der Berufsausbildung zum/zur Reiseverkehrskaufmann/-frau ist die Vermittlung von Kenntnissen im organisationalen und verwaltungstechnischen Bereich (Rechtsgrundlagen, Personalverwaltung etc.), im Reisemarkt (Reiseverkehrsunternehmen, Leistungsträger, Marktinformation und Werbung), in der Kundenberatung (Bedeutung der Kundenberatung, Auskünfte über das Angebot), im Verkauf von Sach- und Dienstleistungen sowie im Rechnungswesen. Zusätzliche bzw. weiterführende touristische Qualifikationen[111] bieten u.a. Industrie- und Handelskammern, Berufsakademien, Fachhochschulen und Hochschulen.

Aus Befragungen von Expedienten, Büroleitern sowie Reisebüro-Geschäftsführern[112] geht hervor, daß bei diesem Ausbildungsangebot einige Schwachpunkte zu bemängeln sind. Vor allem für Mitarbeiter kleinerer und unabhängiger Reisebüros, die nicht auf das Schulungsangebot von Ketten und Kooperationen zurückgreifen können, deckt die Ausbildung nicht alle Bereiche ihres späteren Tätigkeitsfeldes ab. So wird als verbesserungswürdig v.a. die EDV-Ausbildung in Sachen Vertriebssysteme, Flugeinbuchung, Hotelbuchung etc. sowie das Seminar- und Schulungsangebot für besondere Kundenkontakt-situationen, wie beispielsweise der Umgang mit schwierigen Kunden und das Training von Verkaufsgesprächen, gesehen.

Eine Reform des Berufsbildes *Reiseverkehrskaufmann/-frau* in Deutschland ist bereits seit 1993 in der Entwicklung und soll im Jahr 1997[113] fertiggestellt sein. Wünschenswert dabei wäre, daß die zunehmende Bedeutung neuer Technologien für den Reisevertrieb sowie eine durch die zunehmende Konkurrenz alternativer Vertriebswege notwendige verstärkte Vermittlung optimaler Dienstleistungs-orientierung und Serviceeinstellung der Reisebüro-Mitarbeiter berücksichtigt würde. Allerdings wird

---

[110] Vgl. o.V., Verordnung, S.3
[111] Vgl. Habich, Touristische Aus- und Weiterbildungsmöglichkeiten, S.293 ff.
[112] Vgl. Lettl-Schröder/Lenner, Anforderungen, S.78 ff.
[113] Vgl. o.V., Neues Berufsbild, S.14.

ein solcher Eindruck derzeit nicht vermittelt[114]. Zum einen fehlen für die Ausstattung der Ausbildungsstätten mit START-Terminals die finanziellen Mittel. So besitzen von 72 deutschen Berufsschulen mit speziellen Klassen für Reiseverkehrskaufleute lediglich 16 Schulen PC-Ausstattungen. Zum anderen wird für die Weiterbildung in den Bereichen Fachwissen, Verkaufspsychologie und Abschlußtechnik entweder auf die internen Weiterbildungsmaßnahmen großer Ketten und Kooperationen oder auf das Seminar-Angebot der Willy Scharnow-Stiftung verwiesen.

Aus diesem Grund wird es wohl auch in Zukunft den Reisebüros obliegen, selber für die technische und verkaufsorientierte Weiterbildung und die Erlangung des "richtigen" Dienstleistungsverständnisses zu sorgen. Während letzteres mit Hilfe einer im Reisebüro gelebten Dienstleistungskultur[115] kontinuierlich verbessert werden kann, ist im Bereich der Weiterbildung vor allem auf externe Angebote der Leistungsanbieter und anderer Organisationen zurückzugreifen.

Dabei gibt es jedoch gerade in kleineren und mittleren Reisebüros augenscheinlich einen allgemeinen Widerwillen gegenüber Investitionen in das Training und die Weiterbildung von Mitarbeitern. Um jedoch einen hohen Leistungsstand in so unterschiedlichen Bereichen wie Zielgebietskenntnisse, EDV-Wissen oder Verkaufspsychologie zu erreichen, muß in die Nutzung und Weiterentwicklung des Mitarbeiterpotentials[116] auch investiert werden.

5.4.3.2.2 Informationsreisen und Produktschulungen

Zentrale Stellung im Rahmen der Weiterbildung von Mitarbeitern nehmen, neben *Schulungen* zur Erweiterung von Buchungs-, EDV-, Verkaufs- und weiterem Fachwissen, vor allem *Informationsreisen* und *Produktschulungen* ein. Diese häufig angebotene Form der Weiterbildung stellt zwar in erster Linie ein Instrument der mitarbeiterorientierten Verkaufsförderung[117] von Veranstaltern, Airlines oder anderen Leistungsanbietern dar, kann jedoch bei entsprechender Vorgehensweise zu einer spürbaren Verbesserung der Beratungsqualität im gesamten Reisebüro beitragen.

Für kleine und mittlere Reisemittler stellen Produktschulungen und Informationsreisen Aufwendungen dar, die durch Mitarbeiterausfall und eventuelle Kostenzuschüsse das Budget relativ stark belasten können. Aus diesem Grund, vor allem aber vor dem

---

[114] Vgl. o.V., Neues Berufsbild, S.14.
[115] Vgl. Kap.5.3.
[116] Vgl. Altschul, Alles für den Kunden?, S.28 f.
[117] Vgl. Kap.5.6.2.3.1.

Hintergrund einer Wissenserweiterung des gesamten Reisebüro-Teams und der damit verbundenen Chance zur Erhöhung der Beratungskompetenz, gilt es, sämtliche Aktivitäten rund um diese Weiterbildungsangebote reisebürointern zu planen, zu koordinieren und effizient zu nutzen. Die Vorgehensweise sollte dabei in vier *Phasen*[118] unterteilt werden, anhand derer eine gute Analyse von Aufwand und Nutzen ebenso wie die Abschätzung qualitätspolitischer Aspekte möglich ist.

Die für eine effiziente Nutzung von Weiterbildungsangeboten wichtigste Phase ist die *Auswahlphase*. In dieser wird entschieden, welcher Mitarbeiter in welchem Umfang an Produkt- oder Informationsschulungen etc. teilnimmt. Grundvoraussetzung sollte sein, daß die Expedienten im Team entscheiden, welcher Mitarbeiter zu welcher Schulungs- bzw. Informationsveranstaltung "entsendet" wird. Im Rahmen dieses Auswahlverfahrens durch das Reisebüro-Team gilt es einige Regeln[119] zu beachten:

- sämtliche Einladungen, die an den Reisebüro-Chef gehen, werden dem gesamten Team mitgeteilt;
- es ist sicherzustellen, daß die "besten bzw. interessantesten" Angebote nicht immer die gleiche Person (auch nicht der Chef) abschöpft;
- die Mitarbeiterauswahl muß gezielt und organisiert erfolgen, darf also nicht nebenbei "zwischen Tür und Angel" vonstatten gehen;
- seitens des ausgewählten Mitarbeiters muß persönliches Interesse vorhanden und die Verfügbarkeit zum anberaumten Termin gesichert sein;
- grundsätzlich sollte jeder Mitarbeiter so viele Informationsreisen bzw. Schulungen wie möglich mitmachen (obligatorisch sollten 1 bis 2 Reisen im Jahr pro Mitarbeiter sein);
- Neid unter den Mitarbeitern muß durch den Chef verhindert werden;
- sinnvoll hierfür ist die Festlegung der Auswahlkriterien durch das Team;
- bei der Auswahl sind objektive Kriterien (Gleichverteilung, Verkaufserfolge, Nutzen für das Reisebüro, Abwägung der zusätzlichen Kosten, Ausfallkompensation, Erreichen bestimmter Provisionsziele etc.) anzulegen, nicht subjektive Kriterien;
- Informationsreisen etc. sind nur dann anzunehmen, wenn diese zu den Schwerpunktgebieten des Reisebüros gehören bzw. neue Gebiete gesucht werden;
- entscheidend dafür sind auch die Wünsche und Präferenzen der Kunden;

---

[118] Vgl. Schrand, Marketing für Reisebüros, S.384.
[119] Vgl. Schrand, Marketing für Reisebüros, S.384 sowie Lawrenz, Reisen, S.12.

- die Spezialisierung einzelner Mitarbeiter auf bestimmte Zielgebiete, Produkte, EDV-Systeme usw. sollte innerhalb des Teams abgesprochen werden (Vorteil einer Spezialisierung ist die besondere Qualifikation des einzelnen Mitarbeiters, nachteilig wirkt sich die verringerte Vertretungs- möglichkeit durch Kollegen aus).

In der *Vorbereitungsphase* sind vor allem die organisatorischen Fragen zu klären, um das Weiterbildungsangebot einerseits effektiv vorbereiten und andererseits den Mitarbeiterausfall zu dieser Zeit gut kompensieren zu können. Zu diesem Zweck muß:

- rechtzeitig ausgiebiges Informationsmaterial vom Schulungs- bzw. Informationsreiseveranstalter bereits einige Zeit vor der Veranstaltung angefordert werden;
- die finanzielle Regelung von Fahrtgeld etc. geklärt werden;
- eine Koordination der Termine vor, während und nach der Veranstaltung erfolgen, da Termindruck Schulungsmaßnahmen schnell in Streß ausarten lassen kann sowie
- der Ersatz für die ausgefallene Arbeitskraft geregelt werden.

Auch während der *Durchführungsphase* sind vom Teilnehmer einige Dinge zu beachten, um den größtmöglichen Lerneffekt zu erzielen. So sollte:

- bei der Einteilung in Gruppen auf die Teilnehmerstruktur und -zahl geachtet werden (die besten Lernfortschritte lassen sich in heterogen zusammen- gestellten Gruppen erzielen);
- auf eine qualifizierte Reise- bzw. Schulungsleitung geachtet werden;
- ein "information-overload" vermieden werden, d.h. es sollte darauf hingewirkt werden, daß stärkerer Wert auf die Qualität als auf die Quantität der Wissens- bzw. Informationsvermittlung gelegt wird;
- bei Informationsreisen auch auf andere Hotels, Ferienanlagen etc. als nur auf die Vertragshotels des Reiseveranstalters geachtet werden.

Um den größtmöglichen Nutzen für alle Mitarbeiter eines Reisebüros zu gewährlei- sten, ist auf eine sorgfältige *Nachbereitung* der Informations- bzw. Schulungsveran- staltung zu achten. Dabei ist insbesondere die Weitergabe von Informationen und Erfahrungen an die anderen Reisebüro-Mitarbeiter sicherzustellen. Zu diesem Zweck sollten:

- im Anschluß an die Weiterbildungsmaßnahmen Kollegen-Briefings in Form von Mitarbeiterbesprechungen stattfinden;
- die wichtigsten Informationen auf einfachen Protokoll-Vorlagen[120] vom Teilnehmer festgehalten werden;
- Protokolle, selbst aufgenommene Fotos, Prospekte und Speisekarten von Hotels etc. in Wissens-Ordnern gesammelt werden;
- vor Abheften der Protokolle etc. alle Mitarbeiter auf einem Formblatt unterschreiben, daß sie die Unterlagen gesichtet und gelesen haben.

Die Beratungsqualität, und damit letztendlich die gesamte Dienstleistungsqualität im Reisebüro, kann mit Hilfe der planmäßigen und auf Qualitätsziele ausgerichteten Nutzung von Weiterbildungsangeboten effektiv verbessert werden. Aufgrund erhöhter Produktsicherheit und damit der Fähigkeit, im Beratungsgespräch kreativer agieren zu können, erhöhen sich nicht zuletzt auch die Chancen für den Verkaufsabschluß im Vergleich zum reinen Katalogverkauf.

5.4.3.2.3 Verkaufspsychologische Schulungen

Für die richtige Gestaltung und Führung von Beratungs- und Verkaufsgesprächen stellt Lübke[121] sechs Thesen auf, deren Beachtung entscheidenden Einfluß auf die Qualität von Beratungsleistungen und somit auf die Dienstleistungsqualität im Reisebüro haben:

1. Die Qualität des Beratungsergebnisses ist eine Funktion von fachlicher und methodischer Kompetenz der Beratungskraft.
2. Die methodischen Defizite des Beratungspersonals sind im allgemeinen größer und sollten ernster genommen werden als die fachlichen Defizite.
3. Methodische Fortbildung ist notwendigerweise komplexer angelegt und kostspieliger als fachliche Fortbildung.
4. Hauptzielfelder für eine an der Qualität der Beratung orientierte methodische Fortbildung müssen sein:
   - ein am Beratungsbegriff orientiertes Rollenverständnis und
   - mit der Beratungsphilosophie übereinstimmende kommunikative Fertigkeiten.

---

120 Vgl. Lenner, Beratungsqualität, S.30.
121 Vgl. Lübke, Fachliche und methodische Fortbildung, S.213 ff.

5. Die für eine qualitativ hochwertige Beratungsleistung notwendige Kompetenz läßt sich in den Dimensionen:
   - Fähigkeiten auf der Sachebene von Kommunikation und
   - Fähigkeiten auf der Beziehungsebene von Kommunikation beschreiben und vermitteln.
6. In einer Fortbildung für eine "kundenorientierte" Beratung muß das Training und die Übung des gezielten Einsatzes "nicht-direktiver" Techniken einen höheren Stellenwert genießen als "direktive" Techniken.

Der im Rahmen des Managements der Dienstleistungsqualität im Reisebüro zu berücksichtigenden Bedeutung der methodischen Fortbildung ist mit der Auswahl der entsprechenden Fortbildungsmaßnahmen Rechnung zu tragen. Unter dem Aspekt der Qualitätsverbesserung im Reisebüro sind dabei weniger jene "direktiven" Schulungen von Interesse, die lediglich auf den kurzfristigen Verkaufserfolg ausgerichtet sind, sondern vor allem solche Seminare[122], bei denen die Kunden- und vor allem die Interaktionsorientierung im Vordergrund stehen, die also eher "nicht-direktiv" ausgerichtet sind. Die Bedeutung dieser Seminarinhalte haben in der Touristik vor allem die "Großen" der Branche, wie die Deutsche Lufthansa[123] oder die TUI[124] erkannt, die ihre Mitarbeiter entsprechend schulen.

Ziel solcher "nicht-direktiven" Schulungen ist die Vermittlung der Fähigkeit, Motive und Interessen des Dienstleistungskunden richtig zu erfassen, und so die Qualität der Beratung zu sichern. Die Orientierung am Kunden kann beispielsweise durch die Vermittlung von Techniken[125] wie dem "Aktiven Zuhören", kundenorientierten Fragetechniken und nonverbaler Kommunikation verbessert werden. Ein wichtiges Element solcher Seminare stellt zudem die Transaktionsanalyse[126] dar, die vor allem unter dem Aspekt der Dienstleistungsqualität Gegenstand verkaufspsychologischer Schulungen von Expedienten sein sollte.

Im Rahmen der Transaktionsanalyse wird der persönliche Verkauf, das Beratungsgespräch oder andere persönliche Dienstleistungen als Interaktionsprozeß verstanden, der insbesondere vom Persönlichkeitsprofil des Dienstleisters und des Kunden ab-

---

[122] Vgl. z.B. die für Reisebüro-Mitarbeiter durchgeführten Seminare der Marketing-Beratung Dr. Helmut Fried & Partner, München.
[123] Vgl. z.B. das Lufthansa Service Seminar, an dem über 6.000 Mitarbeiter der Fluggesellschaft teilgenommen haben.
[124] Vgl. z.B. die regelmäßig stattfindenden Seminare für Mitarbeiter der TUI-Profi-Partner-Reisebüros deren Durchführung in Händen der Marketing-Beratung Dr. Helmut Fried & Partner liegt.
[125] Vgl. Lübke, Fachliche und methodische Fortbildung, S.218.
[126] Vgl. Hansen/Schulze, Transaktionsanalyse, S.4-26; Moller/Hegedahl, Persönlicher Service, S.64-79; Moller, Persönliche Qualität; Schulze, Transaktionsanalyse, S.283-307.

hängt. Grundlage[127] hierfür ist ein therapeutischer Ansatz der Humanistischen Psychologie, der auf die Erklärung und Gestaltung von Interaktionen angewendet wird. Auf Basis von vier interdependenten Komponenten[128] (Ich-Zustände von Personen, Analyse von Transaktionen, Spielanalyse und Skriptanalyse), kann die Transaktionsanalyse Prinzipien für den Personaleinsatz liefern, und dazu genutzt werden, die Analyse- und Beeinflussungskompetenzen von Verkäufern, Beratern oder anderen Dienstleistungserbringern zu erhöhen.

Als eine rationelle Methode zum Verständnis von Verhaltensmustern[129] baut die Transaktionsanalyse dabei auf der Annahme auf, daß jedes Individuum lernen kann, Situationen richtig zu analysieren und entsprechend seiner eigenen Intention zu beeinflussen. Mittels Selbsttests[130] soll den Teilnehmern dabei zunächst die Möglichkeit gegeben werden, sich ein klares Bild vom eigenen Persönlichkeitsprofil zu machen und die Fähigkeit zu erlangen, das Persönlichkeitsprofil anderer zu beurteilen. Hierauf aufbauend wird den Schulungsteilnehmern dann die Kompetenz vermittelt, situationsbedingt auf unterschiedliche Lösungsansätze zurückgreifen zu können, um im Dienstleistungsprozeß in der Lage zu sein, optimal agieren und reagieren zu können.

5.4.3.3 Mitarbeitermotivation

Motivation ist die "positive Einstellung von Mitarbeitern zu ihrer Arbeit und zu ihrem Unternehmen, die nicht befohlen werden kann"[131]. Vielmehr bildet sich Motivation in einem längerfristigen Prozeß durch Erfahrungen, die von einer Vielzahl von Faktoren beeinflußt werden. Aufgrund der subjektiven Beurteilung dieser Faktoren ist es schwierig, für alle Mitarbeiter ein einheitliches Motivationssystem zu entwickeln. Während für einige Mitarbeiter eine gute Bezahlung leistungssteigernd wirken kann, hat für andere Mitarbeiter eventuell die Anerkennung der erbrachten Leistung vor dem gesamten Reisebüro-Team eine ungleich höhere Bedeutung.

---

127 Vgl. Hansen/Schulze, Transaktionsanalyse, S.4.
128 Vgl. Schulze, Transaktionsanalyse, S.288.
129 Vgl. Moller/Hegedahl, Persönlicher Service, S.79.
130 Vgl. Moller/Hegedahl, Persönlicher Service, S.65.
131 Vgl. Frehr, Total Quality Management, S.189.

5.4.3.3.1 Motivationstheoretische Aspekte

Die wissenschaftliche Auseinandersetzung mit unterschiedlichen Aspekten der Motivation findet seit Mitte der fünfziger Jahre statt. Ausgangslage hierbei war insbesondere der Wandel der Werthaltungen, der auch zu einer Humanisierung der Arbeit führte. Wegbereiter dieser Entwicklung waren unter anderem die Wissenschaftler Maslow, Herzberg und McGregor mit ihren Bedürfnis- bzw. Motivationstheorien.

Maslow[132] hat eine Wachstumslogik für Motive entwickelt, die aus fünf Bedürfnisstufen besteht. In seiner "ganzheitlich-dynamischen"[133] Theorie geht er davon aus, daß zum einen die jeweils höheren Bedürfnisstufen die niedrigeren mitenthalten, und zum anderen die stufenweise Entwicklung von Bedürfnissen als dynamischer Prozeß verstanden werden muß. Wie in Kap.3.3.2 beschrieben beinhaltet die unterste Ebene der Bedürfnisse physiologische Triebe. Pyramidenartig aufeinander aufbauend folgen Sicherheitsbedürfnisse, Bedürfnisse nach Liebe und Zuneigung, Bedürfnisse nach Anerkennung und Leistung, Bedürfnisse nach Selbstverwirklichung und zuletzt das Bedürfnis nach Transzendenz. Erst wenn das jeweils niedrigere Bedürfnis gestillt ist, entwickeln sich die Bedürfnisse der nächsthöheren Stufe.

Der Management-Theoretiker und Unternehmensberater *McGregor*[134] hat den Versuch unternommen, die der Führung von Unternehmen und den Bemühungen zur Motivation von Mitarbeitern zugrunde liegenden Annahmen zu verdeutlichen, und die Auswirkungen dieser Annahmen auf Erleben, Verhalten und Leistung der Mitarbeiter aufzuzeigen. In seiner "Theorie X" kommt die nach wie vor weit verbreitete Annahme unter Unternehmern zur Geltung, daß der Durchschnittsmensch eine angeborene Abneigung gegen Arbeit hat, und er durch strenge Vorschriften und Kontrollen zur Leistung gezwungen werden muß. Dieses Vorgehen bewirkt beim Arbeitnehmer allerdings ein passives Arbeitsverhalten und führt zu Verantwortungsscheu und Initiativlosigkeit. Letztendlich bestätigt sich in diesem Kreislauf die zuvor aufgestellte "Theorie X" über und stellt eine sich selbst erfüllende Prophezeiung dar.

In der von McGregor selbst vertretenen "Theorie Y" geht er dagegen davon aus, daß Arbeitsscheu grundsätzlich nicht angeboren ist, und daraus folgernd, den Mitarbeitern Handlungsspielräume und Selbstkontrolle gewährt werden können. Diese Freiräume ermöglichen Engagement für die Arbeit und führen zu Initiative und Verantwortungsbereitschaft[135]. Das Resultat verstärkt die zuvor aufgestellte "Theorie Y".

---

[132] Vgl. Schönpflug/Schönpflug, Psychologie, S.375.
[133] Vgl. Maslow, Motivation and Personality, S.80.
[134] Vgl. Rosenstiel, Organisationspsychologie, S.330 f.
[135] Dieser Aspekt kommt auch in der in Kap.5.3.1.2 geforderten Schaffung von Spielräumen zur Entwicklung einer Dienstleistungskultur im Reisebüro zum Ausdruck.

Mit seiner sogenannten Zwei-Faktoren-Theorie wählt *Herzberg*[136] einen weiteren Ansatz zur Erklärung der Phänomene Arbeitszufriedenheit und Arbeitsmotivation. Auf der Grundlage empirischer Untersuchungen geht er davon aus, daß Zufriedenheit und Unzufriedenheit bei der Arbeit von je unterschiedlichen Faktorengruppen beeinflußt werden. Unzufriedenheit entsteht somit *nicht* aufgrund des Fehlens oder der ungenügenden Ausprägung von Faktoren, die andernfalls Zufriedenheit bewirken. Nach Herzberg gibt es vielmehr sogenannte Hygiene-Faktoren und Motivatoren. Erstere verhindern das Entstehen negativer Zustände (Unzufriedenheit), führen dabei aber nicht zu positiven Zuständen (Zufriedenheit). Zu diesen Hygiene-Faktoren gehören:

- Führungsstil,
- Unternehmenspolitik und -verwaltung,
- Arbeitsbedingungen,
- Beziehungen zu Gleichgestellten, Unterstellten und Vorgesetzten,
- Status,
- Arbeitssicherheit,
- Gehalt und
- persönliche berufsbezogene Lebensbedingungen.

All diese Punkte liegen nicht zentral im Arbeitsinhalt, sondern betreffen in erster Linie die extrinsische Arbeitsmotivation. Die Verbesserung dieser Faktoren vermindert lediglich die Unzufriedenheit, führt allerdings noch nicht zu Arbeitszufriedenheit. Diese wird erst durch intrinsische Arbeitsmotivation mittels der Verbesserung der Motivatoren erreicht. Zu diesen zählt Herzberg:

- Leistung,
- Anerkennung der eigenen Leistung,
- die Arbeit selbst,
- Verantwortung,
- Aufstieg und
- die Möglichkeit zum Wachstum.

Vor dem Hintergrund dieser Theorien, und insbesondere der Zwei-Faktoren-Theorie von Herzberg, wird im folgenden näher betrachtet, wie Reisebüro-Mitarbeiter motiviert werden können, eine exzellente Service*einstellung* anzunehmen und durch entsprechendes *Verhalten* an einer Verbesserung der Dienstleistungsqualität im Reisebüro mitzuwirken. Diese explizite Unterscheidung von Einstellung und Verhalten für

---

[136] Vgl. Ulich, Arbeitspsychologie, S.40 f.

die Entwicklung von Motivationssystemen beruht auf Erfahrungen[137], die gezeigt haben, daß das Verhalten vor allem durch äußere Motivation, die Einstellung hingegen insbesondere durch innere Motivation positiv beeinflußt werden kann.

5.4.3.3.2 Äußere Motivation

Äußere Motivation wird durch äußere Stimulantien erzeugt, die für den Mitarbeiter so interessant sind, daß er zur Erlangung dieser Anreize mit einer *Verhaltensänderung* bzw. Leistungssteigerung reagiert. Bei vielen Unternehmern ist dies die bekannteste und am weitesten verbreitete Art, das Verhalten der Mitarbeiter zu steuern. Zu den äußeren Motivatoren zählen:

- Beurteilungen,
- Auszeichnungen,
- Finanzielle Motivatoren (wie Gehalt, Prämien, Tantiemen) und
- Arbeitsbedingungen.

Trotzdem eine kurzfristige Wirkung solcher Anreize häufig schnell erkennbar ist, wird die langfristige und grundsätzliche Wirkung dieser Art der Verhaltenssteuerung meist überschätzt. Vor allem finanzielle Anreize verlieren sehr bald ihre motivierende Wirkung und werden schon bald als selbstverständlicher Teil des persönlichen Einkommens betrachtet, auf das der Mitarbeiter (unabhängig von der wirklichen Leistung) einen Anspruch zu haben glaubt. Zudem tragen Prämiensysteme im Reisebüro zwar zur Verbesserung der Absatzzahlen bestimmter Veranstalter bei, nicht jedoch zu einer allgemeinen Verbesserung der Beratungs- und Dienstleistungsqualität. Motivationsfördernd wirken am ehesten Statussymbole und die regelmäßige persönliche Beurteilung durch den Vorgesetzten.[138]

Leistungsbeurteilungen sind so zu gestalten, daß die Service- bzw. Qualitätsorientierung des Mitarbeiters fundiert und gerecht beurteilt wird, und somit langfristig gesteigert werden kann. Leistungen sollten dabei insbesondere auf der Grundlage der in Kap.5.4.3.1.1 beschriebenen Auswahlkriterien sowohl für Expedienten wie auch für Büroleiter bewertet werden. Ein Beurteilungsbogen für Büroleiter, die zu einer optimalen Serviceeinstellung auch noch eine Vorbildfunktion erfüllen sollen, kann z.B. folgende extreme Beurteilungskriterien[139] beinhalten.

---

[137] Vgl. Frehr, Total Quality Management, S.188 ff.
[138] Vgl. Frehr, Total Quality Management, S.190.
[139] Vgl. Horovitz, Marktführer, S.230.

Für eine herausragende Servicebeurteilung spricht:
- Hilft den Expedienten, wenn diese bei der Bedienung der Kunden Probleme haben.
- Geht bei der Begrüßung und Behandlung der Kunden mit gutem Beispiel voran.
- Kümmert sich überdurchschnittlich um das Wohl der Kunden.
- Berücksichtigt die Serviceverbesserungsvorschläge seiner Mitarbeiter.
- Fördert die Eigeninitiative seiner Mitarbeiter.

Für eine ungenügende bzw. verbesserungsfähige Leistungsbeurteilung spricht:
- Verbringt zuviel Zeit in seinem Büro.
- Spricht nicht direkt mit den Kunden.
- Zieht Backoffice-Arbeiten der Beantwortung von Kundenfragen vor.

Zwischen diesen beiden Extrembeurteilungen sind ebenso Varianten für eine gute sowie für eine ausreichende Beurteilung herauszuarbeiten. Um Fehler beim Beurteilen von Mitarbeitern zu verhindern, sollten vom Beurteiler folgende Aspekte beachtet werden:[140]

- die Nähe zum Mitarbeiter muß gegeben sein, d.h. der Beurteiler muß den Beurteilten gut kennen;
- zur Gewinnung der richtigen Informationen über Verhalten, Kenntnisse und Leistungen muß die Beobachtung systematisch und in regelmäßigen Abständen und über einen längeren Zeitraum erfolgen;
- sowohl Beurteilter als auch Beurteiler müssen die Anforderungen an die auszuübende Tätigkeit genau kennen;
- während der Beurteilungsphasen sind die Eindrücke vom Beurteiler schriftlich in Form von Beurteilungsnotizen festzuhalten;
- unter Umständen sind bei der Beurteilung andere Führungskräfte (wie Büroleiter, Geschäftsführer etc.) hinzuzuziehen, wenn diese den Mitarbeiter von der Tätigkeit her gut kennen;
- frühere Beurteilungern dürfen auf diese Beurteilung keinen Einfluß haben;
- der Beurteiler darf sich nicht von Sympathie oder Antipathie gegenüber dem Beurteilten beeinflussen lassen;
- Quervergleiche der Leistungen der verschiedenen Mitarbeiter miteinander ermöglichen eine gerechtere Beurteilung;
- für die Beurteilung muß sich der Beurteiler genügend Zeit nehmen;
- der Beurteiler sollte die Beurteilung mit dem beurteilten Mitarbeiter eingehend besprechen.

---

[140] Vgl. Adrian et al., Mitarbeiterbeurteilung, S.32 ff.

Motivationssysteme[141], die der äußeren Motivation durch Vermittlung von *Auszeichnungen* dienen haben insbesondere die Übermittlung von Werten und den Ansporn zu serviceorientierten Verhalten zum Ziel. Dabei ergibt sich die positive Verstärkung dadurch, daß der Vorgesetzte mehr loben als kritisieren muß, was durchaus öffentlich geschehen sollte. Fluggesellschaften wie Delta Airlines führen in ihrer Unternehmenszeitschrift namentlich Mitarbeiter auf, die sich gegenüber den Fluggästen besonders verdient gemacht haben. In Mc Donald's Filialen wird monatlich der Mitarbeiter des Monats gekürt, der sich durch besondere Leistung im Verkauf bzw. Service hervorgehoben hat.

Wie in bereits angeführten Untersuchungen[142] ermittelt wurde, sind zwei Drittel der Reisebüro-Mitarbeiter mit ihrem Gehalt unzufrieden und über 90 % der Befragten fühlen sich nicht leistungsgerecht bezahlt. Dieser Umstand der eher zu geringen als zu hohen Bezahlung ist weithin bekannt, und gilt auch für die meisten übrigen Dienstleistungstätigkeiten in der Touristik und im Gastgewerbe. Auch wenn eine *prämienorientierte Bezahlung* keine so starke Erfolgsaussicht hat wie die zwei zuvor beschriebenen äußeren Motivatoren, sollte sie doch als ergänzendes Mittel zur Steigerung der Dienstleistungseinstellung betrachtet werden. Mit einer qualitätsfördernden Entlohnung sind dabei folgende Ziele[143] zu verfolgen:

- Richtige Erfüllung der jeweiligen Arbeitsaufgabe gleich beim ersten Mal;
- Förderung permanenter Dienstleistungsverbesserungen;
- Sicherung des qualitativ erforderlichen Mitarbeiterpotentials heute und in Zukunft;
- Förderung der Motivation der einzelnen Mitarbeiter zu einer qualitativ hochwertigen "Dienstleistung";
- Bezahlung der tatsächlich erbrachten statt der erwarteten Leistung;
- Betonung der Gruppen- statt der Einzelleistung.

Auf die inhaltliche Ausgestaltung von Be- und Entlohnungssystemen wird in Kap.5.4.4.2 eingegangen.

Arbeitsbedingungen, die geprägt sind von Überstunden, ungünstigen Arbeitszeiten, Fortbildung in den Abendstunden und einer Fülle von Arbeit vor allem in den Stoßzeiten spiegeln die Situation[144] in vielen Reisebüros wider. Hinzu kommen eingeschränkte Karrierechancen und zumeist ein bescheidenes Gehaltsniveau. Dies sind Bedingungen, die zu einem Teil zwar durch innere Motivation "übertüncht" werden

---

[141] Vgl. Benölken/Greipel, Dienstleistungsmanagement, S.223.
[142] Vgl. Lettl-Schröder/Lenner, Anforderungen an Aus- und Fortbildung, S.79.
[143] Vgl. Bühner, Mitarbeiter im TQM, S.109.
[144] Vgl. Lettl-Schröder/Lenner, Anforderungen, S.78 ff.

können, bei einer Verbesserung derselben jedoch auch ihren Beitrag zu einer Qualitätssteigerung leisten können. Vor allem die Flexibilisierung der Arbeitszeit, auf die in Kap.5.4.4.3 näher eingegangen wird, stellt ein Potential dar, daß zur Verbesserung der Dienstleistungsqualität beitragen kann.

5.4.3.3.3 Innere Motivation

Mit Hilfe der inneren Motivation soll auf die *Dienstleistungseinstellung*[145] des Mitarbeiters so eingewirkt werden, daß er sein Verhalten aus eigenem Antrieb ändert. Zu diesem Zweck muß er den Sinn und das Ziel seiner Tätigkeit verstehen und erkennen, welchen wichtigen Beitrag er zum Gelingen des gesamten Dienstleistungsprozesses leistet.

Der Reisebüro-Leitung kommt die Aufgabe zu, hierbei insbesondere durch einen geeigneten *Führungsstil*[146] beizutragen. Da innere Motivation nur sehr langsam entsteht, ist es Aufgabe der Führungskräfte, durch das eigene Verhalten und einen partizipativen Führungsstil eine Dienstleistungskultur und ein Betriebsklima zu schaffen, in dem sich die Dienstleistungs- und Qualitätsorientierung der Mitarbeiter optimal entwickeln und entfalten kann. Positive Erlebnissse und Erfahrungen der "Geführten" sind dabei das Resultat einer guten Führung und können durch Einflußgrößen wie:[147]

- verständliche Unternehmensgrundsätze,
- klare Organisationsstrukturen,
- gemeinsame Vereinbarung von Zielen,
- Anerkennung der erbrachten Leistung,
- Einbeziehung in Entscheidungen,
- gemeinsame Suche nach Fehlerursachen,
- aktive Unterstützung bei den Verbesserungsbemühungen,
- Förderung der Karriere von Mitarbeitern,
- regelmäßige mitarbeitergerechte Information über erzielte Ergebnisse, Situation des Unternehmens, geplante Änderungen, usw.

beeinflußt werden und auf die innere Motivation der Expedienten wirken. Führungsstil heißt jedoch nicht "nur" einen angenehmen, kollegial-kameradschaftlichen, lok-

---

[145] Die Dienstleistungseinstellung der Mitarbeiter stellt dabei eine wichtige Komponente der in Kap.5.3 beschriebenen Steuerung der Dienstleistungskultur dar.
[146] Vgl. Kap.5.3.1.1.
[147] Vgl. Frehr, Total Quality Management, S.191.

keren, lässigen oder kooperativen Führungsstil[148] zu verfolgen. Mitarbeiterführung mit dem Ziel der Optimierung der Dienstleistungseinstellung und -kultur der Mitarbeiter muß vielmehr eine umfassende Qualität[149] beinhalten und sollte auf folgenden Führungsgrund-sätzen[150] beruhen:

- Mit gutem Beispiel vorangehen.
- Schaffung eines Arbeitsklimas, in dem die Mitarbeiter sich wohlfühlen.
- Jedem Mitarbeiter die Möglichkeit geben, selbstverantwortlich zu handeln.
- Das Wir-Gefühl entwickeln.
- Auf die Würde des Mitarbeiters achten.
- Bereitschaft alle Informationen an seine Mitarbeiter weiterzugeben.
- Qualifizierte Mitarbeiter fordern und fördern.
- Entfaltungs- und Freiräume für die Mitarbeiter schaffen.
- Praktizieren einer Führung "offene Tür".
- Führung durch Zielvereinbarung.

Führungsziel muß dabei sein, das Dienstleistungsverständnis, die Kreativität, die Selbständigkeit im Denken und Handeln, das Verantwortungsbewußtsein und die soziale Verantwortung der Mitarbeiter zu wecken und zu fördern.

Trotz zumeist nicht gerade lukrativer Bezahlung und häufig nicht unbedingt motivationsfördernden Arbeitszeiten sind 80 % der Expedienten zufrieden oder sehr zufrieden mit ihrem Beruf, unzufrieden sind lediglich 4 %.[151] Ein wichtiger Grund hierfür liegt wohl in der *Interessantheit* der Tätigkeit, die in den drei Hauptmotiven[152] für die Berufswahl zum/zur Reiseverkehrskaufmann/-frau zum Ausdruck kommt:

- Interesse am Tourismus und der Branche,
- Interesse am Reisen und an fremden Ländern sowie
- Interesse am Umgang mit Menschen.

Aufgabe der Reisebüro-Führung muß es sein, dieses *Interesse aufrecht zu erhalten und zu fördern.* Erreicht werden kann dies dadurch, daß dem Expedienten trotz der täglichen Routinearbeit:

---

[148] Vgl. Lettl-Schröder/Lenner, Anforderungen, S.83.
[149] Vgl. Cornaz, Qualität als Führungsinstrument, S.141 ff.
[150] Vgl. Preissler et al., Unternehmens- und Personalführung, S.194.
[151] Vgl. Lettl-Schröder/Lenner, Anforderungen, S.78.
[152] Vgl. Lettl-Schröder/Lenner, Anforderungen, S.80.

- der Blick für das Ganze, d.h. für die Prozesse und Strukturen, in die das Reisebüro innerhalb der Reisebürobranche eingebettet ist, ermöglicht wird;
- die Möglichkeit eröffnet wird, an Informations- und Fortbildungsreisen teilzunehmen, bei denen dem Expedienten fremde Länder und Kulturen nähergebracht werden sowie
- "Handwerkszeug" in Form von Fortbildungsmaßnahmen u.ä. vermittelt wird, welches den Expedienten im Umgang mit den Kunden unterstützt und Streßsituationen vermeiden hilft.

Am wichtigsten jedoch ist, daß die innere Motivation *Spaß und Freude* an der Arbeit bewirkt, ohne die eine hochwertige Dienstleistungsqualität nicht erbracht werden kann. Untersuchungsergebnisse[153] des BAT Freizeitforschungsinstituts haben gezeigt, daß für 63% der jungen Berufstätigen bis 34 Jahre berufliche Karriere gleichbedeutend ist mit einer Arbeit, die Spaß macht. So bewirkt kein Qualitätshandbuch, keine Norm und kein Leitbild eine Verbesserung der Dienstleistungsqualität, wenn dem Kunden ein frustierter und unmotivierter Expedient gegenüber sitzt, der ihn unwillig und unfreundlich "abfertigt", weil ihm sein Beruf keine Freude bereitet.

Zwar ist das positive Verhältnis zur Tätigkeit als Expedient im Verhältnis zu anderen Berufsgruppen als überdurchschnittlich gut zu bewerten[154]. So finden Aussagen wie "Geld ist das Wichtigste am Beruf", "Freizeit ist wichtiger als Arbeit" und "Arbeit ist nur Mittel zum Zweck" bei Expedienten so gut wie keine Zustimmung. Es muß jedoch darauf geachtet werden, daß die Freude am Beruf auch erhalten bleibt. Dazu gehört, daß

- das kommunikative Element auch unter den Mitarbeitern gefördert wird,
- Abwechslung geboten wird (evtl. durch Rotation der Mitarbeiter),
- die Kreativität der Mitarbeiter gefördert wird und
- der Mitarbeiter Unterstützung erhält, wenn er sie braucht.

Auszeichnungen[155] für besonders gute und vorbildliche Leistungen dienen der äußeren Motivation, indem der Expedient vor den Mitarbeitern in ein besonders positives Licht gesetzt wird. Dagegen sollte das Ziel der Verteilung von *Lob und Tadel* in erster Linie der direkten und sofortigen Anerkennung bzw. Kritik bei bestimmten Leistungen dienen, um richtige bzw. falsche Verhaltensweisen sofort zu kommentieren und dadurch kontinuierlich auf eine qualitäts- und serviceorientierte Einstellung des Mitarbeiters einzuwirken. Es handelt sich dabei um eine situative Führungsstrategie, die auf der Erkenntnis beruht, daß Lob und Tadel dann am wirksamsten sind, wenn

---

[153] Vgl. Lettl-Schröder/Lenner, Anforderungen, S.79.
[154] Vgl. Lettl-Schröder/Lenner, Anforderungen, S.79.
[155] Vgl. Kap.5.4.3.2.2 Äußere Motivation.

sie unmittelbar, d.h. situativ, auf eine gute oder schlechte Leistung bezogen werden. Im Vergleich dazu ist die Wirkung von Auszeichnungen, die häufig erst am Ende des Monats oder später verteilt werden, nicht so hoch einzuschätzen.

Für ein solches Feedback genügt meist schon eine Minute, die auch der gestreßteste Reisebüro-Chef übrig haben sollte. Mit einem solchen "Ein-Minuten-Lob"[156] können gute Leistungen dauerhaft erfolgreich gesichert werden. Der Ansporn der Mitarbeiter kann mittels verschiedener Instrumente erfolgen, die vom "Das fand ich sehr gut" über ein Lob vor der ganzen Gruppe bis zum handgeschriebenen Kurz-Lobesbrief reichen können. Der "Ein-Minuten-Tadel"[157] soll dagegen sicherstellen, daß es auf Dauer weniger Probleme gibt und der Mitarbeiter durch Anleitung oder einen Verbesserungsvorschlag zu besseren Leistungen ermutigt wird. Allerdings ist es wichtig, daß der Vorgesetzte nicht über das Ziel hinausschießt. Damit wird lediglich erreicht, daß der Getadelte sich über den Chef empört und sich dann nicht mehr mit dem eigenen Verhalten auseinandersetzt. Zudem ist der Tadel vor Kollegen und Kunden zu vermeiden. Vielmehr sollte darauf geachtet werden, den Mitarbeiter nach Möglichkeit "unter vier Augen" auf etwaige Fehler aufmerksam zu machen, und ihm das richtige Verhalten zu erläutern bzw. vorzuführen.

5.4.4 Organisationssysteme

Nach den in Kap.5.4.2 eingehend besprochenen technischen Systemen, die für die Organisation im Reisebüro ein wichtige Funktion erfüllen, werden an dieser Stelle ausgesuchte Organisationssysteme vorgestellt, die verstärkt auf die "weichen" Faktoren der Dienstleistungsqualität im Reisebüro Einfluß nehmen.

5.4.4.1 Zielvereinbarungssysteme

Zeithaml et al. nennen als eine Ursache für die Entstehung schlechter Dienstleistungsqualität die "Orientierung der Servicequalitätsziele mehr am reibungslosen Betrieb als an Kundenbedarf und -erwartungen"[158]. Eine auch für die touristische Praxis empfohlene Mitarbeiterführung durch Zielsetzung[159] hat demnach nicht am eingefahrenen und von einem selbst als ausreichend betrachteten Büroablauf ausgerichtet zu sein, sondern einzig und allein an den Erwartungen der Reisebüro-Kunden.

---

[156] Vgl. o.V., Situatives Führen, S.74.
[157] Vgl. o.V., Situatives Führen, S.74.
[158] Vgl. Zeithaml et al., Qualitätsservice, S.87.
[159] Vgl. Kaspar, Management im Tourismus, S.208 ff.

Da ein solches Managementsystem zur Verbesserung der Dienstleistungsqualität über die Führung der Mitarbeiter hinaus in die eigentliche Unternehmungsführung eingreift, soll es nachfolgend als übergreifendes Organisationssystem verstanden werden. Hat sich ein Reisebüro der Verbesserung seiner Dienstleistungsqualität verschrieben, sind folgende Fragen[160] zu stellen:

- Hat das Reisebüro klare Qualitätsziele?
- Werden alle Mitarbeiter auf diese Ziele eingeschworen?
- Wird laufend gemessen, in welchem Umfang die Ziele erreicht werden?
- Haben die Kundenerwartungen bei den Qualitätszielsetzungen Vorrang vor innerbetrieblich günstig erscheinenden Leistungsanforderungen?

Im Idealfall stimmen Firmen- und Kundenanforderungen überein, bei vielen Reisemittlern ist dies jedoch nicht der Fall. Dabei stellen Provisions- und Absatzziele ein Manko dar, das auf die Dienstleistungsqualität schlechten Einfluß nehmen kann. So darf nicht versucht werden, den Kunden zu dem provisionsmäßig interessantesten Produkt zu überreden. Vielmehr muß, vor allem wenn klare Kundenwünsche für bestimmte Veranstalter oder Leistungsanbieter zu erkennen sind, der Wunsch des Kunden oberste Priorität haben.

Ähnlich wie die angesprochenen Umsatz- und Provisionsziele müssen Qualitätsziele ebenfalls meßbar, erreichbar und planbar sein. Im Rahmen der Qualitätsverbesserung mit Hilfe einer Unternehmensführung durch Zielvereinbarung (auch als Führung durch Zielsetzung, Führung mit Zielen oder "Management by objectives" bezeichnet) sind einige Aspekte[161] zu beachten.

Unabhängig von den im Reisebüro vorherrschenden Vorstellungen über Qualitätsanforderungen im Reisebüro ist die Erfassung der tatsächlichen Kundenerwartungen grundlegende Voraussetzung für die Zielformulierung. Eine solche *Zielorientierung an Kundenerwartungen* hat mittels der in Kap.5.2 vorgestellten Marktforschungsinstrumente zu erfolgen.

Im Rahmen der *Zielsetzung* ist zu beachten, daß die Ziele operationalisierbar[162] gestaltet werden, um die Umsetzung in die Praxis zu ermöglichen. Wichtig im Rahmen der Zielformulierung ist dabei:[163]

---

[160] Vgl. Zeithaml et al., Qualitätsservice, S.88 und 100.
[161] Vgl. Zeithaml et al., Qualitätsservice, S.100 ff.
[162] Vgl. Brandt, Schwerpunkt Mittelstand, S.12 ff.
[163] Vgl. o.V., Mit Zielen läßt sich gut führen, S.42.

- Formulierung konkreter Ziele. Ziele sind Ergebnisse und keine Tätigkeiten.
- Festsetzen von Prioritäten und Konzentration auf die wichtigsten Ziele.
- Vermeidung von Zielkonflikten. Einzelne Teilziele dürfen sich nicht widersprechen.
- Ausschließliche Erarbeitung realistischer und erreichbarer Ziele.
- Definition von Terminen, wann das Ziel erreicht werden soll und wer dies kontrolliert.
- Hinweisung der Mitarbeiter auf mögliche Probleme und Fehlereinplanung
- Ermöglichung von Korrekturen, da die Festsetzung eines Zieles nichts Endgültiges ist.

Im weiteren ist die *Akzeptanz bei den Mitarbeitern* sicherzustellen. Zu diesem Zweck kann es hilfreich sein, *Zielvereinbarungsgespräche* zu führen, die wie folgt ablaufen sollten:[164]

- Abklärung des zeitlichen Rahmens und des Ziels des Gesprächs.
- Vortrag der Vorstellungen des Mitarbeiters.
- Schriftliches Festhalten der Mitarbeitervorschläge.
- Darstellung der Qualitätsziele und Erklärung des Zusammenhangs mit den Unternehmenszielen.
- Schriftliches Festhalten der eigenen Vorschläge.
- Abgleichen der Vorschläge und gemeinsame Suche nach Lösungen.
- Festlegung von Maßnahmen, die die Mitarbeiter bei der Zielerreichung unterstützen.
- Verfassung der endgültigen Zielvereinbarung.

Ziele zur Erhöhung der Dienstleistungsqualität sind, wie zuvor bereits angesprochen, an den Kundenerwartungen auszurichten. Entsprechend der für das Reisebüro identifizierten *Dimensionen der Dienstleistungsqualität* sind Zielvereinbarungen vor allem für die wesentlichen Teile der Dienstleistungserbringung festzulegen. Dabei sind Prioritäten festzulegen, die vor allem an den von den Kunden am schlechtesten beurteilten Dimensionen ansetzen sollten. Auch ist zu entscheiden, für welchen Teil des Dienstleistungsprozesses welcher Mitarbeiter welche Qualitätsziele zu erfüllen hat.

Eine laufende *Messung und Überprüfung der Qualitätsziele* durch den Reisebüro-Chef ist erforderlich, um "zu erfassen, in welchem Maße die ergriffenen Vorkehrungen zum erstrebten Erfolg führten, um eingetretene Abweichungen auffangen zu können."[165] Zur Erfassung der Zielerreichung dienen zum einen Soll-Ist-Vergleiche

---

164 Vgl. o.V., Mit Zielen läßt sich gut führen, S.42.
165 Vgl. Lattmann, Zielsetzung, S.84.

bestimmter Zustände zu unterschiedlichen Zeitpunkten. Zum anderen können Leistungsbeurteilungen der einzelnen Mitarbeiter (wie in Kap.5.4.3.3.2 beschrieben) die Funktion einer Zielüberprüfung übernehmen.

5.4.4.2 Be- und Entlohnungssysteme

Das an den Reisebüro-Mitarbeiter zu zahlende Entgelt sollte aus den Komponenten *Grundlohn, leistungsorientierte Zulagen* und *Soziallohn* bestehen. Die für die qualitätsorientierte Entlohnung wichtigen Komponenten sind vor allem der Grundlohn und die leistungsorientierten Zulagen, weshalb auf diese auch verstärktes Augenmerk gelegt wird.

Der *Grundlohn* wird auf der Basis von Arbeitsbewertungs- bzw. Potentialanalsyseverfahren ermittelt. Mit Hilfe dieser Verfahren wird die vom Mitarbeiter erwartete Leistung nach anforderungsorientierten und/oder qualifikationsorientierten Kriterien bewertet.

Im Rahmen der *anforderungsorientierten Entlohnung* kann die Arbeitsbewertung wie folgt durchgeführt werden:

1. Beschreiben der Arbeit bzw. des Arbeitsplatzes.
2. Bestimmung der Anforderungen nach Art und Höhe.
3. Ermittlung des Gesamtarbeitswertes.
4. Zuordnung des Gehalts zu den Gesamtarbeitswerten.

Ziel dieser Entlohnungsform ist es, die Entgelthöhe den körperlichen, geistigen und seelischen Anforderungen am Arbeitsplatz anzupassen. Dabei sollen die objektiven Unterschiede aufgrund verschiedener Anforderungen an den einzelnen Arbeitsplätzen gemessen werden. Dieses Beurteilungsverfahren wurde vor allem für Einzelarbeitsplätze im Fertigungsbereich entwickelt und weist für Dienstleistungstätigkeiten, die vor allem in Teamarbeit bewältigt werden sollten, einige Schwächen auf.

Zur Ermittlung des Grundlohns von Arbeitsplätzen im Reisebüro ist dagegen die *qualifikationsorientierte Entlohnung* die ungleich sinnvollere Variante. Ziel dieser Entlohnungsform ist die Veranlassung der Mitarbeiter zu einem permanenten Ausbau ihrer Qualifikationen, die Erhöhung der Qualität des Mitarbeiterpotentials sowie die Verbesserung der Einsatzflexibilität der einzelnen Mitarbeiter. Die Bezahlung wird dabei an die Fähigkeiten und Kenntnisse der Mitarbeiter geknüpft, die jetzt oder in

Zukunft tatsächlich benötigt werden[166]. Die Vorgehensweise[167] bei Anwendung der qualifikationsorientierten Entlohnungsform kann wie folgt aussehen:

1. Erfassen der Mitarbeiterqualifikation anhand von Potentialanalysen und Mitarbeiterbeurteilungen.
2. Festlegen der betriebsrelevanten Qualifikationen.
3. Festlegen des Stellenwertes von Qualifikationen
4. Eingruppieren der Qualifikationen in Stufen.

Die Gefahr bei dieser Entlohnungsform ist jedoch ein "Ausnutzen" durch die Arbeitnehmer. Durch häufigen Arbeitgeberwechsel mit dem Ziel des Erwerbs möglichst vieler Qualifikationen können Mitarbeiter versuchen, ihr Wissen und ihre Fähigkeiten laufend zu verbessern, ohne einen wirklichen Nutzen für den jeweiligen Arbeitgeber zu bringen. Dieser unerwünschten Entwicklung kann lediglich dadurch entgegengewirkt werden, daß Weiterbildungsangebote, d.h. auch Gehaltsverbesserungen, erst nach einer bestimmten Zeit der Firmenzugehörigkeit gewährt werden.

Der Grundlohn allein bietet jedoch noch keinen ausreichenden Anreiz zu einer möglichst hohen tatsächlichen Arbeitsleistung. Diesem gewünschten Resultat näher kommen *leistungsorientierte Zulagen*, die sich nach den Qualitäts- und Unternehmenszielen des Reisebüros richten. Weniger angesprochen sind hier jedoch die in der Reisebüro-Praxis üblichen Provisionszahlungen der Leistungsanbieter bei Erreichen vorgegebener Absatzzahlen. Vielmehr sind solche Zulagen gemeint, die das Verdienst des einzelnen Mitarbeiters um die Verbesserung der Dienstleistungsqualität im Reisebüro honorieren.

Angefangen von Belohnungen für Mitarbeitervorschläge, die zu einer Verbesserung der Service-Qualität führen, über die finanzielle Würdigung außerordentlicher und vorbildlicher "Dienstleistungen" bis hin zu Zusatzzahlungen aufgrund sehr guter allgemeiner Leistungsbeurteilungen[168] sind der Kreativität beim Finden neuer Kriterien keine Grenzen gesetzt. Zu beachten ist jedoch, daß zur Entfaltung der Anreizwirkung ein möglichst kurzer Zeitraum zwischen erbrachter Leistung und Entlohnung liegen sollte, um für den Mitarbeiter den direkten Zusammenhang zwischen sehr guter Leistung und Belohnung transparent zu machen.

Um die zuvor angesprochenen Provisionszahlungen in ein qualitätsorientiertes Entlohnungssystem zu integrieren, bietet es sich z.B. an, Punktesysteme[169] zu installie-

---

166 Vgl. Bühner, Mitarbeiter im TQM, S.113.
167 Vgl. Eckardstein, Entlohnung nach Qualifikation, S.62.
168 Vgl. die Erläuterungen zum Thema *Beurteilungen* in Kap.5.4.3.3.2.
169 Vgl. Kirstges, Unternehmenserfolg, S.12 ff.

ren. Sollen Mitarbeiter am Erfolg eines Unternehmens beteiligt werden, kann der unter den Mitarbeitern aufzuteilende Betrag nach unterschiedlichen Kriterien und individueller Gewichtung verteilt werden. Dabei wird für den zur Verfügung stehenden Betrag eine Gesamtpunktzahl von z.B. 1000 Punkten festgesetzt. Diese Punkte können dann nach Aspekten wie Beitrag am Umsatz, Arbeitsqualität, Zahl der Stammkunden eines Mitarbeiters, Berufserfahrung, Unternehmenszugehörigkeit, geleistete Arbeitszeit usw. auf die einzelnen Mitarbeiter verteilt werden.

Die dritte Komponente einer qualitätsfördernden Entlohnung ist der *Soziallohn*, der aus gesetzlich vorgeschriebenen und gegebenenfalls freiwillig gewährten Sozialleistungen besteht. Mit dem Soziallohn werden Merkmale wie Alter, Betriebszugehörigkeit, Familienstand etc. bei der Entlohnung mitberücksichtigt. Insbesondere durch freiwillige Sozialleistungen kann der Arbeitgeber indirekt qualitätsfördernd wirken, indem er so ein "sehr gutes" Mitarbeiterpotential sichert und sein Image als Arbeitgeber verbessert.

5.4.4.3 Arbeitszeitsysteme

Mit der Einführung flexibler Arbeitszeitmodelle besteht die Chance, zum einen verbesserte Kostenstrukturen zu schaffen, und zum anderen die Dienstleistungs-qualität zu steigern. Während Reiseveranstalter und Gastgewerbe diese Form der Arbeitszeitregelung seit vielen Jahren praktizieren, ist sie für Reisebüros außer an Flughäfen, Bahnhöfen oder Einkaufszentren weitgehend unbekannt.

Unter dem Aspekt der Verbesserung der Potentialqualität eines Reisebüros durch die Bereitstellung von Leistungsfähigkeiten[170], dienen flexible Arbeitszeitsysteme vor allem dazu, die vorhandenen Kapazitäten besser zu verteilen. Dies kann dadurch erreicht werden, daß z.B. auf Teilzeitbasis beschäftigte Mitarbeiter aufgrund einer leistungsbezogenen Vergütung den Anreiz erhalten, vor allem während der geschäftsintensiven Zeit ihrer Arbeit nachzugehen. Dadurch erhalten sie einen Anreiz, in Zeiten hoher Kundenfrequenz präsent zu sein, und Zeiten niedriger Kundenfrequenz für ihre privaten Belange zu nutzen. Gerade Reisebüros sind dabei sowohl starken saisonalen als auch tageszeitlichen Schwankungen der Nachfrage ausgesetzt. So gelten die Monate Januar bis März, die Wochentage Montag und Mittwoch sowie die Zeit zwischen 10 und 12 Uhr und zwischen 16 und 18 Uhr in vielen Reisebüros als die umsatz- bzw. geschäftsreichsten Zeiten[171].

---

170 Vgl. Kap.4.5.1.
171 Vgl. Bolsinger, Flexible Arbeitszeit, S.51.

Weitere Gründe für eine Arbeitszeitflexibilisierung vor allem auf Teilzeitbasis können nach einer Studie[172] des Deutschen Handelsinstituts (DHI) sein: Wiedereinstieg in den Beruf nach einem Erziehungsurlaub auf Teilzeitbasis, mehr privater Freiraum bei entsprechender Gehaltskürzung, zunehmende Differenz zwischen Regelarbeitszeit und Ladenöffnungszeiten in Reisebüros oder saisonale Stoßzeiten bei der Katalogherausgabe von Reiseveranstaltern.

Voraussetzung für den Erfolg flexibler Arbeitszeitsysteme ist, neben dem grundsätzlichen Wunsch der Mitarbeiter nach denselben, vor allem deren Mitwirken bei der Entwicklung dieser Systeme. Des weiteren gilt es bei der Festlegung flexibler Arbeitszeiten vor allem den genauen zeitlichen Verlauf der Kundenfrequenzen und des unternehmensspezifischen Arbeitsanfalls zu erfassen, um den tatsächlichen Arbeitsbedarf prognostizieren zu können. Entsprechend ist das Arbeitszeitsystem auf die Kunden- und Mitarbeiterstruktur sowie auf die örtlichen Gegebenheiten abzustimmen.

Die Anforderungen an Teilzeitbeschäftigte dürfen im Verhältnis allerdings nicht höher sein, als an Mitarbeiter mit vollem Arbeitsumfang. So darf es zu keiner erzwungenen Leistungsverdichtung kommen, die einer gleichen Arbeitsleistung in kürzerer Zeit entspricht. Auch sind gesetzliche Bestimmungen und Tarifverträge, die im Normalfall keine Hindernisse bilden, zu berücksichtigen.

Im Gastgewerbe bereits erfolgreich erprobte *flexible Arbeitszeitsysteme* bieten einen auch für Reisebüros interessanten Lösungsansatz. Bestehend aus sechs Basiselementen ermöglicht das folgende, im Mövenpick-Hotel Neu-Ulm entwickelte, flexible Arbeitszeitsystem[173] eine gegenseitige Abstimmung der Betriebserfordernisse und der individuellen Bedürfnisse der Mitarbeiter. Die einzelnen Elemente des Arbeitszeitsystems sind in Abbildung 5.11 dargestellt.

---

172 Vgl. Schafberg, Flexibilisierung, S.9.
173 Vgl. Schaetzing, Flexibilisierung der Arbeitszeit, S.163 ff sowie Romeiß-Stracke F., Service-Qualität im Tourismus, S.104.

Flexibilisierung der Arbeitszeit

- In einem ersten Schritt wird die *Verteilung der Arbeitszeit auf Saison-oder Jahresbasis* festgelegt, wobei nur noch die genaue Stundenzahl festgelegt wird, die ein Mitarbeiter leisten will. Dabei wird keine Verteilung auf Tag, Woche oder Monat vorgenommen. Die gesetzlich und tariflich geregelte Mindest- und Höchstarbeitszeit wird eingehalten.
- Auf *eingeführten Arbeitszeitkonten* werden sowohl "Zeitschulden" wie auch "Zeitguthaben" festgehalten. Die maximal über- oder unterschreitbare Zeit wird im Arbeitsvertrag festgehalten.
- Verschiebungen finden ausschließlich auf dem Zeitkonto, nicht aber auf dem Gehaltskonto statt. Das normalerweise *gleichbleibende Monatsgehalt* ändert sich lediglich bei eventueller Kündigung im Rahmen der gesetzlichen Kündigungsbestimmungen.
- Statt fester Arbeitszeiten wird eine *kapazitätsorientierte variable Arbeitszeit* eingeführt, die zuvor mit dem Büroleiter abgestimmt wird und die geplanten und erwarteten Kapazitätsauslastungen berücksichtigt.
- Die Schaffung besonderer *Anreize für unattraktive Arbeitszeiten* kann sowohl in Geld- als auch in stärker gewichteten Zeiteinheiten erfolgen.
- Durch flexible Arbeitszeiten für alle Mitarbeiter erlangen *Teilzeitkräfte den gleichen Status* wie die übrigen Mitarbeiter. Beispielsweise können Expedientinnen, die aufgrund einer Schwangerschaft einen Wechsel von Voll- auf Teilzeit erwägen, diesen Schritt ohne "Karriereverlust" wagen.

Abb. 5.11: Einführung eines flexiblen Arbeitszeitsystems im Reisebüro[174]

5.4.4.4 Kommunikationssysteme

Die Kommunikation in kleinen und mittleren Reisebüros sollte aufgrund einer überschaubaren Mitarbeiterzahl kein größeres Problem darstellen. Neben der alltäglichen Kommunikation kann es jedoch zweckdienlich sein, in regelmäßigen oder unregelmäßigen Abständen Mitarbeiterbesprechungen oder ähnliches abzuhalten, um auf wichtige Dinge wie beispielsweise geplante Werbeaktionen, Produktneuheiten oder Maßnahmen zur Qualitätsverbesserung detailliert eingehen zu können.

---

[174] In Anlehnung an Romeiß-Stracke F., Service-Qualität im Tourismus, S.104.

Grundsätzlich steht eine Vielzahl von Kommunikationssystemen und -instrumenten zur Verfügung, die sich nach *persönlicher* und *vermittelter* Kommunikation[175] unterscheiden lassen. Da die zur Verbesserung der Dienstleistungsqualität wichtigsten Medien der *vermittelten* Kommunikation (betriebliches Vorschlagswesen[176] und computerunterstützte Datenbanken[177]) an anderer Stelle bereits eingehend besprochen wurden, soll nachfolgend die nähere Betrachtung der wichtigsten Formen der *persönlichen direkten* Kommunikation im Vordergrund stehen.

Zur *persönlichen direkten* Kommunikation im Reisebüro können genutzt werden:

- Einzelgespräche zwischen Mitarbeiter und Chef,
- Mitarbeiterbesprechungen,
- Workshops,
- Seminare, Trainings, Schulungen.

Neben der rein auf fachliche Inhalte beschränkten "Routinekommunikation" sollte auch eine qualitätsorientierte Kommunikation stattfinden, die auf sämtliche Aspekte der Dienstleistungsqualität eingeht. Nur durch intensive Kommunikation[178] lassen sich negative Einflüsse auf einen reibungslosen Dienstleistungsprozeß frühzeitig identifizieren und beseitigen. Systematische Kommunikation sollte dabei sowohl mit dem einzelnen Mitarbeiter als auch mit dem gesamten Reisebüro-Team betrieben werden. Dabei ist es wichtig, daß Einzelgespräche und Gruppenbesprechungen und -diskussionen richtig vorbereitet und durchgeführt werden.

Der *Vorbereitung* von Gesprächen kommt vor allem aus Gründen der Effizienz eine besondere Bedeutung zu. So ist ein gemütliches Beisammensitzen nicht Sinn und Zweck einer solchen Veranstaltung, sondern es geht vielmehr darum, die Zeit, die in den meisten Reisebüros nur sehr begrenzt vorhanden ist, sinnvoll zu nutzen und ein möglichst gutes Gesprächsergebnis zu erzielen. Eine gute Vorbereitung von Mitarbeitergesprächen und -besprechungen hat daher folgende Aspekte zu berücksichtigen:

- Vorgehensweise für Gespräch/Besprechung überlegen.
- Anzusprechende Themen und Fragen in einem Leitfaden zusammenfassen.
- Genügend Zeit nehmen.
- Gesprächs-/Besprechungstermin zu einem günstigen Zeitpunkt während der Arbeitszeit wählen.
- Geeigneten Raum wählen, in dem man ungestört ist.

---

175 Vgl. Dotzler/Schick, Systematische Mitarbeiterkommunikation, S.271.
176 Vgl. Kap.5.2.2.2.1.
177 Vgl. Kap.5.4.
178 Vgl. Zeithaml et al., Kommunikations- und Kontrollprozesse, S.115 sowie Zeithaml et al., Qualitätsservice, S.68 und 79 f.

- Besprechung des Gesprächsleitfadens in möglichst engem zeitlichen Abstand zu dessen Erstellung.

Sind die Vorbereitungen abgeschlossen und ist der Zeitpunkt des Gesprächs bzw. der Besprechung gekommen, gilt es einen positiven *Gesprächsverlauf* sicherzustellen. Die einzelnen Phasen des Gesprächs/der Besprechung sollten wie folgt ablaufen:

1. Sachverhalt ansprechen.
2. Konsequenzen positiver oder negativer Verhaltensweisen/Umstände aufzeigen.
3. Stellungnahme des Einzelnen bzw. Diskussion in der Gruppe.
4. Zukünftiges Verhalten festlegen.

Um Besprechungen und Gespräche zu einem Erfolg werden zu lassen und eine direkte Wirkung auf die Verbesserung der Dienstleistungsqualität im Reisebüro zu erzielen, gilt es des weiteren:

- eine entspannte Atmosphäre zu schaffen und einen positiven Kontakt herzustellen,
- in allen Phasen sachlich und ruhig zu bleiben,
- von selbstbeobachteten Tatsachen auszugehen und Unterstellungen zu unterlassen,
- mit positiven Punkten zu beginnen,
- negative Punkte mit Verbesserungshinweisen zu verbinden,
- Schwerpunkte zu setzen und Nebensächlichkeiten wegzulassen,
- klar und deutlich zu formulieren (keine Übertreibungen, kein Drumherumreden),
- dem/den Mitarbeiter/-n ausreichend Gelegenheit zur Stellungnahme und Diskussion zu geben,
- auf Fragen und Vorschläge einzugehen und
- einen positiven Abschluß zu finden.

All diese positiven Einflüsse auf einen optimalen Gesprächsverlauf lassen sich dann bewerkstelligen, wenn alle Beteiligten den Mut zur Ehrlichkeit finden und klare direkte Stellungnahmen auch zu unangenehmen Themen beziehen. Dabei müssen allerdings positive Wertschätzungen des/der Gesprächspartner im Vordergrund stehen, die sich in der Achtung der Person, dem Vertrauen in den anderen und in der Vermeidung von Angriffen und Beleidigungen manifestieren. Alle Beteiligten sollten auch versuchen, die/den Gesprächspartner zu verstehen, indem sie sich in die Erlebniswelt des Gegenüber hineinversetzen ohne zu interpretieren oder Dinge zu unterstellen.

5.5 Steuerung der Prozeßqualität

Unabhängig von Potentialmerkmalen wie dem Erscheinungsbild und der technischen Ausstattung eines Reisebüros oder von Ergebnismerkmalen wie einer gelungenen Pauschalreise, sind für den Kunden die Expedienten eines Reisebüros das Spiegelbild des gesamten Unternehmens. Der Kunde projiziert dabei vor allem seine Erfahrungen, die er im persönlichen Kontakt mit den Mitarbeitern gemacht hat, auf die Qualität des Reisebüros, d.h. auch auf für ihn unsichtbare Bereiche wie z.B. die Organisation.

Aus diesem Grund kommt der Prozeßqualität eine besondere Bedeutung beim Management der Dienstleistungsqualität im Reisebüro zu. Nachfolgend wird zunächst auf die Rolle des Expedienten eingegangen, deren optimale Ausfüllung entscheidenden Einfluß auf diese Prozeßqualität hat. Wie dabei zu sehen ist, besteht jedoch die Gefahr von Rollenkonflikten, die aufgrund unterschiedlicher Erwartungen an den Expedienten bedeutenden Einfluß auf das Verhalten desselben nehmen können. Im zweiten Teil dieses Kapitels steht das qualitätsorientierte Verhalten im Dienstleistungsprozeß im Vordergrund.

5.5.1 Der Expedient im Dienstleistungsprozeß

Wie in Kap.5.4.3.2 bereits erläutert, wird unter der Bezeichnung *Expedient* jener Reisebüro-Mitarbeiter verstanden, der in direktem täglichen Kundenkontakt steht. Es handelt sich hierbei also nicht um einen Ausbildungsberuf, sondern in erster Linie um die Umschreibung dieser speziellen Gruppe von Reisebüro-Angestellten. Entsprechend dieser Definition fallen unter die Bezeichnung *Expedient* mehrere Gruppen von Reisebüro-Mitarbeitern wie Auszubildende, fertige Reiseverkehrskaufleute, Büroleiter und andere Reisebüro-Mitarbeiter mit regelmäßigem Kundenkontakt.

5.5.1.1 Der Expedient und seine Rolle

5.5.1.1.1 Aufgabenspektrum von Expedienten

Naturgemäß richten sich die *Tätigkeitsfelder* des Expedienten zum einen nach den Leistungen, die von dem jeweiligen Reisebüro vermittelt werden und zum anderen nach der Art der Kunden, mit denen der Expedient zu tun hat. Der Umfang des Leistungsangebotes ist, wie zuvor bereits dargestellt, vor allem davon abhängig, von welchen Leistungsanbietern durch das Reisebüro Lizenzen erworben wurden bzw. mit welchen Anbietern entsprechende Verträge abgeschlossen wurden.

Vor allem größere Büros unterteilen ihre Geschäftsbereiche nach diesen Leistungsanbietern. Der überwiegende Teil kleiner und mittlerer Reisebüros nimmt dagegen eher eine Unterteilung nach der Art der Kunden vor, d.h. der Touristik-Kunde wird von einem Expedienten mit der kompletten Leistungspalette versorgt. Für den Expedienten hat dies den Vorteil, daß aufgrund der Auseinandersetzung mit den verschiedensten Leistungsanbietern (z.b. Flug, Hotel, Mietwagen etc.) eine relativ große Abwechslung gegeben ist. Diese Abwechslung kann aber auch, aufgrund der so entstehenden hohen Anforderungen, als besondere Belastung gesehen werden.

Nach der Kundenstruktur lassen sich vor allem vier Bereiche untergliedern. Der *Touristikbereich* für den überwiegenden Teil der Privatkunden, der Bereich *Gruppenreisen*, sowohl für Privat- als auch Geschäftskunden und der *Firmendienst* für die regulären Geschäftskunden. Insbesondere in der Schweiz kommt bei vielen Reisebüros zusätzlich noch der Bereich *Incoming* hinzu.

Im *Touristikbereich* ist der Expedient vor allem für die Beratung und den Verkauf von Pauschalreisen und individuell gestalteten Urlaubsreisen zuständig. Die Tätigkeiten erstrecken sich hier vor allem auf die Bereiche Flug-, Bus-, Bahn- und Schiffsreisen, sowie Hotel und Mietwagen etc.. Der Kundenkontakt erfolgt hier in erster Linie direkt am Counter im Reisebüro oder über das Telefon.

In erster Linie dem Touristikbereich zugeordnet ist auch die Zusammenstellung und der Verkauf von *Gruppenreisen*. Bei diesen fallen dem Expedienten, zusätzlich zu den oben genannten Tätigkeiten, koordinierende Aufgaben zu. Gruppenreisen gibt es aber auch für den Geschäftskunden. Hier handelt es sich oft um Kongreßreisen etc..

Die regulären Geschäftskunden werden, außer in sehr kleinen Reisebüros, vom *Firmendienst* betreut. Neben den Geschäftsreisen werden in vielen Büros auch die Privatreisen dieser Kunden von den Expedienten ausgearbeitet und gebucht. Im Geschäftsreiseverkehr findet der Kundenkontakt in erster Linie über das Telefon statt. Ansprechpartner der Expedienten sind dabei nicht nur die Endverbraucher, sondern auch Sekretärinnen oder Reisestellen jener Unternehmen, deren Mitarbeiter die Reise letztendlich antreten.

Im *Incomingbereich* obliegt dem Expedienten, hier aus schweizerischer Sicht[1], die Organisation und Durchführung von Reisen aus überseeischen Ländern nach Europa bzw. in die Schweiz und aus europäischen Ländern in die Schweiz. Die lokalen Rei-

---

[1] Vgl. Reisebüro Kuoni, Geschäftsbericht 1993, S.32.

sebüros in der Schweiz fungieren dabei einerseits als Handling Agent, andererseits organisieren sie selbständig Reisen in andere Länder.

Hinzu kommen noch folgende Nebenleistungen[2], die die Expedienten je nach Reisebüro und Tätigkeitsbereich zu erbringen haben:

- Besorgung von Reisedokumenten;
- Verkauf von Versicherungsleistungen;
- Reisefinanzierung;
- Verkauf von Reiseschecks;
- Geldwechsel;
- Theaterkartenverkauf etc.;
- Verkauf von Reisehilfen.

Bezeichnet man die Ausübung der Expedientätigkeit als "Rolle", so kann man unschwer feststellen, daß diese Expedienten-"Rolle" Beziehungen zu mehreren Personen einschließt. Dies können Vorgesetzte, Kunden oder Mitarbeiter von Fluggesellschaften oder Reiseveranstaltern, aber auch die letztgenannten Institutionen allgemein sein. Dabei kann man davon ausgehen, daß von diesen Personen und Institutionen an den Expedienten ein ganzes Spektrum von Erwartungen gerichtet wird.

5.5.1.1.2 Erwartungen als Auslöser von Rollenkonflikten

Bei der Ausführung von Dienstleistungstätigkeiten wie der Beratung und dem Verkauf im Reisebüro besteht oftmals nicht nur die Möglichkeit, die Tätigkeit objektiv richtig oder falsch auszuführen. Vielmehr ist der Dienstleister häufig vor die Aufgabe gestellt, die Tätigkeit so auszuführen, daß subjektive Erwartungen einzelner Personen oder Gruppen bezüglich dieser Dienstleistung erfüllt werden.

Dabei können nicht nur Erwartungen innerhalb einer Gruppe, wie beispielsweise Kundenerwartungen, voneinander abweichen. Es können vielmehr die Erwartungen verschiedener Gruppen, wie die von Vorgesetzten, Kunden und anderen Beteiligten, voneinander abweichen, und sich teilweise sogar widersprechen. Auch können Erwartungen in sich widersprüchlich, nur teilweise bekannt oder auch unvereinbar mit bestimmten Werten der betroffenen Person sein.

Bei der Beratungs- und Verkaufstätigkeit im Reisebüro kann der Kunde beispielsweise eine möglichst umfassende und zeitintensive Beratung sowie besonders günstige

---

2   Vgl. Kaspar/Kunz, Unternehmensführung, S.203.

Flugpreise erwarten. Der Vorgesetzte dagegen sieht aus Kostengründen eventuell eine zügige Abfertigung des Kunden im Vordergrund. Die Fluggesellschaften dagegen präferieren unter Umständen den Verkauf teurerer Tickets, da hier die Gewinnspannen größer sind.

Diese Beispiele zeigen, daß Expedienten mit Kundenkontakt im Mittelpunkt vieler verschiedener, teilweise sogar gegenteiliger bzw. widersprüchlicher Erwartungen stehen können. Werden diese Erwartungen tatsächlich als nicht miteinander vereinbar empfunden, und werden hier keine Lösungsmöglichkeiten gesehen, so kann es zu Rollenkonflikten bei der betroffenen Person kommen. Diese Rollenkonflikte können sich unter anderem in Form von Streß und in weiterer Folge durch Burnout[3] bemerkbar machen.

Bezeichnend für die mannigfaltigen Erwartungen an die Expedienten ist die vom Vorsitzenden des Ausschusses "Berufsaus- und -fortbildung" des Deutschen Reisebüro-Verbandes e.V. erhobene Forderung[4], zusätzlich zur herkömmlichen Ausbildung zum Reiseverkehrskaufmann bzw. zur Reiseverkehrskauffrau, weitere Ausbildungsgänge anzubieten. Um den Anforderungen in allen Fachgebieten des Reisebürowesens gerecht zu werden fordert Küvers Ausbildungsgänge unter anderem zum Touristikkaufmann, Verkehrskaufmann und Firmendienst-spezialisten.

Der Grundgedanke des Rollenkonflikt-Ansatzes besteht aus dem im Laufe der Jahre gewonnenen Wissen, daß "eine Rolle Beziehungen zu mehreren Personen einschließt, und daß diese in der Regel unterschiedliche Auffassungen von einem angemessenen Verhalten des Rollenspielers haben"[5]. Wird dieser Grundgedanke weiter ausgestaltet, so läßt sich feststellen[6], daß wenn eine Rolle zum einen das Verhalten für bestimmte Situationen normiert und zum anderen das Individuum mehrere Rollen innehat, einerseits zwischen den jeweils situationsspezifisch definierten Rollenelementen Antagonismen auftreten und andererseits sich Divergenzen zwischen den Pflichten, die die entsprechenden Rollen mit sich bringen, ergeben werden. Entscheidend für einen Rollenkonflikt ist aber vor allem, daß Erwartungen an die fokale Person, also die Person, die im Brennpunkt der Erwartungen und damit auch der Betrachtung steht, von dieser als inkompatibel empfunden werden und nicht nur von außen so definiert werden. Zusammenfassend läßt sich ein Rollenkonflikt definieren als ein "Orientierungskonflikt aufgrund verschiedener Erwartungen an eine Rolle"[7].

---

3   Vgl. Enzmann/Kleiber, Helfer-Leiden, S.21.
4   Vgl. o.V., Lehrinhalte dem Wandel anpassen, S.4.
5   Vgl. Gerhardt, Rollenanalyse, S.67.
6   Vgl. Gerhardt, Rollenanalyse, S.67 f.
7   Vgl. Griese et al., Soziale Rolle, S.30.

5.5.1.1.3 Formen von Rollenkonflikten

Rollenkonflikte können in unterschiedlicher Form auftreten. Beim *Interrollen-Konflikt* geht es um den Konflikt, der auftreten kann, wenn die Position eines Individuums mehr als eine Rolle beinhaltet, bzw. wenn die betreffende Person mehrere Positionen innehat. In solchen Fällen können widersprüchliche Erwartungen *zwischen* den Rollen, die ein Individuum zu spielen hat, bestehen. Dieser Interrollen-Konflikt wurde deskriptiv zwar sehr häufig bearbeitet, in der theoretischen Analyse jedoch spielte er bisher eine vergleichsweise geringe Rolle[8].

Liegt für die fokale Person die Ursache eines Konfliktes in einem einzigen Rollensender, der von ihr "unlösbare Aufgaben durch miteinander unverträgliches Verhalten fordert"[9] handelt es sich um einen *Intrasender-Konflikt*. Erwartet also beispielsweise der Vorgesetzte von seinem Mitarbeiter die Erreichung eines mit legitimen Mitteln nicht erreichbaren Verkaufsziels, und erwartet er gleichzeitig aber, daß solche Mittel nicht angewendet werden, um beispielsweise ihn als Rollensender nicht zu kompromitieren, so handelt es sich um den klassischen Fall eines Intrasender-Konfliktes.

In *Intersender-Konflikt* geraten häufig Inhaber von Positionen, die in mittleren Ebenen einer Organisationshierarchie lokalisiert sind. Konflikte resultieren dann meist aus der Unvereinbarkeit von Erwartungen, die von verschiedenen Rollensendern (bei Expedienten z.B. Vorgesetzte, Kunden und Airlines) an die fokale Person gerichtet werden[10]. In diesem Fall treten also widersprüchliche Erwartungen *innerhalb* einer Rolle auf. Ein Intersender-Konflikt, der auch als Unterbegriff[11] des *Intra-Rollenkonfliktes* bezeichnet werden kann, kann wie folgt definiert werden: "Fokale Personen, die an 'Knüpfstellen' sozialer Netzwerke lokalisiert sind, geraten häufig in Rollenkonflikte, weil hinsichtlich der konkreten Rollenausübung bei verschiedenen Bezugspersonen unterschiedliche Erwartungen bestehen"[12]. Dagegen kann man von einem *Intrarollen-Konflikt* sprechen, wenn "Probleme durch das Besetzen und "Spielen" einer Rolle, auf die sich - da es immer mehr als nur einen Erwartenden im Hinblick auf eine Rolle gibt - unterschiedliche Einzel-Erwartungen richten"[13] entstehen.

Das erwartete rollenkonforme Verhalten kann aber auch unvereinbar mit den Werten und Bedürfnissen sowie Fähigkeiten und Kenntnissen der fokalen Person sein, und zu einem *Person-Rolle-Konflikt* führen. Vor allem Organisationsmitglieder, die unte-

---

8   Vgl. Wiswede, Rollentheorie.
9   Vgl. Irle, Sozialpsychologie, S.499.
10 Vgl. Irle, Sozialpsychologie.
11 Vgl. Wiswede, Rollentheorie, S.117.
12 Vgl. Wiswede, Rollentheorie, S.117.
13 Vgl. Gross, Role Analysis, zitiert nach Claessens, Rolle und Macht, S.70.

ren bzw. untersten Ebenen angehören, sind, wenn die Rollenerwartungen der Organisation bzw. anderer Rollensender deren Bedürfnisse und Werte verletzen, solchen Konflikten in besonderem Maße ausgesetzt.[14]

5.5.1.2 Bedingungen für Rollenkonflikte

Grundsätzlich kann nach zwei Arten von Bedingungen für das Entstehen von Rollenkonflikten[15] unterschieden werden. Zum einen können Rollenkonflikte durch das soziale System, in dem sich die fokale Person aufhält, bedingt sein. Da es sich hierbei jedoch vor allem um Bedingungen handelt, die das Auftreten von Rollenkonflikten in einer Gesellschaft überhaupt betreffen, werden diese nachfolgend nur peripher behandelt. Zum anderen lösen vor allem Bedingungen auf der Individualebene Rollenkonflikte aus, die insbesondere das subjektive Empfinden von Erwartungen der Rollensender durch die Rollennehmer in verschiedenen Kontexten betreffen.

5.5.1.2.1 Bedingungen durch das soziale System

Beginnend mit den durch das soziale System auftretenden Faktoren, die vor allem das Auftreten von Interrollen-Konflikten fördern, ist zunächst der *soziale Wandel* zu nennen. Mit diesem sind die Prozesse gemeint, die Werte, Normen und Rollen verändern, bzw. herkömmliche Vorstellungen bezüglich dieser durch neue Wertvorstellungen ersetzen. Statt der sehr globalen Bedeutung dieses Ausdrucks kann im Reisebüro vor allem der Wandel der Erwartungen jener Rollensender, die in dem sozialen Sub-System des Expedienten integriert sind, zu Rollenkonflikten führen.

Zwei Aspekte, die eher gesamtgesellschaftlich zu sehen sind, sind die *Komplexität* einer Gesellschaft und der Grad der *Pluralisierung* dieser Gesellschaft. Für das, in einer sehr komplexen und differenzierten Gesellschaft lebende Individuum bedeutet dies, daß es durch die Vielgestaltigkeit weltanschaulicher, politischer oder gesellschaftlicher Phänomene einem erhöhten Rollenkonfliktrisiko ausgesetzt ist. Da diese Bedingungen vor allem zum Verständnis von Rollenkonflikten innerhalb einer Gesellschaft beitragen und weniger zur Klärung möglicher Rollenkonflikte von Expedienten innerhalb ihres begrenzten sozialen Systems "Reisebüro", sind diese für das Reisebüro von geringerem Interesse.

---

[14] Vgl. Irle, Sozialpsychologie, S.500.
[15] Vgl. Wiswede, Rollentheorie.

Eine bedeutsame Voraussetzung für eventuelle Rollenkonflikte von Expedienten ist hingegen die durch Komplexität und Pluralität bedingte oder verstärkte fehlende *Prägnanz* von Erwartungen (*Rollenambiguität*). Gemeint sind hier gesellschaftliche Erwartungen, die "mehrdeutig, mißverständlich oder diffus ausformuliert sind und wenn die Institutionalisierung dieser Erwartungen im sozialen System nur ungenügend ist"[16]. Dies bedeutet dann die erhöhte Gefahr eines Rollenkonfliktes, da die Rollenfindung der fokalen Person erschwert wird. Die Chance liegt allerdings darin, daß der Rolleninhalt von dieser Person aktiv mitgestaltet werden kann.

Rollenkonflikte können um so eher auftreten, je größer die Anzahl *hierarchischer Ebenen* in einer Organisation ist.[17] Hier steigt die Gefahr vor allem bei Personen, die Positionen auf den mittleren Ebenen der Hierarchie innehaben. So sind diese beispielsweise häufig (entgegengesetzten) Erwartungen von Mitarbeitern höherer und niedrigerer Ebenen gleichzeitig ausgesetzt.

Das *Ausmaß des Kontaktes zwischen den Rollensendern* ist ein ebenfalls nicht zu unterschätzendes Potential, welches auf die Entstehung von Rollenkonflikten einwirken kann. Eine solche Kommunikation zwischen diesen betrifft zum einen die Entstehung von Erwartungen, die an die fokale Person gerichtet werden und zum anderen die Beseitigung von Widersprüchen, die in solchen Erwartungen stecken können. Beispielsweise können bei Reisebüro-Kunden Erwartungen, die an den Expedienten gerichtet werden, aufgrund von Werbung durch den Rollensender "Fluggesellschaft" entstehen. Können so geweckte Erwartungen durch den Expedienten womöglich nicht erfüllt werden, so kann es bei diesem zu Rollenkonflikten kommen, wenn er quasi zwischen den "Fronten" steht.

Die letzte aus dem sozialen System hervorgehende Bedingung ist das für die fokale Person wahrnehmbare Ausmaß an *Konsequenzen für andere Rollenbereiche*. Es geht dabei um den Grad der Überlappung von Rollenbereichen, d.h. je mehr es zu Überschneidungen von verschiedenen Bereichen, in denen die fokale Person lebt, kommt, desto größer ist auch die Wahrscheinlichkeit, daß diese Sphären mit widersprüchlichen Erwartungen durchdrungen werden. Für diese Bedingung sind vor allem sich überschneidende Lebensbereiche in der Gesellschaft als Rollenbereiche interessant. So können beispielsweise Überschneidungen des familiären und beruflichen Bereichs widersprüchliche Erwartungen mit sich bringen, die Rollenkonflikte auslösen.

---

[16] Vgl. Wiswede, Rollentheorie, S.120.
[17] Vgl. Irle, Sozialpsychologie, S.500.

5.5.1.2.2 Bedingungen auf der Individualebene

Für die Individual-Ebene stellt Wiswede[18] folgende Hypothese auf:

"Rollenkonflikte werden umso wahrscheinlicher, häufiger und intensiver auftreten, je höher die Zahl unvereinbarer Rollen(-erwartungen) ist, in je geringerem
Maße die Rollen(-erwartungen) kompatibel sind, je größer die vom Individuum
perzipierte gleichzeitige und ähnlich große Bedeutsamkeit und/oder Sanktions-
ladung und/oder Attraktivität der Rollen(-erwartungen) ist, je geringer der
Einblick in die möglichen Konsequenzen der Nichteinhaltung von Erwartungen
ist und je geringer die Transparenz der jeweiligen Erwartungen ist."

Es geht hier also in erster Linie darum, wie eine Person, an die Erwartungen heran-
getragen werden, diese wahrnimmt und wie sie die Begleiterscheinungen, die diese
Erwartungen mit sich bringen können, beurteilt.

Ist ein Individuum seiner Meinung nach gleichzeitig widersprüchlichen Erwartungen
ausgesetzt, so ist einer der wichtigsten Faktoren bei der Bewältigung des Rollenkonfliktes die *Bedeutung der einzelnen Erwartungen* für das Individuum. Haben Erwartungen sehr unterschiedliche Bedeutung für diese Person, so ist die Möglichkeit
der Bewältigung oder Vermeidung eines Rollenkonfliktes größer, da normalerweise
zunächst die Erwartungen erfüllt werden, deren Bedeutung am größten für die betreffende Person ist.

Ähnlich wie die Bedeutung kann sich auch die *Attraktivität der Erwartungen* für das
Individuum auswirken. Beispielsweise können bestimmte Erwartungen im Vergleich
zu anderen Erwartungen als besonders attraktiv im Sinne von interessant eingeschätzt
werden und daher vorrangig erfüllt werden. So kann sich eventuell ein Expedient
Kundenerwartungen ausgesetzt sehen, die er als eine besondere Herausforderung und
für sich deshalb als besonders attraktiv betrachtet. Kollidieren diese Erwartungen
nun mit anderen Erwartungen, wie beispielsweise mit denen der Vorgesetzten, so
kann diese Einschätzung der Attraktivität zur Folge haben, daß es zu keinem Konflikt kommt, weil eventuell attraktivere Erwartungen eher erfüllt werden als unattraktive Erwartungen.

Für die Bedeutung wie für die Attraktivität von Erwartungen gilt, je ähnlicher sich
die verschiedenen Erwartungen bezüglich dieser beiden Faktoren sind, desto eher
wird die fokale Person Rollenkonflikten ausgesetzt sein.

---

18   Vgl. Wiswede, Rollentheorie, S.122.

Eine Bedingung, die nicht explizit in der Hypothese Wiswedes ausformuliert ist, jedoch auch seiner Meinung nach[19] eine wichtige Ambiguitätsbedingung bildet, ist die *Mehrdeutigkeit und Diffusität von Erwartungen*. Werden Erwartungen als mehrdeutig und/oder diffus empfunden, können sie verunsichernd auf das Verhalten wirken und die Konfliktträchtigkeit erhöhen.

Die wichtigste Bedingung für die Entstehung von Rollenkonflikten aber ist, ob Erwartungen tatsächlich als *widersprüchlich* empfunden werden. Sieht sich die fokale Person Rollenerwartungen ausgesetzt, die ihrer Meinung nach miteinander unvereinbar sind, so kommt es zwangsläufig zu einer zwiespältigen Situation. In dieser kann sie sich dann entweder für ein Verhalten entscheiden, das bezüglich einer bestimmten Erwartung konform geht, oder aber sie kann durch entsprechende Abstriche an die einzelnen Erwartungen versuchen, mehrere bzw. alle Erwartungen wenigstens teilweise zu erfüllen.

Die Rollenerwartungen verschiedener Rollensender können sich aber auch als miteinander *inkompatibel* herausstellen. Dabei hängt das Eintreten von Rollenkonflikten in erster Linie vom Grad der Inkompatibilität ab. So können Erwartungen nur schwach voneinander abweichen, sie können aber auch einander vollkommen entgegengesetzt sein.

Sind Rollenerwartungen klar und deutlich formuliert, also *transparent*, so kann dieser Sachverhalt dahingehend wirken, daß Rollenkonflikte vermieden werden. Ist der fokalen Person klar, welche Erwartungen genau an sie gestellt werden, so kann sie diese (evtl. unvereinbaren) Erwartungen, sicherlich besser einordnen und gegeneinander abwägen, als dies der Fall ist, wenn Erwartungen unklar sind.

Rollenkonflikte werden nicht zuletzt umso wahrscheinlicher und intensiver, je stärker das Individuum *Sanktionsladungen*, die mit Rollenerwartungen verbunden sind, wahrnimmt. Dabei ist vor allem der Einblick in die *Konsequenzen* bei Nichteinhaltung von Erwartungen entscheidend. Befürchtet das Individuum verhältnismäßig starke Konsequenzen bei der Nichterfüllung bestimmter Erwartungen, so kann man annehmen, daß dies einen entscheidenden Einfluß auf die Erfüllung dieser Erwartungen haben wird. Es sind aber nicht nur negative Konsequenzen und Sanktionen denkbar. Anreize, wie z.B. Gehaltserhöhungen oder Incentives für Expedienten, bilden ein Potential, welches nicht unerheblich auf die Erfüllung von Erwartungen der entsprechenden Rollensender wirkt.

---

19 Vgl. Wiswede, Rollentheorie, S.122.

5.5.1.3 Vermeidung von Rollenkonflikten und Rollenambiguität zur Verbesserung der Dienstleistungsqualität

Die Arten, das Zustandekommen und die Bedingungen für Rollenkonflikte wurden zuvor vor dem Hintergrund der vorherrschenden Meinung in der einschlägigen Fachliteratur[20] ausführlich beschrieben. Auf empirischen Beobachtungen von Kahn et al.[21] aufbauend, sehen Enzmann und Kleiber[22] vor allem in Heilberufen die Entstehung von Streß und in weiterer Folge Burnout als mögliche Folge von Rollenkonflikten. Weitere Studien[23] kommen auch für andere Dienstleistungsberufe zu sehr ähnlichen Ergebnissen, die letztendlich einen negativen Einfluß auf die erstellte Dienstleistungsqualität nehmen können.

Die Bedeutung des rollentheoretischen Ansatzes für die Dienstleistungsqualität wird zudem von mehreren Autoren[24] explizit betont, wobei insbesondere auf die *zweiseitige Abhängigkeit* im Verkaufsprozeß[25] eingegangen wird. Wie zuvor erörtert, können jedoch gerade zusätzliche Bedingungen (z.B. weitere Erwartungen seitens der Vorgesetzten, Reiseveranstalter etc.) ein zusätzliches Konfliktpotential darstellen, welches auf die Dienstleistungsqualität im Reisebüro Einfluß nehmen kann. Im Rahmen des Managements der Dienstleistungsqualität sind entsprechend Aspekte zu beachten, die die Vermeidung von Rollenkonflikten zum Ziel haben:[26]

- Erstellung von Richtlinien für ein klares Rollenverständnis,
- klare Erwartungen der Vorgesetzten und Leistungsanbieter an die Expedienten,
- präzise Arbeitsanweisungen und Informationen über Leistungsbewertung, Unternehmenspolitik und -verfahrensweisen,
- genaue Kenntnis der Produkte und Dienstleistungen durch die Expedienten,
- Veränderungen am Arbeitsplatz mit den Expedienten abstimmen,
- zielstrebige Ausbildung der Mitarbeiter hinsichtlich des Kundenumgangs,
- regelmäßige Unterrichtung der Expedienten betreffend Unternehmenszielen und -erwartungen durch das Management,
- Übereinstimmung der Erwartungen von Vorgesetzten und Leistungsanbietern,
- Möglichkeit der Bewältigung der Arbeit in der gegebenen Arbeitszeit,

---

20 Vgl. Wiswede, Rollentheorie; Mikl-Horke, Industrie- und Arbeitssoziologie; Irle, Sozialpsychologie; Joas, Rollen- und Interaktionstheorien; etc..
21 Vgl. Kahn et al., Organizational Stress.
22 Vgl. Enzmann und Kleiber, Helfer-Leiden.
23 Vgl. z.B. Solomon et al., A Role Theory Perspective, S.107; Shamir, Between Service and Servility, S.741 ff.
24 Vgl. z.B. Zeithaml et al., Qualitätsservice, S.105 ff; Meyer/Westerbarkey, Qualitätspolitik, S.92.
25 Vgl. Meyer, Dienstleistungs-Marketing; Weitz, Effectiveness.
26 Vgl. Zeithaml et al. 1992, S.68-116.

- Unterstützung des Expedienten bei Bemühen um effektiven Service v.a. bei großem Kundenandrang,
- möglichst flache Hierarchiestrukturen in Reisebüroketten etc.,
- Überzeugung der Mitarbeiter ihre Aufgabe vortrefflich erfüllen zu können,
- Überzeugung der Mitarbeiter sowohl die Erwartungen des Managements als auch die der Kunden und der Leistungsanbieter erfüllen zu können.

5.5.2 Der Dienstleistungsprozeß im Reisebüro

Wie eingangs bereits erwähnt, nehmen sowohl die Potentialqualität als auch die Ergebnisqualität entscheidenden Einfluß auf die Prozeßqualität im Reisebüro. Eine angenehme Atmosphäre im Reisebüro, gute Ausbildung der Mitarbeiter, gut funktionierendes und leistungsfähiges technisches Gerät, auf Dienstleistungsqualität ausgerichtete Anreizsysteme usw. tragen letztendlich ebenso zu einem positiven und erfolgreichen Verkaufs- bzw. Beratungsgespräch bei, wie ein positives Reisebüro-Image aufgrund guter Werbung oder eine gelungene oder nicht gelungene Reise, die eine nachträgliche positive oder negative Beurteilung des Beratungsgesprächs zuläßt. Entsprechend sind diese Aspekte auch bei den Maßnahmen zur Verbesserung der Prozeßqualität zu berücksichtigen.

Besonderes Augenmerk ist jedoch auf den eigentlichen Dienstleistungsprozeß zu richten, der vor allem durch die Integration des externen Faktors "Kunde" bzw. die Wechselwirkung zwischen Expedient und Kunde maßgeblich beeinflußt wird. Dabei spielt die Potentialqualität des Kunden, die Corsten[27] nach einer Fähigkeits- und einer Bereitschaftskomponente unterteilt, ebenso eine Rolle, wie:[28]

- die Integrationsdauer,
- der Integrationszeitpunkt,
- die Interaktion zwischen Anbieter und Nachfrager und
- die Interaktivität zwischen gleichzeitig präsenten Nachfragern.

Die Integration des Kunden in den Dienstleistungsprozeß kann dabei unterschiedliche Intensitäten annehmen. Je mehr Leistungen der Kunde selber erbringen muß, desto geringer ist der Aktivitätsgrad des Dienstleisters. Dies ist beispielsweise bei Flugangeboten der Fall, bei denen sich der Kunde um die Beschaffung von Einreisedokumenten, Hotelbuchungen und Mietwagenreservierungen selber kümmern muß. We-

---

27 Vgl. Modell der Dienstleistungsqualität nach Corsten in Kap.4.5.2 sowie Corsten, BWL der Dienstleistungsunternehmen, S.116.
28 Vgl. Modell der Dienstleistungsqualität nach Corsten in Kap.4.5.2 sowie Corsten, BWL der Dienstleistungsunternehmen, S.116.

niger integriert in den Dienstleistungsprozeß wird hingegen der Kunde, wenn das Reisebüro auch diese Tätigkeiten übernimmt. Corsten spricht hier von einer *Externalisierung* bzw. *Internalisierung* objektbezogener menschlicher Arbeitsleistungen:[29]

- Im Rahmen der *Externalisierung* objektbezogener menschlicher Arbeitsleistungen erfolgt eine Einschränkung des Dienstleistungsangebotes, d.h. der Anbieter überträgt Teile der zu erbringenden Leistungen auf den Nachfrager.
- Im Rahmen der *Internalisierung* objektbezogener menschlicher Arbeitsleistungen erfolgt eine Ausweitung des Dienstleistungsangebotes, d.h. der Anbieter übernimmt weitere Leistungen.

Vor allem bei *Externalisierung* von Dienstleistungselementen kommt der Potentialqualität des Nachfragers in Form seiner *Bereitschaft* mehr Eigenleistungen zu erbringen und seiner *Fähigkeiten* diese Leistungen entsprechend gut auszuführen, eine extrem hohe Bedeutung hinsichtlich der Dienstleistungsqualität zu. Verkauft beispielsweise ein Last-Minute-Reisebüro ein Ticket für ein Zielgebiet mit komplizierten Einreisebedingungen an einen reiseunerfahrenen Kunden ohne Beratung und Hinweis auf diesen Sachverhalt, so kann es zu erheblichen Problemen kommen, wenn dieser Kunde nicht fähig und in der Lage ist, sich um die entsprechenden Einreiseformalitäten selbständig zu kümmern. Die Beurteilung der Dienstleistungsqualität dieses Reisebüros wird dann äußerst schlecht ausfallen, wenn dem Kunden beispielsweise wegen eines nicht ausreichend gültigen Reisepasses am Flughafen die Mitnahme durch die Fluggesellschaft verweigert wird.

Unabhängig von solchen Extremfällen, erfolgt die Beurteilung der Prozeßqualität durch den Reisebüro-Kunden vor allem mittels der beiden Dimensionen:

- *Reaktionsfähigkeit*, die die empfundene Bereitschaft des Dienstleisters wiedergibt, Kunden zu helfen und sie prompt zu bedienen und
- *Einfühlungsvermögen*, das die fürsorgliche Aufmerksamkeit des Mitarbeiters gegenüber dem Kunden beinhaltet.

Nach LeBlanc[30] beinhaltet die *Reaktionsfähigkeit* Kriterien wie die zügige Lieferung der Tickets und Reisedokumente sowie die notwendige Zeit um Telefonrückrufe durchzuführen. Sie reflektiert die Fähigkeit des Reisebüros prompten Service zu liefern, d.h. die Gewilltheit und Schnelligkeit mit der dem Kunden bei der Lösung eines Problems geholfen wird, sowie Follow-up-Kontakte im Anschluß an die Reise.

---

29 Vgl. Corsten, Externalisierung und Internalisierung, S.165 ff.
30 Vgl. Dimensionen der Dienstleistungsqualität nach LeBlanc in Kap.4.2.4 sowie LeBlanc, Service Quality in Travel Agencies, S.10-16.

Das *Einfühlungsvermögen* faßt einen Großteil der Variablen zusammen, die das Kundenkontaktpersonal betreffen. Diese spiegeln vor allem die spezielle Aufmerksamkeit bzw. die Freundlichkeit der Expedienten wieder sowie die Begrüßung und Kontaktaufnahme durch die Mitarbeiter. Des weiteren beschreibt sie die Einfachheit der prompten Inanspruchnahme des Serviceangebotes ohne lange in Warteschlangen stehen zu müssen und den Kontakt unter gleichzeitig präsenten Reisebüro-Kunden.

Vor dem Hintergrund dieser Aspekte werden im folgenden die einzelnen Phasen des Dienstleistungsprozesses unter qualitätsoptimierenden Gesichtspunkten dargestellt und analysiert. Dabei ist zu berücksichtigen, daß die Phasen nur indirekt nach den in Marketing- und Verkaufsseminaren trainierten Stufen des Verkaufsgesprächs unterteilt sind. Für den erfolgreichen Verkaufsabschluß werden in diesen Seminaren z.B. folgende Stufen mit den entsprechenden Teilzielen empfohlen:[31]

- *Kontaktphase*: Gesprächsbereitschaft feststellen oder herbeiführen.
- *Phase der Bedarfsermittlung*: Wünsche und Bedarf des Kunden umfassend und in ihrer Wichtigkeit feststellen.
- *Angebotsphase*: Das Angebot mit Bezug auf die Bedürfnisse des Kunden und deren jeweilige Wichtigkeit vorstellen.
- *Phase der Einwandbegegnung*: Gefühlsmäßige und sachliche Einwände sowie "Scheineinwände" erfolgreich handhaben.
- *Abschlußphase*: Das "Ja" des Kunden zur Buchung herauszufordern.

Im Gegensatz hierzu erfolgt die Analyse der einzelnen Elemente der Prozeßqualität im Reisebüro vornehmlich aus Kundensicht. Zu diesem Zweck bietet sich eine Unterteilung nach den im Reisebüro üblichen Kundenkontaktpunkten an. Die individuelle Ermittlung derselben im jeweiligen Reisebüro kann am besten mittels der in Kap.5.2.2.3.2 vorgestellten *sequentiellen Ereignismethode* durchgeführt werden. Für ein touristisches Reisebüro können Kundenkontaktpunkte z.B. wie folgt lauten:[32]

1. Telefonische Vorabinformation
2. Außenfassade und Schaufenster des Reisebüros
3. Kundenbereich des Reisebüros
4. Beratung am Counter
5. Reisebuchung (evtl. erst bei einem zweiten Besuch)
6. Verlassen des Reisebüros (Kontakte analog 2 und 3)
7. Zuhause (z.B bei Verschickung der Reiseunterlagen oder telefonischer Nachfrage nach der Reise)

---

[31] Vgl. Adenau/Schreier, Plauderstunden, S.34.
[32] Vgl. Kap.5.2.2.3.2.

Während die qualitätsrelevanten Aspekte des physischen Umfelds der Kontaktpunkte 2. und 3. bereits in Kap.5.4.1 ausgiebig besprochen werden, stellen die "weichen" Kundenkontaktpunkte, leicht zusammengefaßt, die Grobgliederung dieses Kapitels dar:

1. Telefonkontakt
2. Kontaktaufnahme
3. Beratung
4. Buchung
5. Nachkaufkontakte

Die Integration[33] *sämtlicher* Stufen bzw. Phasen des Dienstleistungsprozesses in ein umfassendes Management der Dienstleistungsqualität ist dabei von entscheidender Bedeutung. Denn "versagt" das Reisebüro oder der Expedient auch nur auf einer Stufe des Prozesses, so wird dies äußerst negative Auswirkungen auf die Beurteilung der gesamten Prozeßqualität durch den Kunden haben. Die für jede Dienstleistungsstufe angeführten Qualitätsstandards[34] sollen beispielhaft darstellen, wie die Dienstleistungsqualität im Sinne eines Management by objectives[35] gemeinsam mit den Mitarbeitern verbessert werden kann.

5.5.2.1 Telefonkontakt

Die technischen Voraussetzungen, die eine gute Telefonanlage besitzen sollte sowie besondere Serviceleistungen, die mittels dieser Technik möglich sind, wurden in Kap.5.4.2.3.2 erläutert. Mindestens genauso wichtig, wenn nicht wichtiger, als die Telefonanlage und die angebotenen Serviceleistungen ist jedoch der Umgang des Expedienten mit dem (potentiellen) Reisebüro-Kunden am Telefon. Bevor auf die entsprechenden Umgangsformen und Telefonstandards eingegangen wird, soll zunächst der "typische" Telefon-Kunde charakterisiert werden.

---

33 Vgl. Mattson, Improving Service Quality, 54.
34 Diese wurden zum Großteil vom Verfasser selbst entwickelt und verfaßt. Teilweise basieren sie jedoch auch auf den Qualitätsstandards der Unternehmen der Interviewpartner, die in Kap.1.3 aufgelistet sind. In diesen Fällen wurden die Standards den Bedürfnissen und Belangen kleiner und mittlerer Reisebüros angepaßt.
35 Vgl. Kap.5.4.4.1.

5.5.2.1.1 Der Telefon-Kunde

Einige charakteristische Eigenschaften, die den "typischen" Telefon-Kunden vom Counter-Kunden unterscheiden, sind beim qualitätsorientierten Telefonkontakt zu berücksichtigen. So handelt es sich nach Klutmann[36] bei ersterem eher um einen Stammkunden, der zumeist weiß was er will, entsprechend besser vorbereitet ist und aufgrund größerer Erfahrung und besserer Kenntnis der Abläufe auch weniger Beratung benötigt als der Counter-Kunde. Dabei ist der Telefon-Kunde auch weniger redselig und stärker an der Sache orientiert, meist jedoch schlechter einzuschätzen und weniger durchschaubar.

Für den Gesprächsablauf wirkt sich vorteilhaft aus, daß der Telefon-Kunde aufgrund seiner Namensnennung zu Beginn des Telefonats sofort mit Namen angesprochen werden kann und soll. Da er die Bürosituation jedoch nicht einschätzen kann und nicht sieht was vorgeht, ist er meist weniger bereit zu warten als der Counter-Kunde, der sieht, daß beispielsweise noch andere Kunden im Reisebüro sind. Aus diesem Grund des "Nichtsehens" ist er auch mißtrauischer gegenüber Lachen, Reden, Geräuschen im Hintergrund und gegenüber "Ausreden". Wenn Pausen am Telefon entstehen, ist daher zu erläutern was der Expedient gerade tut (z.B. Unterlagen holen, am Computer arbeiten etc.).

Erschwerend für das Verkaufs- oder Beratungsgespräch wirkt sich zudem aus, daß dem Telefon-Kunden nichts gezeigt oder vorgeführt werden kann und er durch Äußerlichkeiten wie Mimik oder Gestik kaum beeinflußbar ist. Zudem entstehen am Telefon leichter Mißverständnisse, Hörfehler oder technische Störungen.

Der Telefon-Kunde ist außerdem auf das Gespräch fixiert, während der Expedient häufig noch mit anderen Dingen beschäftigt ist, wie mit einem Verkaufsgespräch oder ähnlichem. Hinzu kommt, daß der Telefon-Kunde in Konflikten und dergleichen meist "mutiger, härter, fordernder"[37] ist als der Counter-Kunde, er das telefonische Verkaufs- oder Beratungsgespräch (evtl. auch eine telefonische Buchung) dabei jedoch als unverbindlich einstuft.

---

[36] Vgl. Klutmann, Beraten und Verkaufen, S.137 f.
[37] Klutmann, Beraten und Verkaufen, S.138.

5.5.2.1.2 Gestaltung des Telefonkontaktes

Um die Beurteilung der Dienstleistungsqualität durch den Kunden bereits am Telefon positiv zu beeinflussen sind einige Aspekte[38] für den Telefon-Umgang zu beachten.

So sind bereits im Rahmen der *Organisation* rund um das Telefon Maßnahmen und Tätigkeiten festzulegen und laufend zu überprüfen, die sowohl eingehende wie auch hinausgehende Telefonate (z.B. zum Zweck der Kundenakquisition) betreffen. Hierzu zählen:[39]

- die Festlegung von Telefonzeiten für die Mitarbeiter, in denen sie Verkaufs- und Betreuungsaktivitäten per Telefon durchführen können;
- die Berücksichtigung von Zeiten für die telefonische Kundenakquisition bei Zielvereinbarungsgesprächen;
- die Kommunikation klarer Vorgaben von Seiten der Unternehmensführung (z.B. Rückrufangebote, Vertretungsregelungen)
- die Pflege und Aktualisierung der Kundendatei und
- die Organisation der Entgegennahme von Telefonanrufen, um Störungen von Counter-Gesprächen mit persönlich anwesenden Kunden zu vermeiden.

Um die Mitarbeiter in den Qualitätsverbesserungsprozeß zu integrieren, sollten sie, wie bei allen anderen Arbeitsabläufen auch, zur Abgabe von Verbesserungsvorschlägen bzgl. dieser und der folgenden Aspekte zum Telefonieren im Reisebüro animiert werden. Entsprechende Vorschläge sind auf ihre Durchführbarkeit hin zu überprüfen und nach Möglichkeit umzusetzen.

Bevor zum Telefonhörer gegriffen wird, sind einige *Grundvoraussetzungen* für einen positiven Gesprächsverlauf zu erfüllen. So ist vor allem eine gute Vorbereitung auf das Telefongespräch (auch auf das "hereinkommende" Telefonat) sowie ausreichende Kompetenz und Wissen notwendig, um in Problemsituationen gut reagieren bzw. informieren zu können.

Die *Vorbereitung* auf ein Telefonat besteht aus grundsätzlichen Dingen wie der Ordnung am Arbeitsplatz, dem Bereithalten von Block und Bleistift, dem Vorhandensein von Telefon-Listen sowie der besonderen Vorbereitung auf das spezielle Gespräch durch das Bereithalten der benötigten Unterlagen am Arbeitsplatz oder der Vorabinformation über den Kunden.

---

38 Vgl. Dingeldey/Adenau, Telefonverkauf, S.29 f; Klutmann, Beraten und Verkaufen, S.139 ff; Matt, Rufer in der Wüste, S.38 f; Reppel+Partner, Leitfaden für praktische Tourismusarbeit, Anlage 7.70, S.1-6.
39 Vgl. Dingeldey/Adenau, Telefonverkauf, S.30.

Für hinausgehende wie auch für hereinkommende Anrufe ist es ratsam einen Gesprächsleitfaden auf dem Counter bereitliegen zu haben. Zum einen ermöglicht dieser einen strukturierten Gesprächsverlauf, zum anderen sichert er bei einem angebotenen Rückruf die vollständige Ausarbeitung von Anfragen und dergleichen. Ein solcher Leitfaden sollte an folgende Punkte erinnern:[40]

- Name des Anrufers,
- Datum und Uhrzeit,
- Telefonnummer für eventuellen Rückruf,
- Reiseziel,
- von wann bis wann,
- Anzahl der reisenden Personen,
- Preisvorstellung,
- bevorzugter Veranstalter/Airline,
- Datum und Uhrzeit für einen zugesagten Rückruf,
- Kürzel des Reisebüro-Mitarbeiters.

Grundsätzlichen Einfluß auf den Ausgang eines Telefonats nehmen aber auch ausreichende Produktkenntnisse, Kompetenz, um Probleme am Telefon lösen zu können sowie Kenntnisse über etwaige Werbemaßnahmen, Aktionen oder Angebote. Der Kunde muß sich zudem auf telefonische Auskünfte verlassen können. Darüber hinaus sollte der Expedient wissen, an wen er sich bei speziellen Fragen wenden sollte. Auch müssen ihm die internen Arbeitsabläufe bekannt sein, so daß er Gespräche für einen abwesenden Kollegen übernehmen kann. Gerade für Mitarbeiter mit häufigen Telefonkontakten ist es zudem ratsam, professionelle Telefonseminare zu besuchen.

Wie die *telefonische Erreichbarkeit* technisch verbessert werden kann wurde bereits ausgeführt[41]. Trotz aller technischer Finessen, wie beispielsweise eingespielter Musik oder der Ansage spezieller Reiseangebote, darf der Kunde nicht zu lange warten gelassen werden, da sonst schnell der Eindruck entstehen kann, daß das Büro gar nicht besetzt ist. So sollte das Telefon spätestens nach drei- bis viermaligem Läuten bzw. nach einigen Sekunden Musik oder Ansage abgehoben werden. Besonders wichtig ist dabei die Vermeidung von Streß, welcher sich vor allem aufgrund ständig gestörter und nicht abgeschlossener Arbeitsgänge[42] ergibt. Zu diesem Zweck ist es ratsam, mit einer kurzen Entschuldigung beim Counter-Kunden, den Hörer sofort abzunehmen, sich zu melden und dem Anrufer bei größeren "Problemen" einen Rückruf anzubieten, der dann auch zu der vereinbarten Zeit zu erfolgen hat.

---

[40] Vgl. Matt, Rufer in der Wüste, S.38.
[41] Vgl. Kap.5.4.2.3.2.
[42] Vgl. Klutmann, Beraten und Verkaufen, S.139.

Um mit einem guten *Gesprächsbeginn* das Gespräch in positive Bahnen zu lenken ist eine freundliche und korrekte Begrüßung wichtig. Dabei ist erst dann mit dem Sprechen zu beginnen, wenn der Hörer am Ohr ist. Die Meldung hat klar und deutlich zu erfolgen, evtl. mit einer reisebürointern festgelegten Begrüßungsformel wie: "Guten Tag, hier ist das Reisebüro Meier, mein Name ist Schmitt". Der Name des Anrufers ist, wenn er nicht verstanden wurde, nachzufragen, zu notieren und im Laufe des Gesprächs immer wieder zu verwenden.

In jedem Fall muß dem Anrufer von Anfang an Dienstbereitschaft signalisiert werden, und es darf ihm nicht das Gefühl gegeben werden, daß er stört. Dabei darf er auch bei größtem Streß nicht einfach "in die Leitung gehängt" oder mit einer muffigen Antwort "abgewürgt" werden. Handelt es sich bei dem Anruf um ein Ferngespräch oder ist aufgrund am Counter sitzender Kunden eine umfangreichere Beantwortung der Frage(n) nicht möglich, so ist dem Kunden, wie schon angesprochen, ein Rückruf anzubieten.

Einen weiteren qualitätsentscheidenden Faktor stellt die *Arbeitstechnik* des Expedienten dar. Mit der Nutzung des zuvor angesprochenen Gesprächsleitfadens ist die übersichtliche Anfertigung von Notizen möglich, die ausschlaggebend sind für die Sicherung sämtlicher Informationen. Dabei dürfen derlei Notizen nicht auf der Schreibunterlage oder einem Schmierzettel gemacht werden, sondern sollten auf einem hierfür vorgesehenen Arbeitspapier festgehalten werden. Dieses kann später an Kollegen weitergegeben werden oder zum Vorgang abgeheftet werden. Um alle Informationen korrekt niederzuschreiben sind im Zweifelsfall wichtige Details (z.B. Name, Adresse etc.) zu wiederholen und gegebenenfalls buchstabieren zu lassen.

Um die spezielle Telefonsituation[43] positiv zu beeinflussen, hat sich der Expedient voll auf den Gesprächspartner zu konzentrieren. Aus diesem Grund sind jegliche Nebentätigkeiten und -gespräche sofort einzustellen, der Gesprächspartner ist durch "aktives" Zuhören zur Darstellung des Problems etc. zu ermuntern, auf die Probleme und Vorstellungen des Kunden ist einzugehen und in Gesprächspausen (z.B. wegen Computereingabe) ist der Partner darüber zu informieren, was man gerade macht. Das Weiterverbinden zu einem Kollegen hat korrekt zu erfolgen, wobei der Kunde nicht zu lange in der Leitung warten gelassen werden darf.

Aufgrund der zuvor angesprochenen Charakteristika typischer Telefon-Situationen und dem Wegfall visueller Unterstützungsmöglichkeiten muß der Expedient versuchen, eine entspannte und lockere Stimmung mittels Ausdruck (*Körpersprache*) und *Gesprochenem* zu schaffen. Insbesondere die Verwendung positiver und aktiver Be-

---

43 Vgl. Punkt 5.2.1.1 dieses Kapitels.

griff kann hierzu einen wichtigen Beitrag leisten. Zu bedenken ist weiters, daß positive Körpersprache auch am Telefon wirkt, da man auch ein Lächeln hören kann[44]. Eine negative Einstellung dem Kunden gegenüber kommt dagegen vor allem durch "Killerphrasen" wie "weiß ich nicht, ich bin nur halbtags da" oder "dafür bin ich nicht zuständig" zutage. Unsicherheit am Telefon wirkt zudem genauso negativ wie Überheblichkeit, Arroganz oder Besserwisserei. Dem Kunden muß vielmehr das Gefühl vermittelt werden, daß der Expedient sich um ihn kümmert, sein Anliegen ernst nimmt (auch die Frage nach dem günstigsten Angebot) und bereit und fähig ist, ihm geduldig und gewissenhaft bei der Lösung von Problemen etc. zu helfen.

Eine korrekte *Sprechtechnik* beinhaltet Aspekte[45] wie eine klare und deutliche Aussprache, die richtige Artikulation, eine anregende und nicht-monotone Sprechart, die richtige Sprechgeschwindigkeit, Sprechen in ganzen Sätzen, Vermeidung von Dialekt, Wahl der richtigen Lautstärke oder der Selbstverständlichkeit, daß während einem Telefongespräch nicht gegessen wird. Darüber hinaus ist die Beherrschung kundenorientierter Gesprächstechniken laufend zu trainieren.

5.5.2.1.3 Qualitätsstandards

Die tatsächliche Umsetzung der dargestellten Verhaltensregeln am Telefon kann am besten mittels überprüfbarer Telefonstandards gefördert werden. Wie bei allen Qualitätsstandards ist auch bei diesen wichtig, daß sie nicht durch die Reisebüro-Leitung von "oben" bestimmt werden, sondern gemeinsam mit dem gesamten Reisebüro-Team entwickelt werden. Die folgenden Vorgaben zeigen beispielhaft, wie Telefonstandards aussehen können, die vor allem die *technische und organisatorische Qualität* des Telefonkontaktes betreffen:[46]

- Das Telefon wird spätestens nach dem dritten Läuten abgehoben.
- Der Kunde wird nicht in eine Warteschleife gelegt, ohne vorher gefragt zu werden.
- Anrufe werden persönlich und nicht von einem Anrufbeantworter angenommen.
- Das Reisebüro soll beim ersten Anruf erreichbar sein.
- Der Kunde erhält beim ersten Anruf einen Ansprechpartner, der die Autorität zur Lösung des Problems hat.

---

44 Vgl. Klutmann, Beraten und Verkaufen, S.142.
45 Vgl. Reppel+Partner, Leitfaden für praktische Tourismusarbeit, Anlage 7.70, S.1.
46 Vgl. Hüttinger/Meyer, Markterfolg durch Qualität, S.214 f.

- Das Reisebüro ist grundsätzlich von der ersten bis zur letzten Minute der Öffnungszeiten telefonisch erreichbar. Wenn nicht, informiert ein Anrufbeantworter, zu welchem Zeitpunkt wieder ein Expedient erreichbar ist.

Qualitätsstandards, die das *Verhalten* am Telefon und den *Gesprächsverlauf* betreffen, können wie folgt lauten:

- Der Kunde wird mit der vereinbarten Begrüßungsformel begrüßt (z.B. Grußformel, Reisebüroname, eigener Name).
- Sofern der Name des Kunden nicht richtig verstanden wurde, fragt der Expedient danach und verwendet ihn im Laufe des Gesprächs. Am Schluß wird der Kunde freundlich und mit Namen verabschiedet.
- Versprechen werden immer eingehalten.
- Interne Organisation und Produktkenntnisse ermöglichen allen Expedienten, dem Kunden am Telefon sicher und kompetent Auskunft zu geben.
- Werden die Kundenbedürfnisse nicht vollumfänglich erfüllt, wird, sofern nicht bereits verfügbar, die Telefonnummer ermittelt und dem Kunden mitgeteilt, bis wann er mit der vollständigen Antwort auf seine Frage rechnen kann, oder es wird ein Besuchs-/Gesprächstermin vereinbart.
- Der Expedient soll Freundlichkeit ausstrahlen und den Eindruck hinterlassen, daß er sich um den Kunden bemüht.
- Rückrufe erfolgen spätestens am nächsten Arbeitstag.
- Anrufe bei Kunden erfolgen immer gut vorbereitet; Kundeninformationen sowie Gesprächsleitfaden liegen vor.
- Ein versprochener Rückruf erfolgt zur vereinbarten Zeit.

5.5.2.2 Kontaktaufnahme

Der die Prozeßqualität stark determinierende Integrationszeitpunkt[47] ist ein wichtiges Element im Dienstleistungsprozeß, dem Reisebüros häufig jedoch zu wenig Aufmerksamkeit schenken. Unterscheidet man im Rahmen der Qualitätsbeurteilung mit Meyer/Mattmüller nach einer "Tech-" und einer "Touch-Dimension"[48], so wird die Kontaktaufnahme durch den Kunden zum einen anhand von Wartezeiten, Warteschlangen oder Öffnungszeiten beurteilt. Zum anderen unterzieht der Kunde im Rahmen der "Touch-Dimension" das Verhalten des Expedienten, die Atmosphäre beim Eintreten oder die Aufmerksamkeit, die ihm entgegengebracht wird einer kritischen Beurteilung.

---

[47] Vgl. Kap.4.5.2 sowie die Einleitung dieses Kapitels.
[48] Vgl. Kap.4.2.2.

5.5.2.2.1 Bedeutung der Kontaktphase

Während der Kontaktaufnahme durch den Kunden (aus Reisemittlersicht die Kontaktphase), werden die Weichen für die Beurteilung des gesamten Beratungsgesprächs gestellt. Der optimalen Gestaltung der ersten 60 Sekunden[49] des Kundenkontaktes im Reisebüro ist daher größte Bedeutung beizumessen. Allerdings haben Studien[50] gezeigt, daß diese Kontaktphase von Reisebüro-Kunden häufig äußerst negativ erlebt wird. So sind die Mitarbeiter bei Betreten des Reisebüros oft "intensiv" damit beschäftigt, Kundengespräche am Counter oder Telefon zu führen, geschäftig mit Unterlagen und dergleichen hin- und herzulaufen oder "konzentriert" am Schreibtisch zu arbeiten. Als kritische Ereignisse[51] (critical incidents) sehen Kunden diese Beschäftigungen vor allem dann, wenn sie das Gefühl haben, bei Betreten des Kundenraumes nicht wahrgenommen oder registriert zu werden, als "Störung" betrachtet zu werden oder den Expedienten bei Privat-Gesprächen usw. zuhören zu müssen. Die im folgenden Kapitel dargestellten Verhaltensregeln geben Aufschluß darüber, wie die Kontaktphase kundenorientiert gestaltet werden kann.

Dabei ist zu beachten, daß Kunden zumeist mit äußerst unterschiedlichen Erwartungen ein Reisebüro betreten. Während der eine lediglich ein Kurzinformationen einholen möchte, erwartet sich ein anderer Kunde sofortige ungeteilte Aufmerksamkeit bzw. ein ausführliches Beratungsgespräch. Wieder andere Kunden haben eine Hemmschwelle zu überwinden, die aus der Angst entsteht, durch ein Beratungsgespräch übervorteilt zu werden. Des weiteren gibt es die häufig als "Prospektabholer" abqualifizierten Kunden, die von Reisebüro-Mitarbeitern unter dem Aspekt der Kundenbindung häufig unterschätzt und falsch behandelt werden. Die Gestaltung einer qualitativ anspruchsvollen Kontaktphase hat sich entsprechend auf diese unterschiedlichen Situationen einzustellen.

5.5.2.2.2 Gestaltung der Kontaktphase

Aufgrund der zuvor dargestellten Problematik, die es im Rahmen der Kontaktphase zu beachten gilt, hat die Gestaltung derselben den Situationen und Einstellungen unterschiedlicher Kunden gerecht zu werden. Es muß daher eine Lösung gefunden werden:[52]

---

[49] Vgl. Dingeldey, Kontaktphase, S.52.
[50] Vgl. Meyer, Verkaufspsychologie, S.373.
[51] Vgl. Kap.5.2.2.3.3.
[52] Vgl. Dingeldey, Kontaktphase, S.54.

- die gesprächsbereite Kunden nicht verprellt,
- die dem ängstlichen Kunden die Sorge nimmt, übervorteilt zu werden, und die Sicherheit für ein Beratungsgespräch gibt,
- die dem nicht informierten Kunden deutlich macht, welchen Nutzen er aus dem Gespräch mit dem Verkaufsmitarbeiter hat und
- die Kunden herausfiltert, die aus Zeitgründen wirklich kein Gespräch führen können, um sie für die Beratung zu einem späteren Zeitpunkt zu gewinnen.

Vor diesem Hintergrund sind die nachfolgend dargestellten Elemente der Kontaktphase qualitätsorientiert zu gestalten.

Um dem Kunden eine möglichst einfache Kontaktaufnahme mit dem Reisebüro zu ermöglichen sind einige *Voraussetzungen* zu erfüllen, die an anderer Stelle dargestellt werden. So hat die Lage[53] des Reisebüros ebenso Einfluß auf eine möglichst unkomplizierte Kontaktaufnahme, wie die Öffnungszeiten des Reisebüros und die Anzahl der zur Verfügung stehenden Mitarbeiter[54], insbesondere in Stoßzeiten. Auch nimmt das gesamte physische Umfeld[55] (wie Ausstattung, Atmosphäre etc.) sowie eventuelle Warteschlangen im Kundenraum Einfluß auf den ersten Eindruck und die erste spontane Beurteilung des Reisebüros und seiner Mitarbeiter.

Die organisatorische Handhabung dieser Aspekte stellt ebenso einen im Vorfeld zu regelnden Teil der Kontaktphase dar, wie die Bestimmung[56] eines Mitarbeiters, der primär dafür zuständig ist, neue Besucher zu begrüßen. Dies gilt sowohl für die Zeiten starken Kundenandrangs als auch für Zeiten, in denen sich üblicherweise nur wenige Kunden bzw. Mitarbeiter im Reisebüro aufhalten.

Eine ebenfalls wichtige Bedingung für die positive Gestaltung der Kontaktphase ist eine dienstleistungs- bzw. kundenorientierte Einstellung der Mitarbeiter, die Gegenstand von Kap.5.3 ist. Dabei ist, wie auch beim Telefonkontakt, von entscheidender Bedeutung, daß dem Kunden von Anfang an Dienstbereitschaft, Engagement und Vertrauen signalisiert wird, indem z.B. bei Erscheinen eines Kunden unnötige Gespräche beendet, andere Arbeiten eingestellt und alte Unterlagen zur Seite gelegt werden[57].

Die so kommunizierte positive Arbeitsauffassung und Dienstbereitschaft ist durch die direkte *Zuwendung* zum Kunden zu unterstreichen. Durch Blickkontakt, Körpersprache und wenn möglich direkte Ansprache ist dem Kunden sofort nach Betreten des

---

53 Vgl. Kap.5.4.1.1.1.
54 Vgl. Kap.5.4.4.3.
55 Vgl. Kap.4.1.
56 Vgl. Meyer, Verkaufspsychologie, S.374.
57 Vgl. Klutmann, Beraten und Verkaufen, S.59.

Reisebüros das Gefühl zu geben, daß man ihn registriert hat und sich seiner annimmt bzw. in ein paar Minuten annehmen wird, wenn gerade alle Mitarbeiter in Kundengespräche vertieft sind.

Insbesondere Unterbrechungen von Kundengesprächen zur Begrüßung neuer Kunden oder bei der Annahme von Telefongesprächen sind problematisch, da bei falschem Verhalten (z.B. mit dem Satz: "Einen Moment noch, ich bin hier gleich fertig.") dem am Counter sitzenden Kunden schnell das Gefühl gegeben werden kann, nur mehr Kunde zweiter Wahl zu sein oder zu einer Entscheidung gedrängt zu werden. Vermieden wird eine solche Situation durch die Aufwertung des gerade laufenden Kundengesprächs *und* die Begrüßung des neuen Kunden, z.B. durch Sätze wie: "Kann ich Sie zurückrufen, ich habe gerade ein wichtiges Kundengespräch?" oder das Anbieten eines Getränks, da dieses Gespräch evtl. noch ein wenig dauern wird.

In der Phase der Zuwendung entsteht auch beim Expedienten der erste Eindruck vom Kunden, der mit zunehmender Berufserfahrung und Menschenkenntnis häufig richtig sein kann. Allerdings besteht auch bei erfahrenen und stärker noch bei unerfahrenen Reisebüro-Mitarbeitern die Gefahr der Bildung von Vorurteilen. Dies kann zu negativen Folgen wie Fehleinschätzung, Beratung bzw. Verkauf "falscher" Leistungen oder Verlust eines Kunden wegen schlechter Behandlung führen. Aus diesem Grund hat sowohl der erste Kontakt wie auch die Beratung unabhängig von Vorurteilen und "Kundentypen" zu erfolgen. Vielmehr ist jeder Besucher als individueller Fall, d.h. "als eine einmalige und unverwechselbare Persönlichkeit, die durch ihre Umwelt und sozialen Kontakte geprägt ist"[58] anzusehen, die entsprechend ihrer Wünsche und Bedürfnisse unvoreingenommen und so gut wie möglich vom Expedienten betreut werden muß.

Zeitgleich, direkt nach oder mit einer gewissen Verzögerung folgt der Zuwendung die *Ansprache* des Kunden. Neben der richtigen Begrüßung (Aufstehen, Frage: "Was kann ich für Sie tun?" oder "Womit kann ich Ihnen helfen?"), auch von Begleitpersonen (Ehefrau und Kinder werden genauso begrüßt wie der Vater), der korrekten Vorstellung ("Mein Name ist Meier. Wie ist denn Ihr Name bitte?" sowie der Übergabe einer Visitenkarte) und dem Anbieten eines Sitzplatzes (der Expedient sollte dabei nicht bequemer sitzen als der Kunde[59]) hat die Ansprache die Funktion der optimalen Einleitung des eigentlichen Beratungs- oder Verkaufsgesprächs zu erfüllen.

---

58 Vgl. Meyer, Verkaufspsychologie, S.378.
59 Vgl. Klutmann, Beraten und Verkaufen, S.58.

Zu diesem Zweck ist dem Kunden gegenüber eine positive Einstellung[60] auszudrük-ken, die beispielsweise durch Wertschätzung und Lob für die Wahl des Reiseziels sowie Einsatz entsprechender Mimik und Gestik (z.b. Lächeln oder Kopfnicken) kommuniziert werden kann. Dadurch wird zwischen Expedient und Kunde eine positive Beziehungsebene geschaffen, die die weitere Kommunikation wesentlich vereinfacht. Eine positive Resonanz auf den Kundenwunsch sollte auch dann erfolgen, wenn der Expedient bereits weiß, daß z.b. alle Flüge zu diesem Reiseziel ausgebucht sind. In einem solchen Fall hat die negative Äußerung erst dann zu erfolgen, wenn nach einer positiven Begrüßung und Einleitung die Vakanzen tatsächlich abgefragt und keine Buchungsmöglichkeit festgestellt wurde.

Um dem Kunden die bereits angesprochene Angst vor Übervorteilung durch ein Beratungsgespräch zu nehmen, ist ihm während der Kontaktphase der Nutzen der Beratung aufzuzeigen und zu betonen, daß der Kunde auch nach dem Beratungsgespräch völlig frei in seiner Entscheidung ist. Diesem, unter dem Gesichtspunkt der Dienstleistungsqualität wichtigen Aspekt, steht jedoch die in letzter Zeit zunehmende Diskussion[61] um die Einführung von Gebühren für das Beratungsgespräch im Reisebüro gegenüber. So hat beispielsweise der Schweizerische Reisebüro-Verband (SRV) eine Empfehlung für die vom Kunden zu zahlenden "Reservations- und Bearbeitungsgebühren" herausgegeben, die folgende Staffelung vorsieht:[62]

- pro Auftrag eine Grundpauschale von 20 SFr,
- Hotelreservierungen unter drei Übernachtungen: 40 SFr,
- Fähren: 40 SFr,
- Mietwagen, sofern die Abrechnung über das Reisebüro erfolgt: 40 SFr.

Setzt sich eine vergleichbare Form der Entrichtung von Beratungsgebühren in den Reisebüros durch, so kommt der Beratungsqualität eine noch stärkere Bedeutung als bisher zu. Sobald der Kunde nämlich für das Gespräch im Reisebüro zahlen muß, wird auch die Beurteilung einer Leistung gegen Entgelt wesentlich kritischer ausfallen als heute.

---

[60] Vgl. Dingeldey, Kontaktphase, S.54.
[61] Vgl. Beiträge in der FVW 23/95 zum Thema "Provision kontra Gebühr", S.32-62.
[62] Vgl. Lenner, Beratungsgebühren, S.41.

5.5.2.2.3 Qualitätsstandards

Standards, die die positive Gestaltung der Kontaktphase unterstützen, können wie folgt lauten:

- Eintretende Kunden werden sofort begrüßt. Ist dies nicht möglich wird zumindest Blickkontakt hergestellt.
- Der Kunde wird willkommen geheißen. Dabei wird der Kunde angelächelt und der Expedient stellt sich mit dem Namen vor.
- Jedem Kunden wird zu Beginn eine Sitzgelegenheit angeboten.
- Der Kunde wird umgehend bedient. Ist dies nicht möglich, wird durch geeignete Maßnahmen sichergestellt, daß der Kunde die Wartezeit nicht als unangenehm empfindet.
- Jedem Kunden wird eine Visitenkarte überreicht.
- Stammkunden werden mit Namen begrüßt und verabschiedet.
- Jeder Kundenkontakt kann zu einer Buchung führen. Deswegen werden alle Wünsche und Bedürfnisse ernst genommen.
- Das Beratungspult ist immer sauber aufgeräumt.

5.5.2.3 Beratung

Wie die Betrachtung der übrigen Teilbereiche des Kundenkontaktes soll auch das Beratungsgespräch nachfolgend weniger unter absatzsteigernden Gesichtspunkten als vielmehr unter qualitätsfördernden Aspekten analysiert werden. Dabei steht, wie im gesamten Prozeß der Qualitätsverbesserung, die kundenorientierte Sichtweise des Beratungsgesprächs im Vordergrund. Der zunehmenden Komplexität von Touristikangebot und -nachfrage ist im Rahmen qualitätsorientierter Beratung ebenso Rechnung zu tragen, wie den laufend steigenden Anforderungen an Beratungszeit und - intensität.

5.5.2.3.1 Aspekte schlechter Beratungsqualität

Wie in Kap.2.2.1 dieser Arbeit bereits ausgeführt, war bisher insbesondere die Beratungsqualität in Reisebüros Gegenstand veröffentlichter empirischer Untersuchungen[63]. Dabei wurden vor allem inhaltliche Aspekte der Beratung, aber auch die Beratungssituation und -atmosphäre insgesamt sowie der Verlauf des Beratungsge-

---

[63] Vgl. z.B. die Untersuchungen der Stiftung Warentest in: test 4/84, S.373ff und test 7/91 S.726ff.

sp
rächs getestet. Die insgesamt eher schlechten Ergebnisse[64] dieser Untersuchungen deuten zum einen auf Mängel im Fachwissen (wie z.B. fehlende Zielgebietskenntnisse und Länderkunde), zum anderen aber auch auf mangelndes Einfühlungsvermögen[65] des Counter-Personals bei Ermittlung der Kundenwünsche und -bedürfnisse hin. Ein solches mangelndes Einfühlungsvermögen kann sich unter anderem in kritischen Ereignissen bemerkbar machen, die entstehen, weil der Expedient:[66]

- keine Gesprächssituation durch Augenkontakt, Lächeln oder Gesten herstellt;
- dem Kunden nicht zuhört;
- dem Kunden Bedürfnisse unterstellt, die er gar nicht hat;
- gehetzt wirkt und zu sehr auf eine Entscheidung drängt;
- nicht alle Möglichkeiten von selbst präsentiert, die für den Kunden in Frage kommen;
- das Sortiment und die Verkehrsmöglichkeiten nicht beherrscht;
- Probleme mit dem Computer hat;
- ständig durch das Telefon unterbrochen wird;
- unfreundlich wird, wenn das Gespräch länger dauert bzw. absehbar ist, daß keine Reise gebucht wird.

Da das durch derlei kritische Ereignisse negativ erlebte Beratungsgespräch eine wichtige Kernleistung im Dienstleistungsprozeß "Reisevermittlung" darstellt, muß die Vermeidung solcher Negativ-Erlebnisse im Reisebüro oberstes Ziel sein. Im Rahmen eines Managements der Dienstleistungsqualität ist dem qualitätsfördernden Verhalten im Beratungsgespräch daher oberste Priorität einzuräumen. Dabei stellt dieses Verhalten des Expedienten ein wichtiges Element der Beratungsqualität dar.

Die wichtigsten Kriterien zur Erlangung einer hohen Beratungsqualität wurden bereits in Kap.2.2.2 vorgestellt, so daß die dort aufgeführten Voraussetzungen für ein gutes Beratungsgespräch an dieser Stelle nur kurz wiederholt seien:[67]

- eine gute Allgemeinbildung des Reisebüro-Mitarbeiters (Geographie, Geschichte, Sprachen, etc.),
- eine besondere Ausbildung und Schulung des Reisebüro-Mitarbeiters (fachlich und beratungsspezifisch),
- die Berufs- und Reiseerfahrung des Mitarbeiters,
- das Talent des Mitarbeiters mit Kunden umzugehen (humantouch) und ihnen sein Wissen darzustellen,

---

64 Vgl. Kap.2.2.1.1.
65 Vgl. Armbrecht, Konzeption einer Dienstleistungsuntersuchung, S.128.
66 Vgl. Romeiß-Stracke F., Service-Qualität im Tourismus, S.72.
67 Vgl. auch Steindl/Merkl, Betriebswirtschaftslehre des Reisebüros, S.26.

- die Qualität der zur Verfügung stehenden Kommunikationsmittel und sonstigen Unterlagen (elektronische, vernetzte Buchungssysteme und Reservierungssysteme, etc.).

Die Optimierung dieser Voraussetzungen werden, bis auf eine, sämtlich an anderer Stelle[68] ausführlich behandelt. Das *Talent des Mitarbeiters mit Kunden umzugehen (humantouch) und ihnen sein Wissen darzustellen* kommt hingegen insbesondere durch das richtige Verhalten des Expedienten im Beratungsgespräch zum Vorschein und muß entsprechend gefördert und geschult werden. Auf welche Inhalte dabei besonders zu achten sind, ist Gegenstand der folgenden Betrachtung.

5.5.2.3.2 Gestaltung des Beratungsgesprächs

Das Gespräch mit dem Touristik-Kunden stellt im Reisebüro die höchsten Anforderungen an das verkäuferische Können und die Gesprächsführung des Expedienten. Dabei hat ein kundenorientiertes und auf hohe Beratungsqualität ausgerichtetes Beratungsgespräch möglichst umfassend auf die "bewußten und unterschwelligen Wünsche und Motive, Vorstellungen und Erwartungen"[69] des Reisebüro-Kunden einzugehen. Dieser Maßgabe ist in den einzelnen Phasen des Beratungsgesprächs, nämlich der Phase der *Bedarfsermittlung* und der *Angebotsphase* besondere Beachtung zu schenken. In beiden Phasen geht es vor allem darum, den eigentlichen Zweck des Beratungsgesprächs aus Kundensicht, nämlich die Erfüllung von Reisewünschen sowie die Hilfestellung bei anstehenden Entscheidungen, zu erfüllen.

Im Rahmen der *Bedarfsermittlung* sind die Bedürfnisse des Kunden zu ermitteln, auch wenn diese vom Kunden nicht sofort klar und deutlich ausgesprochen werden. Um versteckte Bedürfnisse festzustellen, sind Einfühlungsvermögen und gutes Gespür für indirekte Informationen notwendig. Wichtig ist dieser Aspekt vor allem, um beim Kunden nach Buchung der Reise nicht das Gefühl aufkommen zu lassen, etwas falsches gebucht zu haben und somit qualitativ schlecht beraten worden zu sein. Die systematische Bedarfsermittlung[70] ermöglicht dem Expedienten in diesem Sinne ein umfassendes Bild von den Reisewünschen des Kunden zu erhalten und deren Wichtigkeit für den Kunden richtig einzuschätzen. Zur Verbesserung der Dienstleistungsqualität im Rahmen der Bedarfsermittlung ist grundsätzlich zu beachten[71], daß

---

68 Vgl. z.B. Schulungen in Kap.5.4.3.2 oder das technische Potential in Kap.5.4.2 etc..
69 Vgl. Meyer, Verkaufspsychologie, S.380.
70 Vgl. Dingeldey, Bedarfsermittlung, S.57 ff.
71 Vgl. Klutmann, Beraten und Verkaufen, S.64.

- der Kunde mehr weiß und auf mehr Fragen antworten kann als gemeinhin angenommen;
- der Kunde gern bereit ist, auf Fragen zu seinem Urlaub zu antworten;
- die Wunschermittlung nicht durch vorschnelle Zielvorschläge unterbrochen werden darf;
- eine systematische und gute Wunschermittlung den Verkäufer zum Reisefachmann qualifiziert, noch bevor er einen fachlichen Rat gegeben hat.

Während einige Autoren[72] der Phase der Bedarfsermittlung die Phase der *Wunscherfassung* voranstellen, soll letztere an dieser Stelle als Teil der Bedarfsanalyse aufgefaßt werden. Dabei geht es bei der Wunscherfassung darum, durch eine öffnende Schlüsselfrage[73] (z.B. "Worauf kommt es Ihnen bei ... besonders an?") den Kunden zur Spontanschilderung seiner Bedürfnisse und Wünsche zu animieren, ohne ihn durch vorschnelle Reaktionen zu unterbrechen bzw. sich selbst wichtige "Erkenntnismöglichkeiten"[74] abzuschneiden. Die offene Fragestellung in dieser Phase des Gesprächs muß dem Kunden bewußt die Möglichkeit bieten, das Gespräch zu dominieren. Nachfaßfragen[75] (z.B. "Worauf kommt es Ihnen außerdem an?", "Gibt es noch etwas, was ich über Ihre Reise wissen sollte?"), unterstützt durch entsprechende Mimik und Gestik, dürfen den Kunden im Redefluß nicht unterbrechen, sondern sollen seine Informationsbereitschaft fördern, wenn dies notwendig ist. Die wichtigsten Fragearten für das Beratungsgespräch im Reisebüro sind:

1. Informationsfragen (offene Fragen, geschlossene Fragen, wortlose Fragen).
2. Taktische Fragen (Bestätigungsfragen, Alternativfragen, direkte Suggestivfragen, indirekte Fragen, rhetorische Fragen, Stimulierungsfragen, wortlose Fragen).

Neben dem Einsatz der jeweils richtigen Frageart, spielt das *aktive Zuhören* für die Bedarfsermittlung eine ebenfalls entscheidende Rolle. Im Gegensatz zum passiven Zuhören handelt es sich hierbei um ein Zuhören mit Aufmerksamkeitsreaktionen bzw. mit Widerspiegeln, d.h. Verbalisieren des durch den Kunden bereits Gesagten oder Angedeuteten. Hierdurch werden zum einen Mißverständnisse verhindert und zum anderen Gesprächssituationen hergestellt, in der sich der Partner verstanden, bejaht und sicher fühlt. Dabei ist dem Kunden verbal und körpersprachlich zu signalisieren, daß der Expedient ganz und gar auf ihn eingestellt ist, und durch umfängliche und aktive Erfassung der Bedürfnisse in der Lage ist, das beste Angebot ausfindig zu machen. Zu diesem Zweck sollten auch sämtliche, vom Kunden genannten

---

72 Vgl. z.B. Meyer, Verkaufspsychologie, S.380 ff.
73 Vgl. Dingeldey, Bedarfsermittlung, S.60.
74 Vgl. Meyer, Verkaufspsychologie, S.381.
75 Vgl. Dingeldey, Bedarfsermittlung, S.60.

Wünsche von Anfang an mitgeschrieben werden, was am Ende der Bedarfsermittlung auch die Zusammenfassung durch den Expedienten erleichtert.

Unter dem Aspekt des Einfühlungsvermögens ist insbesondere darauf zu achten, daß der Expedient seine *Ausdrucksweise* jener des Kunden angleicht. Zum einen sollte er, um der Gefahr von Mißverständnissen vorzubeugen, die gleichen Begriffe und Bezeichnungen benutzen wie der Kunde. Zum anderen sollte er gerade in der touristischen Reisevermittlung Fachausdrücke[76] vermeiden, um durch Überheblichkeit keine unnötige Distanz zwischen ihm und dem Kunden aufzubauen. So sind im Kundengespräch typische Katalogausdrücke wie "Verpflegung" oder "Unterbringung" zu vermeiden und durch alltagssprachliche Umschreibungen wie "Einnehmen der Mahlzeiten" oder "Leben im Hotel" zu ersetzen. Auch ist darauf hinzuwirken, daß die Bedarfsermittlung partnerorientiert und kreativ abläuft[77] und der Kommunikationsprozeß zwischen Expedient und Kunde insbesondere auf der Gefühlsebene positiv beeinflußt wird.

Nach der mehr oder weniger spontanen Wunschermittlung sind die wichtigsten *Reisemotive* zu erfassen. Diese werden am besten mittels taktischer Fragen eruiert, die dem Expedienten nähere Informationen bezüglich der Erwartungen des Kunden zu Aspekten[78] wie Erholen/Ausspannen, sportliche Betätigung, Hobby, kulturelle Interessen/Fortbildung, geschäftliche Interessen, Kontakte zu anderen Menschen, Unterhaltungsmöglichkeiten sowie Wohnen und Unterbringung geben sollen. Die *Klärung offener reisetechnischer Fragen* schließt sich daran an und beinhaltet unter anderem Personenzahl, Verkehrsmittel, Termine, Reiseziel etc..

Um Irritationen und Mißverständnisse zu vermeiden und die Qualität des Kundengesprächs nicht negativ zu beeinflussen, ist darauf zu achten, daß jegliches Gedankenlesen oder Raten unterlassen wird[79]. Vielmehr sind sämtliche Informationen zu erfragen, wobei sich für eine systematische Bedarfsermittlung die sogenannte 5-W-Formel[80] als äußerst nützlich erwiesen hat. Demnach müssen, unabhängig von der Reihenfolge, die in Abb. 5.12 festgehaltenen fünf Fragen beantwortet sein, um ein Angebot vorlegen zu können.

---

76 Vgl. Klutmann, Beraten und Verkaufen, S.74.
77 Vgl. Matt, Verkaufsgespräch, S.20.
78 Vgl. Dingeldey, Bedarfsermittlung, S.60.
79 Vgl. Grochowiak, Sprache des Verkaufens, S.57.
80 Vgl. Klutmann, Beraten und Verkaufen, S.65.

```
+--------------------------------------------------------------+
|                                                              |
|                     DIE 5-W-FORMEL                           |
|                                                              |
|                        WER?                                  |
|        Wer reist, d.h. Zahl der Mitreisenden, Alter der      |
|               Kinder, ggf. Klärung der Zimmerbelegung.       |
|                                                              |
|                        WIE?                                  |
|      Organisation der Reise, d.h. Verkehrsmittel,            |
|      Abreisepunkt, Wohnform, Wohn-Kategorie,                 |
|                    Verpflegungsart.                          |
|                                                              |
|                        WAS?                                  |
|   Was der Kunden erleben will, d.h. Landschaftsform,         |
|   Strandbeschaffenheit, Ruhe oder Trubel, Aktivitäten,       |
|   Sportarten, Baden, Land und Leute, Sehenswürdigkeiten,     |
|   Rundreisen, Ausflüge, Unterhaltung, Abendgestaltung etc..  |
|                                                              |
|                        WANN?                                 |
|      Urlaubstermin und -dauer einschließlich Alternativen.   |
|                                                              |
|                       WOHIN?                                 |
|          Urlaubsland, Zielort, evtl. Alternativen.           |
|                                                              |
+--------------------------------------------------------------+
```

Abb. 5.12: Die systematische Bedarfsermittlung mit Hilfe der 5-W-Formel[81]

Sind sämtliche Daten und Fakten aufgenommen, hat eine Zusammenfassung der Kundenwünsche durch den Expedienten zu erfolgen. Des weiteren ist die Richtigkeit dieser Zusammenfassung durch den Kunden bestätigen zu lassen. Um kritische Situationen in der nachfolgenden Angebots- bzw. Abschlußphase zu vermeiden, hat an dieser Stelle auch die Frage nach dem Budget für die Reise zu stehen[82]. Dabei zeigen Untersuchungen[83], daß Kunden im Reisebüro durchaus erwarten, nach dem Kostenrahmen für die Reise gefragt zu werden, und daß der Reisebüro-Kunde häufig auch eine recht genaue Vorstellung von diesem Betrag hat. Lediglich indiskrete Nachfaßfragen sind zu vermeiden, wie Fragen, ob der Kunde sich das leisten kann.

---

[81] In Anlehnung an Klutmann, Beraten und Verkaufen, S.66.
[82] Vgl. hierzu auch die Ausführungen zum *Preisgespräch* in Kap.5.2.4.2.
[83] Vgl. Meyer, Verkaufspsychologie, S.381.

A

Worauf kommt es Ihnen bei Ihrer Reise besonders an? _____

Was ist besonders wichtig für Sie? _____

Worauf kommt es Ihnen sonst noch an? _____

Was ist sonst noch wichtig für Sie? _____

B

Sie haben mir noch nichts darüber gesagt, …

(Reisezweck/Motiv)

- Erholung/Ausspannen _____
- sportliche Betätigung _____
- Hobby _____
- kulturelle Interessen _____
- Kontakte (Unterhaltungsmöglichkeiten) _____
- Wohnen - Unterbringung _____

C

Sie haben mir noch nichts darüber gesagt, …

- Reiseziel _____
- Reisetermin _____
- Personenzahl/Alter _____
- Verpflegung/Leistungsumfang _____
- Verkehrsmittel - Klasse _____
- Wohnung - Unterbringung _____

D

Damit Sie sehen, ob ich alle wichtigen Punkte richtig erfaßt
habe, möchte ich Ihre Wünsche kurz zusammenfassen … _____

E

Habe ich etwas Wesentliches vergessen? _____

Abb. 5.13: Gesprächsleitfaden zur systematischen Bedarfsermittlung[84]

---

84   Quelle: Seminarunterlagen der Marketing Beratung Dr. Helmut Fried & Partner.

Um im Rahmen der Bedarfsermittlung möglichst systematisch vorgehen zu können, ist es zweckdienlich einen *Gesprächsleitfaden*[85] zu benutzen, der die Sicherung sämtlicher relevanter Informationen gewährleistet. Ein solcher Leitfaden hat an jedem Counter mehrfach kopiert vorhanden zu sein und sollte bei jedem Kundengespräch verwendet werden. Der ausgefüllte Leitfaden ist im Anschluß an das Gespräch zu den Unterlagen des jeweiligen Kunden abzuheften.

Während sich der Expedient mit der umfassenden *Bedarfsanalyse* ein vollständiges Bild von den Reisewünschen des Kunden und deren Wichtigkeit machen sollte, kommt es in der *Angebotsphase* darauf an, das Angebot auf die Bedürfnisse des Kunden abzustimmen und ihm Leistungen und Nutzen des Angebotes entsprechend der Wichtigkeit seiner Reisewünsche vorzustellen.

Die Angebotsphase stellt die eigentliche Aufgabenerfüllung im Beratungsgespräch dar und beeinflußt bereits direkt die Ergebnisqualität der Dienstleistung Reisevermittlung. Der Grad der, stärker sachlich orientierten, Aufgabenerfüllung stellt dabei nach Klaus[86] eine von zwei Voraussetzungen dar, die zur Erreichung emotionaler Zufriedenheit und damit letztendlich zu einer als gut beurteilten "Bedienungsqualität" notwendig sind. Während die Grundvoraussetzung hierfür die "Kongruenz der wechselseitig aufeinander bezogenen Verhaltensweisen der Interaktionspartner"[87] ist, die sich auf die angemessene Beachtung der Normen und "Zeremonien" im sozialen Umfeld bezieht, beinhaltet die sachliche Aufgabenerfüllung die Erreichung des Sachzwecks der jeweiligen Interaktion. Diesen Sachzweck erfüllt das Beratungsgespräch dann, wenn dem Kunden in der Angebotsphase eine Entscheidungshilfe gegeben wird, die ihn bei der Buchung der Reise unterstützt.

Wichtig hierbei ist, daß dem Kunden nicht so viele Angebote wie möglich präsentiert werden, sondern ihm ein, auf der Basis seiner Bedürfnisse, maßgeschneidertes Angebot unterbreitet wird. Im Rahmen von Kundenbefragungen[88] wurde diesbezüglich ermittelt, daß Kunden gerade in dem Angebot mehrerer Alternativen ein qualitätsminderndes Element des Beratungsgesprächs sehen. Vielmehr erwartet der Reisebüro-Kunde Hilfestellung bei der Auswahl des richtigen Angebotes und will nicht durch eine Vielzahl von Angeboten verunsichert werden.

Dieser Aspekt wird auch durch die Bedeutung des Beratungsgesprächs als wichtiger Bestandteil im Informationssystem[89] des Konsumenten unterstrichen. So zeigen Stu-

---

85 Vgl. Abbildung 5.13.
86 Vgl. Klaus, Qualität von Bedienungsinteraktionen, S.262.
87 Vgl. Klaus, Qualität von Bedienungsinteraktionen, S.262.
88 Vgl. Meyer, Verkaufspsychologie, S.389.
89 Vgl. Grunert, Das Verkaufsgespräch, S.110 f.

dien[90], daß die Kundenberatung im Geschäft[91] die besten Werte vor allen anderen Informationsquellen bei den Items "leicht verständlich" und "leicht erhältlich" erreicht, und bei Items wie "zuverlässig", "informieren umfassend" und "behandeln Gesichtspunkte, die Verbraucher interessieren"[92] ebenfalls weit vorne liegt. Um dieser Einschätzung auch im Reisebüro gerecht zu werden, ist im Rahmen der Angebotspräsentation eine kundenorientierte Vorgehensweise[93] zu wählen.

Dabei sind zur Unterbreitung eines kundengerechten Angebotes zwei gundsätzliche Voraussetzungen zu erfüllen, die stark in den Bereich der Potentialqualität[94] eines Reisebüros fallen. So hat der Expedient zum einen über ein exzellentes *Zielgebiets- und Produktwissen*[95] zu verfügen, ohne dem dieser nicht in der Lage ist, das für den Kunden richtige Angebot aus der Vielzahl der Angebote herauszusuchen. Zum anderen kann der richtige Einsatz qualitativ hochwertiger *Reiseinformations- und Marketingsysteme*[96] positiv auf die Qualität des Beratungsgesprächs wirken. So können beispielsweise Multimediasysteme die Angebotspräsentation wesentlich interessanter und für den Kunden besser nachvollziehbar gestalten, als dies bei ausschließlichem Gebrauch sprachlicher Mittel möglich ist. Weitere Demonstrationsmittel stellen Veranstalter-, Hotel- und Gebietsprospekte, Landkarten, Fotos, Dias, Videokassetten usw. dar.

Bevor jedoch das für den Kunden als passend herausgefundene Angebot präsentiert wird, ist die *Vakanz* zu prüfen. Mit entsprechend gut arbeitenden Computer-Reservierungs-Systemen[97] sind derlei Vakanzabfragen innerhalb von Sekunden durchführbar. Ist ein Angebot ausgebucht, so ist dies dem Kunden *nicht* mitzuteilen, sondern entweder nach Ersatzterminen oder kompletten Ersatzangeboten zu suchen. Muß dem Kunden nämlich mitgeteilt werden, daß ein bereits als optimal präsentiertes Angebot nicht erhältlich ist, so besteht die Gefahr, daß dieser bei jedem weiteren Angebot das Gefühl hat, letztendlich nur ein zweitrangiges Ersatzangebot[98] zu erhalten.

Um die Zufriedenheit mit dem präsentierten Angebot kontinuierlich zu sichern, ist ein *inkrementales Vorgehen* in der Phase der Angebotspräsentation zu bevorzugen. Dabei ist das passende Produkt zunächst nur ganz pauschal vorzustellen und auf die ein bis zwei wichtigsten Reisewünsche abzustellen. Findet dieses Angebot Zustim-

---

90   Vgl. Kupsch et al., Struktur von Qualitätsurteilen
91   d.h. im Reisebüro.
92   Vgl. Grunert, Das Verkaufsgespräch, S.111.
93   Vgl. Dingeldey, Angebotsphase, S.33 ff.
94   Vgl. Kap.5.4.
95   Vgl. Kap.5.4.3.2.2.
96   Vgl. Kap.5.4.2.3.2.
97   Vgl. Kap.5.4.2.1.
98   Vgl. Dingeldey, Angebotsphase, S.35.

mung beim Kunden, so sind die weiteren Vorteile des Angebotes in der Reihenfolge der Wichtigkeit der Kundenwünsche darzustellen. Dabei ist jedoch ausschließlich auf die Wünsche und Gefühle abzuheben, die bei der Bedarfsermittlung erkennbar wurden. Auch ist ein information-overload beim Kunden zu vermeiden, der eintritt, wenn dieser mit zu vielen Fakten und Informationen auf einmal konfrontiert wird. Daher ist es ratsam, die weiteren Teile des Angebotes "scheibchenweise"[99] zu präsentieren und zu jedem Teilangebot die Zustimmung des Kunden einzuholen. Hier bietet es sich an, bewußt ein Angebot zu wählen, das in einzelnen Punkten noch korrigiert[100] werden muß. Dem Kunden wird so die Möglichkeit gegeben auch in der Angebotsphase Einfluß auf "seine" Reiseplanung zu nehmen.

Um beim Kunden nach Verlassen des Reisebüros (auch ohne Buchung) aufgrund eines angenehmen Gesprächsverlaufes in positiver Erinnerung zu bleiben, kommt es gerade in der Angebotsphase auf die kundenorientierte Argumentation an. So soll der Kunde nicht zur Buchung einer bestimmten Reise überredet werden, sondern es soll ihm mit den "richtigen" Argumenten eine Entscheidungshilfe gegeben werden. Folgende Aspekte[101] gilt es im Rahmen einer kundenorientierten Argumentation zu beachten:

- Argumentieren bedeutet, dem Kunden seinen persönlichen Nutzen darzustellen, den er auf seiner Reise erwarten kann.
- Produktbeschreibungen in Katalogen sind dabei keine Argumente, sondern müssen erst in solche umgewandelt werden.
- Voraussetzung für die Argumentation sind die vollständige Erfassung der Kundenwünsche und der Produktmerkmale.
- Die Aufzählung bestimmter Produktmerkmale ist keine Argumentation; vielmehr sind nur jene Merkmale in Argumente umzuwandeln, die aufgrund der Wunschermittlung für den Kunden einen persönlichen Nutzen darstellen.
- Entsprechen einige Produktmerkmale nicht den Erwartungen des Kunden, so ist das Angebot nur dann zu unterbreiten, wenn der Nutzen für den Kunden eindeutig überwiegt.

Des weiteren ist sowohl im Rahmen der Argumentation als auch der gesamten Angebotsphase auf den Einsatz einer bildhaften Sprache und der oben bereits angesprochenen Demonstrationsmittel zu achten.

---

[99] Vgl. Dingeldey, Angebotsphase, S.35.
[100] Vgl. Meyer, Verkaufspsychologie, S.389.
[101] Vgl. Klutmann, Beraten und Verkaufen, S.79 f.

5.5.2.3.3 Qualitätsstandards

Um die Qualität der Beratungs- und Verkaufsgespräche im Reisebüro kontinuierlich zu verbessern und überprüfbar zu gestalten, sind, wie auch in den übrigen Phasen des Dienstleistungsprozesses, Qualitätsstandards hilfreich. Beispielhaft können folgende Standards für die Beratungsphase stehen:

- Der Expedient wirkt aktiv und interessiert; er will den Kunden kennenlernen und kann dessen Reise- und Ferienwünsche höflich ermitteln.
- Der Kunde muß erkennen, daß wir uns um ihn bemühen.
- Der Expedient fragt gezielt nach und hört vor allem aufmerksam zu.
- Das Angebot bzw. die Kataloge werden wirkungsvoll präsentiert.
- Die Auswahl des richtigen Angebotes wird im Dialog herbeigeführt.
- Jeder Kunde wird ernst genommen und als Partner betrachtet.
- Grundsätzlich werden zunächst nicht zu viele Alternativen angeboten.
- Details über den Kunden und das Verkaufsgespräch werden laufend notiert (v.a. der Kundenname etc.)
- Der Einsatz des Computers erfolgt souverän und ohne Hektik.
- Kein Kunde verläßt ohne Angebot das Reisebüro.
- Ist ein konkret gewünschtes Angebot nicht buchbar, so wird dies dem Kunden auf dem Bildschirm gezeigt.
- Zusatzleistungen (Reiseversicherungen, Mietwagen, Hotelbuchungen etc.) werden dem Kunden aktiv angeboten.
- Qualitätskontrollen (z.B. durch Testkäufer[102]) werden nicht als Zeichen von Mißtrauen aufgefaßt, sondern als Mittel zur Qualitätsentwicklung.

Diese sowie eine beliebige Zahl weiterer bzw. alternativer Qualitätsstandards sind, wie bei der Entwicklung jeglicher Standards im Reisebüro, am besten durch das gesamte Reisebüro-Team oder eine "Qualitätsgruppe" festzulegen und für alle Mitarbeiter gut sichtbar bzw. zugänglich zu halten.

5.5.2.4 Buchung

Die Buchung einer Reise etc. kann entweder direkt im Anschluß an die Beratung oder erst bei einem späteren Besuch des Kunden im Reisebüro erfolgen. Dabei kommt es vor allem darauf an,

---

[102] Vgl. Kap.5.2.2.3.1.

- die Preisfrage kundenorientiert und korrekt zu lösen;
- den formalen Teil der Buchungsphase kundengerecht zu gestalten;
- den Kunden über den weiteren reisetechnischen Ablauf aufzuklären und
- die Verabschiedung des Kunden optimal zu gestalten.

Um diese Voraussetzungen für eine erfolgreiche und aus Kundensicht zufriedenstellende Buchung erfüllen zu können, ist es zuvor zweckdienlich, einige besondere Aspekte des Kaufentscheidungsverhaltens von Dienstleistungskunden bzw. Reisebüro-Kunden näher zu betrachten.

5.5.2.4.1 Kaufentscheidungsverhalten von Dienstleistungskunden

Wie bereits im vorigen Kapitel[103] angesprochen, stellt das Verkaufs- bzw. Beratungsgespräch in Dienstleistungsunternehmen ein wichtiges Element im Informationssystem des Kunden dar. Darüber hinaus zeigen Untersuchungen[104] in den USA, daß Dienstleistungskunden (wie beispielsweise Bucher von Urlaubsreisen) in ihrem *Informations-, Entscheidungs- und Kaufverhalten* anders agieren bzw. reagieren als Käufer von Produkten. So kann davon ausgegangen werden, daß der Reisebüro-Kunde beim Kauf einer Reise zögerlicher und zurückhaltender handeln wird, als beim Erwerb eines gleichwertigen tangiblen Produktes, da er dieses bei Nichtgefallen umtauschen kann. Auch zeigen die Ergebnisse[105], daß Dienstleistungskunden stärker persönliche als unpersönliche Informations- und Beratungsquellen präferieren und dabei besonderen Wert auf die Unabhängigkeit[106] derselben legen. Insgesamt spielt auch das "Persönliche" der Dienstleistung eine herausragende Rolle für das Kaufverhalten. So nimmt das für den Erwerb von Dienstleistungen wichtige Vertrauen in die Informationsquelle und die positiven Erfahrungen mit dieser Quelle eine wichtige Funktion im Kaufentscheidungsprozeß von Dienstleistungskunden ein.

Innerhalb der Gruppe der Dienstleistungskunden lassen sich zudem unterschiedliche *Kaufentscheidungstypen* identifizieren, die zum einen vom Grad der Kollektivität der Kaufentscheidung abhängig sind, und zum anderen vom Grad der Ausprägung eines Kaufprogramms.[107] Entsprechend dieser Unterteilung lassen sich *Convenience Services* und *Speciality Services* sowie als "Zwischentyp" *Shopping Services* unterschei-

---

[103] Vgl. Kap.5.5.2.3.2.
[104] Vgl. Murray, Services Marketing Theory, S.10-25.
[105] Vgl. Murray, Services Marketing Theory, S.18 f.
[106] Weshalb das Reisebüro diese Unabhängigkeit im Markt entsprechend an den Kunden kommunizieren muß.
[107] Vgl. Meffert/Bruhn, Dienstleistungsmarketing, S.72.

den.[108] Beispielhaft für die touristische Reisevermittlung können die beiden Extreme dieser Kaufentscheidungstypen den entsprechenden charakteristischen Merkmalsausprägungen wie folgt zugeordnet werden.

Der reine Last-Minute-Verkauf stellt eine Form des *Convenience Services* dar und ist geprägt von einem sehr geringen Grad der Kollektivität der Entscheidungsfindung (meist entscheiden nur eine oder zwei Personen über den sofortigen Kauf der Tikkets) sowie einem weitestgehend komplett vorhandenen Kaufprogramm (das Last-Minute-Angebot gibt es nur in dieser Ausprägung, Änderungen sind nicht möglich). Merkmale des "typischen" Last-Minute-Kaufs sind eine geringe Informationsbedürftigkeit, eine kurze Zeitdauer für den Kaufentscheid, ein geringes Ausmaß an Neuartigkeit dieses Angebotes sowie üblicherweise ein relativ hoher Erfahrungsgrad der Kunden.

Das Gegenteil dieses Kaufentscheidungstypus ist die individuell zusammengestellte Pauschalreise für die ganze Familie, die eine Form des *Speciality Services* darstellt. Hier ist der Grad der kollektiven Entscheidungsfindung hoch (meist entscheidet die gesamte Familie über die Buchung), ein komplettes Kaufprogramm, welches alle Teilleistungen der Pauschalreise bereits fertig zusammenfaßt, besteht im Normalfall nicht (häufig müssen Mietwagen, bestimmte Flug-, Bahn- oder Schiffsverbindungen sowie andere Zusatzleistungen integriert werden). In diesem Fall sind die finanzielle Mittelbindung, die soziale Sichtbarkeit, die Informationsbedürftigkeit, das Ausmaß der Neuartigkeit dieses Angebotes, die Betroffenheit aller Mitglieder und die Bedeutung im Konsumsystem des Kunden hoch, während die Kaufhäufigkeit und der Erfahrungsgrad üblicherweise eher gering sind.

Neben diesen Typen von Kaufentscheidungen ist für die Buchung im Reisebüro auch der gesamte *Kaufentscheidungsprozeß* des Konsumenten von Interesse. So wird der Kunde nicht nur durch den telefonischen Kontakt mit dem Reisebüro, durch die Art und Weise der persönlichen Kontaktaufnahme mit dem Reisebüro und durch die Qualität der Beratung beeinflußt. Vielmehr spielen für die Kaufentscheidung noch weitere Faktoren eine Rolle. Diese kann der Expedient im Reisebüro häufig zwar nicht direkt beeinflussen, er sollte jedoch schon vor der Abschlußphase des Verkaufsgesprächs möglichst viele Determinanten im Kaufentscheidungsprozeß des Kunden identifiziert und auf diese entsprechend eingewirkt haben. Nachfolgend ist in Abb. 5.14 beispielhaft der Kaufentscheidungsprozeß bei Urlaubsreisen dargestellt.

---

108 Vgl. Darby/Karni, Free Competition, S.67 ff; Meffert/Bruhn, Dienstleistungsmarketing, S.73f; Nelson, Advertising, S.729 ff.

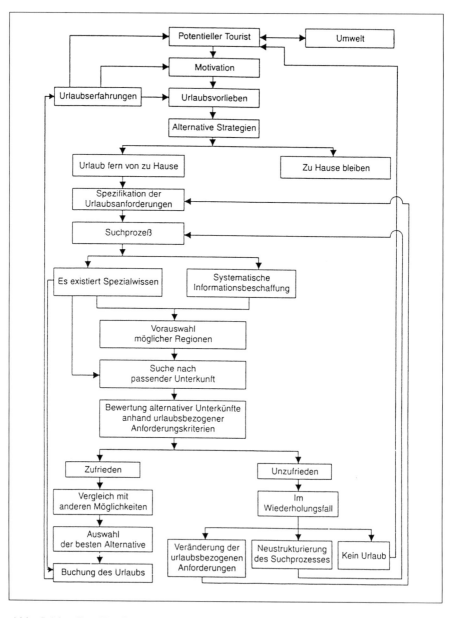

Abb. 5.14: Der Kaufentscheidungsprozeß am Beispiel von Urlaubsreisen[109]

---

[109] Entnommen aus Meffert/Bruhn, Dienstleistungsmarketing, S.75 nach Goodall, How Tourists Choose Their Holidays, S.6.

Auf der Basis der verfügbaren Informationen, beispielsweise durch Reisebüros oder Kataloge, "setzt sich der Konsument ein Opportunity-Set von Urlaubsalternativen zusammen, die er mit seinen Erwartungen und Präferenzen (zum Beispiel Preis-Leistungsverhältnis, Wunsch nach Familienurlaub) verknüpft"[110]. Kann er Erfahrungen aus vorangegangenen Urlauben mit einbringen, kommt es zu einem Feedback-Effekt, der das Opportunity-Set erweitert wenn der Urlaub ein Erfolg war, oder den Urlaub bei Unzufriedenheit als negative Erfahrung abspeichert und diese im Bedarfsfall neu abruft.

5.5.2.4.2 Gestaltung der Buchungsphase

Insbesondere aus Reisebürosicht ist die Buchung durch den Kunden üblicherweise das Ziel jeglicher Beratungstätigkeit. Wie in der Einleitung dieses Kapitels bereits angesprochen, sind neben der eigentlichen Buchung jedoch noch weitere Aspekte zu beachten, die in der Abschlußphase des Verkaufsgesprächs kunden- bzw. qualitätsorientiert zu gestalten sind. Dazu gehören vor allem das *Preisgespräch*, die Art und Weise der Erledigung der notwendigen *Formalitäten*, die Kundenaufklärung über den weiteren *reisetechnischen Ablauf* sowie die *Verabschiedung* des Kunden am Ende des Beratungs- bzw. Verkaufsgesprächs.

Gegen Ende der Angebots- oder zu Beginn der Abschlußphase erfolgt das *Preisgespräch* mit dem Kunden. Nicht zuletzt wegen des boomenden Last-Minute-Geschäfts mit äußerst günstigen Preisen empfinden viele Expedienten "klassischer" Reisebüros vor diesem Teil des Beratungs- und Verkaufsgesprächs "Angst"[111]. Insbesondere erwartete Aussprüche wie "Das ist mir zu teuer!" oder "Haben Sie nicht etwas Billigeres?" lassen Expedienten dabei an Souveränität verlieren und die Abschlußphase qualitätsmindernd gestalten. Allerdings ist die Furcht hiervor unbegründet, wenn der Expedient sich auf die Erwartungen der Kunden und auf die Gründe eventueller Preiskritik einstellt[112].

So wurden in einer in Norddeutschland im Frühjahr 1995 durchgeführten Umfrage[113] die aus Kundensicht wichtigsten Leistungen von Reisebüros ermittelt. Auch wenn diese Ergebnisse nicht repräsentativ sind, bieten sie hilfreiche Erkenntnisse für das Management der Dienstleistungsqualität im Reisebüro. Die fünf wichtigsten Leistungen eines Reisebüros sind demnach:

---

[110] Vgl. Meffert/Bruhn, Dienstleistungsmarketing, S.74.
[111] Vgl. Dingeldey/Adenau, Preisdarstellung, S.88.
[112] Vgl. Dingeldey/Adenau, Preisdarstellung, S.88.
[113] Vgl. Kreilkamp, Reisebüro-Landschaft, S.12.

- Qualifizierte individuelle Beratung.
- Gute Zielgebietskenntnisse.
- Gestaltung des Reisebüros.
- Schnelle Bearbeitung.
- Preiswerte Angebote.

Für das Beratungs- und Verkaufsgespräch, und hier vor allem für die Abschluß-phase, ist dabei von Interesse, daß die Bedeutung der fünf Leistungen miteinander unterschiedlich stark korrelieren. Während beispielsweise "Qualifizierte, individuelle Beratung" stark mit dem Item "Gute Zielgebietskenntnisse" korreliert, ist bei den Items "Preiswerte Angebote" und "Qualifizierte, individuelle Beratung" das Gegen-teil der Fall. Reisebüro-Kunden differenzieren demnach zwischen den einzelnen Lei-stungen und setzen je nach Priorität der erwarteten Leistung auch entsprechend un-terschiedliche Erwartungen in die Erfüllung der übrigen Leistungen. Es läßt sich demnach festhalten, daß Kunden, "die einen umfassenden Überblick über preiswerte Angebote erwarten, (...) nicht gleichzeitig eine umfassende Zielgebietsberatung"[114] verlangen. Wurde dementsprechend in der Kontaktphase der Wunsch nach umfas-sender individueller Beratung ermittelt, so kann auch davon ausgegangen werden, daß der Kunde bereit ist, den Preis für ein auf die individuellen Bedürfnisse abge-stimmtes Angebot zu zahlen. Zudem haben Kundenstudien[115] gezeigt, daß Expedien-ten eher den Fehler machen, den Kunden beim Preisangebot zu unterschätzen als zu überschätzen.

Ergebnisse von Testkaufstudien und zahlreiche Beobachtungen aus der Bera-tungspraxis zeigen[116], daß viele Beratungsgespräche im Reisebüro nicht zum erfolg-reichen *Abschluß* führen. Grund hierfür ist einerseits die unzureichende Kenntnis vieler Expedienten hinsichtlich der richtigen Abschlußtechniken[117], andererseits die zunehmende, häufig jedoch unterschätzte Bedeutung einer qualitativ anspruchsvollen Bedarfsanalyse im Verkaufsgespräch[118]. Man kann hierbei von einer veränderten *"Verkaufs-Hebel-Wirkung"*[119] sprechen, wonach negative Verkaufsreaktionen in der Vergangenheit häufiger dann zu beobachten waren, als die Kaufentscheidung zum Großteil von der Abschlußtechnik abhängig war. Beim heutigen Verkauf resultiert hingegen eine positive Kaufreaktion daraus, "daß 50% des Zeitaufwandes auf die Analyse des Kundenbedarfs entfallen, 35% auf eine optimale Problemlösung für den

---

[114] Vgl. Kreilkamp, Reisebüro-Landschaft, S.12.
[115] Vgl. Meyer, Verkaufspsychologie, S.391.
[116] Vgl. Dingeldey, Abschlußphase, S.62.
[117] Wie z.B. die sog. Zusammenfassungs-Technik, Salami-Technik, Technik der direkten oder indirekten Frage, Nutzung der Möglichkeit unterschiedlicher Buchungsformen, Einwandsforschung, Kundebindungs-Technik, etc..
[118] Vgl. Detroy, Abschlußtechniken, S.398.
[119] Vgl. Meyer, Verkaufspsychologie, S.397.

Kunden, so daß sowohl die Nutzen-Argumentation und Entkräftung von Kundeneinwänden als auch die eigentliche Abschlußtechnik nur noch ansatzweise notwendig sind"[120].

Für das Management der Dienstleistungsqualität im Reisebüro bedeutet dies, daß dem Kunden bei einer entsprechend qualitativ hochwertigen Bedarfsanalyse und einer sehr guten Problemlösungsrelevanz des Produktes die Kaufentscheidung leichter fällt, und er eine größere Zufriedenheit mit dem erworbenen Produkt und der Leistung des Expedienten empfindet.

Ein Aspekt, der bereits starken Einfluß auf die Ergebnisqualität eines Reisebüros nimmt, ist die korrekte und zuverlässige[121] sowie kundenfreundliche Bearbeitung der *Reiseformalitäten*. Trotzdem oder gerade weil der Expedient den Abschluß praktisch bereits getätigt hat, ist es von großer Wichtigkeit, den Kunden auch während der Abwicklung der Formalitäten im Mittelpunkt der Aufmerksamkeit des Mitarbeiters zu behalten. Dies beinhaltet[122] ebenso das routinierte Ausfüllen der Buchungsformulare und die Einbeziehung des Kunden dabei, wie auch die Berechnung der für den Kunden preiswertesten Variante, der Vertrautheit des Expedienten mit dem CRS sowie die Erläuterung gegenüber dem Kunden, was er gerade macht. Um den Kunden bei eventuellen Problemen erreichen zu können, sollte der Expedient sich zudem die Telefonnummer des Kunden notieren unter der dieser in den Tagen bis Reisebeginn erreichbar ist. Die Bitte um eine Anzahlung hat höflich zu erfolgen, nach Möglichkeit sind verschiedene Zahlungsmodalitäten anzubieten.

Die *Klärung reisetechnischer Fragen* hat für viele Kunden eine besondere Bedeutung, die direkt in die Beurteilung der erbrachten Dienstleistungsqualität einfließt. Die Tatsache, daß es sich bei den im Reisebüro vermittelten "Produkten" um intangible Güter handelt, bringt den Kunden in eine besondere Situation. So kann er im Gegensatz zu einem frisch erworbenen Auto, welches sofort auf Qualitätsmängel hin überprüft werden kann, eine solche Überprüfung bei einer erst in der Zukunft stattfindenden Reise nicht vornehmen. Aus diesem Grund ist es wichtig, daß der Expedient dem Kunden durch die Art und Weise des gegebenen Leistungsversprechens die Sicherheit über den erfolgreichen Erwerb der Dienstleistung "Reise" gibt.

Dies geschieht dadurch, daß er relativ genau angeben kann, wann die Reiseunterlagen fertig sind und er dem Kunden das Gefühl der fürsorglichen Behandlung gibt, z.B. mit Hilfe der Frage, ob er die Unterlagen zugeschickt haben möchte oder sie lieber persönlich abholt. Des weiteren können zusätzliche Hinweise und Empfehlun-

---

120 Vgl. Meyer, Verkaufspsychologie, S.397.
121 Vgl. Altschul, Alles für den Kunden?, S.28 f.
122 Vgl. Romeiß-Stracke F., Service-Qualität im Tourismus, S.73.

gen zum Zielgebiet oder die Überreichung eines kleinen Reiseführers servicesteigernd und damit letztendlich kundenbindend wirken. Besondere Bedeutung hat dabei auch der Hinweis auf notwendige Impfungen, Devisenbestimmungen etc. über die sich der Expedient mittels spezieller Softwareprogramme[123] informieren kann.

Im Rahmen der *Verabschiedung* ist der Kunde zu seiner Entscheidung zu beglückwünschen und Hilfe anzubieten, für den Fall, daß etwas nicht klappen sollte. Nach Möglichkeit ist zudem jeder Kunde zur Tür zu begleiten und mit ein paar freundlichen Worten zu verabschieden. Dabei darf der Expedient auch durch im Reisebüro wartende Kunden nicht zu Hektik oder Unfreundlichkeit getrieben werden.

5.5.2.4.3 Qualitätsstandards

Qualitätsstandards für die Buchungs- oder Abschlußphase sollten die wichtigsten Aspekte beinhalten, die die Buchung (d.h. das Ausgeben von oft schwer verdientem Geld) für den Kunden zu einem angenehmen Erlebnis werden lassen:

- Der Expedient ist in der Lage, den Reisepreis schnell und richtig zu ermitteln.
- Für den Kunden ist plausibel, daß der Preis für die Reise der "richtige" ist.
- Die Preisdarstellung ist psychologisch so gestaltet, daß der Preis beim Kunden positiv ankommt.
- Der Expedient bemüht sich immer um den Abschluß eines Verkaufs oder einer Reservierung.
- Der Expedient füllt Buchungsformulare routiniert aus und bezieht den Kunden beim Ausfüllen mit ein.
- Die Kundenpapiere (Korrespondenz, Rechnungen, Reisedokumente und Reiseprogramm) sind fehlerfrei abzufassen.
- Name und Adresse des Kunden werden aufgenommen und gesichert.
- Jeder Kunde soll wissen, daß er für uns wichtig ist.
- Die Reiseunterlagen werden immer vom Chef persönlich überreicht, egal ob der Urlaub 500 DM oder 5.000 DM kostet.
- Am Ende einer Buchung steht immer ein "Danke schön".
- Ohne ein paar freundliche Worte und einer korrekten Verabschiedung verläßt kein Kunde das Büro.

Die dargestellten Qualitätsstandards bilden teilweise bereits den Übergang zum letzten Kundenkontaktpunkt, nämlich den *Nachkaufkontakten*.

---

[123] Vgl. z.B. das Programm TIP, erläutert in Kap.5.4.2.3.2.

5.5.2.5 Nachkaufkontakte

Die Nachkaufphase, eine auch als Follow-up bezeichnete Phase des Dienstleistungsprozesses, soll sowohl dem kundenorientierten Abschluß der Dienstleistung
"Reisevermittlung" als auch der Einleitung einer erneuten Runde im Dienstleistungsprozeß zwischen Kunde und Reisebüro dienen. Nicht zuletzt mit Hilfe dieser Nachkaufkontakte ist es dem Reisebüro bzw. dem Expedienten möglich, eine Beziehungsqualität zwischen Kunde und Reisevermittler aufzubauen, die entscheidenden Einfluß
auf das künftige Kaufverhalten des Konsumenten hat.

5.5.2.5.1 Beziehungsqualität zwischen Expedient und Kunde

Als ein häufig unterschätztes Kriterium der Dienstleistungsqualität hat die *Beziehungsqualität* entscheidenden Einfluß auf die Kundenbindung und das zukünftige
Kaufverhalten von Dienstleistungskunden. So zeigen empirische Untersuchungen[124],
daß eine sehr gute Beziehungsqualität zwischen Verkäufer und Kunde die Wahrscheinlichkeit zukünftiger Verkaufsabschlüsse zwischen den beiden Parteien wesentlich erhöht. Die Ergebnisse dieser Studie implizieren zudem, daß "future sales op-
portunities"[125] vor allem dann in Verkaufsabschlüsse (wie z.B. Buchungen) umgewandelt werden können, wenn ein verbindendes und auf Gegenseitigkeit beruhendes
Verhalten im Dienstleistungsprozeß erkennbar ist. Hierzu gehören nach Crosby et
al.[126] vor allem die Absicht auf beiden Seiten zu guter Zusammenarbeit, das gemeinsame Finden einer Problemlösung (das optimale Reiseangebot wird im Dialog zwischen Kunde und Expedient ermittelt) und intensive Nachkaufkontakte, die eine starke Käufer-Verkäufer-Beziehung ausmachen.

Ein wichtiges Element der Beziehungsqualität stellt zudem der *Verkaufsstil* des Expedienten dar, der wesentlich durch die Dimensionen Kundenorientierung und Verkaufsorientierung beeinflußt wird[127]. Um unter dem Aspekt einer Verbesserung der
Beziehungsqualität, und letztendlich auch der Dienstleistungsqualität, auf eine Optimierung der Kunden- und Verkaufsorientierung hinwirken zu können, ist zunächst
die Einordnung des Verkaufspersonal in eine Matrix (siehe Abbildung 5.15) bestehend aus diesen beiden Dimensionen sinnvoll. Nach Blake/Mouton[128] geht es dabei
um

---

124 Vgl. Crosby et al., Relationship Quality, S.68 ff.
125 Vgl. Crosby et al., Relationship Quality, S.68.
126 Vgl. Crosby et al., Relationship Quality, S.68.
127 Vgl. Nagel/Rasner, Herausforderung Kunde, S.323.
128 Vgl. Blake/Mouton, Besser verkaufen durch Grid; Nagel/Rasner, Herausforderung Kunde,
S.322 ff; Weis, Verkauf, S.145 ff.

- den Einsatz für den Kunden sowie
- den Einsatz für den Verkaufsabschluß.

Mit der Unterteilung der Dimensionen in eine Skala von 1 bis 9 besteht die Möglichkeit, die Ausprägung jeder der beiden Einflußgrößen bei dem einzelnen Mitarbeiter von extrem niedrig (Wert 1) bis extrem hoch (Wert 9) zu beurteilen (Ist-Situation). Auf dieser Grundlage kann dann eine Strategie erarbeitet werden, wie die langfristig gewünschte Positionierung (Soll-Situation) des Verkaufsstils des Mitarbeiters erreicht werden soll. Auf der Basis des Soll-Ist-Vergleichs kann hieraus z.b. der Weiterbildungsbedarf sowie gezielte Weiterbildungsmaßnahmen abgeleitet werden.

Die typischen Verhaltensstile von Expedienten können wie folgt skizziert werden:[129]

1. *Der Verkaufsstil "Kundenorientierung" (1,9-Typ)*
Für den Expedienten ist die persönliche Beziehung zum Kunden die Basis für das Geschäft. Er bemüht sich, eine starke persönliche Kundenorientierung zu leben. Die Kunden kaufen vorwiegend aus Freundschaft.

2. *Der Verkaufsstil "Aggressive Verkaufsorientierung" (9,1,-Typ)*
Der Schwerpunkt liegt auf den Produktmerkmalen. Persönliche Beziehungen zum Kunden sind sehr nachgeordnet. Es wird versucht, den Kunden kaufwillig zu machen; wenn erforderlich, werden auch aggressive Verkaufsmethoden angewandt.

3. *Der Verkaufsstil "Passive Kunden- und Verkaufsorientierung" (1,1,-Typ)*
Der Verkaufsstil ist in beiden Richtungen passiv:
- Der Expedient hat kein Interesse an den Kunden, er will diese nicht näher kennenlernen.
- Der Expedient überläßt es dem Produkt, "sich zu verkaufen".

4. *Der Verkaufsstil "Streben nach Kunden- und Verkaufsorientierung" (5,5,-Typ)*
Der Expedient bemüht sich, die Kunden- und Verkaufsorientierung in Einklang zu bringen. Kundenorientiertes Bemühen und ausdauernde Beratung sind die Grundlagen für die Buchung.

5. *Der Verkaufsstil "Optimierung der Kunden- und Verkaufsorientierung" (9,9,-Typ)*
Der Expedient ist bemüht, die Kundenbeziehungen bestmöglich zu leben. Dies setzt voraus, daß er die Kundenbedürfnisse und -wünsche kennt und die Produkte verkauft, weil diese zur Befriedigung der Kundenwünsche beitragen. Beratendes Verkaufen basiert hier meist auf langfristigen Partnerschaften (Stammkunden) im Sinne eines Gewinner-Gewinner-Spieles.

---

[129] Vgl. Nagel/Rasner, Herausforderung Kunde, S.323 f.

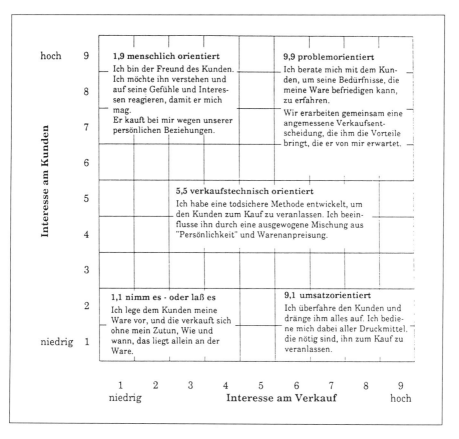

Abb. 5.15: Verkaufsmatrix zur Kennzeichnung des Expedientenverhaltens[130]

Unter dem Aspekt hochwertiger Beziehungsqualität und einer gerade für das Reisebüro wichtigen Kundenbindung ist die gleichzeitige Optimierung der Kunden- und Verkaufsorientierung (9,9,-Typ) von größter Bedeutung. Schafft es das Reisebüro, einen von diesen Merkmalen geprägten Verkaufsstil bei allen Expedienten zu verankern, so wird auch der für ein Reisebüro wirtschaftlich so wichtige hohe Anteil an Stammkunden langfristig realisierbar sein.

---

[130] Entnommen aus Weis, Verkauf, S.145 nach Blake/Mouton, Besser verkaufen durch Grid.

5.5.2.5.2 Gestaltung der Nachkaufphase

Wie zuvor angesprochen, stellen intensive Nachkaufkontakte eine wichtige Basis für eine starke Käufer-Verkäufer-Beziehung dar. Diese Nachkaufkontakte beinhalten zum einen Aspekte, die direkt die Kerndienstleistung betreffen, wie z.B. die Zusendung der Reiseunterlagen oder die telefonische Nachfrage nach Beendigung der Urlaubsreise. Zum anderen können Nachkaufkontakte losgelöst von der Kerndienstleistung erfolgen, um den Kunden über die bereits in Anspruch genommenen Dienstleistungen hinaus an das Reisebüro zu binden.

Die wichtigsten Elemente der Nachkaufphase sind jene, die mit der Kerndienstleistung, d.h. der Beratung und Buchung, direkt in Verbindung stehen. Hierzu gehören insbesondere die Zusendung der vollständigen und richtigen *Reiseunterlagen*, nach Möglichkeit mit einer kurzen persönlichen Mitteilung des Expedienten. Nachdem die Unterlagen verschickt wurden erhöht eine telefonische Nachfrage beim Kunden, ob alle Unterlagen in Ordnung sind und noch offene Fragen zu beantworten sind, den Eindruck eines gewissenhaften Umgangs mit den Kundenbelangen. Reisebürointern kann darüber hinaus festgelegt werden, daß ab bestimmten Umsätzen, die ein Kunde bei seiner Buchung tätigt, ein persönliches Dankschreiben vom Reisebüro-Chef oder Büroleiter verfaßt und mit den Reiseunterlagen verschickt wird.

Wurde nach einer ausgiebigen Beratung keine Buchung getätigt, kann nach vorheriger Vereinbarung ein *telefonisches "Nachfassen"* in Erwägung gezogen werden. Dabei sind insbesondere die für die Gestaltung eines qualitätsorientierten Telefonkontaktes bereits vorgestellten Verhaltensregeln[131] zu beachten. Der besonderen Situation des für den Kunden meist unerwarteten Anrufs ist mit der Beachtung zusätzlicher Verhaltensregeln Rechnung zu tragen:

- Deutlich mit dem eigenen Namen und dem des Reisebüros melden.
- Zunächst die Gesprächsbereitschaft erfragen.
- Den Kunden daran erinnern, daß er zu einem Beratungsgespräch bei dem anrufenden Reisebüro-Mitarbeiter war und dabei diesen Anruf vereinbart hatte.
- Den Grund des Anrufs nennen: die Buchung der Reise.

Das Telefonat darf dabei nicht aufdringlich wirken, sondern soll das Bemühen des Expedienten um die beste Lösung für die Urlaubsplanung des Kunden ausdrücken. Ähnlich gilt es sich zu verhalten, wenn der Expedient nach Beendigung der Urlaubsreise den Kunden anruft, um ihn nach seinen Urlaubserlebnissen und -eindrücken zu befragen.

---

[131] Vgl. Kap.5.5.2.1.2.

Aus rechtlichen Gründen ist jedoch in beiden Fällen die vorherige Vereinbarung eines solchen Telefonats mit dem Kunden Voraussetzung.

Eine ähnliche Funktion stellen *Fragebogen* dar, die dem Kunden nach dem Urlaub zugesandt werden. Qualitätsorientierte Tourismusunternehmen wie z.B. Thomas Cook[132] oder Wagonlit Travel[133] haben dieses Feedback-Instrument schon seit geraumer Zeit im Einsatz, um so die Qualität sämtlicher Pauschalreiseelemente kontinuierlich zu überprüfen und zu verbessern. Zusätzlich zur Erfüllung der Kundenbindungsfunktion können sich Reisebüros dieses Instrument zunutze machen, um einen Eindruck über die tatsächliche Qualität der in ihrem Produktsortiment vorhandenen Reiseveranstalter, Hotels etc. zu erhalten.

Eine weitere, zur Steigerung der Dienstleistungsqualität viel diskutierte Maßnahme der Nachkaufphase, ist die Gewährung von *Dienstleistungs-garantien*[134]. Allerdings sind solche Garantien für durch das Reisebüro vermittelte Dienstleistungen (wie z.B. die Pauschalreise eines Veranstalters oder der Hotelaufenthalt) kaum möglich bzw. sinnvoll.[135] Für das kleine bis mittlere Reisebüro können vielmehr Garantien für Dienstleistungen gegeben werden, die direkt vom Reisebüro erbracht werden. So kann ein Großteil der im Rahmen dieser Arbeit vorgestellten Qualitätsstandards als Leistungsversprechen bzw. Dienstleistungsgarantie an den Kunden kommuniziert werden. Die Einhaltung dieser versprochenen Standards ist dann zu gewährleisten oder bei Versagen durch die zuvor versprochene Zusatzleistung bzw. Wiedergutmachung[136] zu erfüllen. Allerdings gilt es zunächst zu hinterfragen, wie generell das Qualitätsniveau im eigenen Reisebüro und in der Branche im Vergleich zu anderen Unternehmen und Branchen einzuschätzen ist. So stellt die beste Ausgangslage[137] jene Situation dar, in der die eigene Dienstleistungsqualität hoch, die der Branche dagegen niedrig ist. Unter dem Aspekt einer beim Kunden auch registrierten Steigerung der Dienstleistungsqualität mit Hilfe von Dienstleistungsgarantien sollten jene[138]

  - vorbehaltlos sein, d.h. ohne Einschränkungen bzw. komplizierte
    Bedingungen gelten;
  - leicht verständlich und vermittelbar sein, d.h. in klaren und einfachen
    Worten das Versprechen auf den Punkt bringen;

---

132 Vgl. Burfoot, Quality Control, S.166 ff.
133 Vgl. FVW 22/94, S.65.
134 Vgl. Heskett et.al., Bahnbrechender Service, S.117.
135 Vgl. hierzu die Ausführungen zur Behandlung von Beschwerden im Reisebüro in Kap.5.6.1.2.
136 Vgl. Altschul, Alles für den Kunden?, S.28 f.
137 Vgl. Peill/Spilker, Qualitätsstrategien, S.232.
138 Vgl. Hart, Garantien, S.112 ff.

- sinnvoll sein, d.h. die Leistungselemente garantieren, die den Kunden besonders wichtig sind (z.B. keine langen Wartezeiten);
- finanzierbar sein, d.h. im Rahmen des finanziell machbaren liegen;
- leicht zu beanspruchen sein, d.h. keine Hürden aufgebaut werden falls ein Kunde eine Garantie in Anspruch nehmen möchte;
- leicht einlösbar sein, d.h. Kunden keine Schwierigkeiten bereiten, wenn sie eine zugesagte Entschädigung ausgezahlt haben möchten.

In zunehmendem Maße erwarten Kunden vom Expedienten zusätzliche Angebote, die über die Kerndienstleistung hinausgehen[139]. So kann ein *erweitertes Angebotssortiment* wie Versicherungen, Reiseführer oder der Verkauf von Urlaubsutensilien durchaus zur Befriedigung von Kundenbedürfnissen und -erwartungen beitragen. Allerdings sind hierbei die an anderer Stelle[140] erläuterten Einschränkungen zu beachten.

Des weiteren stellen *Kundenkarten* ein Instrument dar, daß neben der Kundenbindung auch wichtige Aspekte[141] der Angebotsgestaltung, der Werbung und der Preispolitik umfaßt. Während Kreditkarten in der Touristik-Branche vor allem in Form von Co-Branding-Kreditkarten[142] für große Reiseveranstalter[143], Fluggesellschaften[144], Autovermietungen[145] interessant sind, bieten sich für kleine und mittlere Reisebüros Kundenkarten ohne Zahlungsfunktion an, die direkt vom Reisebüro herausgegeben werden können. Eine solche Service-Karte, wie z.B. die VIP-ServiceCard der Reisebürokette "Der Weiße Laden" aus München[146], kann für den Besitzer ein Versicherungspaket für in diesem Reisebüro gebuchte Reisen (z.B. mit Auslandskranken-, -haftpflicht- und Reiseunfallversicherung), die Nutzungsmöglichkeit eines eigenen Service-Telefons sowie eines speziellen Service-Counters ohne lange Wartezeiten, die vierteljährliche Zustellung der Hauszeitung oder andere Serviceleistungen beinhalten. Eine andere Serviceleistung hat die Info-Pool-Card der Kölner Reisebürokette Euro Lloyd[147] im Auge, die kostenlos an alle Interessierten verteilt wird, und über die der Besitzer mit Zielgebiets-Informationen und entsprechenden Reise-Offerten zu zuvor angegebenen Reisezielen versorgt wird.

---

[139] Vgl. Meyer, Verkaufspsychologie, S.399.
[140] Vgl. insbesondere Kap.5.6.3.1.6 sowie Kap.5.4.1.2.2.
[141] Vgl. Hebestreit, Touristik Marketing, S.374.
[142] Vgl. hierzu die Beiträge zum Thema *Kundenkarten* in der FVW 16/94, S.51; FVW 16/94, S.26-28; FVW 17/94, S.24-26 sowie FVW 22/94, S.64-65.
[143] Wie z.B. seit 1990 die TUI-Stammkundenkarte in Zusammenarbeit mit VISA und der Noris Verbraucherbank
[144] Wie z.B. die Lufthansa AirPlus-Karte (Eurocard und Visa) oder die LTU-Eurocard.
[145] Wie z.B. die Sixt-Karte (Visa).
[146] Vgl. Kagerbauer, Kundenkarten, S.39.
[147] Vgl. Kagerbauer, Kundenkarten, S.40.

Kundendaten, die mittels solcher Servicekarten oder mit Hilfe leistungsfähiger elektronischer Kundendateien[148] gesammelt werden, können genutzt werden, um Nachkaufkontakte[149] in Form von *Mailingaktionen*, *themenbezogenen Flyern*, *Informationsveranstaltungen* oder *speziellen Länderabenden* herzustellen.

Sämtliche Maßnahmen zur Kundenbindung, auch in jenen der Nachkaufphase vorgelagerten Phasen des Dienstleistungsprozesses, erfordern dabei ein "Denken in Prozessen und keinen Fokus auf einmalige Aktionen"[150]. Entscheidend ist vielmehr, daß Kundenbindungsmaßnahmen kontinuierlich erfolgen und in regelmäßigen Abständen wiederholt werden. Allerdings gilt es auch bei Planung und Durchführung dieser Maßnahmen zu beachten, daß die Grundlage für die Kundenloyalität die Zufriedenheit der Kunden mit der Kerndienstleistung ist.

5.5.2.5.3 Qualitätsstandards

Um auch die Nachkaufphase überprüf- und meßbar in ein Management der Dienstleistungsqualität zu integrieren, bieten sich beispielhaft folgende Qualitätsstandards an:

- Die Versendung der Reisebestätigungen erfolgt prompt.
- Ein Welcome-Brief ist jedem Kunden ab (z.B.) 1.000 DM Umsatz (pro Person) zuzustellen.
- Ein persönlicher Dankesbrief wird vom Chef bzw. Büroleiter bei Buchungen über (z.B.) 7.000 DM verschickt.
- Angeforderte Unterlagen erreichen den Kunden innerhalb von 3 Arbeitstagen.
- Kataloge werden immer mit einem Begleitschreiben verschickt. Zusätzlich wird die Visitenkarte des Expedienten beigelegt.
- Angebote auf Anfragen werden vom Büroleiter unterschrieben und innerhalb von 2 Arbeitstagen versendet.
- Bei komplizierten Anfragen wird dem Kunden umgehend zumindest eine erste Stellungnahme mit Dank für die Anfrage gesandt. Die Erledigung der Anfrage wird teminiert in Aussicht gestellt.
- Auf korrekte Schreibweise des Namens und der Anschrift wird besonders geachtet.

---

[148] Vgl. Kap.5.4.2.3.2.
[149] Vgl. hierzu die Ausführungen in Kap.5.6.2.
[150] Vgl. Eckert, Kundenbindung, S.372.

- Alle Zuschriften wirken als Ganzes gut und entsprechen dem übrigen Auftritt des Reisebüros (wenn vorhanden, entsprechend dem eigenen Corporate Design).
- Wenn nicht gebucht wurde wird nachgefaßt.
- War zum Zeitpunkt der Beratung ein Buchungsentscheid nicht möglich, bleibt der Expedient dafür verantwortlich, daß dem Kunden zum frühest möglichen Zeitpunkt ein konkretes, attraktives Angebot unterbreitet wird.
- Interne Organisation und Produktkenntnisse ermöglichen es, daß bei Abwesenheit eines Kollegen/einer Kollegin die Kundenberatung sicher und kompetent weitergeführt wird.

5.6 Steuerung der Ergebnisqualität

Die Ergebnisqualität eines Reisebüros beurteilt der Kunde in erster Linie nach der *Zuverlässigkeit* der ihm dargebrachten Dienstleistung. Nach LeBlanc[1] setzt sich die Zuverlässigkeit aus den Kriterien *Rechtzeitigkeit* (timeliness) und *Wettbewerbsfähigkeit* (competitiveness) zusammen. Während erstere die Fähigkeiten eines Reisebüros beschreibt, Kundenansprüche in effektiver Art und Weise zu erfüllen, reflektiert die Wettbewerbsfähigkeit das Vermögen des Kundenkontaktpersonals, individuelle Bedienung zu offerieren und wettbewerbsfähige Preise für den Kunden herauszufinden, sowie die Garantie und Fähigkeit des Reisebüros, zuverlässigen Service zu bieten und Versprechungen einzuhalten.

Da im Vordergrund dieser Arbeit die Dienstleistung "Reisevermittlung" steht, wird bei der Darstellung der Steuerungsmöglichkeiten zur Verbesserung der Ergebnisqualität der Fokus auf jene, nämlich die Reisevermittlung betreffenden Qualitätsmerkmale und -kriterien, gerichtet. Das Ziel einer touristischen Reiseberatung ist üblicherweise die Buchung einer Reise, eines Fluges, eines Hotels oder dergleichen. Zur Steuerung der Ergebnisqualität dieses Dienstleistungsergebnisses "Buchung" stehen im folgenden drei Aspekte im Vordergrund, die entscheidenden Einfluß auf dieselbe haben. So ist die Qualität der verkauften Produkte und der hinter diesen stehenden Anbieter ebenso von Bedeutung, wie die Qualität der vom Reisebüro verfolgten Beschwerdepolitik. Letztere hat insbesondere dann einen wichtigen Einfluß auf die Dienstleistungsqualität, wenn die Qualität der verkauften Produkte nicht befriedigend ist, die Kunden sich über diese also beispielsweise beschweren wollen. Ein drittes Kriterium der Ergebnisqualität stellt die Kommunikation des Reisebüros nach außen

---

[1]   Vgl. Kap.4.2.4.

dar. Diese ist insofern wichtig, als Werbung, Öffentlichkeitsarbeit und Verkaufsförderung auf die Kundenerwartungen Einfluß nehmen, und somit eine mögliche Differenz zwischen erwarteter und erhaltener Leistung wesentlich mitbestimmen.

5.6.1 Beschwerdepolitik

Für Dienstleister, die wie kleine und mittlere Reisebüros stark auf Werbung durch Mund-zu-Mund-Kommunikation angewiesen sind, kann *negative Mund-zu-Mund-Kommunikation* fatale Folgen[2] haben. So wurde festgestellt, daß ein Beschwerdebrief oder -anruf mit bis zu 130 negativen Werbekontakten[3] verbunden ist. Diese Zahl ergibt sich aus den folgenden Einzelergebnissen amerikanischer Studien:[4]

- Über Negativerfahrungen sprechen Kunden doppelt so oft wie über Positiverfahrungen.
- Auf eine Beschwerde, die im Unternehmen landet, kommen ca. 25 weitere Negativerfahrungen, die dem Unternehmen nicht mitgeteilt werden.
- Jeder, der eine Negativerfahrung gemacht hat, spricht durchschnittlich mit fünf weiteren Personen über schlechte Erfahrungen.

Die Beschwerdepolitik eines Reisebüros hat aber auch unter dem Aspekt der *Kundenbindung*[5] einen besonderen Stellenwert. So bleiben von jenen Kunden, die reklamieren oder sich beschweren ca. 95 % dem Unternehmen treu[6], wenn die Reklamation oder Beschwerde rasch und gut beantwortet wird. Können also unzufriedene Kunden dazu animiert werden, sich über schlechte Leistungen des Reisebüros zu beschweren, und wird eine berechtigte Beschwerde auch schnell und für den Kunden zufriedenstellend bearbeitet, so ist bereits ein wichtiger Schritt in Richtung Stammkundengewinnung getan.

Kundenbeschwerden stellen außerdem ein Potential dar, welches einen wichtigen Beitrag zur Verbesserung der Dienstleistungsqualität und dabei insbesondere zur Optimierung der *Qualitätskontrolle*[7] leisten kann und daher in die Qualitätspolitik eines jeden Reisebüros einbezogen werden muß.

---

2 Vgl. Hart et al., Service Recovery, S.153.
3 Vgl. Momberger, Qualitätssicherung, S.374.
4 Vgl. Momberger, Qualitätssicherung, S.374.
5 Vgl. hierzu Kap.5.5.2.5.
6 Vgl. Romeiß-Stracke, Service-Qualität, S.96.
7 Vgl. Kap.5.2.

5.6.1.1 Definitionen

Bevor auf den Umgang mit Kundenbeschwerden näher eingegangen wird, ist zunächst der *Begriff* der Beschwerde von dem der Reklamation abzugrenzen. Beschwerden können eher allgemein als "Artikulationen der Unzufriedenheit, die gegenüber einem Dienstleistungsunternehmen vorgebracht werden, wenn der Kunde die erlebten Probleme subjektiv als gravierend betrachtet"[8] definiert werden. Dieses subjektive Empfinden ist dabei häufig allerdings nur schwer zu beweisen.

Quasi als eine Untermenge von Beschwerden können Reklamationen aufgefaßt werden. Bei diesen handelt es sich um Äußerungen "einer Unzufriedenheit unter Bezugnahme auf vertragsrechtliche Bedingungen."[9] Hier wird die Wiedergutmachung des Schadens vor allem durch die Geltendmachung von Schadensersatzansprüchen (z.B. Umtausch, Reparatur, Reisepreisminderung usw.) gefordert. In der Touristik fallen in die Kategorie *Reklamationen* vor allem Unstimmigkeiten, die durch Preislisten, Tarife, Buchungsbelege, Katalogangaben, Bestätigungen, Rechnungen und Tickets nachgewiesen werden können.

Unter dem Aspekt unzureichender Dienstleistungsqualität und daraus evtl. resultierender "Unzufriedenheitsäußerungen" wird im folgenden vor allem auf den Begriff der *Beschwerde* zurückgegriffen. Ist jedoch, wie beispielsweise bei der überwiegenden Zahl der Unmutsäußerungen Veranstaltern gegenüber mit der Beschwerde auch die Forderung nach Wiedergutmachungsleistungen verbunden, so handelt es sich um eine *Reklamation*.

Des weiteren gilt es zwei *Arten* von Beschwerden bzw. Reklamationen zu unterscheiden. So gibt es zum einen die Beschwerden, die die direkt vom Reisebüro erbrachte Leistung betreffen. Beispielsweise kann mittels solcher Beschwerden der Unzufriedenheit über die Behandlung durch den Expedienten oder die schlechte Ausführung einer durch das Reisebüro veranstalteten Reise Ausdruck verliehen werden.

Die zweite, in der Reisebüropraxis ungleich häufiger anzutreffende Art von Beschwerden bzw. Reklamationen, betrifft die von Reisebüros vermittelten Leistungen wie z.B. Pauschalreisen. Hier bestehen für deutsche Reisebüros nicht zu unterschätzende rechtliche Maßgaben, deren Mißachtung durch Expedienten zu Problemen für das Reisebüro führen kann.

---

8 Vgl. Bruhn/Hennig, Qualitätsmerkmale, S.222.
9 Vgl. Reiner, Kundenbedürfnisse, S.191.

5.6.1.2 Rechtliche Voraussetzungen

Für das im Vordergrund der Arbeit stehende vermittelnde Reisebüro sind zunächst einige rechtliche Voraussetzungen zu klären, die insbesondere den Umgang mit Veranstalterbeschwerden betreffen.

Vor allem die gut gemeinte, aber meist unzulässige "Rechtsberatung" des Kunden bzgl. der Reklamationen bei Veranstaltern, stellt für das Reisebüro ein großes Risiko dar. Grundlage für diesen Sachverhalt ist in Deutschland das Rechtsberatungsgesetz. Die für das Reisebüro bzw. den Expedienten wichtigsten Paragraphen sind inhaltlich wie folgt zu interpretieren:[10]

§ 1 stellt klar, daß die "Besorgung von Rechtsangelegenheiten einschließlich der Rechtsberatung" von einer Erlaubnis abhängt. Diese kann, außer von Rechtsanwälten, nur an einen durch das Gesetz bestimmten Personenkreis (z.B. Inkassounternehmen, Versicherungsberater) erteilt werden.

Nach § 8 macht sich wer "fremde Rechtsangelegenheiten geschäftsmäßig besorgt" ohne hierzu die Erlaubnis zu besitzen einer Ordnungswidrigkeit schuldig. Dies gilt auch, wenn eine unentgeltliche Rechtsberatung im Rahmen der Kundenpflege oder eines kostenlosen, wohlgemeinten Services erfolgt.

So ist hinsichtlich der *Beratung* des Kunden durch den Expedienten zum Reklamieren bei Veranstaltern folgendes Verhalten rechtlich eindeutig unzulässig:[11]

- Die *Überprüfung* des vom Kunden vorgetragenen Sachverhalts auf "echte Reisemängel" und "hinzunehmende Unannehmlichkeiten" durch den Expedienten.
- Die Erteilung von *Ratschlägen* an den Kunden, welche Ansprüche er geltend machen kann, wie z.B. Minderung oder Schadensersatz.
- Die *Empfehlung* zur Höhe solcher Ansprüche oder der Hinweis auf eventuelle Berechnungshilfen.

Die *schriftliche Kontaktaufnahme* mit dem Reiseveranstalter durch einen Brief und dergleichen ist rechtlich wie folgt zu bewerten:[12]

- Formuliert das Reisebüro ein Schreiben, welches vom Kunden unterschrieben und im eigenen Namen versendet wird, so besteht ein eindeutiger rechtlicher Verstoß, wenn in dem Schreiben eine Rückerstattung gefordert wird.

---

[10] Vgl. Noll, Reklamationsbearbeitung, S.31.
[11] Vgl. Noll, Reklamationsbearbeitung, S.31.
[12] Vgl. Noll, Reklamationsbearbeitung, S.31.

- Problematisch und wahrscheinlich ebenfalls unzulässig ist die Schilderung der Sachlage durch Reisebüros mit der Bitte um Erstattung oder eine "Kulanzlösung".
- Gesetzeskonform ist nur die Weiterleitung eines vom Kunden formulierten Schreibens. Zulässig ist dabei auch ein Begleitbrief des Reisebüros mit der Bitte um eine Kulanzlösung oder eine angemessene Regulierung.
- Die weiterführende Korrespondenz mit dem Veranstalter, z.B. zum Austausch von Argumenten, Verhandlungen über die Erstattungshöhe oder der Abschluß von Ausgleichsvereinbarungen im Namen des Kunden, sind ebenfalls eindeutig unzulässig.

In Deutschland stellt die Verbindung des Reisebüros zum Reiseveranstalter durch einen *Agenturvertrag* eine besondere rechtliche Situation dar. Besteht eine solche Verbindung zwischen beiden Seiten, so ist das Reisebüro Handelsvertreter des Reiseveranstalters nach § 84 ff Handelsgesetzbuch (HGB)[13] und hat hierbei nach § 86 Abs. 1 "das Interesse des Unternehmers wahrzunehmen"[14]. Auch wenn der seriöse Reiseveranstalter die angemessene, kundenorientierte Reklamations-behandlung durch das Reisebüro unterstützen sollte, so kann das besagte "Interesse" des Reiseveranstalters theoretisch auch im "Abschmettern"[15] von Beschwerden und Reklamationen liegen. Der zuvor beschriebene korrekte Umgang mit Kundenbeschwerden sollte daher auch zur Vermeidung eventueller Schadensersatzansprüche oder sogar der Kündigung des Agenturvertrages durch den Veranstalter beachtet werden.

Des weiteren zu berücksichtigen sind eventuelle *Haftungsrisiken*, denen sich das Reisebüro bei der Reklamationsbearbeitung aussetzt:

- Das *Versäumnis der Ausschlußfrist* kann ein Reisebüro insofern mitverantworten, wenn es das Schreiben eines Kunden verspätet weiterleitet oder "die Sache nach Eingang in der trügerischen Annahme der vermeintlich bereits gewahrten Frist"[16] liegen läßt.
- Durch *Formulierungsfehler* des Reisebüros kann ebenfalls ein Haftungsrisiko entstehen. So wird beispielsweise die Formulierung "Bitte um Stellungnahme" nicht als fristwahrende Anspruchsanmeldung angesehen, da hier das "generelle Zahlungsverlangen" fehlt.[17]
- Die zuvor bereits angesprochene falsche "*Rechtsberatung*" durch das Reisebüro kann ebenfalls zu Entschädigungspflicht führen.

---

[13] Vgl. o.V., HGB, S.39 ff.
[14] Vgl. o.V., HGB, S.40.
[15] Vgl. Noll, Reklamationsbearbeitung, S.32.
[16] Vgl. Noll, Reklamationsbearbeitung, S.32.
[17] Vgl. Noll, Reklamationsbearbeitung, S.32.

Verpflichtet[18] hingegen ist das Reisebüro:

- zum Hinweis auf die *Ausschlußfrist* nach § 651g Abs.1 BGB[19],
- zur Aufklärung über die *nicht garantierte fristwahrende Wirkung* einer Geltendmachung von Ansprüchen beim Reisebüro (statt direkt beim Veranstalter),
- zum Rat der *fristgerechten, direkten Kontaktaufnahme* mit der Zentrale des Veranstalters,
- zur *Weiterleitung* eingehender Schreiben des Veranstalters an den Kunden,
- zur *Überlassung* von Informationen und Unterlagen, die der Kunde zur Verfolgung vermeintlicher Ansprüche benötigt (wie z.B. Prospektauszüge, Kopien von Buchungsbestätigungen, Benachrichtigungen des Reiseveranstalters oder Namen von Sachbearbeitern zwecks Zeugenaussage).

5.6.1.3 Beschwerdemanagement im Reisebüro

Vor der Einführung eines Beschwerdemanagements im Reisebüro ist zunächst ein *Beschwerdebeauftragter* zu bestimmen. Um etwaige Kompetenzprobleme zu vermeiden, sollte dies am besten der Reisebüro-Chef persönlich, zumindest aber der Büroleiter des Reisebüros sein. Neben der Gewährleistung einer zügigen Bearbeitung der Beschwerden und Reklamationen soll durch die Bestellung eines solchen Beschwerdebeauftragten die Ansammlung von Expertenwissen sichergestellt werden. Dies gilt sowohl für den Umgang mit sich beschwerenden Kunden als auch für die Auswertung der Beschwerden. Der Beschwerdebeauftragte soll dabei ein Gespür dafür entwickeln, wann eine Beschwerde berechtigt ist, und wann nicht und wie sich das Reisebüro unter Maßgabe der rechtlichen Voraussetzungen[20] beim Umgang mit Kundenbeschwerden zu verhalten hat.

Um die Akzeptanz des Beschwerdemanagements unter den Mitarbeiter zu erhöhen, sind diesen die *Aufgaben* desselben zu vergegenwärtigen. In Kurzform lauten sie:[21]

- Wiederherstellung der Kundenzufriedenheit.
- Bindung der Kunden an das Reisebüro.
- Informationsgewinnung für die Marketing- und Qualitätspolitik des Reisebüros.

---

18 Vgl. Noll, Reklamationsbearbeitung, S.32.
19 Vgl. o.V., BGB, S.158.
20 Vgl. vorhergendes Kapitel.
21 Vgl. Kagerbauer, Beschwerden von Kunden, S.17.

Zur Erfüllung dieser Aufgaben bietet es sich an, das gesamte Beschwerdemanagement seinen *Teilbereichen* nach zu untergliedern und entsprechend strukturiert auch beim Umgang mit Kundenbeschwerden vorzugehen. Dabei sollte sich das Beschwerdemanagement im Reisebüro aus folgenden Elementen zusammensetzen: [22]

- Beschwerdestimulierung,
- Beschwerdebearbeitung,
- Beschwerdeanalyse sowie
- Beschwerdeweitergabe.

5.6.1.3.1 Beschwerdestimulierung

Im Rahmen der *Beschwerdestimulierung* soll die Bereitschaft der Kunden gefördert werden, "ihrer Unzufriedenheit in Form von Beschwerden Ausdruck zu verleihen"[23]. Daß diese Anregung unzufriedener Kunden sich zu beschweren notwendig ist, unterstreichen Marktforschungsergebnisse, nach denen sich nur etwa fünf bis zehn Prozent der Kunden mit einem Beschwerdegrund auch beschweren[24]. Gründe, warum die meisten unzufriedenen Kunden sich nicht beschweren sind dabei vor allem, daß

- viele Kunden glauben, daß Reklamationen nichts nützen;
- Reklamieren schwierig und mit Arbeit verbunden ist (Suche nach richtigem Ansprechpartner, Herausfinden der Anschrift, Schreiben des Briefs etc.);
- die meisten Menschen sich grundsätzlich nicht gerne beschweren, da sie sich sonst als unfreundlich oder wichtigtuerisch fühlen (Ausnahme bilden jene Profi-Reklamierer, die nach jeder Reise versuchen den Reisepreis durch Re klamationen nachträglich zu "drücken");
- bei der Vielzahl von Reisebüros, die es in den meisten Städten und Orten gibt, es für viele unzufriedene Kunden einfacher ist, das Reisebüro zu wechseln[25] als sich zu beschweren oder zu reklamieren.

Um den Aufwand für Kunden bei Beschwerden zu minimieren und sie zu konstruktiven Beschwerden zu animieren, bieten sich im Rahmen der Beschwerdestimulierung folgende Möglichkeiten an:

---

22 Vgl. Reiner, Kundenbedürfnisse, S.195.
23 Vgl. Reiner, Kundenbedürfnisse, S.195.
24 Vgl. Kagerbauer, Beschwerden von Kunden, S.13.
25 Vgl. Whiteley, Ihr Kunde ist der Boss, S.73.

- Eine gebührenfreie "Kummernummer", die deutlich auf Rechnungen, Prospekten usw. aufgedruckt ist;
- das Aufstellen eines "Kummerbriefkasten" im Reisebüro;
- die Plazierung von vorgedruckten Karten für Kundenkommentare auf dem Counter;
- ein beiliegender "Beschwerdevordruck" bei Versendung bzw. Zusammenstellung der Rechnungen, Reiseunterlagen etc., auf dem z.B. steht: "Ich will mich beschweren, weil..." oder "Folgendes hat mich geärgert..."[26];
- der gut sichtbare schriftliche Hinweis im Büro und auf Unterlagen auf einen bestimmten Ansprechpartner bei Problemen;
- ein Anruf nach dem Urlaub mit der Frage, ob alles in Ordnung war, welche Probleme es gab oder was dem Kunden nicht gefallen hat.

Die Beschwerdestimulierung ist nur der erste Schritt. Um Kundenprobleme zufriedenstellend lösen zu können ist vor allem eine strukturierte und qualitätsorientierte *Beschwerdebearbeitung* notwendig.

5.6.1.3.2 Beschwerdebearbeitung

Zunächst muß sichergestellt werden, daß prinzipiell jede Beschwerde *ernst genommen* wird. Die Mitarbeiter müssen für die Probleme der Kunden sensibilisiert und zugänglich gemacht werden. Im Umgang mit dem Kunden muß diesem vor allem Verständnis für sein Problem entgegengebracht wird. Für das Gespräch mit einem unzufriedenen Kunden sind daher folgende *Verhaltensregeln*[27] empfehlenswert:

- Den Kunden ausreden lassen und aktiv zuhören.
- Vermeiden von Killerphrasen wie "das gibt es nicht, das kann nicht sein".
- Keine Bewertung des Kundenproblems während dem Gespräch.
- Versuchen das Problem zu erkennen und Verständnis zeigen.
- Gelassen bleiben und nichts persönlich nehmen.
- Vermeidung von riskanter Rechthaberei und Rechtsbelehrung.
- Bedauern zum Ausdruck bringen.
- Dem Kunden vor allem bei Beschwerden über Dritte niemals recht geben, Verständnis zeigen ist wichtiger.
- Dem Kunden Gefühle zubilligen, aber sich Ausfälle verbitten.
- Keine Schuldzuweisungen an Dritte vornehmen.
- Bei eigenem Verschulden, diese Schuld auch eingestehen.

---

26 Vgl. Romeiß-Stracke, Service-Qualität, S.97.
27 Vgl. Klutmann, Verkaufspsychologische Aspekte, S.24.

- Abschließend evtl. relativieren, z.B. durch Bemerkungen wie: "Hoffentlich hat der Vorfall Ihnen nicht den ganzen Urlaub verdorben". Der Kunde wird dann meist wieder positiv gestimmt und erzählt beispielsweise von schönen Urlaubserlebnissen.

Um die Beschwerdebearbeitung im weiteren möglichst effizient durchführen zu können, ist die *Organisation der internen Arbeitsabläufe* für die Behandlung von Beschwerden festzulegen. Dabei muß geklärt werden, wer ab dem Zeitpunkt des Beschwerdeeingangs was, wann und wie im Rahmen der Beschwerdebearbeitung zu tun hat.

Handelt es sich um eine Beschwerde, die das Reisebüro direkt betrifft, so ist nach Eingang derselben dem Kunden ein kurzes *"Feedback"* zu geben, um ihm zu zeigen, daß sein Anliegen ernst genommen wird und man um sich um die Problemlösung kümmert. Ein solcher Zwischenbescheid kann entweder in Form einer persönlichen Mitteilung, eines Telefonats oder eines kurzen Briefes erfolgen. Zu diesem Zweck ist auch die *Zeitdauer* festzulegen, innerhalb der eine erste Stellungnahme auf die Beschwerde zu erfolgen hat. Nach der Lösung des Problems ist nochmals *nachzuhaken*, ob alles zufriedenstellend gelöst worden ist. Dabei sollten bei schriftlicher Kommunikation keine vorformulierten Standardbriefe benutzt werden. Gerade Kunden, die ihre persönliche Meinung unter teilweise erheblichem Aufwand in Form einer Beschwerde mitteilen, wollen berechtigterweise auch persönlich und individuell angesprochen werden.

Die eigentliche Bearbeitung der Beschwerden ist *schnell, großzügig und unbürokratisch* durchzuführen. Dies ist auch der Grund für den ausreichenden Kompetenzspielraum des Beschwerdebeauftragten und die Sicherstellung seines Wissen hinsichtlich der rechtlichen Voraussetzungen bei Beschwerden über Dritte. Dabei sollten auch *Wiedergutmachungsleistungen*[28] für Kunden nicht ausgespart werden. Im Vergleich zu den Kosten, die für die Suche nach einem neuen Stammkunden anfallen, können diese als "verkraftbar" bewertet werden.

---

[28] Vgl. Heskett et al., Bahnbrechender Service, S.130 sowie die Ausführungen zum Thema Dienstleistungsgarantien in Kap.5.5.2.5.2.

5.6.1.3.3 Beschwerdeanalyse

Die durch die Beschwerdestimulierung und -bearbeitung gesammelten Daten sind durch eine *inhaltliche Beschwerdeanalyse* zu Informationen für das Management zusammenzufassen, "um frühzeitig Schwachstellen und Verbesserungsmöglichkeiten der Marktleistung zu erkennen."[29]

Im Rahmen der Beschwerdeanalyse ist jedoch zunächst zu *entscheiden*, ob es sich bei der Beschwerde bzw. Reklamation um eine Angelegenheit in eigener Verantwortung handelt, oder um einen Sachverhalt, der in den Verantwortungsbereich eines Leistungsanbieters bzw. Reiseveranstalters fällt (wobei für letzteren Fall auf das nachfolgende Kapitel zu verweisen ist).

In beiden Fällen sollte eine *Registrierung* der einzelnen Beschwerden erfolgen, egal ob diese persönlich, telefonisch oder schriftlich vorgetragen werden. Mit Hilfe einer solchen Reklamationsstatistik können wichtige Entscheidungshilfen sowohl für die Sortimentbildung bzw. -bereinigung als auch für die Entwicklung von Maßnahmen zur Verbesserung der eigenen Dienstleistungsqualität gegeben werden. In keinem Fall darf jedoch aus den Beschwerde- und Reklamationsunterlagen eine "Geheimakte"[30] für den Chef gemacht werden. Vielmehr sollten Vorgesetzte wie Mitarbeiter in regelmäßigen Abständen über aktuelle Probleme mit Leistungsanbietern, aber auch über hausinterne Schwächen *informiert* werden. Erkenntnisse aus Beschwerden und Reklamationen sollten dabei in regelmäßigen Gesprächsrunden mit den Mitarbeitern besprochen werden. Im Rahmen solcher Runden ist vom Beschwerdebeauftragten auch auf veränderte rechtliche Aspekte, auf Untersuchungsergebnisse von Verbraucherschutz-organisationen usw. hinzuweisen.

Liegt der Grund für eine Beschwerde bei einem Mitarbeiter, so darf dieser nicht vor versammelter Belegschaft "zur Rede" gestellt werden. Vielmehr ist durch *gemeinsame Ursachenforschung* nach Verbesserungsmöglichkeiten zu suchen, die dann auch in die Tat umzusetzen sind. Zu bedenken ist dabei vor allem, daß die Expedienten diejenigen sind, die im direkten Kundenkontakt Beschwerdebarrieren[31] abbauen können, und den Kunden zu aktivem Beschwerdeverhalten auffordern sollen.

Am wichtigsten für die Beschwerdepolitik eines Reisebüros ist allerdings, daß auf Beschwerden und Reklamationen für den Kunden *wahrnehmbare Verbesserungen* folgen. Beschwerdemanagement darf nicht den Eindruck eines "Feigenblattes"[32] hin-

---

29 Vgl. Eckert, Rentabilitätssteigerung, S.261.
30 Vgl. Kagerbauer, Beschwerden von Kunden, S.19.
31 Vgl. Kagerbauer, Beschwerden von Kunden, S.19.
32 Vgl. Romeiß-Stracke, Service-Qualität, S.97.

terlassen, sondern muß als Chance aufgefaßt werden, den Kunden von der eigenen Bereitschaft zur Auseinandersetzung mit Kritik und Lernfähigkeit zu überzeugen.

5.6.1.3.4 Beschwerdeweitergabe

Wurde im Rahmen der Beschwerdebearbeitung und -analyse festgestellt, daß die Beschwerde in den Verantwortungsbereich eines Leistungsanbieters oder Veranstalters fällt, so ist diese Beschwerde gesondert zu behandeln. Aufgrund der besonderen rechtlichen Situation des Reisemittlers und den daraus zuvor bereits beschriebenen rechtlichen Voraussetzungen, lassen sich folgende *Handlungsanweisungen* für den Umgang mit Beschwerden, die Fremdleistungen betreffen, zusammenfassen:[33]

1. Jegliche Beratung des Kunden zur Bewertung seiner Beanstandung und der weiteren Vorgehensweise hat zu unterbleiben. Der Kunde ist lediglich auf die Ausschlußfrist hinzuweisen und darauf, daß er nicht von einer fristwahrenden Wirkung einer an das Reisebüro gerichteten mündlichen oder schriftlichen Beschwerde ausgehen kann.
2. Die Formulierung von Beschwerdeschreiben, sei es im Namen des Kunden oder des Reisebüros hat zu unterbleiben. Eigene Schreiben sind beschränkt auf Begleitbriefe, evtl. mit der Bitte um kulante und zügige Behandlung.
3. Kunden und Veranstalter werden gebeten, die weitere Korrespondenz direkt zu führen.
4. Schreiben des Kunden werden nur zur Weiterleitung angenommen, wenn eine fristwahrende Übermittlung an den Veranstalter sichergestellt ist. Die Weiterleitung muß beweiskräftig dokumentiert werden, beispielsweise durch Einschreiben mit Rückschein.
5. Jedwede Verhandlungen mit dem Veranstalter über Erstattungen oder Abfindungen haben zu unterbleiben. Rückerstattungen sollen direkt vom Veranstalter an den Kunden erfolgen.
6. Bei verzögerlicher Bearbeitung ist Erinnerung des Veranstalters zulässig, jedoch auf die Bitte zu beschränken, dem Kunden direkt baldmöglichst einen Bescheid zukommen zu lassen.
7. Eine allgemeine Empfehlung an den Kunden, Rechtsrat bei Verbraucherschutz-Organisationen oder einen Anwalt einzuholen, ist zulässig. Konkrete Empfehlungen bestimmter Anwälte sollen unterbleiben. Verwiesen werden kann auf die bei zahlreichen Anwaltskammern aufgelegten Listen mit Anwälten für bestimmte Spezialgebiete.

---

[33] Vgl. Noll, Reklamationsbearbeitung, S.32.

5.6.2 Kommunikation nach außen

Die qualitätsorientierte Kommunikation nach außen umfaßt alle Vor- und Nachkauf-kontakte mit den (potentiellen) Kunden eines Reisebüros. Diese Kontaktpunkte sollen im folgenden unter qualitativen Gesichtspunkten dargestellt und analysiert werden. Dabei wird verdeutlicht, auf welche Aspekte bei der Nutzung der verschiedenen Kommunikationsformen insbesondere geachtet werden muß, um die Dienstleistungs-qualität des Reisebüros insgesamt zu verbessern bzw. gute Qualität auch entspre-chend zu kommunizieren.

Läßt man an dieser Stelle jene Kommunikation außer acht, die im Zuge des direkten Dienstleistungserstellungsprozesses (Beratung und Verkauf) stattfindet, so kann Kommunikation insbesondere im Rahmen von *Werbung*, *Öffentlichkeitsarbeit* und *Verkaufsförderung* erfolgen (eine andere Unterteilung nimmt dagegen Grönroos[34] vor, der die Kommunikation von Dienstleistungs-Unternehmen nach Massenkom-munikation, direkter, persönlicher, interaktiver und passiver Kommunikation diffe-renziert).

Voraussetzung für eine Verbesserung der Dienstleistungsqualität durch externe Kommunikation ist jedoch grundsätzlich die Sicherstellung der *internen Kommunika-tion* über die externe Kommunikation. Ihre optimale Gestaltung ist Gegenstand des Kapitels 5.6.2.4.

Die Grenzen zwischen den kommunikationspolitischen Instrumenten *Werbung*, *Öf-fentlichkeitsarbeit* und *Verkaufsförderung* sind teilweise fließend, so daß es im Rah-men des Einsatzes der verschiedenen Instrumente zu Überschneidungen kommen kann. Beispielsweise können Tageszeitungsanzeigen zum einen eher langfristigen bzw. *strategischen*, d.h. verkaufsfördernden Charakter haben. Dies ist dann der Fall, wenn z.B. die Qualifikation der Mitarbeiter oder die Zuverlässigkeit des Reisebüros im Vordergrund der Werbebotschaft stehen. Wenn hingegen beispielsweise spezielle Reiseangebote im Mittelpunkt stehen, die verstärkt gebucht werden sollen, so kann man von *taktischer*[35] Werbung im herkömmlichen Sinne reden.

Die Bedeutung der Kommunikation unterstreichen auch Zeithaml et al.[36], die mögli-che Mängel horizontaler Kommunikation als die Dienstleistungsqualität so stark be-einflussend ansehen, daß in ihrem Gap-Modell[37] die Differenz zwischen erstellter Dienstleistung und der an den Kunden gerichteten Kommunikation über diese

---

34 Vgl. Grönroos, Service Management and Marketing, S.156 ff sowie Meyer, Kommunikationspolitik, S.26 ff.
35 Vgl. Kleinert, Kommunikationspolitik, S.291.
36 Vgl. Zeithaml et al., Qualitätsservice, S.131 ff.
37 Vgl. Zeithaml et al., Qualitätsservice, S.131 ff sowie Kap.4.5.4.

Dienstleistung durch eine eigene Lücke (Gap 4) dargestellt wird. Der wichtigste Aspekt qualitätsorientierter Kommunikation besteht demnach darin, die Kluft zwischen den Ansprüchen und Erwartungen des Kunden und den möglichen Leistungen des Reisebüros zu verringern.

Insgesamt hängt die Qualität der Kommunikation davon ab:[38]

- wie gut diese zu einer Verringerung des wahrgenommenen Risikos im Kaufentscheidungsprozeß beitragen kann;
- wie gut die Vermittlung peripherer Anhaltspunkte gelingt, die dem Kunden die Wahl erleichtern (z.B. zusätzliche Angaben über den Zielort etc.);
- wie sichergestellt wird, daß die gegebenen Versprechungen knapp unter den Fähigkeiten des Reisebüros liegen und trotzdem ausreichend attraktiv sind.

5.6.2.1 Werbung

Für Reisebüros ergeben sich einige dienstleistungsspezifische Besonderheiten, die unter dem Aspekt einer qualitätsorientierten Werbung zu berücksichtigen sind:[39]

- Die Immaterialität des Produktes "Dienstleistung" (in diesem Fall sowohl die Vermittlung als auch die Reise an sich) und die Individualität der Ausführung erschweren eine exakte Qualitätsbeurteilung und -einschätzung der angebotenen Produkte und Dienstleistungen im Reisebüro,
- es ist eine starke Abhängigkeit der Prozeß- und Ergebnisqualität von externen Faktoren gegeben (der Kunde nimmt z.B. Einfluß auf das Beratungsgespräch),
- das Fehlen des direkten und eigenständigen werblichen Aufforderungscharakters ("want-appeal") beim Dienstleistungsprodukt (eine Reise kann man sich nicht anschauen bevor man sie kauft).

Für die Planung sämtlicher Werbemaßnahmen, sei es die Bestimmung der Werbeziele und -strategie, die Gestaltung der Werbung oder die Mediaplanung, heißt dies:

- Das Image in Form des Firmenimages wird zum wichtigsten Ersatzfaktor zur Beurteilung der Qualität,
- das durch die Werbung vermittelte Image nimmt insbesondere bei potentiellen Erstkäufern eine Schlüsselstellung ein, da vom zeitlichen Ablauf her gesehen die Werbung die erste imagebildende Funktion darstellt, mit der der potentielle Nachfrager vor jedem weiteren Kontakt in Berührung kommt,

---

[38] Vgl. Horovitz, Marktführer durch Service, S.95 ff.
[39] Vgl. Meyer, Dienstleistungsmarketing, S.100 f.

- gleichzeitig erfüllt sie bei potentiellen Wiederkäufern eine Funktion der Bestätigung (oder im negativen Fall einer Nichtbestätigung) eigener Erlebnisse mit diesem Reisebüro.

In diesem Zusammenhang sollte darauf hingewiesen werden, daß vor allem im Rahmen kurzfristiger Werbekampagnen (wie der Kommunikation von Last-Minute-Angeboten) darauf geachtet werden muß, das langfristig aufgebaute Image des Unternehmens nicht negativ zu "untergraben". Hat sich also ein Reisebüro einen Namen aufgrund seines umfangreichen und sehr guten Service gemacht, so muß es darauf achten, diesen Wettbewerbsvorteil nicht durch knapp kalkulierte Angebote, die keinen großen Serviceaufwand zulassen, zu verlieren. Will sich jedoch ein solches Reisebüro mit Hilfe von Last-Minute-Angeboten ein zweites Standbein verschaffen, so sollte die deutliche Trennung dieser beiden Geschäftsfelder auch in der Werbung dargestellt werden.

5.6.2.1.1 Werbeziele

Die Ziele im Rahmen der Reisebürowerbung spiegeln auch die primären Ziele der gesamten Kommunikationspolitik wider. So kann mit Hilfe der Werbung eine klare *Positionierung* der Reisebüros erreicht werden, die es erlaubt, sich gegenüber Mitbewerbern abzugrenzen. Aufbau, Festigung und Erhöhung des *Bekanntheitsgrades* des werbetreibenden Reisebüros stellen ebenso Werbeziele dar, wie die *Imagebildung* oder die *Informationsübermittlung*. Mit dem Ziel der *Handlungsauslösung* verbinden Reisebüros den Wunsch, eine Verbesserung bzw. Aktivierung des Buchungsverhaltens der Umworbenen zu erreichen.

5.6.2.1.2 Werbestrategie

Wichtig bei der Durchführung einzelner Werbemaßnahmen ist die Verfolgung einer einheitlichen Strategie, um der Gefahr einer "Malhiermaldort-Kommunikation"[40] zu begegnen. Zu diesem Zweck ist es sinnvoll, aufbauend auf einer sorgfältigen Marktanalyse mit Zielgruppendefinition, einen *strategischen Werbeplan*[41] zu entwickeln. Unter Berücksichtigung der Werbeziele hat dieser die grundsätzlichen Richtlinien und Aussagen für die Werbebotschaften festzulegen.

---

40   Vgl. Zimmermann, Gesamtheitliche Kommunikation, S.4 ff.
41   Vgl. Meffert, Marketing, S.418.

Für das kleine oder mittlere Reisebüros ergibt sich bei der Festlegung dieser Richtlinien zumeist die Frage, ob der Bekanntheitsgrad eher durch rein informative Werbung (wie z.b. Pauschalreise-Angebote) oder durch Imagewerbung (z.b. mit dem Slogan: "*Monachia* - Ihr Reisebüro mit der persönlichen Beratung")[42] erhöht werden soll. Für die Nutzung von Printmedien wurde die Antwort auf diese Frage im Rahmen einer empirischen Untersuchung[43] im Jahre 1994 in Florida/USA gefunden. Laskey, Seaton und Nicholls ermittelten dabei die Wirkung der gewählten Werbestrategie (Information oder Image) auf potentielle Kunden von Reisebüros.

Von *informativer Werbung* ist die Rede, wenn der Inhalt der Anzeige auf die Stärken des Unternehmens im Vergleich zur Konkurrenz abzielt, die Spitzenposition des Reisebüros im Verkauf unterstrichen wird, Zahlungsmodalitäten dargestellt werden oder Publicity erweckt werden soll. Von *Imagewerbung* wird gesprochen, wenn ausschließlich auf das Kundenimage abgezielt wird, Kaufsituationen dargestellt werden (der gestreßte Manager bucht am liebsten bei Reisebüro XY mit dem umfangreichen Service) oder das Markenimage im Mittelpunkt der Werbung steht.

Die Autoren kommen zu dem Ergebnis, daß für kleine und mittlere Reisebüros die informative Werbestrategie einen ungleich positiveren Effekt hat als reine Imagewerbung. Die Information kann dabei überwiegend verbal erfolgen, die Werbewirkung wird allerdings durch die Verwendung von Bildern noch erhöht. Auch ist zu bedenken, daß bei stringenter Beibehaltung einer solchen Werbestrategie ebenfalls ein Image aufgebaut werden kann.

Imagekampagnen eignen sich dagegen eher für große Reisebüros und Ketten. Ziel[44] ist dabei vor allem ein dauerhaftes und günstiges Image eines Unternehmens zu schaffen und eine eigene Unternehmensidentität zu bilden[45]. Allerdings kann ein falsches Image nicht lange aufrecht erhalten werden. Imagewerbung kann jedoch erfolgreich Fehlinformationen in der Öffentlichkeit entgegentreten sowie den Bekanntheitsgrad der Firma erhöhen.

Ausschlaggebend für den Erfolg beider Strategietypen ist vor allem der "Fit" der Werbung mit den beworbenen Produkten und/oder Dienstleistungen, mit dem Erscheinungsbild des Reisebüros und seiner Mitarbeiter sowie mit der anzusprechenden Zielgruppe.

---

[42] Vgl. Schrand, Marketing für Reisebüros, S.389.
[43] Vgl. Laskey et al., Travel Agency Advertising, S.13 ff.
[44] Vgl. Garbett, Imagewerbung, S.117.
[45] Vgl. hierzu auch die Ausführungen zu *Corporate Identity* und *Corporate Image* in Kap.5.3.1.2.

5.6.2.1.3 Werbegestaltung

Wird eine Strategie mit stärker informativem Charakter gewählt, so sind trotz der reinen Informationsübermittlung auch Imageaspekte bei der Gestaltung der Anzeigen etc. zu beachten. Insgesamt gilt es für eine erfolgreiche, qualitätsorientierte Werbegestaltung einige Bedingungen[46] zu beachten, die erfüllt sein sollten um etwaige Enttäuschungen der Kunden zu vermeiden und den erhofften Werbeeffekt zu erzielen.

Das Angebot muß *einfach* und *klar* formuliert sein, es dürfen keine intellektuellen Wortspiele oder Fremdwörter verwendet werden. Auch dürfen keine ungenauen Darstellungen plaziert werden. Dem Kunden muß vielmehr präzise und werbewirksam dargestellt werden, was ihn bei der gebotenen Dienstleistung erwartet.

Nicht mit Hilfe hemmungsloser Übertreibungen, falscher Versprechungen oder gewollt mißverständlicher Formulierungen werben, sondern *ehrlich* und *aufrichtig* anbieten. So wird beispielsweise die vom buchungswilligen Kunden empfundene Dienstleistungsqualität sehr wahrscheinlich schlecht beurteilt, wenn für den entspannten und angenehmen Flug nach Asien geworben wird, obwohl bekannt ist, daß nur noch "Restplätze" in Toilettennähe o.ä. vorhanden sind.[47]

Wie im gesamten Dienstleistungsprozeß sollte auch in der Werbung der Mensch bzw. Urlauber im Mittelpunkt stehen. Palmenstrände, Luxushotels, Flugzeuge oder Schiffe treten in den Hintergrund. Grundlage für die *Menschlichkeit* in der Werbung, wie z.B. bei der Schaufensterdekoration oder dem Werbebild ist allerdings die "richtige" Einstellung der Mitarbeiter zum Kunden. So werden im Fachjargon der in der Touristikindustrie tätigen Mitarbeiter Urlauber häufig nicht mehr als Individuen aus Fleisch und Blut, mit Wünschen und Erwartungen und Hoffnungen, sondern als Paxe, Buchungsvorgänge oder Beförderungseinheiten betrachtet[48]. Diese "Degradierung" des Kunden zu Nummern sollte sowohl im Rahmen der internen als auch der externen Kommunikation unterbleiben. Denn wie wird ein Kunde sich fühlen, wenn in der Werbung der Mensch zwar im Mittelpunkt steht, er aber während des Wartens am Counter das Gespräch zwischen zwei Expedienten mit anhören muß, in dem es nur um die "Beschwerde Ibiza" oder die "zwei Paxe nach New York" geht?

Werbung und Angebot müssen stets in *Harmonie* mit den Erwartungen und dem Zeitgeist der Zielgruppe stehen. Diese Harmonie beginnt schon bei der Auswahl des Bildmaterials, welches in die Werbeanzeige oder die Schaufensterdekoration inte-

---

46 Vgl. Füth/Walter, BWL für Reiseverkehrsunternehmen, S.129.
47 Vgl. Zeithaml et al., Qualitätsservice, S.133.
48 Vgl. Füth/Walter, BWL für Reiseverkehrsunternehmen, S.129.

griert werden soll. So hat sich gezeigt, daß das Motiv einen sehr starken Einfluß auf die anzusprechende Zielgruppe hat. Im Rahmen einer umfangreichen Untersuchung[49] wurde beispielsweise die gleiche "Natur-Reise" im Rahmen von Direct-Mail-Aktionen mit zwei unterschiedlichen Bildmotiven beworben. Auf dem einen Bild war ein Angler am Fluß abgebildet, auf dem anderen eine Landschaftsansicht der "unberührten Natur" des Zielortes. Resonanz auf die Werbeaktion mit dem Angler kam überwiegend von Anglern bzw. Menschen die die Ruhe suchten. Auf letzteres Motiv reagierten vor allem am "Wildlife" interessierte, eher unternehmungslustige Personen. Harmonie bedeutet aber auch, daß die geweckten Erwartungen der Zielgruppe erfüllt werden. Wird beispielsweise mit besonders hoher Beratungsqualität eine entsprechend anspruchsvolle Zielgruppe beworben, so ist auch sicherzustellen, daß eine entsprechend hochwertige Qualität von den Mitarbeitern erbracht wird. Die Mitarbeiter müssen also das zu leisten bereit und imstande sein, was in der Kommunikation nach außen versprochen wird.

Werbung darf nicht langweilig sein, sondern muß *auffallen*. Dabei gilt gerade im Tourismus, wo es um die "schönsten Wochen des Jahres geht", daß dieses Auffallen angenehm sein muß. Ebenso bedeutet Auffälligkeit auch, daß Qualitätsverbesserungsmaßnahmen entsprechend kommuniziert werden. Wird dem Kunden beispielsweise nicht mitgeteilt, daß ein neues Computersystem zur schnelleren und zuverlässigeren Abwicklung der Buchungsvorgänge installiert wurde, oder daß Urlaubsinformationen jetzt auch über CD-Rom abrufbar sind, so wird der (potentielle) Kunde diese Neuerungen nicht in seine Qualitätsbeurteilung integrieren können.

Werbung braucht außerdem *Beharrlichkeit*. Daher darf die Erscheinungsform der Anzeigen oder Prospekte nicht ständig geändert werden, sondern es muß Kontinuität herrschen. Slogans und Grundfarben, das Schriftbild oder die Machart der Texte dürfen daher nicht laufend gewechselt werden.

5.6.2.1.4 Mediaplanung

Die richtige Auswahl der Werbeträger ist gerade für finanzschwächere Reisebüros von eminenter Bedeutung. Denn wird die Zielgruppe gar nicht erreicht oder ist die Streuung zu groß, dann steht den Aufwendungen für diese Werbung kein Ertrag gegenüber. Wiederholte Fehlentscheidungen in der Werbeträgerwahl können für Reisebüros mit dünner "Finanzdecke" schnell zur Existenzbedrohung werden. Zu beachten sind daher bei der Mediaplanung wichtige Kennziffern[50], wie z.B.:

---

[49] Vgl. Manfredo, Attribute-Specific Advertising, S.8-13.
[50] Vgl. Schrand, Marketing für Reisebüros, S.389 f.

- Reichweite: Anzahl der Personen die mit dem Medium erreicht werden;
- Tausenderpreis: Kosten der Ansprache von je 1000 Personen (Streukosten dividiert durch Netto- bzw. Brutto- Reichweite der Kampagne multipliziert mit Tausend);
- Zielgruppengenauigkeit: Erreichbarkeit der gewünschten Zielgruppe mit diesem Medium;
- Medienadäquanz: Eignung von Botschaft und Tonalität für das Medium;
- Kontaktqualität: Mediaverhalten bei den Nutzern des Mediums.

Um etwaige Kosten zu minimieren besteht bei der Mediaplanung grundsätzlich die Möglichkeit *Kooperationen* mit branchenfremden Firmen einzugehen. Hierbei kann es sich beispielsweise um gemeinsame Schaufensterdekorationen (z.b. Fahrräder kombiniert mit Radreisen), gemeinsam gestaltete Kataloge (z.b. Bademoden kombiniert mit Badeferienangeboten), gemeinsame Veranstaltungen (z.B. griechischer Abend mit kulinarischen Angeboten eines griechischen Restaurants sowie Reiseangeboten nach Griechenland) usw. handeln. Dabei ist allerdings zu beachten, daß die von den kooperierenden Unternehmen vermittelte Qualität auch auf das mitwerbende Reisebüro Rückschlüsse zuläßt. Es gilt also solche Werbepartner auszuwählen, deren Zielgruppe, deren Art des Erscheinungsbildes und deren Qualität der Produkte sich mit denen des Reisebüros decken.

Für kleine und mittlere Reisebüros eignen sich unter den *Printmedien* insbesondere *lokale Tageszeitungen* und *Stadtzeitungen* sowie *Telefonbücher* zur Verbreitung von Werbeanzeigen. Will ein Reisebüro mit Hilfe von Anzeigen auch ein eigenes Corporate Identity aufbauen sollten Veranstalternamen (außer es ist der eigene) und Fluggesellschaften in Anzeigen gar nicht oder nur sehr zurückhaltend verwendet werden. *Beilagen* in Zeitungen und Zeitschriften sind zunehmend im Kommen und erweisen sich als sehr effizient. Dabei bieten diese "fliegenden Prospekte" gerade für touristische Angebote Vorzüge wie z.B. die farbige Gestaltbarkeit, Einsatzmöglichkeit von Bildern und genügend Platz für Informationen. Eine bereits 1988 von der Verlagsgruppe Bauer durchgeführte Befragung[51] zeigt, daß über 60% der Leser Beilagen mehr oder weniger aufmerksam registrieren. 41% der Befragten fühlen sich nach der Beilagen-Lektüre sogar dazu animiert, das Geschäft aufzusuchen, um unter Umständen etwas zu kaufen. Da Beilagen meist von mehreren Mitgliedern eines Haushalts gelesen werden, wird mit diesem Medium eine durchschnittliche Kontaktzahl von 2,8 Personen pro Haushalt erreicht.

---

[51] Vgl. Rieger, Willkommene Flut, S.84.

Der sozio-demographischen Struktur der Leserschaft von Stadtzeitungen kommt die Struktur der Hörer *lokaler Hörfunkstationen* recht nahe[52]. Kommt diese Zielgruppe für das Reisebüro in Frage, so kann mit dem Werbeträger *Lokalradio* relativ zielgruppengenau und ohne große Streuverluste geworben werden. Grundsätzlich ist dabei aber zu beachten, daß der Werbefunk nur für Werbebotschaften geeignet ist, die sich akustisch gut darstellen lassen. Das bedeutet, daß möglichst klare, unkomplizierte und rationale Werbebotschaften[53] zu senden sind. Damit eignet sich dieses Medium auch stärker für informative (z.b. bestimmte Pauschalreise- oder Last-Minute-Angebote) als für imagebildende Werbung.

Als Vertriebskanal für Reiseveranstalter wurde *Bildschirmtext (Btx)* in Kap.3.4.3 bereits vorgestellt. Allerdings ist Btx nicht nur als Konkurrenz für den Reisemittler zu sehen, sondern es ermöglicht auch neue Formen der Eigenwerbung und Buchung. Die selbst für bescheidene Programme relativ hohe jährliche Grundgebühr von über 4000 DM kann dabei durch die Inanspruchnahme besonderer Angebote für kleine und mittlere Reisebüros umgangen werden. Dabei handelt es sich um günstige Unterangebote, sogenannte Umbrellas[54], die von unterschiedlichen Institutionen[55] angeboten werden. Die Kosten für diese, von jedem Reisebüro selbst gestaltbaren Programme, liegen bei unter 1000 DM. Wichtig bei diesem Werbemedium ist vor allem, so häufig wie möglich auf diese Informations- und Buchungsmöglichkeit aufmerksam zu machen (d.h. auf allen Drucksachen, Briefen, Prospekten, Anzeigen, Stempeln etc. die Btx-Nummer anzugeben!), um die entsprechende Kundenakzeptanz zu erreichen.

Zunehmende Bedeutung als Werbemedium gewann im Laufe der letzten Jahre das *Direct-Mailing* als wichtigste Form des Direktmarketings[56] im Reisebüro. Dieses ist in verschiedenen Formen möglich, wie beispielsweise als Briefdrucksache, Drucksache, Massendrucksache, Wurfsendung, Warensendung usw.. Entsprechend des Einsatzes können die Streuverluste entweder sehr groß oder sehr gering sein. Wichtigste Voraussetzung zur Vermeidung von Streuverlusten ist dabei das vorhandene Adressenmaterial, welches dem direkt werbenden Reisebüro in Form einer umfangreichen und aussagekräftigen, am besten elektronischen[57], Kundenkartei vorliegen sollte.

Direct-Mailing wurde auch von der überwiegenden Zahl der Interviewpartner als besonders wichtige Form der Werbung für kleine und mittlere Reisebüros genannt.

---

52 Vgl. Schrand, Marketing für Reisebüros, S.390.
53 Vgl. Weis, Marketing, S.367.
54 Vgl. Dörr/Raasch, Das Reisegeschäft, S.212.
55 Zum Beispiel Btx-RB-Reiseberatung, Frankfurt; ASR (Arbeitskreis Selbständiger Reisebüros), Frankfurt; Institut Bildschirmtext, Worms.
56 Vgl. Müller, Direktmarketing, S.19.
57 Vgl. Kap.5.4.2.3.

Von Bedeutung ist dabei vor allem, nicht alle Kunden mit einem Rundschreiben anzusprechen zu wollen, sondern lediglich einer ausgewählten Kundengruppe ein bestimmtes Angebot zu offerieren. Dabei ist unerheblich ob es sich bei diesem Angebot um eine speziell zusammengestellte Reise, eine Ausstellung über ein Zielgebiet oder einen Dia-Abend handelt. Zusammenfassend läßt sich sagen, daß für erfolgreiche *Direct-Mail-Aktionen* folgende Voraussetzungen erfüllt sein müssen:[58]

- Selektion potentieller Kunden mit Bedarf.
- Angebot einer auf diese Gruppe zugeschnittenen Dienstleistung.
- Intelligente Verpackung der Dienstleistung.
- Persönliches Anschreiben.
- Konsequentes telefonisches Nachfassen, um eine möglichst große Erfolgsquote zu sichern.

5.6.2.2 Öffentlichkeitsarbeit

Öffentlichkeitsarbeit bzw. Public Relations sollte gerade für kleine und mittlere Reisebüros als *Dialog*[59] gesehen werden, zwischen dem Reisebüro und unternehmensinternen oder -externen, formellen oder informellen Gruppen zum Zwecke eines Interessenausgleichs. Dieser Interessenausgleich dient jedoch nicht unmittelbar der Förderung von Umsätzen und Marktanteilen, sondern in erster Linie der Existenzsicherung.

Die Öffentlichkeitsarbeit bzw. PR-Arbeit bietet insbesondere für Reisebüros, die nicht vorrangig von Laufkundschaft leben die Möglichkeit, in der Öffentlichkeit Vertrauen aufzubauen, indem der Good Will des Reisebüros dargestellt wird. Außerdem hat das Reisebüro die Chance, mit Hilfe der Öffentlichkeitsarbeit die eigene Leistungsqualität[60] zu demonstrieren. Dabei kann sowohl zielgruppenorientiert das Interesse der Kunden geweckt als auch der Dialog mit einer breiten Kundenschicht gesucht werden. Die Zielgruppenorientierung sollte jedoch im Vordergrund stehen, da ansonsten, ähnlich wie bei zu breit angelegten Werbemaßnahmen, die Streuverluste sehr schnell sehr groß werden können.

Grundlegende Voraussetzung für eine besonders hohe Qualität der Öffentlichkeitsarbeit und den entsprechenden Erfolg, ist die Einhaltung der wichtigsten Grundsätze[61] bei der Anwendung dieses Kommunikationsinstruments: *Wahrhaftigkeit, Offenheit*

---

58 Vgl. Benölken/Greipel, Dienstleistungsmanagement, S.218.
59 Vgl. Kleinert, Kommunikationspolitik, S.292.
60 Vgl. Bruhn, Interne Kommunikation, S.150.
61 Vgl. Hundhausen, Public Relations, S.67 f.

und *Informationsbereitschaft*. Dabei sind jedoch auch die Grenzen der Öffentlichkeitsarbeit zu sehen. Diese zeigen, daß trotz aller Bemühungen nicht ein solches Ausmaß an Vertrauen in der Öffentlichkeit hergestellt werden kann, "daß es keine Kritik, keinen Konflikt und keine Auseinandersetzung mit den für die Unternehmung relevanten Teil-Öffentlichkeiten gibt"[62].

5.6.2.2.1 Sponsoring

Sponsoring ist die wohl bekannteste und wichtigste neuere Form der Öffentlichkeitsarbeit. Dabei bietet sich im Rahmen eines Managements der Dienstleistungsqualität diese Form der Öffentlichkeitsarbeit besonders an, da hier ausgewählte Zielgruppen mit unterschiedlichen Sponsoringmaßnahmen zielgenau angesprochen werden können. Allgemein umfaßt Sponsoring die Planung, Organisation, Durchführung und Kontrolle aller Maßnahmen zur Bereitstellung von Sach- und/oder Geldmitteln durch Unternehmen für Personen und Organisationen im sportlichen, kulturellen, sozialen oder ökologischen Bereich. Ziele[63] des Sponsoring von Touristik-Unternehmen können sein:

- Steigerung des Bekanntheitsgrades;
- Aufbau und Veränderung des Unternehmens- oder Markenimages;
- Kontaktpflege zu wichtigen Zielgruppen;
- Integration in das gesellschaftliche Umfeld eines Landes oder einer Region.

Die anvisierten Marketing- und Kommunikationsziele sollen durch Gegenleistung[64] des Gesponserten erreicht werden, wobei diese fast ausnahmslos eine kommunikative Leistung darstellt.

Die historisch gesehen erste Form des Sponsoring stellt das *Sportsponsoring* dar. Dabei können sowohl einzelne Sportler, Mannschaften, Vereine oder ganze Sportveranstaltungen finanziell oder auf andere Art und Weise unterstützt werden. Die Werbung kann sowohl am Sportler etc. direkt als auch in klassischen Medien mit Sportlern bzw. im Rahmen von Veranstaltungen erfolgen. Wichtig für das sponsernde Reisebüro ist die qualitätsorientierte Auswahl der richtigen Sportart bzw. der richtigen Sportler, da über die ausgewählten Werbeträger ein Imagetransfer stattfindet, der sich bei schlechter Auswahl negativ auswirken kann.

---

62 Vgl. Meffert, Marketing, S.463.
63 Vgl. Mundt, Reiseveranstaltung, S.416.
64 Vgl. Pepels, Kommunikationsmanagement, S.347.

Das *Kultursponsoring* umfaßt die Bereitstellung finanzieller Mittel etwa für Tourneen, Ausstellungen und Projekte, die Ausschreibung von Wettbewerben, die Vergabe von Stipendien usw.. Für veranstaltende Reisebüros besteht beispielsweise die Möglichkeit kulturelle Programme entweder in Entsender-Ländern oder in bestimmten Zielgebieten zu fördern und zu finanzieren.[65]

Stärker zukunftsweisend stellt sich das *Soziosponsoring* dar, welches vor allem in Bereichen wie Gesundheit, Wissenschaft, Ausbildung etc. über ausgewählte Institutionen erfolgt. Die Stärke dieser Form des Sponsorings liegt für Reisebüros primär in der Vermittlung von Sympathie und gesellschaftlichem Verantwortungsbewußtsein. Soll also eine Unternehmenskultur[66] kommuniziert werden, die von Verantwortungsbewußtsein für den Kunden und somit auch für die Gesellschaft geprägt ist, so kann diese Sponsoringform von Nutzen sein.

Wie bereits in Kap.3.3.4 angesprochen, stellt das zunehmende Umweltbewußtsein großer Bevölkerungsteile auch für die Reisebranche einen immer stärkeren Wettbewerbsfaktor dar. Im Rahmen der externen Kommunikation kann dem durch *Umweltbzw. Ökosponsoring* Rechnung getragen werden. Die Tätigkeitsbereiche, in denen innerhalb der Touristik-Branche bisher vor allem Fluggesellschaften, große Veranstalter und Hotelketten tätig sind, können Natur-, Landschafts-, Tier- und Artenschutz, ökologische Forschung, Umwelterziehung oder Informationsdienste umfassen. Entschließt sich ein Reisebüro für diese Art des Sponsorings, so sind gerade in einem solch sensiblen Bereich einige grundlegende Voraussetzungen zu erfüllen, um nicht durch Unglaubwürdigkeit einen negativen Werbeeffekt zu erzielen. So ist erfolgreiches Umweltsponsoring abhängig[67] von:

- einem öffentlichen Bekenntnis des Reisebüros zur Übernahme von
  Verantwortung für definierte Aufgabenstellungen,
- einem konsequenten Unternehmensverhalten im Sinne dieser Ziele,
- einer starken innerbetrieblichen Motivation zu den geförderten Themen,
- einer offenen und glaubhaften Identifikation mit Ökologiefragen und
- dem Willen zu einem langfristigen und nachhaltigen Engagement.

Eine entscheidende Voraussetzung für das qualitätsorientierte Sponsoring die *Auswahl* des richtigen Sponsoring-Angebotes. Daher ist zu ermitteln, ob der Sponsoring-Partner zur jeweiligen Qualitätsstrategie des sponsorwilligen Reisebüros paßt. Eine Entscheidung für ein bestimmtes Sponsoring-Projekt kann dann getroffen werden, wenn die in Abbildung 5.16 aufgelisteten Bedingungen erfüllt sind.

---

65 Vgl. Mundt, Reiseveranstaltung, S.416.
66 Vgl. Kap.5.3.
67 Vgl. Pepels, Kommunikationsmanagement, S.350.

CHECKLISTE

- Das Sponsoring hat *keine negativen Auswirkungen auf das Image* des Reisebüros (es werden keine gefährlichen, umwelt- und/oder gesundheitsschädlichen, politischen oder unmoralischen Aktivitäten gesponsert).
- Die *Zielgruppe* des Reisebüros und die der Sponsorship sind weitestgehend *deckungsgleich.*
- Das Sponsoring muß in das *eigene Kommunikationskonzept passen* (es bestehen keine Disfunktionalitäten zu PR, Werbung, Image, etc.).
- Das Sponsoring-Projekt ermöglicht dem Reisebüro die Erlangung einer *unverwechselbaren Identität* (die Konkurrenz führt keine ähnlichen Projekte durch);
- mit Hilfe des Sponsoring können die *Kommunikationsziele* bei der gewünschten Zielgruppe am besten erreicht werden (Werbung bzw. PR haben keine vergleichbare Wirkung).
- Die *Glaubwürdigkeit* der Sponsoring-Maßnahme ist gegeben (Bezug zum Reisebüro und zu dessen Dienstleistungen und Produkten).
- *Ausgewogenes Verhältnis* von Sponsoring und Basiswerbung (es existiert kein Sponsoring-"Überhang").
- Der Sponsor und nicht der Gesponserte wird durch das Sponsoring *gestützt* (Firmenname, Reisebüroleistungen usw. profitieren durch den Bekanntheitsgrad des Gesponserten nicht der Gesponserte profitiert durch den Bekanntheitsgrad des Reisebüros).
- Bei mehreren Sponsoren ist ein *positiver Werbeeffekt für den Einzelnen* gesichert (das Reisebüro wird als Sponsor klar wahrgenommen und von den übrigen Sponsoren gehen keine negativen Abstrahlungen auf das Image des Reisebüros aus).
- Es sind *keine Probleme bei Sponsoring-Ende* zu erwarten (bei langfristigem Öko- und Soziosponsoring kann das Ende einer Sponsorship evtl. negative Wirkung auf das Image des Sponsors haben).
- Abwägung, ob verstärkt *Sach- und Dienstleistungen* statt "nur" Geldleistungen als Sponsoring-Leistung eingebracht werden können (bietet sich gerade für Reisebüros in Form von Reiseleistungen an).

Abb. 5.16: Checkliste zur Beurteilung von Sponsoringmaßnahmen[68]

---

68 In Anlehnung an Kippes, Sponsoring-Angebote, S.36.

Für alle Sponsoringformen gleichermaßen zu beachten sind einige allgemeine Kriterien, die *während* des Sponsorings erfüllt werden müssen, um eine positive Wirkung auf die gesamte Dienstleistungsqualität des Reisebüros zu erzielen:[69]

- Bekenntnis zum Sponsoring;
- Nutzen und Aufwendungen müssen in angemessenem Verhältnis zueinander stehen (zu 1,- DM Sponsoring kommen 2,- DM für Rahmenbedingungen hinzu!);
- Sponsoring darf nicht isoliert gesehen werden, sondern muß in die Kommunikationsplanung voll integriert sein;
- Sponsorthema und -bereich müssen in plausiblem und glaubwürdigem Zusammenhang mit dem Kommunikationskonzept stehen;
- alle Sponsoringmaßnahmen müssen unter ein einheitliches Konzept gestellt werden, um ein Verzetteln zu vermeiden;
- die Durchführung bedarf einer exakten Vorbereitung und detaillierten Abstimmung;
- für die nachhaltige Wirkung ist eine Kontinuität des Engagements erforderlich.

5.6.2.2.2 Pressearbeit

Die Pressearbeit stellt einen Bereich der Öffentlichkeitsarbeit dar, der gerade für Reisebüros sehr gute Möglichkeiten der Sebstdarstellung bietet. Der Grund liegt vor allem darin, daß Urlaub und Reise für fast alle Bevölkerungsschichten im deutschsprachigen Raum als zentrale Interessengebiete[70] (high involvement) bezeichnet werden können. Entsprechend erfahren diese Bereiche auch eine breite redaktionelle Behandlung in allen wesentlichen Medien. Das hat zur Folge, daß bei den Redaktionen dieser Medien fast immer ein Bedarf an guten Informationen aus der Welt des Reisens vorhanden ist.

Für das örtliche Reisebüro besteht dadurch die Möglichkeit, sowohl seinen Bekanntheitsgrad zu erhöhen als auch ein Unternehmensimage aufzubauen bzw. zu verbessern. Denkbar sind dabei verschiedene Formen der Pressearbeit. So können beispielsweise für spezielle Reisesendungen oder Reiseteile in Zeitschriften Wort- bzw. Bildbeiträge zur Verfügung gestellt werden oder Nachrichten- und Bilderservices vereinbart werden, Referenzen für Zielgebiete vermittelt oder auch günstige Reisedienste angeboten werden.

---

69 Vgl. Pepels, Kommunikationsmanagement, S.351.
70 Vgl. Mundt, Reiseveranstaltung, S.415.

287

Der Umgang[71] mit der Presse ist im Rahmen eines Managements der Dienstleistungsqualität so zu gestalten, daß die Informationspolitik des Reisebüros positive Rückschlüsse auf dessen Qualitätspolitik zuläßt.

So sind grundlegende Voraussetzung hinsichtlich des *Informationsgehalts* Neuigkeit, Interessantheit und Wichtigkeit der Informationen. Die Bedeutung liegt hier zum einen in dem für Pressemeldungen extrem wichtigen Novitätsgehalt, da Meldungen, die bereits veraltet sind keinen Nutzen mehr für Presse-veröffentlichungen haben. Zum anderen bedeutet die Anforderung des "high interest", daß nur Themen mit besonderer Wertrelevanz in der Öffentlichkeit eine reale Beachtungschance haben.

Ehrlichkeit und Offenheit der Information haben eine ähnliche Bedeutung wie in der Werbung. Übertreibungen müssen vermieden werden, eher sind Understatements angebracht. Die *Unternehmensdarstellung* darf auch nicht unrealistisch oder narzistisch wirken und muß auf "Effekthascherei, Sensationalisierung und Pseudo-Dramatisierung"[72] verzichten.

Die präzise und kurze *Darstellung* des Informationsinhaltes ist von Bedeutung, da sowohl Redakteure als auch Leser oder Hörer an allem was zu lang oder zu umständlich geschrieben oder geschildert ist das Interesse verlieren. Erhöhte Aufmerksamkeit erregen vor allem Fotos, Statistiken und Charts, so daß eine verstärkte Visualisierung der Informationen von Vorteil sein kann.

Auch sollte ein fairer Umgang mit den *Informationsempfängern*, d.h. den Journalisten, gepflegt werden. Das bedeutet, daß keine Anbiederungsversuche in Form von "Bestechungsgeschenken" unternommen werden und auch der Versuch des "Gegeneinander-Ausspielens" der verschiedenen Medienvertreter zu unterbleiben hat.

5.6.2.2.3 Printerzeugnisse

Unter die Rubrik *Printerzeugnisse* fallen verschiedene Arten von Druckerzeugnissen, die zu unterschiedlichen Anlässen und Gelegenheiten verteilt oder vertrieben werden können. Im Rahmen der Öffentlichkeitsarbeit können sich die Mitteilungen entweder ausschließlich auf das Reisebüro selber beziehen oder Informationen über bzw. von Dritte(n) in den Vordergrund stellen. Der Hinweis auf das Reisebüro erfolgt hier nur am Rande.

---

[71] Vgl. Schrand, Marketing für Reisebüros, S.386 ff.
[72] Vgl. Schrand, Marketing für Reisebüros, S.387.

Imagebroschüren und Jubiläumsschriften haben den Zweck, die Corporate-Identity[73] eines Unternehmens in der Öffentlichkeit zu kommunizieren, und beinhalten insbesondere die Darstellung von Unternehmenssolidität, Mitarbeiterkompetenz und/oder Leistungsangebot. Um mit diesem Instrument erfolgreiche Öffentlichkeitsarbeit zu betreiben, ist eine qualitativ anspruchsvolle Aufmachung sowie eine hochwertige Gestaltung notwendig, wobei die Qualitätskriterien für die Materialauswahl von der anzusprechenden Zielgruppe abhängig sind. Während beispielsweise ein Anbieter vor allem umwelt- und sozialverträglicher Reisen vorrangig ökologisch unbedenkliches Recyclingpapier verwenden sollte, kann für ein Reisebüro in sehr guter Lage mit anspruchsvollem Kundenstamm Hochglanzpapier die bessere Präsentationsform sein.

Ebenfalls kostenlos angebotene *Informationsbroschüren und Handzettel* eröffnen dem Reisebüro die Möglichkeit, das erweiterte touristische Informationsbedürfnis der Öffentlichkeit zur eigenen Unternehmensdarstellung zu nutzen. Die Inhalte können sich beispielsweise aus den Bereichen Medizin (Tropenmedizin, Flugmedizin etc.), Auto (Campervergleiche, Mietwageninformationen etc.), Familie (familiengerechte Urlaubsziele, Ratschläge und Tips für den Familienurlaub etc.), Sport (Informationen über Sportregionen, Sportgeräte etc.) usw. zusammensetzen. Das Reisebüro kann so vermitteln, daß es sich über mehr als nur die Reisebuchung des Kunden Gedanken macht. Um eventuelle Wartezeiten im Reisebüro zu überbrücken, können auch qualitativ hochwertige Kopien reisebezogener Zeitungsartikel mehr als "nur" die Wartezeit verkürzen. Außerdem können in der Öffentlichkeit entsprechende Informationen (z.B. als Zeitungsbeilage), versehen mit dem Hinweis auf das informierende Reisebüro, Vertrauen und Interesse wecken. Wichtig ist jedoch, daß solche Informationen immer sehr gut recherchiert sind bzw. aus glaubwürdigen Quellen stammen. Falsche oder unvollständige Informationen können genau den gegenteiligen Effekt erzielen, und sich negativ auf das Image des Reisebüros auswirken.

5.6.2.2.4 Veranstaltungen

Im Rahmen von *Ausstellungen* ortsansässiger Künstler (z.B. Gemälde oder Skulpturen mit Urlaubs- oder Ländermotiven), Büchereien und Bibliotheken (z.B. Bildbände oder Poster), Antiquitätenhändlern (z.B. ungewöhnliche und interessante Gegenstände, die mit dem Reisen in Verbindung gebracht werden können) usw. im Reisebüro oder in vom Reisebüro bereitgestellten Räumen, kann dieses in das kulturelle Leben der Umgebung oder des Ortes eingebunden werden. Bei solchen Aktionen ist der Tourismusbezug zu wahren, die zielgruppenbezogene Themenwahl zu beachten

---

[73] Vgl. Kap.5.3.1.2.

und die Kommunikation möglichst positiver Assoziationen mit dem Reisebüro im Blick zu halten.

Diskussionsveranstaltungen können hingegen die kritische Auseinandersetzung des Reisebüros mit seinem eigenen Produkt darstellen. So lassen sich gerade im Tourismus immer wieder aktuelle Themen finden, die eine Breite Öffentlichkeit interessieren. Das Motto einer solchen Gesprächsrunde oder Diskussion kann angefangen von "Umwelt und Tourismus" bis hin zu "Sanfter Tourismus in bedrohten Regionen" lauten. Ausschlaggebend für den Erfolg einer solchen Veranstaltung ist die professionelle und moderate Leitung der Gespräche bzw. Diskussionen. Die mit einer so durchgeführten Veranstaltung kommunizierte Glaubwürdigkeit und das dargestellte Verantwortungsbewußtsein für wichtige Probleme der eigenen oder fremder Gesellschaften und Kulturen erhöhen nicht zuletzt den Sympathiegrad des Reisebüros. Allerdings muß gewährleistet sein, daß sich das dargestellte Verantwortungsbewußtsein und die Glaubwürdigkeit bis zum Beratungs- bzw. Verkaufsgespräch jedes einzelnen Expedienten fortsetzt, und nicht am Ende eines Diskussionsabend "ad acta" gelegt wird.

Als *Special Event* kann beispielsweise die Neu- bzw. Wiedereröffnung des Reisebüros oder das Firmenjubiläum eine Plattform bieten, die es dem Reisebüro ermöglicht an die Öffentlichkeit zu treten. Die gleiche Funktion können ebenso Preisverleihungen nach Preisausschreiben oder ein "Tag der offenen Tür" erfüllen.

5.6.2.3 Verkaufsförderung

Aus der Sicht der veranstaltenden Reisebüros, der großen Reiseveranstalter und der übrigen Leistungsanbieter ist die Verkaufsförderung bzw. Sales Promotion ein wichtiges Element der direkten und der indirekten Kundenansprache. Für das vermittelnde Reisebüro stellt die Verkaufsförderung dagegen primär ein Mittel dar, den Absatz bestimmter Produkte so zu forcieren, daß höhere Provisionssätze bei den einzelnen Veranstaltern und Leistungsanbietern erreicht werden. Daher sollte die Verkaufsförderung neben der Werbung und der Öffentlichkeitsarbeit einen gleichberechtigten Platz im Kommunikations-Submix einnehmen.

Eine klare definitorische Trennung von Verkaufsförderung und Werbung ist allerdings relativ schwierig, so daß es hier zu Überschneidungen kommen kann. Charakteristisch für die Verkaufsförderung ist, daß diese vorrangig am "Point of Sale" bzw. "Point of Purchase" (POS, POP) ansetzt und stimulierend auf den Absatz bestimmter Produkte wirken soll. Sie kann dabei sowohl Maßnahmen beinhalten, die an die Reisebüro-Mitarbeiter (mitarbeiterorientiert) gerichtet sind als auch solche, die an die Kunden (kundenorientiert) gerichtet sind.[74]

5.6.2.3.1 Mitarbeiterorientierte Verkaufsförderung

Die mitarbeiterorientierte Verkaufsförderung umfaßt alle Maßnahmen, die positiven Einfluß auf die Verkaufsleistung der Expedienten nehmen. Dabei kann eine solche Einflußnahme *wissensvermittelnden*, *unterstützenden* und/oder *motivationalen* Charakter haben.

Insbesondere auf die Auswahl, Vorbereitung, Durchführung und Nachbereitung von durch Veranstaltern und Leistungsanbietern initiierten mitarbeiterorientierten Verkaufsförderungsmaßnahmen wurde bereits in Kap.5.4.3 eingegangen. Aus diesem Grund konzentriert sich folgende Darstellung vornehmlich auf qualitative Aspekte der *Wissenserweiterung* im Rahmen der Verkaufsförderung. Ziele[75] dieser Wissenserweiterung sind vor allem:

- den allgemeinen Bildungsstand der Expedienten zu heben;
- Kenntnisse über das anbietende Unternehmen (Veranstalter, Airline etc.), dessen Produkte, den Markt usw. zu verbessern;
- akquisitorische Fähigkeiten des Expedienten, wie z.B. Verkaufsgesprächsführung, Sprechtechnik etc. zu optimieren.

Im Ergebnis[76] erleichtert die erhöhte Produktsicherheit vor allem die Beratung bei individuellen, maßgeschneiderten Reisewünschen. Ebenso steigen die Chancen für einen Verkaufsabschluß deutlich, wenn auf eigene Erfahrungen zurückgegriffen werden kann, anstatt die Argumentation nur auf Katalogaussagen aufbauen zu müssen. Nicht zuletzt ist jeder Teilnehmer einer Schulungsveranstaltung auch Multiplikator[77] für die Mitarbeiter im Reisebüro.

Qualitätspolitisch wichtigster Aspekt ist jedoch die "geringere" Gefahr falscher Empfehlungen und der Aufbau einer "realistischeren" Erwartungshaltung des Kunden gegenüber den verkauften Produkten und Dienstleistungen (Flug, Hotel, Urlaubsort etc.). Wichtig hierfür ist vor allem die aufmerksame Registrierung von Details und "Dienstleistungs- bzw. Produkteigenschaften" durch die teilnehmenden Expedienten während der Veranstaltung. Häufig können dabei auch Erfahrungen und Eindrücke

---

[74] Vgl. Nieschlag et al., Marketing, S.374.
[75] Vgl. Weis, Marketing, S.405.
[76] Vgl. Lenner, Beratungsqualität, S.32.
[77] Vgl. Lindner, Ständiger Dialog, S.45.

gesammelt werden, die gar nicht Gegenstand der eigentlichen Produktpräsentation sind, sondern nur zufällig oder durch besondere Aufmerksamkeit des Teilnehmers erkannt werden. Entsprechend sollte bei einer solchen Verkaufsförderungsmaßnahme eine kritische, aber faire Haltung dem Veranstalter gegenüber eingenommen werden.

Gerade hinsichtlich eines zufriedenstellenden Dienstleistungsergebnisses können buchungstechnische Verkaufsförderungsmaßnahmen direkten positiven Einfluß auf die Dienstleistungsqualität im Reisebüro nehmen. Angebotene Schulungen von Leistungsanbietern mit dem Ziel der Verbesserung von Reservierungs- und Buchungswissen der Mitarbeiter sollten von den Reisebüros daher unbedingt genutzt werden.

Die *Unterstützung* durch die Leistungsanbieter kann zum einen durch die Bereitstellung von Verkaufsunterlagen[78] wie Kurzfrist Vakanzen (z.B. "Infox") oder Angebotsübersichten (z.B. "Wo buche ich was", "asr-Veranstalter Fact Sheet") sowie von Werbematerial erfolgen. Des weiteren besteht sie vor allem aus der Überlassung von Veranstalter-Katalogen und Prospekten.

Die Weiterentwicklung des klassischen gedruckten Katalogs hin zu künstlich erzeugten Erlebniswelten[79] wie "Virtual Reality" oder "Cyberspace" sind seit geraumer Zeit Gegenstand weitreichender Spekulationen. Da diese Zukunftsentwicklungen für die Touristikbranche derzeit noch in der Entwicklung sind, soll auf eine tiefergehende Betrachtung qualitätsrelevanter Aspekte dieser Zukunftsmedien nicht weiter eingegangen werden.

Allerdings besteht auch die Auffassung, daß trotz aller technischen Entwicklungen zukunftsweisende Print-Publikationen[80], wie z.B. der Datenkatalog (als Übersichtshilfe für Expedienten) und der Magalog (als hochwertige Mischung aus Reisemagazin und Katalog), weiterhin Bestand haben werden. Der Katalog, in welcher Form auch immer, wird also auch in den nächsten Jahren nicht ausgedient haben. Grund für diese Annahme ist die Überlegenheit von Druckmedien gegenüber bildschirmabhängigen Medien in einigen Punkten:[81]

- raschere Orientierungsmöglichkeit mit Hilfe von Intuition und Erfahrung;
- Unmittelbarkeit, da keine Maschine für den Zugang zu Informationen benötigt wird;
- Ausstrahlung größerer Sicherheit durch das gedruckte Wort;
- leichtere Erfaßbarkeit größerer Textmengen durch das Auge.

---

78 Vgl. Schrand, Marketing für Reisebüros, S.385.
79 Vgl. FVW 14/94, S.18 ff; FVW 15/94, S.15 ff; Touristik Management 10/94, S.19.
80 Vgl. FVW 14/94, S.18.
81 Vgl. FVW 14/94, S.18.

292

Allerdings können Probleme, die sich aus dem Umgang mit diesen Katalogen wie auch mit den übrigen Verkaufshilfen ergeben, einen nicht unbedeutenden Einfluß auf die Güte der Dienstleistungs- bzw. der Beratungsqualität nehmen. Um die Qualität von Veranstalterkatalogen[82] beurteilen zu können bieten sich folgende Kriterien zur Überprüfung an:

- Ehrlichkeit der Aussagen;
- Umfang der Informationen;
- Nutzerfreundlichkeit für Kunden und Expedienten;
- Einfachheit der Preisberechnungen für Kunden und Expedienten;
- Übersichtlichkeit des Inhaltsverzeichnisses;
- Hinweise auf Sonderpreise, Versicherungen oder Reisebedingungen;
- Vorhandensein einer oder mehrerer Landkarten und der Einzeichnung aller angebotenen Ziele;
- Auflistung der genauen Abflugzeiten und Flugdaten im Katalog (nicht erst bei Zusendung der Reiseunterlagen)
- Genauigkeit der Informationen über die Reiseziele;
- Ehrlichkeit auch bei möglichen Beeinträchtigungen (z.B. Baustellen, ökologische Probleme etc.);
- Informationen über Nebenkosten;
- Detailinformationen über Hotels (wie z.B. Abbildungen von typischen Hotelzimmern, Angebote für Kinder, Auskünfte über Lage und Umgebung der Unterkünfte, Beschaffenheit des Strandes etc.).

Teilweise können diese Kriterien anhand eines Vergleichs verschiedener Kataloge geprüft werden. Die Ehrlichkeit der Aussagen hingegen kann nur durch eine stichprobenartige Kontrolle vor Ort erfolgen. Dies kann beispielsweise im Rahmen einer Incentive- oder Urlaubsreise der Mitarbeiter des eigenen oder eines fremden Reisebüros geschehen, oder durch ein Kunden-Feed-back nach dessen Rückkehr aus dem Urlaub.

Die derzeitige Katalogflut, von der so gut wie jedes Reisebüro betroffen ist, wird zunächst wahrscheinlich anhalten. Um Kataloge, Prospekte usw. sowohl möglichst kostengünstig als auch kundenfreundlich einsetzen zu können, sollten einige Dinge beachtet werden:

- es sollte nur Katalog- und Prospektmaterial vorrätig gehalten werden, das für die praktische Arbeit auch gebraucht wird;

---

82   Vgl. hierzu den Test der wichtigsten deutschen Reiseveranstalterkataloge des Sommers 1995 durch die Stiftung Warentest. In: Stiftung Warentest, Reisekataloge, S.83 ff.

- im Rahmen einer zielgruppenorientierten[83] Kundenansprache sollten lediglich Veranstalter und deren Verkaufshilfen ins Programm aufgenommen werden, die zu der eigenen Zielgruppe passen;
- Werden von Veranstaltern des eigenen Produktsortiments verschiedene Kataloge für verschiedene Zielgruppen[84] aufgelegt, so sollten lediglich die Kataloge, die die eigene Zielgruppe ansprechen, ausgelegt werden;
- um die Zahl der Kataloge aus Kosten- und Umweltgründen zu senken, sollte über Leihkataloge nachgedacht werden, die bei Buchung wieder an das Reisebüro zurückgegeben werden.

Hinsichtlich der *Motivation* von Expedienten im Rahmen punktueller Verkaufsförderung stehen verschiedene Anreizarten im Vordergrund. Diese Anreize können sowohl durch direkte finanzielle Zuwendungen bei Erreichen vorgegebener Verkaufs-, Umsatz- oder Gewinnzahlen für bestimmte Produkte gegeben werden, sie können aber auch durch Incentives wie Sach- oder Reiseprämien motivierend auf die Mitarbeiter wirken. Anreize können dabei sowohl vom Reisebüro-Chef als auch vom Veranstalter kommen. Allerdings müssen die Motivationsmaßnahmen (häufig Buchungswettbewerbe) in die übergeordnete Qualitätsstrategie des Unternehmens passen und dürfen mühsam aufgebaute Qualitätsstandards durch falsches Profitdenken der Mitarbeiter nicht zunichte machen. Aus diesem Grund ist zu beachten, daß:[85]

- die zeitlich befristete Präferenzbildung für den Verkauf eines bestimmten Produktes sowohl mit dem Qualitätskonzept als auch mit dem Kommunikationskonzept des Reisebüros in Einklang steht;
- der Buchungswettbewerb auch einen nachweislichen Mehrumsatz bringt und nicht nur das Buchungsvolumen von einem Leistungsträger auf den anderen Leistungsträger verschoben wird;
- die Bedingungen von Buchungswettbewerben für alle Mitarbeiter fair sind (soll z.B. ein bestimmter Touristikveranstalter "gepusht" werden, so müssen für die Mitarbeiter der Bahn- oder Firmendienstabteilung vergleichbare Wettbewerbe mit vergleichbaren Prämien organisiert werden);
- eine zeitlich enge Begrenzung der Verkaufsförderungsmaßnahme besteht, um das Motivationsniveau der Expedienten möglichst gleichbleibend hoch zu halten und entsprechende Buchungserfolge zu erzielen;
- die Art der ausgesetzten Prämie (Reise-, Sach-, Geld-Prämie) auch tatsächlich motivierend ist.

---

83 Vgl. Kap.5.2.1.2.
84 Der schweizerische Reiseveranstalter Hotelplan hat beispielsweise etwa 25 verschiedene Kataloge im Angebot.
85 Vgl. Schrand, Marketing für Reisebüros, S.384.

5.6.2.3.2 Kundenorientierte Verkaufsförderung

Im Rahmen kundenorientierter Verkaufsförderungsmaßnahmen steht vor allem die Schaffung kurzfristiger Kaufanreize im Vordergrund. Ziel ist durch Erhöhung des Wert-Preis-Verhältnisses bestimmte Produkte besser absetzen zu können. Allerdings werden dabei häufig preisbewußte Kunden angesprochen, die wenig markentreu sind, und somit langfristig bei falscher Schwerpunktsetzung der Stammkundenkreis nicht erweitert werden kann. Außerdem besteht die Gefahr, daß bei Einsatz über einen zu langen Zeitraum keine Kaufanreize mehr empfunden werden und die Rückkehr zum Normalangebot den Effekt einer Preiserhöhung[86] haben kann. Es gilt also darauf zu achten, Verkaufs-Promotions nicht lediglich preisorientiert zu konzipieren, sondern (auch) mit Hilfe anderer Fördermaßnahmen ein verstärktes Kaufinteresse beim Verbraucher zu bewirken. Diese können auf unterschiedlichen Aktionsebenen[87] stattfinden.

Die größten Umsatzsteigerungen (nach amerikanischen Erfahrungen durchschnittlich 41-46%[88]) lassen sich durch Sales-Promotion-Maßnahmen im *Ladenlokal* erzielen. Im Reisebüro können hierfür von vielen Veranstaltern und Leistungsanbietern zur Verfügung gestellte Displays, Plakate, Kataloge usw. genutzt werden. Last-Minute Angebotstafeln und "Select-Folder" bieten die Möglichkeit flexibel auf Angebot und Nachfrage zu reagieren.

Ist das Reisebüro im Besitz eines Videorecorders, können *Touristik-Videos* dem Kunden entweder in einem separaten Raum oder (über Kopfhörer) im Verkaufsraum nähere Informationen über bestimmte Destinationen, wichtige Reisedetails und Zusatzleistungen geben. Dies kann auch durch Verkauf oder Verleih solcher Videobänder geschehen.

PC-, Btx- oder CRS-gestützte *Informationssysteme*[89] können dem Kunden in den Verkaufsräumen oder Zuhause ebenso Zusatzinformationen über bestimmte Produkte bieten, wie Listen mit Angebots- bzw. Preisvergleichen oder Last-Minute Vakanzen.

Die *Schaufenstergestaltung* wurde bereits angesprochen und kann genauso produktorientiert gehalten werden. Gleiches gilt für die im Kapitel *Öffentlichkeitsarbeit* erläuterten *Informationsveranstaltungen*. Zur Darstellung bestimmter Produkte bieten sich insbesondere Road-Shows oder Destinations-Wochen mit Rahmenprogramm an.

---

86 Vgl. Nieschlag et al., Marketing, S.378.
87 Vgl. Schrand, Marketing für Reisebüros, S.385.
88 Vgl. Nieschlag et al., Marketing, S.376.
89 Vgl. Kap.5.4.2.3.2.

5.6.2.4 Interne Kommunikation

Voraussetzung für erfolgreiche und vor allem glaubwürdige externe Kommunikation ist eine gut funktionierende Kommunikation unter allen Mitarbeitern des Reisebüros. Auch wenn dieser Faktor insbesondere in kleinen Büros mit nur wenigen Mitarbeiter kein großes Problem darstellen sollte, so muß doch auf einige Aspekte hingewiesen werden, die zu beachten sind, um die Kommunikation erfolgreich und vor allem glaubhaft nach außen vermitteln zu können.

Gerade in kleinen und mittleren Reisebüros plant und realisiert häufig der Chef persönlich oder in direkter Zusammenarbeit mit einer Agentur sämtliche Marketing- bzw. Kommunikationsmaßnahmen. Im hektischen Tagesgeschäft kann dabei die Information der Mitarbeiter über geplante Maßnahmen schnell vergessen oder vernachlässigt werden. Um die durch die Kommunikation geweckten Erwartungen der Kunden allerdings optimal erfüllen zu können, müssen die Mitarbeiter über alle Details hinsichtlich Werbung, Öffentlichkeitsarbeit und Verkaufsförderung auf dem laufenden sein. Vor der Kommunikation nach außen sollte also interne Kommunikation[90] stattfinden, die unterschiedliche Intensitäten annehmen kann.

- Intensivste Kommunikation kann durch verantwortungsvolle Beiträge der Expedienten zu Planung und Ausführung der Kommunikationsmaßnahmen erfolgen; möglich sind z.b. Vorschläge zu Werbe-, Schaufenster- oder Angebotsgestaltung.
- Werden Kommunikationsmaßnahmen von einer Agentur oder nur durch bestimmte Mitarbeiter des Reisebüros geplant, so gilt es das vorzeitige Wissen der Expedienten um den Inhalt, die Art und den Zeitpunkt dieser Maßnahmen zu sichern.
- Wird die externe Kommunikation abwechselnd von verschiedenen Beteiligten (Expedienten, Vorgesetzte, Agenturen etc.) geplant und durchgeführt, so müssen Richtlinien und Verfahren festgelegt werden, um die Einheitlichkeit zu wahren.
- Gleiches gilt für Filialen oder Niederlassungen von Reisebüros, die eigene Unternehmenskommunikation betreiben wollen.
- Um in der Werbung etc. kein zu hohes, aber auch kein zu niedriges Dienstleistungsniveau des Reisebüros zu kommunizieren, ist eine gute Kooperation von Expedienten und dem/den Verantwortlichen für die Unternehmenskommunikation sicherzustellen.

---

90   Vgl. Zeithaml et al., Qualitätsservice, S.133 ff.

- Im Rahmen von Verkaufsförderungsmaßnahmen u.ä. sollte kein Druck auf die Mitarbeiter ausgeübt werden mehr Geschäft hereinzuholen; hier können Absatzsteigerungen besser durch Prämien und dergleichen erzielt werden.
- Die eigene Kommunikationspolitik darf nicht durch z.b. übertriebene Versprechungen der Konkurrenten negativ beeinflußt werden.

5.6.3 Produkt- und Leistungsanbieterqualität

Die von einem Reisebüro vermittelten Dienstleistungen und Produkte wirken sich erst nachträglich, nämlich nach der Inanspruchnahme der Leistung, auf die Dienstleistungsqualität im Reisebüro aus. So kann der Kunde die Beratungsqualität im Reisebüro anfangs nur sehr bedingt einschätzen. Er kann zwar die Art und Weise der Beratungsleistung durch den Expedienten beurteilen, über die erworbene *Leistung* (z.B. Pauschalreise, Flug o.ä.) jedoch noch keinerlei Urteil fällen. Dies ist ihm erst nach der Nutzung möglich und kann einen erheblichen Einfluß auf die langfristig empfundene Qualität der Beratungsleistung nehmen.

Das Management der Dienstleistungsqualität im Reisebüro beinhaltet daher auch die kritische Überprüfung von Produkten und Dienstleistungen die nicht intern hergestellt werden. Die DIN ISO 9004-Richtlinien[91] stellen hierzu fest, daß zugekaufte Produkte und Dienstleistungen für Qualität, Kosten, Effizienz und Sicherheit der von der Organisation erbrachten Dienstleistungen ausschlaggebend sein können. Aus diesem Grund sollte auch die "Beschaffung" von zu vermittelnden Leistungen genauso sorgfältig geplant, kontrolliert und verifiziert werden wie jede andere interne Aktivität auch.

Da im Rahmen dieser Arbeit die Dienstleistung "Reisevermittlung" im Vordergrund steht, wird auch der Fokus vorrangig auf jene Faktoren gerichtet, die die Tätigkeit der Vermittlung beeinflussen. Weniger wird dagegen darauf eingegangen, wie die Planung und Konzeption von Reiseprodukten in veranstaltenden Reisebüros qualitätsorientiert durchgeführt wird. Im Falle eines tiefergehenden Interesses zu diesem Themengebiet kann auf das hierfür umfangreiche deutschsprachige Literaturangebot[92] verwiesen werden.

---

[91] Vgl. NQSZ, DIN ISO 9004, S.27 ff.
[92] Vgl. Brauer, Betriebswirtschaftliche Touristik; Dörr/Raasch, Reisegeschäft; Freyer, Tourismus; Füth/Walter, BWL für Reiseverkehrsunternehmen; Hebestreit, Touristik Marketing; Hölzel, Reiseveranstalter; Kaspar et al., Unternehmensführung; Kirstges, Management; ders., Sanfter Tourismus; Lüchinger, Reiseproduktplanung; Mundt, Reiseveranstaltung; Oppermann/Schubert, 'Studienreise'; Pompl, Aspekte; ders., Touristikmanagement 1; Roth/Schrand, Touristik-Marketing.

Um die Erwartungen der Kunden hinsichtlich der erworbenen Produkte und Dienstleistungen zu erfüllen, können die zu vermittelnden Produkte und Dienstleistungen sowie ihre Anbieter nach bestimmten Qualitätskriterien überprüft und ausgewählt werden.

5.6.3.1 Qualitätskriterien für Produkte und Dienstleistungen

Hinsichtlich der eigentlichen Produktauswahl ist für das qualitätsorientierte Reisebüro von Bedeutung, daß sowohl im Rahmen der Sortimentgestaltung als auch bei der Auswahl von Reisedienstleistungen (Airlines, Hotels etc.) im direkten Beratungsgespräch bestimmte Qualitätskriterien als Entscheidungshilfe herangezogen werden. Dabei können allerdings keine allgemeingültigen Qualitätsstandards vorgegeben werden, es müssen vielmehr nach der Generierung der anvisierten Kunden- und Zielgruppen deren Erwartungen in die Entwicklung von Qualitätskriterien integriert werden. Im folgenden werden daher allgemeine Kriterien zur Beurteilung der wichtigsten touristischen Dienstleistungsangebote dargestellt. Der eigentliche Entscheidungsprozeß, welches Qualitätsniveau letztendlich zu welchem Kunden "paßt", ist Gegenstand des Beratungsgesprächs und wird in Kap.5.5 eingehend besprochen. Auf detaillierte Abgrenzungen und Definitionen bei der Beschreibung der einzelnen Dienstleistungsangebote soll nachfolgend verzichtet werden.

5.6.3.1.1 Beherbergungsleistungen

Die wichtigsten und gebräuchlichsten Kriterien zur Beurteilung von Beherbergungsbetrieben sind Klassifikationsschemata wie jenes der World Tourism Organization (WTO) oder der Alliance Internationale de Tourisme (AIT), einem Zusammenschluß von 54 Automobil- und Touring-Clubs. Auch haben viele Länder und viele Gourmet- und Hotelführer sowie die meisten Reiseveranstalter ein eigenes Schema zur Charakterisierung von Beherbergungsleistungen.[93]

Mit der Einführung von TIN[94] im Jahr 1994 durch den Deutschen Fremdenverkehrsverband wird in Deutschland der Versuch unternommen, eine nationale "Touristische Informations-Norm" (TIN) zu etablieren. Diese stellt Regeln auf, wie über das deutsche touristische Angebot informiert werden soll. Zu diesem Zweck ordnet und definiert TIN touristische Begriffe, die bislang teilweise unterschiedlich

---

93 Vgl. Freyer, Tourismus, S.122 f.
94 Vgl. DFV, Touristische Informations-Norm.

oder unklar interpretiert wurden (z.B. Doppelzimmer, Zweibettzimmer). Die Ziele sind dabei vor allem:[95]

- Beschreibung des touristischen Angebots auf allen Ebenen (mit Ausnahme des gastronomischen Angebotes);
- Schaffung von Eindeutigkeit und Klarheit in der Preisdarstellung;
- Festlegung, Definition und Zuordnung von Merkmalen zur Beschreibung des touristischen Angebot in Informations- und Reservierungssystemen;
- Schaffung einer bundeseinheitlichen Software für Städte und Regionen (German Soft/City Soft) unter Einbeziehung der TIN;

Insgesamt soll den touristischen Betrieben die Chance zur Qualitätsverbesserung durch Klassifizierung gegeben werden. Eine solche Bewertung und Einstufung von Beherbergungsbetrieben in Kategorien unterstützt aber auch Expedienten und Mitarbeiter von Fremdenverkehrsstellen, indem eine rasche Orientierungshilfe gegeben wird. Die positive Wirkung auf die Qualität des Beratungsgesprächs ist bei Etablierung dieser Norm vorherzusehen.

Die Vermeidung "böser Überraschungen" für den Gast in seiner Unterkunft ist ein weiteres wichtiges Anliegen der TIN. Dies soll durch die bundesweit einheitliche Einstufung nach Sternen anhand speziell zugeschnittener Bewertungsmodelle für Hotels/Gasthöfe, Ferienwohnungen (jeweils ein bis fünf Sterne) und Privatzimmer (bis maximal vier Sterne) geschehen. Dadurch wird es möglich, daß Gäste z.B. für zwei Sterne Hotelzimmer an der Nordsee den gleichen Ausstattungskomfort erwarten können, wie für Hotelzimmer der gleichen Kategorie in Bayern.

Im einzelnen bietet TIN Beschreibungen und Definitionen in unterschiedlichen Bereichen[96]. Sie definiert z.B. die unterschiedlichen *Betriebsarten* (Hotel, Hotel garni, Motel, Gasthof, Pension/Gästeheim, Privatvermieter, Ferienwohnung, Ferienhaus, Feriendorf, Sanatorium/Kurklinik, Bauernhof, Jugendherberge, Campingplatz sowie Beherbergungsbetriebe mit Kurmöglichkeiten), und in welcher Reihenfolge diese im Gastgeberverzeichnis einer Fremdenverkehrsstelle zu erscheinen haben. Des weiteren definiert TIN *Begriffe* wie ruhig, familienfreundlich, behindertengerecht, Küchenzeile, Kochnische, Wohn-Eßküche, auf Kurgäste eingestellt, kontinentales Frühstück, american breakfast, Frühstücksbuffet und Vollwertküche. Dazu gehört ebenfalls die einheitliche Beschreibung der verschiedenen *Zimmertypen* wie Einzelzimmer, Zweibett- bis Fünfbettzimmer, Gemeinschaftszimmer oder Suite, wie auch Anforderungen an die Einteilung der verschiedenen *Bettenarten*. Die einheitliche, TIN-

---

95 Vgl. DFV, Touristische Informations-Norm.
96 Vgl. DFV, Touristische Informations-Norm.

gerechte Gestaltung der *Gästeverzeichnisse* von Fremdenverkehrsorten hat letztendlich auch das Ziel, das *Preisniveau* der einzelnen Orte miteinander vergleichbar zu machen.

Allerdings baut die TIN insbesondere auf dem Aspekt der technischen Qualität auf, indem vor allem Definitionen für quantifizierbare Leistungen gegeben werden. Darüber hinaus sollten Klassifizierungssysteme[97] jedoch auch funktionale und institutionelle Qualitätsmerkmale berücksichtigen, die Rückschlüsse auf die "weichen" Faktoren der Beherbergungsqualität zulassen. Beherbergungsleistungen sind somit nach technischen, funktionalen und institutionellen Qualitätsmerkmalen zu beurteilen[98].

Die *technische Qualität*, die primärer Gegenstand der TIN ist, bezieht sich auf die materielle Ausstattung der Räume und Gebäude, die Zahl der neben der Grundleistung angebotenen Nebenleistungen im Verpflegungs- und Freizeitbereich und die Einrichtung und Architektur. Im einzelnen fallen hierunter vor allem quantifizierbare Leistungen wie Zimmerausstattung (Balkon, Betten, Einrichtungsgegenstände, Telefon, Minibar etc.), Gebäudecharakteristika (Zimmerzahl, Stockwerke, Lift, Sicherheitsanlagen etc.) und Freizeiteinrichtungen (Schwimmbad, Sonnenterasse, Aufenthaltsräume, Animation, Diskothek etc.).

Zur *funktionalen Qualität* zählen vor allem die Aspekte Freundlichkeit, Schnelligkeit, Zuverlässigkeit und Sauberkeit bei der Leistungserstellung genauso wie die Sicherheit und Funktionsfähigkeit der materiellen Hilfsgüter (z.B. Sport- und Freizeitgeräte, Aufzug oder Sanitärinstallationen). Gegenstand dieses Qualitätskriteriums sind außerdem die durch das Personal geschaffene Atmosphäre sowie die durch das Hotel verursachten sozio-ökonomischen Nebenwirkungen (Umweltbelastungen oder Landschaftsschutz).

Die *institutionelle Qualität* wird in erster Linie durch das Image des Hauses oder Hotels ausgedrückt. Dabei geht es insbesondere um das Prestige des Namens, die Internationalität des Hauses und die kontinuierliche Qualität der Gesamtleistung.

5.6.3.1.2 Pauschalreise

Die Qualität der Pauschalreise setzt sich aus zwei Dimensionen zusammen, die wie folgt definiert werden können:[99]

---

[97] Zu den Problemen der Hotelklassifizierung vgl. auch Witt/Wichert, Anforderungen an die Hotelqualität, S.173 ff.
[98] Vgl. Pompl, Touristikmanagement 1, S.132 ff.
[99] Vgl. Pompl, Aspekte, S.34.

- Die Qualität der einzelnen Produktelemente wie Hotel, Flug oder Bus, welche zusammen mit dem im Pauschalpaket enthaltenen Leistungsumfang das *qualitative Niveau des Programms oder Sortiments* ausmacht.
- Die Qualität der *eigentlichen Veranstalterleistung*, unabhängig von einem besonderen Produkt. Ausschlaggebende Kriterien sind hierfür beispielsweise Mängelfreiheit, Kulanz oder die Freundlichkeit des Services.

Die Bewertung einzelner Produktelemente ist bereits Gegenstand des vorherigen und der nachfolgenden Kapitel. Aus der Summe dieser Teilqualitäten läßt sich das *qualitative Niveau eines Pauschalpakets* in der ersten Dimension bestimmen. Die mögliche Bandbreite reicht dabei vom Discountprodukt zu einem äußerst niedrigen Preis bis zum hochpreisigen Premium-Programm. Diese Qualität der Fremdleistungen kann auch als *mittelbare Produktqualität* bezeichnet werden.

Für die Beurteilung eines Pauschalreisepaketes gilt jedoch die Regel, daß die Gesamtqualität mehr ist, als nur die Summe seiner Teilqualitäten. Hierbei spielt die zweite zuvor genannte Dimension eine Rolle, die die eigentliche *Qualität der Veranstalterleistung* ausdrückt. Das Produkt eines Veranstalters als Leistungskombination muß für den Verbraucher einen Wert haben, der über dem Wert der Teilleistungen liegt. Zu dieser *unmittelbaren Produktqualität*, welche die Qualität der Eigenleistungen widerspiegelt, zählen aus Kundensicht v.a.:

- Umfang und Vielfalt der angebotenen Leistungen,
- Preis-/Leistungsverhältnis der Gesamtleistung,
- Image bzw. der gute Name des Veranstalters,
- Beschaffung und Zusammenstellung der Produktelemente und
- Aspekte der Reiseleitung u.ä..

Die Beurteilung der Veranstalterleistung durch das Reisebüro sollte sich darüber hinaus jedoch v.a. auf die Faktoren[100] *Mängelfreiheit und Mindestqualität*, *interne Harmonie der Produktelemente, Homogenität der Produktelemente* und ein *angepaßtes Qualitätsniveau* konzentrieren. Ebenso stellt die *Zusammenarbeit der Veranstalter mit den Leistungsträgern*[101] ein weiteres wichtiges Qualitätskriterium zur Beurteilung der Gesamtleistung dar.

Unabhängig von der Preisklasse, in der eine Pauschalreise angeboten wird, ist die *Mängelfreiheit und Mindestqualität* in Form qualitativer Mindeststandards von Bedeutung. So darf die für das jeweilige Preissegment in dem die Pauschalreise angeboten wird übliche bzw. zu erwartende Qualität der Betreuung bzw. Organisa-

---

[100] Vgl. Pompl, Aspekte, S.35 ff.
[101] Vgl. Hebestreit, Touristik Marketing, S.235 ff.

tion gewisse Zumutbarkeitsgrenzen nicht unterschreiten. Aufgrund der Tatsache, daß Reiseveranstalter in der Regel mehrere Preislagen und unterschiedliche Produktlinien anbieten, ist außerdem zu bedenken, daß das qualitätsmäßig niedrigste Produkt zumeist Auswirkungen auf die Einschätzung des gesamten Angebotes hat. Möglichkeiten das Qualitätsniveau von Veranstalterprodukten zu beurteilen bieten folgende Kriterien:

- Zufriedenheit der Kunden,
- reibungslose Durchführung der Reisen,
- Fähigkeiten der Reiseleiter und des sonstigen Veranstalter-Personals,
- keine kurzfristigen Absagen der Reisen,
- Durchschnittszahl der notwendigen Umbuchungen,
- geringe Zahl bis gar keine Überbuchungen (v.a. auch von Hotels, Fluggesellschaften etc.),
- in Katalogen nicht lediglich Angabe von Hotelkategorien (für Veranstalter besser da größere Flexibilität), sondern jedes Hotel definitiv aufgeführt,
- Anzahl der Fahrt- und Ortsreiseleiter,
- Anzahl der Reklamationen pro Reiseleiterbezirk bzw. pro Vertriebsbezirk,
- Umgang des Veranstalters mit Kundenproblemen und Kundenbeschwerden,
- Kulanz bei Reklamationen.

Interne Harmonie der Produktelemente bedeutet, daß die einzelnen Produktelemente so aufeinander abgestimmt sein müssen, daß keine Leistung nach oben oder unten ausschlägt. Die Fahrt vom Flughafen zum Mittelklasse-Hotel darf also ebenso wenig in einem "schrottreifen" Transfer-Bus erfolgen, wie das später folgende Buffet nicht mit Kaviar und Champagner bestückt sein sollte.

Eines der wichtigsten charakteristischen Merkmale einer Pauschalreise ist das Reisen in der Gruppe. Die *Homogenität der Teilnehmer*, d.h. die Zusammensetzung dieses "sozialen Produktelements"[102], kann die Zufriedenheit mit der Gesamtleistung erheblich beeinflussen. Die wichtigsten Faktoren, die möglichst homogen sein sollten, sind zum einen das Urlaubsverhalten der Reisenden und zum anderen der soziale Status der Kunden im Berufs- wie im Privatleben.

Das *Qualitätsniveau* einer Pauschalreise muß den Bedürfnissen und Erwartungen der Zielgruppe *angepaßt* sein. Dabei ist insbesondere das im Veranstaltungsbereich häufig angewandte Konzept der Mehrwertsteigerung so anzuwenden, daß Veranstalter nicht versuchen, durch kostensteigernde teure Einzelleistungen und möglichst viele Zugaben die "Vorteile" des Kunden zu mehren. Unverhältnismäßig hohe Nebenko-

---

102 Vgl. Pompl, Aspekte, S.36.

sten eines niedrig- bis mittelpreisigen Reiseangebotes sind ebensowenig akzeptabel, wie der Versuch mit nutzlosen Wegwerfartikeln einen Mehrwert zu schaffen. Der vom Kunden empfundene "positive" Mehrwert begründet sich vielmehr im Preis, im Bekanntheitsgrad, in der Verpackung, in tatsächlichen Qualitätsunterschieden, in der Präsentation oder in ähnlichen Bereichen.

Mehrwertschaffung kann allerdings auch dadurch zustande kommen, daß "der Kunde mehr erhält als 'die im Preis inbegriffenen Leistungen'"[103]. Dies geschieht zumeist durch die Anreicherung des formalen Produktes um *Erlebnis- und Servicequalitäten*[104]. Denkbar sind diesbezüglich u.a. die Auswahl der "richtigen" Miturlauber, der serviceorientierte Reiseleiter oder Busfahrer, der auch einmal mehr zu leisten bereit ist, als er eigentlich müßte, oder der zusätzliche Service in Form von Spielveranstaltungen, Ausflügen oder Beratungsleistungen. Eine Möglichkeit, die Qualität solcher Serviceleistungen zu messen, bietet z.B. die Anzahl der Buchungen von Zusatzleistungen und Ausflügen pro Reiseleiterbezirk und im Zeitablauf[105].

Mit Hilfe der Marktforschung, durch eigene Recherche in Katalogen etc., aufgrund eigener Erfahrungen bei Incentivereisen oder durch direkte Kontaktaufnahme mit dem jeweiligen Reiseveranstalter besteht für das Reisebüro die Möglichkeit, mehr über die *Zusammenarbeit der Veranstalter mit den Leistungsträgern* zu erfahren. Dabei sind vor allem folgende Determinanten von Interesse, die direkt oder indirekt auf die Qualität der Pauschalreise Einfluß haben:[106]

- Zuverlässigkeit und Verantwortungsbewußtsein der Qualitätsprüfung beim Einkauf,
- bedarfsorientierte Auswahl der Fremdleistungen nach Art, Ort und Umfang (z.B. Umfang: Anzahl der Direktflüge und Abflughäfen),
- Vorhandensein eines integrierten Leistungsklassifizierungssystems zur Quantifizierung der Leistungsmerkmale von Zielorten, Unterkünften, Verkehrsträgern, Transfers und Zusatzleistungen,
- Leistungsträgertreue, d.h. kontinuierliche und langfristige Zusammenarbeit mit den Leistungsträgern,
- möglichst frühzeitiger Einkauf der Kapazitäten zur Vermeidung von Engpässen oder plötzlichen Qualitätseinbußen,
- Vermeidung unterschiedlicher Qualitätsklassen pro Beherbergungsbetrieb,
- Spezialisierung auf Nachfragesegmente, wodurch die Belegung größerer Kontingente in spezialisierten Leistungsträgereinheiten möglich wird,

---

103 Vgl. Pompl, Aspekte, S.38.
104 Vgl. Pompl, Aspekte, S.38.
105 Vgl. Hebestreit, Touristik Marketing, S.230.
106 Vgl. Hebestreit, Touristik Marketing, S.230 und S.235 ff.

- Vorauszahlungen an die Leistungsträger, damit von diesen frühzeitig Investitionen (z.b. in Qualitätsverbesserungsmaßnahmen) vorgenommen werden können,
- Belegungsgarantien, die auch der Veranstalterkalkulation eine gewisse Konstanz verleihen.

5.6.3.1.3 Flug

Gerade die Liberalisierung auf den Weltmärkten und der damit zunehmende Preiskampf haben in der Vergangenheit bei vielen Fluggesellschaften zu einer Verschlechterung der Qualität geführt. Durch Wachstum und die damit verbundene Stückkostendegression versucht nun ein Großteil der Airlines sinkende Flugpreise und Ertragseinbrüche wieder auszugleichen, um Geldmittel unter anderem auch für Qualitätsverbesserungsmaßnahmen zu beschaffen.[107]

Ebenso wie bei anderen Dienstleistungen, hängt sowohl bei Charter- als auch bei Linienflügen die vom Kunden wahrgenommene Qualität vor allem von den subjektiven Erwartungen der Passagiere ab. So wird ein First-Class Passagier, der für einen Langstreckenflug 15.000 DM bezahlt hat, hinsichtlich des Sitzkomforts andere Erwartungen haben, als ein Gast der Economy-Class, der für den gleichen Flug lediglich 1.500 DM bezahlt hat. Das Preis-/Leistungsverhältnis spielt bei der Erwartungshaltung eine bedeutende Rolle und muß im Rahmen der Festlegung von Qualitätsanforderungen entsprechend berücksichtigt werden. Aber auch die übrigen Qualitätskriterien sind abhängig von den Anspruchsgruppen. So wird ein Geschäftsreisender verstärkt Wert auf die Vielfalt des Streckennetzes einer Airline legen während ein Tourist, der nur alle zwei Jahre fliegt, dieser Serviceleistung wahrscheinlich nicht soviel Bedeutung beimißt, dafür aber ein stärkeres Interesse an günstigen Preisen hat.

Unabhängig von Flugklassen und Airlines hat die Stiftung Warentest im Rahmen einer Umfrage die wichtigsten Qualitätskriterien auf Langstreckenflügen identifiziert und verschiedene Airlines bewerten lassen:[108]

- Als wichtigstes Kriterium für einen angenehmen Flug gaben die meisten Befragten den *Sitzkomfort* an, welcher insbesondere von der Beinfreiheit abhängt.

---

[107] Vgl. Lufthansa, Jahrbuch '88, S.33.
[108] Vgl. Stiftung Warentest, Wenig Höhenflüge, S.141 f.

- Die *Sitzkonfiguration*, d.h. die Anordnung der Sitze in einer Reihe, ist das zweite wichtige Merkmal für die Qualität auf einem Langstreckenflug. Während diese heute in den meisten Economy-Klassen der verschiedenen Langstreckenflugzeuge 3/4/3 lautet, herrscht an Bord einer DC 10 eine ungleich unbequemere Variante mit der Verteilung 2/5/2 vor.
- Das *umfangreiche Angebot an Direktflügen* umfaßt das beflogene Streckennetz, welches ohne Umsteigen von der jeweiligen Airline offeriert wird. Die Wichtigkeit dieses Kriteriums wurde auf den dritten Platz gesetzt.
- *Günstige Preise* an vierter Stelle der Rangfolge wichtiger Qualitätsmerkmale runden das auch in Zahlen und Fakten meßbare Bild eines Langstreckenfluges ab.
- Auf dem fünften Platz der Bewertungsskala folgt der erste weiche Faktor, nämlich die *Freundlichkeit und Zuvorkommenheit der Flugbegleiter*.
- Die *Verpflegung an Bord* wird von 6 % der Passagiere als besonders wichtig für die Beurteilung genannt. Auch wenn aufgrund relativ kleiner Bordküchen diesem Servicebereich "enge Grenzen" gesetzt sind, so zeigen die Bewertungen, daß bei gleichen Bedingungen ganz unterschiedliche Ergebnisse erzielt werden können.
- Das *Unterhaltungsangebot* an Bord, welches neben Tageszeitungen und Magazinen vor allem aus einem mehr oder weniger umfangreichen audiovisuellen Unterhaltungsprogramm besteht, beschließt die Bewertungsskala. Neben der Aktualität des Filmprogramms gewinnen in diesem Bereich zunehmend die Air-shows an Bedeutung, die die Fluggäste mit allen Einzelheiten über den gerade stattfindenden Flug versorgt.

Weitere Qualitätskriterien[109], die während dem Beratungsgespräch beim Kunden nach der Wichtigkeit abgefragt und anhand derer Airlines dann bewertet und ausge-wählt werden können, sind: *Zielortauswahl*, *Abflugtag- und zeit*, *Pünktlichkeit*, *Si-cherheit*, *Zuverlässigkeit*, *Flugzeugtyp*, *Ausstattung*, *Möglichkeit des ungestörten Arbeitens*, *Dienstleistungen vor und nach dem Flug* und *Flexibilität der Mitarbeiter*.

5.6.3.1.4 Bahn

Die Bahnbeförderung nimmt aufgrund der Monopolstellung der staatlichen Bahnen in Deutschland und der Schweiz eine Sonderstellung ein. Für die Aufnahme dieser Rei-sedienstleistung in das Sortiment eines Reisebüros ist demnach nicht die Frage *wel-cher* Anbieter in das Sortiment aufgenommen werden soll ausschlaggebend, sondern

---

[109] Vgl. Lufthansa, Jahrbuch '88, S.33.

lediglich *ob* das Bahngeschäft ein Teilsortiment des Reisebüros bilden soll oder nicht.

Notwendige Voraussetzung für den Verkauf von Bahnreisen in Deutschland ist der Erwerb einer DB/DER-Lizenz. Während diese Lizenz für das Firmendienstgeschäft Voraussetzung ist, stellt sich für den Touristik-Bereich die Frage, ob insbesondere das in Deutschland zunehmend attraktivere (ICE, Komplettangebote für Städte-, Kurz- und Jugendreisen) und lukrative (10% Provision in Deutschland) Bahnangebot vertrieben werden soll.

Zur Entscheidung kann ein Vergleich der Stärken und Schwächen der Bahnleistungen mit den Bedürfnissen der eigenen Kunden beitragen. *Qualitätsstärken*[110] der Bahn sind insbesondere Schnelligkeit, Streßfreiheit, Pünktlichkeit, Zuverlässigkeit, ein großes Platzangebot, guter Komfort hinsichtlich Beweglichkeit und Kommunikation, Umweltfreundlichkeit und das mögliche Landschaftserleben. *Qualitätsschwächen*[111] stellen vor allem der notwendige Transfer von/zum Bahnhof, Umsteigen, Gepäckprobleme, Preisprobleme, Mobilität am Urlaubsort sowie die teilweise fehlende Kundenorientierung des Personals dar.

5.6.3.1.5 Bus

Busreisen werden primär nach den Verkehrsformen[112] *Linienverkehr* (allgemeiner Linienverkehr, Berufsverkehr, Schülerverkehr, Marktfahrten und Theaterfahrten) und *Gelegenheitsverkehr* (Ausflugsverkehr, Ferienzielreisen, Verkehr mit Mietomnibussen und Verkehr mit Mietwagen) unterschieden. Aufgrund der ungleich wichtigeren Bedeutung des Gelegenheitsverkehrs für die Touristik steht diese nachfolgend im Vordergrund der Betrachtung.

Ähnlich den Klassifizierungssystemen im Beherbergungsbereich wurden bereits im Jahre 1974 von der Gütegemeinschaft Buskomfort e.V. Qualitätskriterien für den Buskomfort entwickelt. Neben Kriterien wie Sitzplatzbreite, Verstellbarkeit der Sitze zum Mittelgang, einstellbare Fußstützen etc. stellt der Sitzabstand das wichtigste Klassifizierungsmerkmal dar und bildet auch die Basis für die Einteilung von Bussen in 4 unterschiedliche Gütestufen (1 bis 4 Sterne). Er beträgt beim:[113]

---

[110] Vgl. Pompl, Touristikmanagement 1, S.244 ff.
[111] Vgl. Pompl, Touristikmanagement 1, S.244 ff.
[112] Vgl. Pompl, Touristikmanagement 1, S.215.
[113] Vgl. Freyer, Tourismus, S.134 f.

*	- Bus	68 cm
**	- Ausflugsbus	72 cm
***	- Reisebus	77 cm
****	- Fernreisebus	83 cm

Die Qualität der Dienstleistung *Busreise* hängt allerdings nicht nur vom Ausstattungskomfort des Busses ab, sondern auch von einigen anderen Aspekten. Die Entscheidung für oder gegen die Aufnahme eines Busreiseveranstalters in das Produktprogramm eines Reisebüros sollte aus Kundensicht insbesondere von der Erfüllung folgender Kriterien abhängen:

- Die *technische Qualität* der Busse.
- Für die Kunden günstige *Abfahrtsstellen und Abfahrtzeiten*. Verglichen werden sollte hier das Einzugsgebiet der anzusprechenden Zielgruppe des Reisebüros und die durch den Busveranstalter angebotenen Abfahrtsstellen.
- Sympathische und kompetente *Reiseleitung und Betreuung*. Die Art der Reiseleitung (kultur-, bildungs- oder geselligkeitsorientiert etc.) muß dem Niveau und den Erwartungen der Kunden entsprechen.
- Das *Preis-/Leistungsverhältnis* muß stimmen.
- Busreisen zeichnen sich im Normalfall durch gute Kontaktmöglichkeiten und entsprechende Geselligkeit aus. Die *Zusammensetzung einer Busreisegruppe* ist ähnlich der Pauschalreise ein wichtiges Kriterium für den "Erfolg" einer solchen Reiseveranstaltung.
- Die Qualität der im Busreisepaket enthaltenen *Hotels* kann nach den in Kap.5.6.3.2.1 dargestellten Qualitätskriterien überprüft werden.
- Für Nichtraucherkunden sind *Nichtraucherbusse* oder -plätze häufig von großer Bedeutung. Entsprechend muß solchen Wünsche der Kunden schon im Rahmen der Busveranstalterauswahl Rechnung getragen werden.
- Das während einer Reise angebotene *Unterhaltungsprogramm* muß auf die Wünsche der Kunden zugeschnitten sein. Probleme können hier vor allem bei nicht homogenen Reisegruppen auftreten.
- Die *Attraktivität der Zielgebiete* richtet sich vor allem nach den Wünschen der Kunden. Diese Wünsche können mittels der Marktforschung eruiert werden.
- Der *Bekanntheitsgrad* und das *Image* des Busreiseveranstalters kann schon im Vorfeld der Buchung über den Erfolg oder Mißerfolg dieses Dienstleistungsproduktes entscheiden. Befragungen der eigenen Kunden können hier eine wichtige Entscheidungshilfe für die Aufnahme in das Produktsortiment geben.

Gerade das zuletzt genannte Kriterium *Image* spielt für die Aufnahme von Busreisen in das Produktsortiment eine wichtige Rolle. So hat der Bus insbesondere bei Personen ohne Busreiseerfahrung ein *Negativimage*, welches durch Komponenten[114] wie Gruppenzwang, Unbequemlichkeit, unsicheres Verkehrsmittel, Nahverkehrsmittel, Verkehrsmittel für Unterprivilegierte bestimmt wird. In der Realität weist die Busreise jedoch *Produktvorteile*[115] auf, die vor allem durch Mobilität, Flexibilität, Bequemlichkeit, Gruppenvorteile, Umweltverträglichkeit und Preisgünstigkeit determiniert werden. Da das Image eine wichtige Rolle im Beurteilungsprozeß der erlebten Dienstleistungsqualität[116] spielt, sollten sowohl Busreiseveranstalter als auch Reisemittler diese Produktvorteile verstärkt an den Kunden kommunizieren.

5.6.3.1.6 Zusatzprodukte und -leistungen

Neben der Vermittlung primärer Reisedienstleistungen können von Reisebüros auch noch einige andere Dienstleistungen und Produkte angeboten werden, die mit dem Thema Reise in Verbindung stehen. Dabei sollte allerdings beachtet werden, daß eine zu starke Streuung der Aktivitäten zum "Verzetteln" führen kann. Das Kerngeschäft sollte daher lediglich um Produkte erweitert werden, die für den Kunden und seine direkte Reiseplanung relevant sind. Als solche bieten sich an:

- der Verkauf von Schiffs- und Fährpassagen;
- die Vermittlung von Ferienwohnungen;
- der Verkauf von Reiseversicherungen;
- der Ticketverkauf für Veranstaltungen im In- und Ausland;
- die Beschaffung von Visa und dergleichen;
- sowie Mietwagenreservierungen.

Mit dem Ziel einer Optimierung der *Kundenbindung* wird in letzter Zeit zunehmend der alternative bzw. zusätzlich Verkauf von Produkten und Dienstleistungen im Reisebüro diskutiert. Ketten wie die Lufthansa-City-Center[117] versuchen diese Kundenbindung beispielsweise durch den Verkauf von *Sammelgegenständen* wie Flugzeugmodellen, Uhren, Taschenkalender und ähnlichen Dingen zu erreichen. Als Shop-in-Shop-System werden in das Reisebüro *integrierte Fotogeschäfte*[118] zur Entwicklung der Urlaubsfilme etc. ebenso diskutiert, wie *Reiseboutiquen*[119] in denen Urlaubsutensilien wie Koffer, Freizeitkleidung, Sonnencremes, Bademode, Wasserspielzeuge usw. zum Verkauf angeboten werden können.

---

114 Vgl. Pompl, Touristikmanagement 1, S.225.
115 Vgl. Pompl, Touristikmanagement 1, S.226 f.
116 Vgl. Kap.4.2.
117 So der Qualitätsmanager der Lufthansa City-Center Herr Stölzing im Interview.
118 Vgl. Lenner, Fotoshop, S.15.
119 Vgl. Dörr/Raasch, Das Reisegeschäft, S.124 f.

Unter dem Aspekt eines Managements der Dienstleistungsqualität muß vor allem bei den letztgenannten Kundenbindungsinstrumenten darauf geachtet werden, daß der Verkauf solcher Produkte entweder *räumlich komplett getrennt* vom Reisebüro stattfindet, oder aber eine *100%-ige Integration* in das Unternehmenskonzept erfolgt. Eine nur halbherzige Integration solcher Zusatzprodukte und Dienstleistungen ist dagegen zum Scheitern verurteilt.

Ein weiteres Problem stellt die *Realisierung* des Verkaufs zusätzlicher Reiseprodukte dar. Werden beispielsweise Reiseführer ohne Kontrolle im Verkaufsraum plaziert, so können solche von den wartenden Kunden schnell als Unterhaltungslektüre mißverstanden werden und am Ende eines Reisebürobesuchs wieder in das Regal zurückgestellt werden. Es ist leicht vorstellbar, wie ein Buch nach dem zehnten Mal Durchblättern aussieht, nicht mehr verkauft werden kann und zudem einen schlechten Eindruck auf die Kunden macht.

Auch steht bei vielen Produkten der zusätzliche *Aufwand* für Beschaffung, Lagerung, Präsentation und Verkauf in keinem oder nur sehr ungünstigen Verhältnis zu den erzielbaren Erlösen. Vor der Entscheidung für ein solches Zusatzgeschäft muß also genau kalkuliert werden, ob sich dieses auch rechnet.

5.6.3.2 Qualitätskriterien für Leistungsanbieter

Die Analyse qualitätsrelevanter Faktoren der Sortimentgestaltung umfaßt neben den produktspezifischen Eigenschaften, die direkten Einfluß auf das Kundenerleben haben, auch Aspekte, die vom Kunden kaum oder nur in Ausnahmefällen beurteilt werden können. So ist es, nicht zuletzt aufgrund der in letzter Zeit teilweise turbulenten Entwicklungen auf dem Reisemarkt[120], angebracht, sich im Rahmen der Sortimentgestaltung auch mit den hinter den Produkten stehenden "großen *und* kleinen" Anbietern zu befassen, und diese nach bestimmten Qualitätskriterien zu beurteilen.

5.6.3.2.1 Bonität

Unter den Konkursen von Reiseveranstaltern wie MP Travel im Jahr 1994 und kleinerer Veranstalter wie Aquatours und Aviatours im Jahr 1995, mußten neben den Kunden auch die vermittelnden Reisebüros leiden. So richtete sich der Unmut der Kunden häufig gegen die Reisebüros, obwohl diese als Vermittler nicht für die Plei-

---

[120] Beispielsweise der Zusammenbruch einiger Reiseveranstalter mit weitreichenden Konsequenzen für die Kunden sowie die Diskussion um Reisemittlerprovisionen.

tefolgen der Veranstalter haftbar gemacht werden können. Trotzdem wurden gerade in Kleinstädten, wo die Mund-zu-Mund-Kommunikation der Kunden eine wichtige Rolle spielt, von einigen Reisebüros die bereits gezahlten Beträge zurückerstattet um keine Stammkunden zu verlieren[121].

Zur Absicherung von Insolvenzen erfolgte Mitte 1995 in Deutschland eine Neufassung des § 651 BGB, wonach der Veranstalter einer Reise verpflichtet ist, die eingezahlten Kundengelder abzusichern. Zu diesem Zweck wurde der Deutsche Reisepreis Sicherungs Verein (DRS) gegründet, wobei trotz allem eine gewisse Rechtsunsicherheit darüber herrscht, wer Reiseveranstalter, Gelegenheitsveranstalter oder nur Reisemittler ist.

Um als vermittelndes Reisebüro nicht für Insolvenzen von Veranstaltern "gerade stehen zu müssen", muß der beratende und verkaufende Expedient dafür sorgen, daß für den Kunden die reine Vermittlerrolle des Reisebüros erkennbar ist. Nach dem Reiserecht bleibt nämlich der Hinweis auf die Vermittlereigenschaft unberücksichtigt, "wenn beim Kunden 'nach den sonstigen Umständen der Anschein' begründet wird, daß die Agentur die Leistungen in eigener Veranstaltung erbringt. Das bedeutet, daß auch bei Reisen, die als Pauschalreisen im Sinne des Gesetzes gelten, das Reisebüro zum Veranstalter wird, wenn die Vermittlertätigkeit nicht eindeutig erkennbar ist."[122]

Das Reisebüro hat also beim Verkauf von Pauschalangeboten durch deutliche Kennzeichnung auf Angebotsunterlagen, Reisebestätigungen und im Verkaufsgespräch die Vermittlereigenschaft herauszustellen. Dies gilt insbesondere auch bei der Zusammenstellung von Einzelleistungen, die nicht als Eigenveranstaltung gelten sollen.

Um sich trotz allem von der Bonität der im Sortiment befindlichen Reiseveranstalter ein Bild machen zu können, hat der Reisebüro-Unternehmer allerdings nur beschränkte Möglichkeiten. Neben *Auskünften* (mit entsprechender Einwilligung des Veranstalters) durch den *Steuerberater* oder die *Hausbank* des Veranstalters besteht die Möglichkeit, Einblick in die *Jahresabschlußunterlagen* des abgelaufenen Geschäftsjahres einschließlich der Vorjahreszahlen zu fordern sowie den Nachweis einer bestehenden *Haftpflichtversicherung* des Reiseveranstalters gegen Personen- und Sachschäden zu verlangen.

---

[121] Vgl. FVW 15/94, S.7.
[122] Vgl. FVW 10/94, S.30.

5.6.3.2.2 Provisionen

Die Provisionssätze[123] lagen 1993 in Deutschland für den Flugbereich bei durchschnittlich 9%, bei ca. 10,6% in der Touristik und im Bahnbereich bei etwas über 12%. Dabei hängt die Höhe der Provisionen vor allem von den getätigten Umsätzen mit einem Reiseveranstalter oder Leistungsträger ab. So sind z.B. im Veranstalterbereich Bandbreiten von unter 10% bis zu 14% Provision je nach Umsatz möglich. Aus diesem Grund ergibt sich für die meisten Reisebüros die wirtschaftliche Notwendigkeit, sich auf einige wenige Veranstalter und Leistungsträger zu konzentrieren um mit den größeren Umsätzen auch in höhere Provisionsstaffeln vorzudringen. Hinsichtlich der Sortimentsbildung sollte die Höhe dieser Provisionssätze jedoch nicht zum alleinigen Kriterium gemacht werden. So ist auch darauf zu achten, daß bei dem jeweiligen Veranstalter klare und für die Reisebüros einheitliche Provisionsregelungen üblich sind. Für unabhängige Reisebüros besteht hier jedoch der eindeutige Wettbewerbsnachteil, daß sie nicht die Einkaufsmacht der Ketten und Kooperationen besitzen, und somit zumeist nicht die gleichen Konditionen erhalten wie diese.

5.6.3.2.3 Marktmacht

Aufgrund der *Marktmacht* einiger Produzenten können vor allem von diesen vergebene *Lizenzen* einen großen Einfluß auf die Sortimentsdifferenzierung nehmen. Dabei hängt die Gestaltung einzelner Teilsortimente häufig von der Erfüllung bestimmter Voraussetzungen ab. Zur Erlangung von Lizenzen (IATA- und/oder DB/DER-Lizenzen) und Agenturverträgen (z.B. TUI-, NUR-, DER-Agentur) werden neben Raum-, Personal- und Kommunikationsmittelkapazitäten vor allem für Agenturverträge Mindestumsätze gefordert. Die Erreichung solcher Mindestumsätze darf dabei "nicht um jeden Preis", d.h. vor allem nicht um die Aufgabe der eigenen Qualitätspolitik erfolgen.

Einige kleinere Veranstalter, wie z.B. die Münchner Kooperationen Klingenstein & Partner oder die Frosch Touristik Gruppe[124], versuchen ähnlich den Konzentrationstendenzen im Reisemittlermarkt durch Kooperationen Wettbewerbsvorteile zu erringen. Trotz der Zunahme von Marktmacht solcher Veranstalter vor allem gegenüber Reisemittlern, kann diese Entwicklung auch einen positiven Einfluß auf die Sortimentsqualität des Reisebüros nehmen. So können z.B. aufgrund der besseren Abstimmung der Produkte aufeinander *Überschneidungen* im eigenen Produktangebot *vermieden* werden. Auch kann eine *übersichtlichere Angebotsgestaltung* in einem

---

[123] Vgl. DRV, Geschäftsbericht '93, S.62.
[124] Vgl. Kagerbauer, Abwarten, S.23.

statt in mehreren Katalogen Qualitätsverbesserungen bewirken, die direkt den Reise-büro-Kunden zugute kommen. Insbesondere eine *einfachere und klarere Rechnungs-abwicklung* mit nur einem Anbieter statt mehreren verringert auch den betriebswirt-schaftlichen Aufwand.

5.6.3.2.4 Reisetechnische Abwicklung

Ähnlich der Bedeutung des eigenen technischen Potentials für die Dienstleistungs-qualität im Reisebüro, spielen *Computer- Reservierungs- und Informationssysteme*[125] auch für die Qualität von Leistungsanbietern eine wichtige Rolle. Während die mei-sten mittleren und großen Leistungsanbieter dieses Kriterium erfüllen, kann man dies für kleinere Anbieter nicht immer behaupten. Entspricht die eigene technische Aus-stattung dem in Kap.5.4.2 geforderten Niveau, so sollte zumindest die *Zugänglich-keit der angebotenen Produkte* über das eigene CRS bzw. Reisevertriebssystem gesi-chert sein. Der Beratungs- und Verkaufsprozeß kann so vereinfacht und das Risiko von Buchungsproblemen gemindert werden.

Sollten, wie in der Praxis häufig der Fall, doch Probleme bei der technischen Ab-wicklung auftreten, so macht den in diesem Bereich guten Veranstalter die Einrich-tung eines *Help-Desks* oder zumindest die Verfügbarkeit von technisch besonders *gut geschultem Personal* aus. Wichtiges Kriterium ist dabei sowohl das *fachliche Know-how* als auch die *telefonische Erreichbarkeit* solcher Beratungsstellen.

Neben einer *problemlosen und reibungslosen Reservierungs- bzw. Buchungsabwick-lung* spielt ebenso die *Flexibilität bei Sonderwünschen* eine wichtige Rolle. Nach Abschluß des Buchungsvorgangs muß der Leistungsanbieter in der Lage und auch willens sein, sowohl *Reisebestätigungen* als auch die vollständigen und ausführlichen *Reiseunterlagen* und dergleichen *unverzüglich zuzustellen*.

Die *Informationspolitik* gegenüber den Reisemittlern ist ebenfalls von großer Bedeu-tung. So sollten neben möglichst umfangreichen *Informationen* zum Produktangebot und zu den dazugehörigen Serviceleistungen für die Expedienten (z.B. in Form von Broschüren, Informationsreisen, Agenturbesuchen usw.) auch *Veränderungen im Produktangebot* und der *Preisgestaltung* möglichst frühzeitig mitgeteilt werden.

Die gerade für das Beratungs- bzw. Verkaufsgespräch wichtige *Unterstützung* des Expedienten durch den Leistungsanbieter ist Gegenstand von Kap.5.4.3.2 und Kap.5.6.2. Inhalt dieser Kapitel sind u.a. die mögliche Unterstützung von Leistungs-

---

[125] Vgl. zum Informationsmanagement im Tourismus: Wöhler, Informationsmanagement, S.43 ff.

anbietern und Reiseveranstaltern in den Bereichen Werbung, Öffentlichkeitsarbeit, Verkaufsförderung sowie Schulung. Angefangen bei der fachlichen und/oder finanziellen Unterstützung von Werbemaßnahmen über die Bereitstellung von Displaymaterial bis hin zur Beteiligung an Informations- und Schulungsveranstaltungen für Reisebüro-Mitarbeiter bieten sich hier eine Reihe von Möglichkeiten, wie ein Leistungsanbieter das Reisebüro unterstützen kann.

5.6.3.2.4 Mitarbeiter

In einem so kommunikationsintensiven Geschäft wie der Reisevermittlung nehmen die zwischenmenschlichen Beziehungen zwischen dem Reisebüro-Personal und den Mitarbeitern der einzelnen Leistungsanbieter eine besondere Stellung ein. Auch wenn diese Beziehung zum Großteil von der "Chemie" zwischen zwei miteinander kommunizierenden Menschen abhängt, gibt es trotz allem einige Unternehmen, bei denen die Servicebereitschaft der Mitarbeiter ausgeprägter ist als bei anderen. Die wichtigsten Eigenschaften, die wie die eigenen auch die Mitarbeiter der Veranstalter und Leistungsanbieter besitzen sollten, sind:

- Hilfsbereitschaft,
- Freundlichkeit,
- Zuverlässigkeit und
- Kompetenz.

Im meist *direkten telefonischen Kontakt* zwischen Expedienten und deren Ansprechpartnern bei den Leistungsanbietern sind vor allem folgende Aspekte von Bedeutung:

- schnelle Verfügbarkeit am Telefon,
- Verbindlichkeit der Auskünfte,
- schnelle und korrekte Buchungsabwicklung,
- Bereitschaft auch zu ausführlichen Informationen am Telefon,
- zuverlässige und schnelle Auskünfte über Vakanzen,
- Flexibilität bei der Bearbeitung von Sonderwünschen,
- Hilfestellung bei Produkt- und Buchungsfragen usw..

Die *persönliche Betreuung* der Reisebüros durch Mitarbeiter der Leistungsanbieter stellt zumeist die einzige Möglichkeit des direkten regelmäßigen Kontaktes mit Vertretern dieser Unternehmen dar. Diese "Agenten" sind vor allem für übergreifende Probleme wichtige Ansprechpartner und sollten vor allem nach ihrer *Kompetenz* und *Zuverlässigkeit* bewertet werden.

6 Zusammenfassung und Ausblick

Im Rahmen der vorliegenden Arbeit wird zunächst aufgezeigt, welche grundsätzliche Bedeutung Qualität für den Unternehmenserfolg und die Rentabilität hat. Hieran anschließend werden die Wettbewerbssituation in der Reisebürobranche und die Entwicklungen im Bereich der Reisevermittlung dargestellt. Nach Betrachtung der wichtigsten wissenschaftlichen Erkenntnisse zum Thema Dienstleistungsqualität wird ein Modell zur Dienstleistungsqualität im Reisebüro entwickelt.

Auf Grundlage dieses Modells wird im Hauptteil der Arbeit (Kap.5) dargestellt, wie ein Management der Dienstleistungsqualität in kleinen und mittleren Reisebüros aussehen sollte. Dabei werden Zusammenhänge erläutert, Handlungsalternativen aufgezeigt und Maßnahmenvorschläge auf die Gegebenheiten vor allem kleiner und mittlerer Reisebüros abgestimmt.[1]

Insbesondere unter dem Aspekt der einführend dargestellten Bedeutung der Qualität für den wirtschaftlichen Erfolg von Reisebüros und der zunehmend schwieriger werdenden Wettbewerbssituation in der Reisemittlerbranche bietet ein konsequent durchgeführtes Management der Dienstleistungsqualität auch kleinen und mittleren Reisebüros eine Chance, im Wettbewerb zu bestehen bzw. aus diesem als Sieger hervorzugehen.

Entscheidend hierfür ist allerdings, daß das Thema Qualität nicht als "Modethema" betrachtet wird, mit dem "man" sich derzeit beschäftigt. Wichtig ist vielmehr, daß Dienstleistungsverständnis, -mentalität und letztendlich auch -qualität von innen kommen, d.h. in den Köpfen aller Mitarbeiter so verankert sind, daß langfristige Erfolgspotentiale aufgebaut werden können.

Diese Dienstleistungsqualität darf allerdings nicht an beliebigen oder von den Mitarbeitern subjektiv als wichtig eingestuften Kriterien ansetzen. Vielmehr bestimmt der Kunde aufgrund seiner Erwartungen und Bedürfnisse, was Qualität ist und wie diese bewertet wird. Die Marktforschung hat daher auch in kleinen und mittleren Reisebüros die Basis für ein erfolgreiches Management der Dienstleistungsqualität zu legen. Gelingt es den Reisebüros mit überlegtem Mitteleinsatz und unter Nutzung der "richtigen" Marktforschungsinstrumente, Qualitätsschwächen aufzudecken bzw. Qualitätsstärken zu identifizieren, so ist bereits ein wichtiger Schritt in Richtung Qualitätsverbesserung und Unternehmenserfolg getan.

---

[1]   Einen detaillierten Überblick über Vorgehen und Aufbau der Arbeit bietet Kap.1.3.

Der Planung, Durchführung und Nutzung der Marktforschung kommt demnach eine ebenso wichtige Rolle zu, wie der strukturierten und kontinuierlichen Verbesserung der Dienstleistungsqualität. Um in dieser Phase umgehend auch von außen wahrnehmbare Erfolge zu erzielen, stellt die Orientierung an den Dimensionen der Dienstleistungsqualität ein entscheidendes Kriterium dar. Die einzelnen Qualitätsmerkmale sind daher immer im Kontext zu sehen mit den zugehörigen Qualitätsdimensionen, anhand derer der Kunde die Qualität letztendlich beurteilt.

Zudem ermöglicht die Unterteilung des Gesamtkomplexes Dienstleistungsqualität in die Teilqualitäten Potential-, Prozeß- und Ergebnisqualität sowie eine übergeordnete Dienstleistungskultur ein wesentlich übersichtlicheres und auch in kleinen Schritten realisierbares Management der Dienstleistungsqualität. Nicht zuletzt aufgrund der unterschiedlichen Inhalte und Vorgehensweisen technokratischer, strukturorientierter und kulturorientierter Steuerungsansätze bietet diese Differenzierung der Reisebüro-Führung eine wesentliche Hilfe bei der Koordination und Durchführung der einzelnen Qualitätsverbesserungsmaßnahmen.

Letztendlich kann bei Umsetzung des im Rahmen dieser Arbeit vorgestellten Management-Konzepts auf das Ergebnis einer Synthese wissenschaftlicher Erkenntnisse und Praxiserfahrungen zum Thema Dienstleistungsqualität zurückgegriffen werden. Vorteilhaft wirkt sich dabei aus, daß das in der Praxis (auch im Rahmen der ISO-Zertifizierung) häufig zu beobachtende Vorgehen nach dem Prinzip "Versuch und Irrtum" weitgehend ausgeschlossen wird, und somit ein direkter Weg zur Qualitätsverbesserung beschritten werden kann.

Anhang Interviewleitfaden

Interviewleitfaden zum
Management der Dienstleistungsqualität im Reisebüro

Interview Nr.
Datum:
Unternehmen:
Interviewpartner:
Aufgabenbereich:
Position:

1 Fragen zur Marktforschung

- Welche Marktforschungsinstrumente zur Erfassung der Kundenwünsche und -bedürfnisse haben sich Ihrer Meinung nach in der Reisebüropraxis bewährt?

- Sind auch Instrumente dabei, mit deren Hilfe Dienstleistungsqualität gut evaluiert werden kann?

- Wie kann im Reisebüro am besten die Kundenresonanz bezüglich der erbrachten Dienstleistung erfaßt werden (Fragebögen etc.)?

2 Fragen zur Dienstleistungskultur

- Was sind für Sie wichtige Kriterien einer Dienstleistungskultur im Reisebüro?

- Wie kann Dienstleistungskultur Ihrer Meinung nach am besten in ein Reisebüro "implementiert" werden?

- Welche Art von Schulungen, Workshops etc. sind geeignet um Management und Mitarbeitern Dienstleistungskultur näherzubringen?

- Mit welchen Mitteln, Führungsstilen etc. kann das Management die Dienstleistungskultur im Unternehmen steuern bzw. verbessern?

- Welche Medien (Leitbilder etc.) können Dienstleistungskultur in kleinen und mittleren Reisebüros am besten kommunizieren?

- Was sind ihrer Meinung nach die wichtigsten Voraussetzungen für gute Teamarbeit im Reisebüro?

3 Fragen zur Potentialqualität

3.1 Physisches Umfeld

- Welche Aspekte sind hinsichtlich des Äußeren eines Reisebüros und des Ambientes im Inneren wichtig?

- Welche Größe sehen Sie für ein Reisebüro als optimal an, um Kunden bestmöglichen Service bieten zu können?

- Sehen Sie es als sinnvoll an, die Kundenbetreuung nach der Art der Kunden zu differenzieren (z.B. Trennung von Last-Minute-Buchern und Vollzahlern)? Wenn ja: Welche Vorteile hat dies hinsichtlich der Dienstleistungsqualität?

3.2 Technisches Potential

- Welche Anforderungen sollten Vertriebs- und Arbeitssysteme Ihrer Meinung nach erfüllen, um den Kundenerwartungen im Reisebüro gerecht werden zu können? Denken Sie dabei an die Aspekte:
  Verbreitung:
  Technik:
  Funktionalität:
  Bedienbarkeit:
  Zuverlässigkeit:

- Welche Systeme erfüllen diese Anforderungen derzeit am besten?

3.3 Mitarbeiterpotential

- Welche Anforderungen sollte Ihrer Meinung nach ein Reisebüro-Mitarbeiter erfüllen?

- Wenn Sie an die durchschnittliche Qualifikation der Expedienten denken, wo sehen Sie den größten Verbesserungsbedarf?

- Wie kann man bei der Mitarbeiterakquisition am besten herausfinden, ob die Anlagen für einen guten Expedienten vorhanden sind oder nicht?

- Welche Möglichkeiten gibt es, den Wissensstand und das Fachwissen der Mitarbeiter zu verbessern?

- Sollten die Weiterbildungsmöglichkeiten für Expedienten verbessert werden? Wenn ja: Wie?

- Wie sehen die Weiterbildungsmöglichkeiten hinsichtlich der technischen Fähigkeiten und Fertigkeiten aus?
    Wer bietet hier Schulungen an?
    Sind diese gut?
    Gibt es Verbesserungswünsche?

- Welche Bedeutung haben Incentive-Reisen, Länderseminare etc. für den Wissensstand der Mitarbeiter?

3.4 Organisationssysteme

- Wo sehen Sie die stärksten Unzulänglichkeiten in der Organisation herkömmlicher Reisebüros?
    Wie können diese organisatorischen Abläufe optimiert werden?

- Welche Ziele sollte ein kundenorientiertes Reisebüro haben?

- Welche Informations- und Kontrollsysteme sind Ihrer Meinung nach geeignet, die Effizienz in der Reisebüroorganisation zu verbessern?

- Welche Kommunikationssysteme sehen Sie zu diesem Zweck ebenfalls als geeignet an?

- Um einen Expedienten hinsichtlich der erbrachten Dienstleistungsqualität beurteilen zu können sollte nicht das Ergebnis (also der Wert des verkauften Tickets etc.) im Vordergrund stehen, sondern die erbrachte Dienstleistung (inkl. Freundlichkeit, Beratungsqualität etc.). Welche Erfassungssysteme gibt es um dieses Verhalten beurteilen zu können?

- Gibt es sinnvolle Anreiz- und Belohnungssysteme für Expedienten, um die Dienstleistungsqualität im Reisebüro zu verbessern?

- Gibt es speziell für das Reisebüro entwickelte Computer- oder Organisationssysteme, die den Expedienten direkt bei der Beratung und beim Verkauf unterstützen?

4 Fragen zur Prozeßqualität

4.1 Aspekte zur Rolle "Expedient"

- Halten Sie Organisationsvorschriften zur Verbesserung der Dienstleistungsqualität für sinnvoll?
  Wenn ja: Wie sollten diese aussehen?

- Wie weit oder eng gefaßt sollten die Kompetenzen und die Verantwortung sein, die der oder die Expedient/-in hat?
  Welche Kompetenzen sollten dem Expedienten dabei zugebilligt werden?
  Welchen Umfang sollte die Verantwortung haben?

- Kennen Sie aus der Reisebüropraxis Probleme, die zwischen den einzelnen Hierarchieebenen auftreten und die Dienstleistungsqualität beeinflussen?

- Meinen Sie, daß Expedienten teilweise die Kontrolle über Ihre Arbeit verlieren können (z.B. wegen Überlastung)?
  Wie kann so etwas vermieden werden?

4.2 Dienstleistungsprozeß

- Was macht Ihrer Ansicht nach eine gute Beratung inhaltlich aus?

- Welchen Umfang sollte eine solche Beratung zeitlich haben (Unbegrenzt oder mit Zeitlimit)?

- Welchen Wert messen Sie dem Aussehen bzw. der Kleidung der Expedienten bei?

- Was gehört für Sie zu einem guten Verhalten im direkten Kundenkontakt?

- Wie können Expedienten ein solches Verhalten am besten trainieren?

- Wie kann Ihrer Meinung nach der Kunde am besten in den Dienstleistungsprozeß integriert werden?

- Wo sehen Sie Verbesserungsmöglichkeiten hinsichtlich der Arbeitstechniken bzw. Arbeitsformen, die von Expedienten angewendet werden?

5 Fragen zur Ergebnisqualität

5.1 Beschwerdepolitik

- Wie sollte ein gutes Beschwerdemanagement funktionieren?

5.2 Kommunikation nach außen

- Was macht das Image eines Reisebüros aus?

- Wie kann ein Reisebüro sein Image verbessern?

- Welche Bedeutung hat die Werbung für ein kleines bis mittleres Reisebüro?

5.3 Produkt- und Leistungsanbieterqualität

- Wirkt sich Ihrer Meinung nach die Qualität der angebotenen Produkte auf die Dienstleistungsqualität im Reisebüro aus?

- Welche Anforderungen haben die angebotenen Produkte (Flüge, Pauschalreisen etc.) hinsichtlich ihrer Qualität zu erfüllen?

- Wie kann die Auswahl qualitativ guter Produkte am besten erfolgen?

- Welche Zusatzleistungen sollten Reisebüros sinnvollerweise anbieten (Versicherungen etc.)?
    Auf welche sollten sie verzichten?

Literaturverzeichnis

Adenau G., Schreier G., Nette Plauderstunden ohne ernste Folgen. Wie Münchner Reisebüros ihre Produkte unter die Leute bringen. In: Touristik Management, Nr.11, 1992, S.32-39.

Adrian G., Albert I., Riedel E., Die Mitarbeiterbeurteilung. Hinweise und Hilfen für Beurteiler. 4. überarb. Aufl.. Stuttgart, München 1991. Moll.

Albrecht K., Zemke R., Servicestrategien. Hamburg 1987.

Altschul K., Alles für den Kunden? Messen, wägen, handeln, pflegen - Total Quality Management im Kundenservice. In: Absatzwirtschaft, Heft 10, 1991, S.24-32.

Andreasen A.R., Kostenbewußte Marktforschung. Können sich Marktforschung nur große Konzerne leisten? In: Harvard Business manager, Marketing Band 3. Hamburg. manager magazin Verlagsgesellschaft.

Armbrecht L., Konzeption einer Dienstleistungsuntersuchung am Beispiel der Beratung in Reisebüros. In: Lübke V., Schoenheit I. (Hrsg.), Die Qualität von Beratungen für Verbraucher. Campus Forschung Band 462. Band 2 der Schwerpunktreihe "Marketing und Verbraucherarbeit". S.121-130. Frankfurt, New York 1985. Campus.

Bäuchle M., Kuck W., StiNet gegen START. In: TOURISTIK Report extra. Computer und Kommunikation. 1995/1996. S.8-18.

Barg C.-D., Kundenzufriedenheit: Das Beste ist gerade gut genug. In: Touristik Management Nr.5, 1995, S.12-17.

Becker W.S., Wellins R.S., Customer-service perceptions and reality. In: Training & Development Journal, Vol. 44, No. 3, 1990, S.49-51.

Belz C., Seghezzi H.D., Qualitätsmanagement für Dienstleistungen und Service. In: Haller M., Hauser H., Zäch R. (Hrsg.), Ergänzungen. Ergebnisse der wissenschaftlichen Tagung anläßlich der Einweihung der Ergänzungsbaus der Hochschule St. Gallen. S.131 ff. Bern, Stuttgart 1990.

Benölken H., Greipcl P., Dienstleistungs-Management. Service als strategische Erfolgsposition. 2. Aufl. Wiesbaden 1994. Gabler.

Berry L.L., Zeithaml V.A., Parasuraman A., Five Imperatives for Improving Service Quality. In: Sloan Management Review, Summer 1990, S.29-38.

Benkenstein M., Dienstleistungsqualität. Ansätze zur Messung und Implikationen für die Steuerung. In: Zeitschrift für Betriebswirtschaft, 63.Jg., H.11, 1993, S.1095-1116. Wiesbaden 1993. Gabler.

Biehal F. (Hrsg.), LeanService. Dienstleistungsmanagement der Zukunft für Unternehmen und Non-Profit-Organisationen. S.108-124. Bern, Stuttgart 1994. Haupt.

Birkigt K., Stadler M.M., Funck H.J., Corporate Identity. Grundlagen, Funktionen, Beispiele. 5. überarb. Aufl.. Landsberg/Lech 1992. Moderne Industrie.

Bitner M.J., Booms B.H. & Tetreault M.S., The Service Encounter: Diagnosing Favorible and Unvavorible Incidents. In: Journal of Marketing, Vol. 54, January 1990, S.71-84.

Bitner, M.J., Evaluating Service Encounters: The Effects of Physical Surroundings and Employee Responses. In: Journal of Marketing, Vol. 54, April 1990, S.69-82.

Bitran G., Lojo M., A Framework for Analyzing the Quality of Customer Interface. In: European Management Journal, Vol.11, No.4, December 1993, S.385-395.

Blake R.R., Mouton J.R., Besser verkaufen durch Grid. Düsseldorf, Wien 1979.

Bleicher K., Das Konzept Integriertes Management. St. Galler Management-Konzept, Band 1, 2.Aufl..Frankfurt am Main 1992. Campus.

Bleile G., Tourismusmärkte. Fremdenverkehrsmarkt - Hotelmarkt - Touristikmarkt - Bädermarkt - Luftverkehrsmarkt im Wandel. München, Wien 1995. Oldenbourg

Bolsinger P., Flexible Arbeitszeit als Chance. Kreative neue Arbeitszeitmodelle können zum wichtigen Wettbewerbsvorteil werden. In: TOURISTIK Report extra. Die Macht des Handels. Chancen für das Reisebüro. 1995/1996. S.51-55.

Bommer J., Mehr Transparenz am Reisemarkt durch Kommunikationstechnik im Reisebüro. In: Schertler W. (Hrsg.), Tourismus als Informationsgeschäft. Strategische Bedeutung neuer Informations- und Kommunikationstechnologien im Tourismus. Schriften zum strategischen Tourismusmanagement. S.409-433. Wien 1994. Ueberreuter

Brandt U., Schlaue Nummer. Der Service 180 der Telekom. In: Touristik Management, Nr.9, 1994, S.16-17.

Brandt U., Schwerpunkt Mittelstand: Hat der Mittelstand noch eine Chance? In: Touristik Management, Nr.5, 1994, S.12-14.

Brandt U., Kreativ in die Zukunft. Wie drei Mittelständler erfolgreich ihre Existenz sichern. In: Touristik Management, Nr.5, 1994, S.16-20.

Brauer K.M., Betriebswirtschaftliche Touristik. (Schriften zur Betriebswirtschaftslehre des Verkehrs). Unveränd. Nachdr. der 1. Aufl. von 1985. Berlin 1991. Duncker & Humblot.

Brown S.W., Swartz T.A., A Gap Analysis of Professional Service Quality. In: Journal of Marketing, Vol.53, April 1989, S.92-98.

Brown T.J., Churchill G.A. Jr., Peter J.P., Research Note: Improving the Measurement of Service Quality. In: Journal of Retailing, Vol.69, No.1, Spring 1993, S.127-139.

Bruhn M., Qualitätssicherung im Dienstleistungsmarketing - eine Einführung in die theoretischen und praktischen Probleme. In: Bruhn M., Stauss B. (Hrsg.), Dienstleistungsqualität: Konzepte, Methoden, Erfahrungen. S.19-48. Wiesbaden 1991. Gabler.

Bruhn, M. Sicherstellung der Dienstleistungsqualität durch integrierte Kommunikation. In: Bruhn M., Stauss B. (Hrsg.), Dienstleistungsqualität: Konzepte, Methoden, Erfahrungen. S.137-164. Wiesbaden 1991. Gabler.

Bruhn M., Hennig K., Selektion und Strukturierung von Qualitätsmerkmalen - auf dem Weg zu einem umfassenden Qualitätsmanagement für Kreditinstitute, Teil 1 und 2. In: Jahrbuch der Absatz- und Verbrauchsforschung, 39.Jg., Heft 3, S.214-238; Heft 4, S.314-337.

Bruhn M., Stauss B. (Hrsg.), Dienstleistungsqualität: Konzepte, Methoden, Erfahrungen. Wiesbaden 1991. Gabler.

Buchholz G., Die Entwicklung eines Touristikvertriebssystems unter Einsatz neuerer Datenverarbeitungs- und Kommunikationstechnologien - Lösungsansätze von STINNES-data-SERVICE GmbH. In: Schertler W. (Hrsg.), Tourismus als Informationsgeschäft. Strategische Bedeutung neuer Informations- und Kommunikationstechnologien im Tourismus. Schriften zum strategischen Tourismusmanagement. S.389-408. Wien 1994. Wirtschaftsverlag Karl Ueberreuter.

Bühner R., Der Mitarbeiter im Total Quality Management. Reihe: Technik und Wirtschaft - Integriertes Management. Düsseldorf, Stuttgart 1993. VDI/Schäffer-Poeschel.

Burfoot T., Quality Control in Thomas Cook. In: Moores B. (Hrsg.), Are They Beeing Served? Quality Consciousness in Service Industries. S.166-178. Oxford 1986. Phillip Allan Publishers Ltd..

Buzzell R.D., Gale B.T., Das PIMS-Programm. Strategien und Unternehmenserfolg. Aus dem Amerikanischen von Dorothee Meyer. Wiesbaden 1989. Gabler.

Carman J.M., Consumer Perceptions of Service Quality: An Assessment of the SERVQUAL Dimensions. In: Journal of Retailing, Vol.66, No.1, Spring 1990, S.33-55.

Claessens D., Rolle und Macht. Grundfragen der Soziologie Band 6. München 1970. Juventa

Cornaz J.-L., Qualität als Führungsinstrument. Diss. St. Gallen. Bamberg 1992. Difo-Druck.

Corsten H., Die Produktion von Dienstleistungen. Berlin 1985.

Corsten H., Zur Diskussion der Dienstleistungsbesonderheiten und ihre ökonomischen Auswirkungen. In: Jahrbuch der Absatz und Verbrauchsforschung, 32.Jg., Heft 1, 1986, S.16-41.

Corsten H., Dienstleistungen in produktionstheoretischer Interpretation. In: Das Wirtschaftsstudium, 17.Jg., Nr.2, 1988, S.81-87.

Corsten H., Zur Diskussion der Dienstleistungsbesonderheiten und ihre ökonomischen Auswirkungen. In: Jahrbuch der Absatz- und Verbrauchsforschung, Jg.32, Nr.1, 1989, S.16-41.

Corsten H., Dienstleistungsmarketing - Elemente und Strategien. In: Jahrbuch der Absatz- und Verbrauchsforschung, Jg.35, Nr.1, 1989, S.25-40.

Corsten H., Betriebswirtschaftlehre der Dienstleistungsunternehmen. Einführung. 2. Aufl.. München, Wien 1990. Oldenbourg.

Corsten H., Externalisierung und Internalisierung als strategische Option von Dienstleistungsunternehmungen. In: Bruhn M., Stauss B. (Hrsg.), Dienstleistungsqualität: Konzepte, Methoden, Erfahrungen. S.165-182. Wiesbaden 1991. Gabler.

Corsten H. (Hrsg.), Integratives Dienstleistungsmanagement. Grundlagen - Beschaffung - Produktion - Marketing - Qualität. Ein Reader. Wiesbaden 1994. Gabler.

Corsten H., Überlegungen zum Produktivitätsmanagement für Dienstleistungsunternehmungen - dargestellt am Beispiel bilateraler personenbezogener Dienstleistungen. Diskussionsbeiträge der Wirtschaftswissenschaftlichen Fakultät Ingolstadt der Katholischen Universität Eichstätt. Nr. 50. Ingolstadt 1994.

Cronin J.J., Taylor S.A., SERVPERF Versus SERVQUAL: Reconcilling Performance-Based and Perceptions-Minus-Expectations Measurment of Service Quality. In: Marketing Journal, Vol.58, January, 1994, S.125-131.

Crosby L.A., Kenneth R.E., Cowles D., Relationship Quality in Service Selling: An Interpersonal Influence Perspective. In: Journal of Marketing, Vol.54, July 1990, S.68-81.

Darby M.R., Karny E., Free Competition and the Optimal Amount of Fraud. In: Journal of Law and Economics, Vol.16, April 1973, S.67-86.

Datzer R., Lohnt sich Marktforschung für kleine Unternehmen? Dem Wettbewerber eine Nasenlänge voraus: Marktbeobachtung mit überschaubarem Aufwand. In: FVW, 25/94, S.27.

Davidow W.H., Uttal B., Service Total. Mit perfektem Dienst am Kunden die Konkurrenz schlagen. Aus dem Englischen von Sonja Binder. Frankfurt, New York 1991. Campus.

Detroy E.-N., Abschlußtechniken beherrschen usw.. Zürich 1985/3.

Deutsches Institut für Normung (Hrsg.), DIN 55350, Teil 11, Entwurf. Berlin 1986.

DFV (Deutscher Fremdenverkehrsverband) (Hrsg.), TIN. Die Touristische Informations-Norm - (k)ein Buch mit sieben Siegeln. Bonn 1994.

Dingeldey K., Die Abschlußphase im Verkaufsgespräch: Ohne Scheu die Früchte ernten. In: Touristik Management, Nr.6, 1989, S.62-66.

Dingeldey K., Die Angebotsphase im Verkaufsgespräch: Erst die Leistung, dann der Preis. In: Touristik Management, Nr.2, 1989, S.33-36.

Dingeldey K., Die Bedarfsermittlung im Verkaufsgespräch: Dem Kunden auf den Zahn gefühlt. In: Touristik Management, Nr.5, 1988, S.57-61.

Dingeldey K., Die Kontaktphase im Verkaufsgespräch: Sechzig Sekunden, um Weichen zu stellen. In: Touristik Management, Nr.4, 1988, S.51-56.

Dingeldey K., Adenau G., Die Preisdarstellung im Verkaufsgespräch: Keine Panik bei der Kostenfrage. In: Touristik Management, Nr.3, 1991, S.88-93.

Dingeldey K., Adenau G., Telefonverkauf: Heisser Draht bringt bare Münze. In: Touristik Management, Nr.6, 1992, S.26-30.

DMV (Deutsche Marketing-Vereinigung) (Hrsg.), Marketing-Erfolg trainieren. Case-Collection der DMV. Stuttgart 1994. Schäffer-Poeschl.

Dörr G., Raasch E., Das Reisegeschäft. Wie gründe und führe ich ein Reisebüro. Das umfassende Standardwerk über den Reisebüro-Markt in Deutschland. Bonn 1987. Norman Rentrop.

Donabedian A., The Definition of Quality and Approaches to its Assessment, Explorations in Quality, Assessment and Monitoring, Vol. I. Ann Arbor, Michigan 1980.

Dotchin J.A., Oakland J.S., Total Quality Management in Services. Part 2: Service Quality. In: International Journal of Quality and Reliability Management, Vol.11, No.3, 1994, S.27-42.

Dotchin J.A., Oakland J.S., Total Quality Management in Services. Part 3: Distinguishing Perceptions of Service Quality. In: International Journal of Quality and Reliability Management, Vol.11, No.4, 1994, S.6-28.

Dotzler H.J., Schick S., Systematische Mitarbeiterkommunikation als Instrument zur Qualitätssicherung. In: Bruhn M., Stauss B. (Hrsg.), Dienstleistungsqualität: Konzepte, Methoden, Erfahrungen. S.269-281. Wiesbaden 1991. Gabler.

Drosdowski G., Müller W., Scholze-Stubenrecht W., Wermke M. (Hrsg.). Duden. Das Fremdwörterbuch, Band 5. Neu bearbeitete und erweiterte Auflage. Mannheim 1990. Brockhaus.

DRV (Deutscher Reisebüro Verband e.V.) (Hrsg.), Wirtschaftsfaktor Tourismus. Eine Grundlagenstudie der Reisebranche. Frankfurt/Main 1989. Gutenberg.

DRV (Deutscher Reisebüro Verband e.V.) (Hrsg.), Personal Computer im Reisebüro. EDV-Einsatz im Reisebüro unter Berücksichtigung der neuen Endgeräte der Reisevertriebssysteme. 2. aktualisierte Auflage. Frankfurt/Main 1990. DRV.

DRV (Deutscher Reisebüro Verband e.V.) (Hrsg.), Strategische Partnerschaften zur Sicherung erfolgreicher Unternehmensexistenz im beschleunigt wachsenden Wettbewerb. DRV-Kooperationsstudie als Entscheidungshilfe für Reisebüros. Dezember 1990. Frankfurt/Main 1991. Gutenberg.

DRV (Deutscher Reisebüro Verband e.V.) (Hrsg.), DRV-Binnenmarktstudie. Auswirkungen des EG-Binnenmarktes auf mittelständische Reiseveranstalter und Reisemittler. Dezember 1991. Frankfurt/Main 1991. Kneipdruck.

DRV (Deutscher Reisebüro Verband e.V.) (Hrsg.), Geschäftsbericht '93. Frankfurt/Main 1993. Gutenberg.

DRV (Deutscher Reisebüro Verband e.V.) (Hrsg.), Der Deutsche Reisemarkt. Auflage 1994. Frankfurt/Main 1994. DRV.

Dülfer E. (Hrsg.), Organisationskultur. Phänomen - Philospphie - Technologie. 2. erw. Aufl.. Stuttgart 1991. Poeschl.

Eckardstein, D. von, Partizipative Aspekte einer Entlohnung nach Qualifikation. In: Betriebswirtschaftliche Forschung und Praxis, 38.Jg., 1986, S.55-62.

Eckert S., Kundenbindung - Konzeptionelle Grundlagen und Praxisbeispiele aus Dienstleistungsunternehmen. In: Tomczak T., Belz C. (Hrsg.), Kundennähe realisieren. Ideen-Konzepte-Methoden-Erfahrungen. Thexis. Fachbuch Marketing. S.376-385. Forschungsinstitut für Absatz und Handel an der Hochschule St. Gallen.

Eckert S., Rentabilitätssteigerung durch Kundenbindung am Beispiel eines Buchclubs. Diss. St. Gallen. Bamberg 1994. DIFO Druck.

Enzmann D., Kleiber D., Helfer-Leiden. Streß und Burnout in psychosozialen Berufen. Heidelberg 1989. Asanger.

Erdmann B., Erfolgsfaktoren der Reisebüros. Eine Analyse anhand des Betriebsvergleichs für Reisebüros 1993. Durchgeführt vom Institut für Handelsforschung an der Universität Köln. Hamburg 1994. Ditzen.

Ernenputsch M.A., Theoretische und Empirische Untersuchungen zum Beschaffungsprozeß von konsumtiven Dienstleistungen. Bochum 1986.

Fink K., Warum Unternehmenskultur kein überflüssiges Beiwerk ist: Im Gleichschritt mit dem Brötchengeber. In: Touristik Management, Nr.3, 1993, S.43-47.

Flanagan J.C., The Critical Incident Technique. In: Psychological Bulletin, No 51, 1954, S.327-357.

Fontanari M.L., Rohte S., Management des europäischen Tourismus. Erfahrungen-Konzepte-Visionen. Wiesbaden 1995. Gabler.

Frehr H.-U., Total Quality Management. Unternehmensweite Qualitätsverbesserung. Ein Praxis-Leitfaden für Führungskräfte. 2., durchgesehene Auflage. München, Wien 1994. Hanser.

Freyer W., Tourismus. Einführung in die Fremdenverkehrsökonomie. München, Wien 1988. Oldenbourg.

Fried H., Wiedenmann S., Integriertes Fremdenverkehrskonzept für die Stadt Bad Harzburg. In: Roth P., Schrand A. (Hrsg.), Touristik Marketing. Das Marketing der Tourismus-Organisationen, Verkehrsträger, Reiseveranstalter und Reisebüros. 2., völlig überarbeitet und erweiterte Auflage. S.169-191. München 1995. Verlag Vahlen.

Frings K., Wer bin ich? Die Suche nach einem neuen Mitarbeiter. In: Touristik Management Nr.1-2, 1994, S.12-20.

Fröhlich S., Dienstleistung - Oder die Freude, anderen Freude zu bereiten. Fallbeispiel Swissair. In: Biehal F. (Hrsg.), LeanService. Dienstleistungsmanagement der Zukunft für Unternehmen und Non-Profit-Organisationen. S.108-124. Bern, Stuttgart 1994. Haupt.

Füth G., Walter E., Betriebswirtschaftslehre für Reiseverkehrsunternehmen. Ein Lehr- und Übungsbuch. 5. neubearb. Auflage. Melsungen 1991. Gutenberg.

FVW (FVW International), Unabhängige Fachzeitschrift für Touristik und Geschäftsreiseverkehr. Diverse Ausgaben. Hamburg. Niedecken.

Gabele E., Kretschmer H., Unternehmensgrundsätze: empirische Erhebungen und praktische Erfahrungsberichte zur Konzeption, Einrichtung und Wirkungsweise eine modernen Führungsinstrumentes. Zürich 1886.

Garbett T.F., Wann hilft Imagewerbung? In: Harvard Business manager, Marketing Band 3, S.117-123. Hamburg. manager magazin Verlagsgesellschaft.

Garvin D.A., What Does "Product Quality" Really Mean? In: Sloan Management Review, Vol.25, 1984, S.25-43.

Garvin D.A., Die acht Dimensionen der Produktqualität. In: Harvard Manager, 10.Jg., Nr.3, S.66-74.

Garvin D.A., Managing Quality. 1988.

Geiger W., Qualitätslehre. Einführung - Systematik - Terminologie. 2. völlig überarb. u. erw. Aufl.. Braunschweig, Wiesbaden 1994. Vieweg & Sohn.

Gerhardt U., Rollenanalyse als kritische Soziologie. Ein konzeptueller Rahmen zur empirischen und methodologischen Begründung einer Theorie der Vergesellschaftung. Berlin 1971. Luchterhand.

Gohlke R., Wie sichert die Bundesbahn ihre Dienstleistungsqualität? In: Lisson A., Qualität - Die Herausforderung: Erfahrungen - Perspektiven. S.235-246. Berlin, New York 1987. TÜV Rheinland.

Goodall B., How Tourists Choose Their Holidays. An Analytical Framework. In: Goodall B., Ashworth G. (Hrsg.), Marketing in the Tourism Industry, New York 1988, S.1-17.

Griese H.M., Nikles B.W., Rülcker C. (alle Hrsg.), Soziale Rolle. Zur Vermittlung von Individuum und Gesellschaft. Ein soziologisches Studien- und Arbeitsbuch. Opladen 1977. Leske.

Grimm W., Unternehmensgrundsätze: Konzipierung - Einführung - Weiterführung. In: Zeitschrift für Organisation, Heft 3, 1981, S.123-128.

Grönroos C., Strategic Management and Marketing in the Service Sector, research report Nr.8 of the Swedish School of Economics and Business Administration. Helsingfors 1982.

Grönroos C., Innovative Marketing Strategies and Organisation Structures for Service Firms. In: Emerging perspectives on service marketing, hrsg. von Berry L.C., Shostak G.L. und Upah G.D., Chicago, Illinois 1983, S.9-21.

Grönroos C., A Service Quality Model and its Marketing Implications. In: European Journal of Marketing, Vol.18, No.4, 1984, S.36-44.

Grönroos C., Service Management and Marketing. Managing the Momenths of Truth in Service Competition. Lexington, Massachusetts, Toronto 1990.

Grönroos C., Die Herausforderung im Dienstleistungswettbewerb: Wirtschaftlichkeitsvorteile durch guten Service. In: Bruhn M., Stauss B. (Hrsg.), Dienstleistungsqualität: Konzepte, Methoden, Erfahrungen. S.67-81. Wiesbaden 1991. Gabler.

Grochowiak K., Die Sprache des Verkaufens: Gedankenlesen ist gefährlich/Beraten ohne zu raten. Auf die richtigen Fragen kommt es an. In: TOURISTIK Report extra. Die Macht des Handels. 1995/1996. S.57-65.

Gross N. et al., Explorations in Role Analysis, New York 1958. Wiley.

Grünig R., Unternehmensleitbilder: Grundzüge eines Verfahrens zur Erarbeitung und Revision. In: Zeitschrift Führung und Organisation, Heft 4, 1988, S.254-260.

Grunert K.G., Das Verkaufsgespräch als Informationsquelle. In: Lübke V., Schoenheit I. (Hrsg.), Die Qualität von Beratungen für Verbraucher. Campus Forschung Band 462. Band 2 der Schwerpunktreihe "Marketing und Verbraucherarbeit". S.110-119. Frankfurt, New York 1985. Campus.

Habich I., Touristische Aus- und Weiterbildungsmöglichkeiten in Deutschland. In: Wolf J., Seitz E. (Hrsg.), Tourismusmanagement und -marketing. S.293-307. Landsberg/Lech 1991. Moderne Industrie.

Hacker W., Arbeitspsychologie. Schriften zur Arbeitspsychologie, Band 41 (Hrsg. E. Ulich). Bern 1986. Huber.

Haedrich G., Kaspar C., Kleinert H., Klemm K., Tourismus-Management. Tourismus-Marketing und Fremdenverkehrsplanung. Berlin, New York 1983. de Gruyter.

Hagen vom W., Positionen. Die Service-Mentalität ist Chefsache. In: Absatzwirtschaft, Sondernummer: Dienen & Verdienen. Service-Marketing hat Zukunft, Oktober 1995, S.90-91.

Haist F., Fromm H., Qualität im Unternehmen. Prinzipien-Methoden-Techniken. München, Wien 1991. Hanser.

Haller M., Hauser H., Zäch R. (Hrsg.), Ergänzungen. Ergebnisse der wissenschaftlichen Tagung anläßlich der Einweihung der Ergänzungsbaus der Hochschule St. Gallen. S.131 ff. Bern, Stuttgart 1990.

Haller S., Methoden zur Beurteilung von Dienstleistungsqualität. Überblick zum State of the Art. In: Schmalenbachs Zeitschrift für betriebswirtschaftl. Forschung, Jg. 45, Heft 1, 1993, S/19-40.

Hansen U., Schulze H.S., Transaktionsanalyse und persönlicher Verkauf. In: Jahrbuch der Absatz- und Verbrauchsforschung, Nr.1, 1990, S.4-26.

Hart C.W., Auch Dienstleistern nutzen Garantien. In: Harvard Business manager, Marketing Band 5. S.112-118. Hamburg. manager magazin Verlagsgesellschaft.

Hart C.W., Heskett. J.L., Sasser W.E., The Profitables Art of Service Recovery. In: Harvard Business Review, No.4, 1990, S.148-156.

Hebestreit D., Touristik Marketing. Grundlagen, Ziele, Basis-Informationen, Instrumetarien, Strategien, Organisationen und Planung des Marketing von Reiseveranstaltern. Berlin 1992. Berlin Verlag.

Hennes M., Werb A., Westdeutsche Landesbank: Risiken abfedern. In: Wirtschafts Woche Nr.15, 8.4.1994, S.56-60.

Hentschel B., Die Messung wahrgenommener Dienstleistungsqualität mit SERVQUAL. Eine kritische Auseinandersetzung. In: Marketing - Zeitschrift für Forschung und Praxis, Heft 4, IV. Quartal, 1990, S.230-241.

Hentschel B., Dienstleistungsqualität aus Kundensicht. Vom merkmals- zum ereignisorientierten Ansatz. Wiesbaden 1992. Der Deutsche Universitäts-Verlag.

Hentschel B., Multiattributive Messung von Dienstleistungsqualität. In: Bruhn M., Stauss B. (Hrsg.), Dienstleistungsqualität: Konzepte, Methoden, Erfahrungen. S.311-344. Wiesbaden 1991. Gabler.

Herder-Dornreich P., Kötz W., Zur Dienstleistungsökonomik, Systemanalyse und Systempolitik der Krankenhauspflegedienste. Berlin 1972.

Heskett J.L., Management von Dienstleistungsunternehmen. Erfolgreiche Strategien in einem Wachstumsmarkt. Wiesbaden 1988. Gabler.

Heskett J.L., Sasser Jr. W.E., Hart C.W.L., Bahnbrechender Service. Standards für den Wettbewerb von morgen. Frankfurt, New York 1991. Campus.

Hilke W., Dienstleistungsmarketing. Schriften zur Unternehmensführung, Band 35. Wiesbaden 1989. Gabler.

Hinterhuber H.H., Winter L.G., Unternehmungskultur und Corporate Identity. In: Dülfer E. (Hrsg.), Organisationskultur. Phänomen - Philospphie - Technologie. 2. erw. Aufl.. S.189-200. Stuttgart 1991. Poeschl.

Hölzel R.D., Aufgaben und Leistungen der Reiseveranstalter. In: Haedrich G., Kaspar C., Kleinert H., Klemm K., Tourismus-Management. Tourismus-Marketing und Fremdenverkehrsplanung. Berlin, New York 1983. de Gruyter.

Hoffmann C., Mehr netzwerkfähige Programme unter Windows. Software für Reisebüros, Veranstalter aller Art, Fremdenverkehrsbetriebe, Kurbetriebe und Kongreßmanagement. In: FVW Reisebüro Fachreport. Beilage zur FVW International, Nr.19, 1995, S.23-25.

Hopfenbeck W., Zimmer P., Umweltorientiertes Tourismusmanagement. Strategien, Checklisten, Fallstudien. Landsberg/Lech 1993. Moderne Industrie.

Horovitz J., Panak M.J., Marktführer durch Service. Lehren aus 50 hervorragenden europäischen Unternehmen. Aus dem Englischen von P. Künzel. Frankfurt, New York 1993. Campus.

Hüttinger S., Meyer A., First National Bank of Chicago: Markterfolg durch Qualität. In: DMV (Deutsche Marketing-Vereinigung) (Hrsg.), Marketing-Erfolg trainieren. Case-Collection der DMV. S.211-238. Stuttgart 1994. Schäffer-Poeschl.

Hundhausen C., Public Relations, Theorie und Systematik. Berlin 1969.

Irle M., Lehrbuch der Sozialpsychologie. Göttingen 1975. Verlag für Psychologie.

Joas H., Rollen- und Interaktionstheorien in der Sozialisationsforschung. In: Hurrelmann K., Ulich D. (Hrsg.), Handbuch der Sozialisationsforschung, S.137-152. Weinheim 1980. Beltz.

Kagerbauer A., Abwarten und Tee trinken. In: Touristik Management, Nr.4, 1994, S.29-25.

Kagerbauer A., Beschwerden von Kunden - lästig aber hilfreich: Motzer herzlich willkommen. In: Touristik Management, Nr.10, 1994, S.12-20.

Kagerbauer A., Kundenkarten: Lass Plastik sprechen. In: Touristik Management, Nr.5, 1993, S.38-41.

Kagerbauer A., Multi-Media-Einsatz in der Reisebranche: Urlaub zum Selberbasteln. In: Touristik Management, Nr.7-8, 1993, S.43-46.

Kagerbauer A., Reiseveranstalter-Kooperationen. Fruchtbare Vernunftehen. In: Touristik Management, Nr.11, 1993, S.20-24.

Kahn R.L., Wolfe D.M., Quinn R.P., Snoek J.D., Rosenthal R.A., Organizational Stress: Studies in Role Conflict and Ambiguity. New York 1964. Wiley.

Kannheiser W., Hormel R., Aichner R., Planung im Projektteam. Band 1: Handbuch zum Planungskonzept Technik-Arbeit-Innovation (P-TAI). München und Mering 1993. Rainer Hampp.

Kaspar C., Die Tourismuslehre im Grundriss. St. Galler Beiträge zum Fremdenverkehr und zur Verkehrswirtschaft, Band 1, Reihe Tourismus. Bern und Stuttgart 1991. Haupt.

Kaspar C., Management im Tourismus. Eine Grundlage für die Führung von Tourismusunternehmungen und -organisationen. 2. vollst.überarb. u. ergänzte Aufl.. St. Galler Beiträge zum Fremdenverkehr und zur Verkehrswirtschaft, Band 13, Reihe Fremdenverkehr. Bern, Stuttgart, Wien 1994. Haupt.

Kaspar C., Qualitätstourismus - Dienstleistungsmarketing: Anforderungen an die Reiseveranstalter aus der Sicht der Wissenschaft. Referat gehalten am 2. Trierer Tourismus Management Symposium vom 15. und 16. Juni 1995.

Kaspar C., Touristische Leitbilder und Konzepte: Eine Notwendigkeit. In: Jahrbuch der Schweizerischen Tourismuswirtschaft 1992/93, Institut für Tourismus und Verkehrswirtschaft an der Hochschule St.Gallen. S.55-63. St.Gallen 1992.

Kaspar C., Kunz B.R., Unternehmensführung im Fremdenverkehr. Eine Grundlage für das Management von Hotels und Restaurants, Sportbahnen und Anlagen, Reisebüros, Kur- und Verkehrsbüros. St. Galler Beiträge zum Fremdenverkehr und zur Verkehrswirtschaft, Band 13, Reihe Fremdenverkehr. Bern und Stuttgart 1982. Haupt.

Kasper H., Lemmink J., After Sales Service Quality: Views Between Industrial Customers and Service Managers. In: Industrial Marketing Management, Vol.18, August 1989, S.199-208.

Kern W., Faktorqualitäten in produktionsbezogenen Optimierungsmodellen. In: Praxisorientierte Betriebswirtschaftslehre, hrsg. von Bartels H.G. u.a., Berlin, 1987, S.145-160.

Kippes S., Der Leitbilderstellungsprozeß. Weichenstellung für Erfolg oder Mißerfolg von Unternehmensleitbildern. In: Zeitschrift Führung und Organisation, Heft 3, 1993, S.184-188.

Kippes S., Sponsoring-Angebote: So wählen Sie richtig. In: Absatzwirtschaft, Heft 6, 1995, S.34-40.

Kirsch W. (Hrsg.), Beiträge zum Management strategische Programme. Münchner Schriften zur angewandten Führungslehre, Band 65. München 1991. Verlag Barbara Kirsch.

Kirsch W., Unternehmenspolitik und strategische Unternehmensführung. Münchner Schriften zur angewandten Führungslehre, Band 60. München 1990. Barbara Kirsch.

Kirsch W., Knyphausen D. zu, Ringelstetter M., Strategie und Struktur in der Unternehmenspraxis. In: Kirsch W. (Hrsg.), Beiträge zum Management strategische Programme. Münchner Schriften zur angewandten Führungslehre, Band 65. S.297-335. München 1991. Barbara Kirsch.

Kirstges T., Expansionsstrategien im Tourismus. Neue betriebswirtschaftliche Forschung, 110. Wiesbaden 1992. Gabler.

Kirstges T., Die Mitarbeiter am Unternehmenserfolg beteiligen: Jeder ist seines Lohnes Schmied. In: Touristik Management, Nr.10, 1993, S.12-20.

Kirstges T., Management von Tourismusunternehmen. Organistaion, Personal- und Finanzwesen. München, Wien 1994. Oldenbourg.

Kirstges T., Sanfter Tourismus. Chancen und Probleme der Realisierung eines ökologieorientierten und sozialverträglichen Tourismus durch deutsche Reiseveranstalter. 2. überarb. und erw. Auflage. München, Wien 1995. Oldenbourg.

Klaus P., Die Qualität von Bedienungsinteraktionen. In: Bruhn M., Stauss B. (Hrsg.), Dienstleistungsqualität: Konzepte, Methoden, Erfahrungen. S.247-265. Wiesbaden 1991. Gabler.

Kleinert H., Das Instrumentarium des Tourismus-Marketing und der Fremdenverkehrsplanung. 3. Kommunikationspolitik. In: Haedrich G., Kaspar C., Kleinert H., Klemm K., Tourismus-Management. Tourismus-Marketing und Fremdenverkehrsplanung. S.287-300. Berlin, New York 1983. de Gruyter.

Klutmann M.M.F., Beraten und Verkaufen im Reisebüro. Illustrationen: Anne-Katrin Piepenbrink. Hamburg 1992. Tourson Hannelore Niedecken.

Klutmann M.M.F., Verkaufspsychologische Aspekte bei der Behandlung von Kunden-Beschwerden im Reisebüro. "Das Problem erkennen und auch Verständnis zeigen". In: FVW, Nr.1, 1995, S.23-24.

Koch-Jacob H.M., Besserer Service, weniger Kosten. Kommunikation via ISDN. In: FVW, Nr.20, 1995, S.22.

Kommission der Europäischen Gemeinschaften, Generaldirektion Wirtschaft und Finanzen, Europas Zukunft - Binnenmarkt 1992, Eine Bewertung der möglichen wirtschaftlichen Auswirkungen der Vollendung des Binnenmarktes der Europäischen Gemeinschaften (Studie durchgeführt unter der Leitung von Michael Emerson und unter Mitarbeit von Michael Aujean u.a.). In: Europäische Wirtschaft, Nr.35, März 1988.

Kreilkamp E., Die Reisebüro-Landschaft wird vielfältiger und bunter. Erfolgsstrategien für das Reisebüro der Zukunft. In: TOURISTIK Report extra. Die Macht des Handels. 1995/1996. S.8-14.

Krippendorf J., Kramer B., Müller H., Freizeit und Tourismus. Eine Einführung in Theorie und Politik. Berner Studien zum Fremedenverkehr 22. Bern: 1986. Forschungsinstitut für Fremdenverkehr der Universität Bern.

Kuck W., Der CRS-Test. In: TOURISTIK Report extra. Computer und Kommunikation. 1995/1996. S.21-40.

Kupsch P., Hufschmied P, Mathes H.W., Schöler K., Die Struktur von Qualitätsurteilen und das Informationsverhalten von Konsumenten beim Kauf langlebiger Gebrauchsgüter. Opladen 1978. Westdeutscher.

Langner H., Wie ernst meinen Sie es wirklich mit Ihrem "Qualitäts-Management"?. Das läßt sich auf vier Ebenen messen. In: Marketing Journal, Heft 2, 1995, S.100-103.

Laskey H.A., Seaton B., Nicholls J.A.F., Effects of Strategy ans Pictures in Travel Agency Advertising. In: Journal of Travel Research, Vol.XXXII, No.4, Spring 1994, S.13-19.

Lattmann C., Führung durch Zielsetzung. Bern 1977. Haupt.

Lawrenz H., Reisen soll ja bilden. Wie sich Expedienten am effektivsten über Veranstalter-Programme informieren. In: Touristik Aktuell, Nr.51, 1991, S.12.

Laws E., Tourism Marketing. Service and Quality Management Perspectives. 1992. Stanley Thornes (Publishers) Ltd..

LeBlanc G. Factors Affecting Customer Evaluation of Service Quality in Travel Agencies: An Investigation of Customer Perceptions. In: Journal of Travel Research, Vol.XXX, No.4, Spring 1992, S.10-17.

Lehmann A.P., Dienstleistungsmanagement: Strategien und Ansatzpunkte zur Schaffung von Servicequalität. Entwicklungstendenzen im Management Band 9. Stuttgart/Zürich: 1993. Schäffer-Poeschel/Neue Zürcher Zeitung.

Lenner K.C., Beratungsgebühren: In der Schweiz setzt sich eine Gebührenordnung durch. In Deutschland ist die Zeit noch nicht reif. In: FVW, Nr.23, 1995, S.41.

Lenner K.C., Beratungsqualität durch kontinuierliche Fortbildung. Schulungen im Reisebüro: Oft nur ein Zeitproblem? In: FVW, Nr.28, 1993, S.30-31.

Lenner K.C., Fotoshop im Reisebüro. Zusatzleistung bindet Kunden. In: FVW, Nr.12, 1994, S.15.

Lettl-Schröder M., Touristische Marktbeobachtung und Marktanalyse in Deutschland. In: Wolf J., Seitz E. (Hrsg.), Tourismusmanagement und -marketing. S.199-339. Landsberg/Lech 1991. Moderne Industrie.

Lettl-Schröder M., Lenner K.C., Die Anforderungen an Aus- und Fortbildung wachsen. In: FVW, Nr.24, 1991, S.78-80.

Lewis R.C., Klein D.M., The Measurement of Gaps in Service Quality. In: Czepiel J.A., Congram C.A., Shanahaan J. (eds.), Integrating for Competitive Advantage, Chicago 1987, S.33-38.

Lindner K., Ständiger Dialog mit Expedienten. DER-Reiseakademie. In: FVW, Nr.25, 1993, S.45-46.

Lindner K., Der richtige Rahmen für die qualifizierte Beratung. Reisebüro-Organisationen setzen auf zukunftsorientierte hochwertige Einrichtungen. In: FVW, Nr.23, 1995, S.65-68.

Lindner K., Der Trend geht zu Transparenz und Funktionalität. Ladenbau-Spezialisten und Innenarchitekten bieten flexible Lösungen an, die dem Zeitgeist entsprechen. In: FVW, Nr.23, 1995, S.63-64.

Lisson A., Qualität - Die Herausforderung: Erfahrungen - Perspektiven. Berlin, New York 1987. TÜV Rheinland.

Luchs R.H., Neubauer F.-F., Qualitätsmanagement. Wettbewerbsvorsprung durch Differenzierung. Frankfurter Zeitung - Blick durch die Wirtschaft. Frankfurt 1986. Frankfurter Allgemeine Zeitung.

Lübke V., Fachliche und methodische Fortbildung von Beratungs- und Verkaufspersonal. In: Lübke V., Schoenheit I. (Hrsg.), Die Qualität von Beratungen für Verbraucher. Campus Forschung Band 462. Band 2 der Schwerpunktreihe "Marketing und Verbraucherarbeit". S.213-218. Frankfurt, New York 1985. Campus.

Lübke V., Schoenheit I. (Hrsg.), Die Qualität von Beratungen für Verbraucher. Campus Forschung Band 462. Band 2 der Schwerpunktreihe "Marketing und Verbraucherarbeit". Frankfurt, New York 1985. Campus.

Lüchinger U., Die Planung des Reiseprodukts. Ein Beitrag zur betriebswirtschaftlichen Problematik im Reisebürogewerbe. Bern, Stuttgart 1975. Haupt.

Lücke M., Mittelständische Unternehmen im Binnenmarkt (II). Kooperationen können nicht alle Probleme lösen. In: FVW, Nr.17, 1993, S.25-26.

Lufthansa. (Hrsg.). Lufthansa-Jahrbuch '88. Köln 1988. Deutsche Lufthansa.

Lufthansa. (Hrsg.). Lufthansa-Jahrbuch '92. Köln 1992. Deutsche Lufthansa.

Maleri R., Grundlagen der Dienstleistungsproduktion. 3. vollst. überarb. und erw. Auflage. Berlin 1994. Springer.

Manfredo M.J., A Test of Assumptions Inherent in Attribute-Specific Advertising. In: Journal of Travel Research, Vol.XXVII, Winter 1989, S.8-13.

Maslow A.M., A Theory of Human Motivation. In: Psychological Review, Vol.50, 1943, S.370-396.

Maslow A.M., Motivation and Personality. New York 1954. Harper.

Matt A., Rufer in der Wüste. In: Touristik Management, Nr.3, 1995, S.36-40.

Matt A., Verkaufsgespräch. Schau ihm in die Augen. In: Touristik Management, Nr.6, 1994, S.19-21.

Mattson J., Improving Service Quality in Person-to-Person Encounters: Integrating Findings from a Multi-disciplinary Review. In: The Services Industries Journal, Vol.14, No.1, January 1994, S.45-61.

Meffert H., Marketing. Einführung in die Absatzpolitik. Reihe "Betriebswirtschaftliches Grundstudium". Wiesbaden 1977. Gabler.

Meffert H., Bruhn M., Dienstleistungsmarketing. Grundlagen, Konzepte, Methoden; mit Fallbeispielen. Wiesbaden 1995. Gabler.

Meyer A., Dienstleistungsmarketing. Augsburg 1983.

Meyer A., Dienstleistungs-Marketing. Erkenntnisse und praktische Beispiele, 2. Auflage. Augsburg 1986.

Meyer A., Die Automatisierung und Veredelung von Dienstleistungen - Auswege aus der dienstleistungsinhärenten Produktivitätsschwäche. In: Jahrbuch der Absatz und Verbrauchsforschung, Nr.1, 1987, S.25-46.

Meyer A., Kommunikationspolitik von Dienstleistungsunternehmen. In: Corsten H. (Hrsg.), Integratives Dienstleistungsmanagement. Grundlagen - Beschaffung - Produktion - Marketing - Qualität. Ein Reader. S.257-286. Wiesbaden 1994. Gabler.

Meyer A., Blümelhuber C., Interdependenzen zwischen Absatz und Produktion in Dienstleistungsunternehmen und ihre Auswirkungen auf konzeptionelle Fragen des Absatzmarketing. In: Corsten H., Hilke W. (Hrsg.), Dienstleistungsproduktion. Schriften zur Unternehmensführung. Wiesbaden 1994. Gabler.

Meyer A., Mattmüller R. (1), Qualität von Dienstleistungen. Entwurf eines praxisorientierten Qualitätsmodells. In: Marketing - Zeitschrift für Forschung und Praxis, 9. Jg., 1987, S.187-195.

Meyer A., Mattmüller R. (2), Qualität von Dienstleistungen. Entwurf eines praxisorientierten Qualitätsmodells. In: Corsten (Hrsg.), Integratives Dienstleistungsmanagement. Grundlagen - Beschaffung - Produktion - Marketing - Qualität. Ein Reader. Wiesbaden 1994. Gabler.

Meyer A., Westerbarkey P., Bedeutung der Kundenbeteiligung für die Qualitätspolitik von Dienstleistungsunternehmen. In: Bruhn M., Stauss B. (Hrsg.), Dienstleistungsqualität: Konzepte, Methoden, Erfahrungen. Wiesbaden 1991. Gabler.

Meyer W., Grundlagen der Verkaufspsychologie für den Counter. In: Wolf J., Seitz E. (Hrsg.), Tourismusmanagement und -marketing. S.367-405. Landsberg/Lech 1991. Moderne Industrie.

Mikl-Horke G., Industrie- und Arbeitssoziologie. München 1991. Oldenbourg.

Moller, C., Time Manager International (TMI) (Hrsg.), Persönliche Qualität. Die Voraussetzung für jede andere Qualität. Uhingen 1987. TMI Deutschland.

Moller C., Hegedahl P., Time Manager International (TMI) (Hrsg.), Persönlicher Service durch persönlichen Erfolg. Lufthansa Service Seminar. Göppingen 1987. TMI Deutschland.

Momberger W., Qualitätssicherung als Teil des Dienstleistungsmarketing - das Steigenberger Qualitäts- und Beschwerdemanagement. In: Bruhn M., Stauss B. (Hrsg.), Dienstleistungsqualität: Konzepte, Methoden, Erfahrungen. S.367-378. Wiesbaden 1991. Gabler.

Moores B. (Hrsg.), Are They Beeing Served? Quality Consciousness in Service Industries. Oxford 1986. Phillip Allan Publishers Ltd..

Müller H.J., Direktmarketing im Reisebüro. Anwendungsbezogenes Kurzlehrbuch mit Checklisten. Darmstadt 1993. Jaeger.

Mundt J.W., Reiseveranstaltung. Lehr- und Handbuch. 2. erw. u. ergänzte Auflage. München, Wien 1994. Oldenbourg.

Murphy J.A., Dienstleistungsqualität in der Praxis. Ein Handbuch für den praktischen Gebrauch. München, Wien 1994. Hanser.

Murray K.B., A Test of Services Marketing Theory: Consumer Information Acquisition Activities. In: Journal of Marketing, Vol.55, January 1991, S.10-25.

Nagel K., Rasner C., Herausforderung Kunde. Neue Dimensionen der kunden- und marktorientierten Unternehmensführung. Landsberg/Lech 1993. Moderne Industrie.

Nelson P., Advertising as Information. In: Journal of Political Economy, July/August, 1970, S.729-754.

Nieschlag R., Dichtl E., Hörschgen H., Marketing. 11. Auflage. Berlin 1980. Duncker & Humblot.

Noll R., Rechtliche Aspekte der Reklamationsbearbeitung bei vermittelten Pauschalreisen im Reisebüro. Reisebüros bewegen sich auf rechtlich glattem Parkett. In: FVW, Nr. 27, 1994, S.31-32.

Norman R., Dienstleistungsunternehmen. Hamburg 1987. McGraw-Hill Book Comp.

NQSZ (Normenausschuß Qualitätsmanagement, Statistik und Zertifizierungsgrundlagen im DIN Deutsches Institut für Normung e.V.) (Hrsg.), DIN ISO 9004 (z.Z. Entwurf). Qualitätsmanagement und Element eines Qualitätsmanagementsystems, Teil 1: Leitfaden.

Normenausschuß Qualitätsmanagement, Statistik und Zertifizierungsgrundlagen (NQSZ) im DIN Deutsches Institut für Normung e.V. (Hrsg.), DIN ISO 9004 (z.Z. Entwurf), Qualitätsmanagement und Elemente eines Qualitätsmanagementsystems, Teil 1: Leitfaden. ?? Ort Datum??

Oess A., Total Quality Management: Die ganzheitliche Qualitätsstrategie. 2. erw. Aufl.. Wiesbaden 1991. Gabler.

o.V., Beraten und verkauft? In: test Heft 7, 1991, S.726-730.

o.V., BGB. Bürgerliches Gesetzbuch, Beurkundungsgesetz, AGB-Gesetz, Wohnungseigentumsgesetz. 30 Aufl.. München 1987. C.H. Beck.

o.V., Corporate Design. Flagge zeigen. In: START. Das Magazin, Nr.4, 1995, S.46-49.

o.V., Deregulierung im Reisevertrieb. Was kommt nach dem Urknall. In: Absatzwirtschaft, Heft 1, 1990, S.44-53.

o.V., Die Roboter tun ihre stille Pflicht. Roboting-Software in der Touristik gewinnt an Bedeutung. In: TOURISTIK Report extra. Computer und Kommunikation. 1995/1996. S.106.

o.V., Die Sache mit dem Automaten. Von Chancen, Hindernissen und einiger Zurückhaltung. In: TOURISTIK Report extra. Computer und Kommunikation. 1995/1996. S.105.

o.V., Die Software-Preise rutschen in den Keller. In: TOURISTIK Report extra. Computer und Kommunikation. 1995/1996. S.41-49.

o.V., Die Testkriterien oder: Was Ihre PC-Software können sollte. In: TOURISTIK Report extra. EDV im Test. PC-Software für die Touristik. 1993/1994. S.10-17.

o.V., Faxdienste. In: TeleTalk, September 94, S.19.

o.V., Fünf von 25 Anbietern mit Bestnote. In: TOURISTIK Report extra. EDV im Test. PC-Software für die Touristik. 1993/1994. S.8-9.

o.V., HGB. Handelsgesetzbuch, Wechselgesetz, Scheckgesetz. 24. Aufl.. München 1990. C.H. Beck

o.V., Informations- und Marketingsysteme. Oder: was es sonst noch Nützliches gibt. In: TOURISTIK Report extra. EDV im Test. PC-Software für die Touristik. 1993/1994. S.90-103.

o.V., Lehrinhalte dem Wandel anpassen. In: Das Reisebüro, Nr.5, 1992, S.4.

o.V., Merlin - noch eine "Alternative". In: TOURISTIK Report extra. Computer und Kommunikation. 1995/1996. S.16-17.

o.V., Mit Zielen läßt sich gut führen. Die klare Zielvereinbarung zwischen Chef und Mitarbeitern ist wichtiger denn je. In: TOURISTIK Report extra. Die Macht des Handels. Chancen für das Reisebüro. 1995/1996. S.40-42.

o.V., Neues Berufsbild - spät, aber es kommt. Interview mit Helmut Moll, DRV-Vorstand "Aus- und Fortbildung". In: Das Reisebüro, Nr.9, 1995, S.14-15.

o.V., Reiseberater zum Fernsteuern. Service 0190 - ein zusätzliches Vertriebsmedium für Reiseveranstalter. In: Touristik Management, Nr.3, 1993, S.64.

o.V., Schaufenster-Gestaltung. Verschenkte Werbefläche. In: FVW, Nr.23, 1995, S.86.

o.V., Selten gut beraten. In: test Heft 4, 1984, S.373-378.

o.V., Situatives Führen. Lob und Tadel kosten eine Minute. In: Impulse, Heft 2, 1988, S.74.

o.V., Team-Arbeit verstärken. Aus Solisten einen Chor machen. In: Touristik Report, Nr.22, 1995, S.135.

o.V., Verordnung über die Berufsausbildung zum Reiseverkehrskaufmann / zur Reiseverkehrskauffrau. Bielefeld 1979. Bertelsmann.

Oppermann R., Schubert B., Konzeption der Dienstleistung 'Studienreise' mittels Conjoint-Analyse. In: Der Markt, 33.Jahrg., Nr.128, 1994/1, S.23-30.

Ouchi W.G., A Conceptual Framework for the Design of Organizational Control Mechanisms. In: Management Science, Vol.25, September 1979, S.833-848.

Ouchi W.G., McGuire M.A., Organizational Control: Two Functions. In: Administrative Science Quarterly, Vol. 20, December 1975, S.559-569.

Parasuraman A., Zeithaml V.A., Berry L.L., SERVQUAL: A Multiple-Item Scale for Measuring Costumer Perceptions of Service Quality. In: Journal of Retailing, Vol.64, No.1, Spring 1988, S.12-40.

Parasuraman A., Zeithaml V.A., Berry L.L., Refinement and Reassessment of the SERVQUAL Scale. In: Journal of Retailing, Vol.67, No.4, Winter 1991, S.421-450.

Parasuraman A., Zeithaml V.A., Berry L.L., Research Note: More on Improving Service Quality Measurement. In: Journal of Retailing, Vol.69, No.1, Spring 1993, S.140-147.

Parasuraman A., Zeithaml V.A., Berry L.L., Reassessment of Expectations as a Comparison Standard in Measuring Service Quality: Implications for Further Research. In: Journal of Marketing, Vol.58, No.4, January 1994, S.111-124.

Peill E., Spilker M., Qualitätsstrategien. Servicegarantien - wie Sie entscheiden... In: Absatzwirtschaft, Sondernummer: Dienen & Verdienen. Service-Marketing hat Zukunft, Oktober 1995, S.228-232.

Pepels W., Kommunikations-Management. Marketing-Kommunikation vom Briefing bis zur Realisation. Stuttgart 1994. Schäffer-Poeschl.

Petrick K., Auditierung und Zertifizierung von Qualitätsmanagementsystemen gemäß den Normen DIN ISO 9000 bis 9004 mit Blick auf Europa. In: Stauss B. (Hrsg.), Qualitätsmanagement und Zertifizierung. Von DIN ISO 9000 zum Total Quality Management. S.93-126. Wiesbaden 1994. Gabler.

Pompl W., Aspekte des modernen Tourismus. Aufsätze und Vorträge zu ausgewählten Themen der Touristik und des Luftverkehrs. Frankfurt/M. 1992. Verlag.

Pompl W., Touristikmanagement 1. Beschaffungsmanagement. Berlin 1994. Springer.

Preissler P.R. (Hrsg.), Ebert, Kopp M., Neuberger O., Unternehmens- und Personalführung. Landsberg am Lech 1992. Moderne Industrie.

Preißner A., Engel S., Marketing. München, Wien 1994. Oldenbourg.

Raml C.W., Personalmanagement und Ausbildung im österreichischen Reisebürogewerbe, Band 7. Schriftenreihe für Empirische Tourismusforschung und Hospitality Management. Wien 1993. Service Fachverlag.

Reiner T., Analyse der Kundenbedürfnisse und der Kundenzufriedenheit als Voraussetzung einer konsequenten Kundenorientierung. Diss. St. Gallen. Hallstadt 1993. Rosch-Buch.

Reisebüro Kuoni AG, Geschäftsbericht 1993. Zürich 1993.

Renner S.G., Quality Culture, Unternehmenskultur für die Zukunft. Zürich 1994. Orell Füssli.

Reppel+Partner, Leitfaden für praktische Tourismusarbeit. Institut für Tourismus- und Kurortberatung.

Riecker J., Norm ohne Nutzen? In: Manager Magazin, Nr.12, 1995, S.201-207.

Rieger K., Willkommene Flut. In: Touristik Management, Nr.9, 1994, S.82-88.

Romeiß-Stracke F., Service-Qualität im Tourismus. Grundsätze und Gebrauchsanweisungen für die touristische Praxis. Herausgegeben von: Allgemeiner Deutscher Automobil-Club e.V. (ADAC). München 1995.

Rosenstiel L. von, Grundlagen der Organisationspsychologie. Basiswissen und Anwendungshinweise. Zweite, überarbeitete und ergänzte Auflage. Sammlung Poeschl P 95. Stuttgart 1987. Poeschl.

Roth P., Schrand A. (Hrsg.), Touristik Marketing. Das Marketing der Tourismus-Organisationen, Verkehrsträger, Reiseveranstalter und Reisebüros. München 1992. Vahlen.

Roth P., Schrand A. (Hrsg.), Touristik Marketing. Das Marketing der Tourismus-Organisationen, Verkehrsträger, Reiseveranstalter und Reisebüros. 2., völlig überarbeitet und erweiterte Auflage. München 1995. Vahlen.

Saatweber J., Inhalt und Zielsetzung von Qualitätsmanagmentsystemen gemäß den Normen DIN ISO 9000 bis 9004. In: Stauss B. (Hrsg.), Qualitätsmanagement und Zertifizierung. Von DIN ISO 9000 zum Total Quality Management. S.63-91. Wiesbaden 1994. Gabler.

Saleh F., Ryan C., Analysing Service Quality in the Hospitality Industry Using the SERVQUAL Model. In: Service Industries Journal, Vol.11, No.3, July, 1991, S.324-343.

Schaetzing E., Die Flexibilisierung der Arbeitszeit im Gastgewerbe. In: Hotel und Restaurant, Heft 3, 1991, S.163-168.

Schafberg B., Flexibilisierung der Arbeitszeiten: Teilzeitarbeit dient den Unternehmern ebenso wie den Mitarbeitern. In der halben Zeit mehr als die Hälfte der Arbeit. In: FVW, Nr. 2, 1995, S.9-10.

Schein E.H., Unternehmenskultur. Ein Handbuch für Führungskräfte. Aus dem Englischen von F. Mader. Frankfurt/M., New York 1995. Campus.

Schertler W., Informationssystemtechnologie und Strategisches Tourismusmanagement. In: Schertler W. (Hrsg.), Tourismus als Informationsgeschäft. Strategische Bedeutung neuer Informations- und Kommunikationstechnologien im Tourismus. Schriften zum strategischen Tourismusmanagement. S.525-586. Wien 1994. Ueberreuter.

Schertler W. (Hrsg.), Tourismus als Informationsgeschäft. Strategische Bedeutung neuer Informations- und Kommunikationstechnologien im Tourismus. Schriften zum strategischen Tourismusmanagement. Wien 1994. Ueberreuter.

Schnell R., Hill P.B., Esser E., Methoden der empirischen Sozialforschung. 2. überarb. Aufl.. München, Wien 1989. Oldenbourg.

Schönpflug W., Schönpflug U., Psychologie. Allgemeine Psychologie und ihre Verzweigungen in die Entwicklungs-, Persönlichkeits- und Sozialpsychologie. Ein Lehrbuch für das Grundstudium. 2. durchgesehene Auflage. München 1989. Psychologie Verlags Union.

Schrand A., Das Marketing der Reisebüroorganisationen. In: Roth P., Schrand A. (Hrsg.), Touristik Marketing. Das Marketing der Tourismus-Organisationen, Verkehrsträger, Reiseveranstalter und Reisebüros. 2. völlig überarbeitete und erweiterte Auflage. S.309-397. München 1992. Vahlen.

Schrand A., Das Marketing für Reisebüros und Reisebüroketten. In: Roth P., Schrand A. (Hrsg.), Touristik Marketing. Das Marketing der Tourismus-Organisationen, Verkehrsträger, Reiseveranstalter und Reisebüros. S.337-392. München 1992. Vahlen.

Schreier G., Neue Vertriebswege: Der fernbediente Kunde. In: Touristik Management Nr.10, 1994, S.64-70.

Schuler W., Rund um den Qualitätsbegriff. In: Qualität und Zuverlässigkeit, 36.Jg., Nr.12, 1991, S.668. Organ der deutschen Gesellschaft für Qualität. München 1991. Carl Hauser.

Schulze H.S., Transaktionsanalyse als Instrument dienstleistungsorientierter Personalschulung. In: Bruhn M., Stauss B. (Hrsg.), Dienstleistungsqualität: Konzepte, Methoden, Erfahrungen. S.283-307. Wiesbaden 1991. Gabler.

Schulze R.W., Multimedia muß sich rechnen. Die Einsatzmöglichkeiten für interaktive Informationssysteme. In: TOURISTIK Report extra. Computer und Kommunikation. 1995/1996. S.107-108.

Seghezzi H.D., Qualitätsmanagement. Ansatz eines St. Galler Konzepts Integriertes Qualitätsmanagement. Entwicklungstendenzen im Management Band 10. Stuttgart, Zürich 1994. Schäffer-Poeschel/Neue Zürcher Zeitung.

Shamir B., Between Service and Servility: Role Conflict in Subordinate Service Roles. In: Human Relations, Vol.33, Nr.10, 1980, S.741-756.

Sinclair J., Collins D., Towards a Quality Culture? In: International Journal of Quality and Reliability Management, Vol.11, No.5, 1994, S.19-29.

Solomon M.R., Surprenant C., Czepiel J.A., Gutman E.G., A Role Theory Perspective on Dyadic Interactions: The Service Encounter. In: Journal of Marketing, Vol.49, Winter 1985, S.99-111.

Sommer A., Qualität und Qualitätssicherung touristischer Dienstleistungen. In: Fontanari M.L., Rohte S., Management des europäischen Tourismus. Erfahrungen-Konzepte-Visionen. S.251-258. Wiesbaden 1995. Gabler.

START, Geschäftsbericht der START-Gruppe 1994. Frankfurt/M 1994.

START, Die Leistungspalette. Anbieter, Produkte, Projekte. Frankfurt 1995.

START Amadeus, Der START Modus: Effizientes Verkaufen und Reisebüro-Management. Vielfältige Arbeitserleichterung durch komfortable Funktionen. Frankfurt 1994.

Stauss B., Augenblicke der Wahrheit. In: Absatzwirtschaft, Heft 6, 1991, S.96-105.

Stauss B., Customer Service Problems: From Problem Detection to Problem Prevention by "Service Problem Deployment". Diskussionsbeiträge der Wirtschaftswissenschaftlichen Fakultät Ingolstadt der Katholischen Universität Eichstätt. Nr. 2. Ingolstadt.

Stauss B., Internes Marketing als personalorientierte Qualitätspolitik. In: Bruhn M., Stauss B. (Hrsg.), Dienstleistungsqualität: Konzepte, Methoden, Erfahrungen. S.227-246. Wiesbaden 1991. Gabler.

Stauss B. (Hrsg.), Qualitätsmanagement und Zertifizierung. Von DIN ISO 9000 zum Total Quality Management. Wiesbaden 1994. Gabler.

Stauss, B., Hentschel, B., Verfahren der Problementdeckung und -analyse im Qualitätsmanagment von Dienstleistungsunternehmen. In: Jahrbuch der Absatz- und Verbrauchsforschung, Nr.3, 1990, S.234-259.

Stauss B., Hentschel B., Dienstleistungsqualität. In: Wirtschaftswissenschaftl. Studium, Jg. 20, Heft 5, 1991, S.238-244.

Steindl A., Merkl K., Betriebswirtschaftslehre des Reisebüros. Wien 1988. Österreichischer Gewerbeverlag.

Stiftung Warentest (Hrsg.), Wenig Höhenflüge. Was bieten Fluggesellschaften auf der Langstrecke? In: test-Jahrbuch 1994, S.141-142. Berlin 1994. Stiftung Warentest.

Stiftung Warentest (Hrsg.), Reisekataloge. Ärgernis Preistabellen. In: test Nr.8, 1995, S.83-87. Berlin 1995, Stiftung Warentest.

Teas R.K., Consumer Expectations an the Measurement of Perceived Service Quality. In: Journal of Professional Services Marketing, Vol.8, No.2, 1993, S.33-53.

Traviswiss, Informationsbroschüren: Access Products, Back-Office Produkte, Firmenportrait, Travitel, Vendor Link. Stand: Oktober 1995. Kloten 1995.

Toffler A., The Third Wave. New York 1981.

Tomczak T., Belz C. (Hrsg.), Kundennähe realisieren. Ideen-Konzepte-Methoden-Erfahrungen. Thexis. Fachbuch Marketing. Forschungsinstitut für Absatz und Handel an der Hochschule St. Gallen.

Ulich E., Arbeitspsychologie. Zürich, Stuttgart 1991. Verlag der Fachvereine/Poeschl.

Ulrich H., Unternehmungspolitik, 3.Aufl.. Bern, Stuttgart 1990. Haupt.

Weis H.C., Verkauf. Modernes Marketing für Studium und Praxis. 3., erweiterte Auflage. Ludwigshafen 1993. Kiehl.

Weis H.C., Olfert K. (Hrsg.), Marketing. Reihe: Kompendium der praktischen Betriebswirtschaft. 8. überarb. und erw. Auflage. Ludwigshafen 1993. Kiehl.

Whiteley R., Ihr Kunde ist der Boss. Freiburg 1993.

Wildemann H., Unternehmensqualität. Einführung einer kontinuierlichen Qualitätsverbesserung. München 1993. Transfer-Centrum-Verlag.

Wiswede G., Rollentheorie. Stuttgart 1977. Kohlhammer.

Witt D., Wichert J., Anforderungen an die Hotelqualität aus der Sicht der Gäste - Probleme der Hotelklassifizierung. In: Jahrbuch der Schweizerischen Tourismuswirtschaft 1992/93, Institut für Tourismus und Verkehrswirtschaft an der Hochschule St.Gallen. S.173-196. St.Gallen 1992.

Wöhe G., Einführung in die allgemeine Betriebswirtschaftslehre, 16. Aufl.. Vahlens Handbücher der Wirtschafts- und Sozialwissenschaften. München 1986. Vahlen.

Wöhler K., Informationen, Marktprozesse und Marketing: Begründungszusammenhang für ein Tourismusmanagement im Tourismus. In: Schertler W. (Hrsg.), Tourismus als Informationsgeschäft. Strategische Bedeutung neuer Informations- und Kommunikationstechnologien im Tourismus. Schriften zum strategischen Tourismusmanagement. S.43-89. Wien 1994. Ueberreuter.

Wolf J., Struktur der Marktforschung im Tourismus. In: Wolf J., Seitz E. (Hrsg.), Tourismusmanagement und -marketing. S. 223-239. Landsberg/Lech 1991. Moderne Industrie.

Wolf J., Seitz E. (Hrsg.), Tourismusmanagement und -marketing. Landsberg/Lech 1991. Moderne Industrie.

Zeithaml V.A., Berry L.L., Parasuraman A., Communication and Control Processes in the Delivery of Service Quality. In: Journal of Marketing, Vol.52, April 1988, S.35-48.

Zeithaml V.A., Berry L.L., Parasuraman A., Kommunikations- und Kontrollprozesse bei der Erstellung von Dienstleistungsqualität. In: Bruhn M., Stauss B. (Hrsg.), Dienstleistungsqualität: Konzepte, Methoden, Erfahrungen. Wiesbaden 1991. Gabler.

Zeithaml V.A., Berry L.L., Parasuraman A., The Nature and Determinants of Customer Expectations of Service. In: Journal fo the Academy of Marketing Science, Vol.21, No.1, 1993, S.1-12.

Zeithaml V.A., Parasuraman A., Berry L.L., Delivering Quality Service. New York 1990. The Free Press.

Zeithaml V.A., Parasuraman A., Berry L.L., Qualitätsservice. Was Ihre Kunden erwarten - was Sie leisten müssen. Deutsche Übersetzung von Hartmut J.H. Rastalsky. Frankfurt, New York 1992. Campus.

Zimmermann P., Gesamtheitliche Kommunkation als Erfolgsinstrument: Argumente gegen die "Malhiermaldort-Kommunikation". In: Verkauf und Marketing. Die internationale Fachzeitschrift für Verkauf, Marketing, Management und Kommunikation, Nr.7-8, 1988, S.4-6.